乡村振兴战略法治保障研究

XIANGCUN ZHENXING ZHANLÜE
FAZHI BAOZHANG YANJIU

李玉基　龙圣锦　主编
席　缘　副主编

中国政法大学出版社
2023·北京

声　明　1. 版权所有，侵权必究。

　　　　2. 如有缺页、倒装问题，由出版社负责退换。

图书在版编目（CIP）数据

乡村振兴战略法治保障研究/李玉基,龙圣锦主编.—北京：中国政法大学出版社,2023.6
ISBN 978-7-5764-0959-8

Ⅰ.①乡… Ⅱ.①李… ②龙… Ⅲ.①农村－社会主义法治－建设－研究－中国 Ⅳ.①D920.0

中国国家版本馆CIP数据核字(2023)第124416号

出　版　者	中国政法大学出版社
地　　　址	北京市海淀区西土城路25号
邮寄地址	北京100088信箱8034分箱　邮编100088
网　　　址	http://www.cuplpress.com（网络实名：中国政法大学出版社）
电　　　话	010-58908586(编辑部) 58908334(邮购部)
编辑邮箱	zhengfadch@126.com
承　　印	固安华明印业有限公司
开　　本	720mm×960mm　1/16
印　　张	24.75
字　　数	440千字
版　　次	2023年6月第1版
印　　次	2023年6月第1次印刷
定　　价	109.00元

前言
PREFACE

乡村振兴战略是习近平总书记2017年10月18日在党的十九大报告中提出的。十九大报告指出，农业农村农民问题是关系国计民生的根本性问题，必须始终把解决好"三农"问题作为全党工作的重中之重，实施乡村振兴战略。从党的十九大到二十大，是"两个一百年"奋斗目标的历史交汇期，既要全面建成小康社会、实现第一个百年奋斗目标，又要乘势而上开启全面建设社会主义现代化国家新征程，向第二个百年奋斗目标进军。"乡村振兴"又可称之为"逆城镇化"，城镇化与"乡村振兴"是促进我国城乡融合，城乡资源配置和发展一体化的双轨道。此时，"实施乡村振兴战略"有着重要历史意义、理论意义和现实意义。我国是人民民主专政的社会主义国家，全面依法治国、依法执政既是党的宗旨，也是体现人民意志、国家意志和社会发展规律的基本要求。众所周知，乡村是具有自然、社会、经济特征的地域综合体，兼具生产、生活、生态、文化等多重功能，与城镇互促互进、共生共存，共同构成人类活动的主要空间。乡村兴则国家兴，乡村衰则国家衰。全面建成小康社会和全面建设社会主义现代化强国，最艰巨最繁重的任务在农村，最广泛最深厚的基础在农村，最大的潜力和后劲也在农村。实施乡村振兴战略，是解决新时代我国社会主要矛盾、实现"两个一百年"奋斗目标和中华民族伟大复兴中国梦的必然要求，具有重大现实意义和深远历史意义。乡村振兴是关系到我国是否能从根本上解决城乡差别、乡村发展不平衡、不充分的问题，也关系到中国整体发展是否均衡，是否能实现城乡统筹、农业一体的可持续发展的问题。

实施乡村振兴战略是健全现代社会治理格局的固本之策。社会治理的基础在基层,薄弱环节在乡村。乡村振兴,治理有效是基础。实施乡村振兴战略,加强农村基层基础工作,健全乡村治理体系,确保广大农民安居乐业、农村社会安定有序,有利于打造共建共治共享的现代社会治理格局,推进国家治理体系和治理能力现代化。乡村振兴战略,最重要的是五个振兴即产业振兴、人才振兴、文化振兴、生态振兴、组织振兴。

(1) 产业振兴。乡村振兴,产业兴旺是重点。产业是发展的根基,产业兴旺,农民收入才能稳定增长。习近平总书记指出:"要推动乡村产业振兴,紧紧围绕发展现代农业,围绕农村一二三产业融合发展,构建乡村产业体系,实现产业兴旺,把产业发展落到促进农民增收上来,全力以赴消除农村贫困,推动乡村生活富裕。"[1]乡村产业体系越健全,农民增收渠道就越通畅。要整体谋划农业产业体系,以农业供给侧结构性改革为主线,着眼推进产业链、价值链建设,推动一二三产业融合发展,实现一产强、二产优、三产活,推动农业生产全环节升级,加快形成从田间到餐桌的现代农业全产业链格局,形成一二三产业融合发展的现代农业产业体系。

(2) 人才振兴。乡村振兴,人才是基石。农村经济社会发展,说到底,关键在人。农民是乡村振兴的主力军,要就地培养更多爱农业、懂技术、善经营的新型职业农民。要通过富裕农民、提高农民、扶持农民,让农业经营有效益,让农业成为有奔头的产业,让农民成为体面的职业。要营造良好的创业环境,制定人才、财税等优惠政策,为人才搭建干事创业的平台,吸引各类人才返乡创业,激活农村的创新活力。

(3) 文化振兴。乡村振兴,既要塑形,也要铸魂。没有乡村文化的高度自信,没有乡村文化的繁荣发展,就难以实现乡村振兴的伟大使命。实施乡村振兴战略,要物质文明和精神文明一起抓,既要发展产业、壮大经济,更要激活文化、提振精神,繁荣兴盛农村文化。要把乡村文化振兴贯穿于乡村振兴的各领域、全过程,为乡村振兴提供持续的精神动力。

(4) 生态振兴。乡村振兴,生态宜居是关键。良好生态环境是农村最大优势和宝贵财富。要坚持人与自然和谐共生,走乡村绿色发展之路。要牢固树立和践行绿水青山就是金山银山的理念,落实节约优先、保护优先、自然

---

[1] "习近平等分别参加全国人大会议一些代表团审议",载 https://news.12371.cn/2018/03/08/ARTI1520515156555213.shtml,访问日期:2022年10月8日。

恢复为主的方针，统筹山水林田湖草系统治理，严守生态保护红线，以绿色发展引领乡村振兴。生态宜居是实施乡村振兴战略的重大任务。

（5）组织振兴。党的力量来自组织，组织能使力量倍增。基层党组织，是实施乡村振兴战略的"主心骨"。农村基层党组织强不强，基层党组织书记行不行，直接关系乡村振兴战略的实施效果好不好。习近平总书记指出："要推动乡村组织振兴，打造千千万万个坚强的农村基层党组织，培养千千万万名优秀的农村基层党组织书记，深化村民自治实践，发展农民合作经济组织，建立健全党委领导、政府负责、社会协同、公众参与、法治保障的现代乡村社会治理体制，确保乡村社会充满活力、安定有序。"〔1〕

中国共产党是领导我们事业发展的核心，毫不动摇地坚持和加强党对农村工作的领导，确保党在农村工作中始终总揽全局、协调各方，为乡村振兴提供坚强有力的政治保障，是乡村振兴战略成功的关键。消除贫困、改善民生、逐步实现共同富裕，是中国特色社会主义的本质要求。2018年12月19日至21日的中央经济工作会议指出，打好脱贫攻坚战，要一鼓作气，重点解决好实现"两不愁三保障"面临的突出问题，加大"三区三州"等深度贫困地区和特殊贫困群体脱贫攻坚力度，减少和防止贫困人口返贫，研究解决那些收入水平略高于建档立卡贫困户的群体缺乏政策支持等新问题。

从十九大提出实施乡村振兴战略，到《中华人民共和国乡村振兴促进法》的公布实施，乡村振兴及其法治保障一直是国内乡村振兴研究热点问题。乡村振兴战略的实施，为基层法治提出了新要求，为基层法治发展提供了新机遇，也为基层法治研究提供了新视角。构建促进乡村振兴的基层法治体系，完善基层国家权力的运行体制机制，维护农民权益和乡村社会公共利益，完善促进乡村振兴的各方面法律制度，成为基层法治的主要内容和基层法治研究的主要面向。全面建成小康社会和全面建设社会主义现代化强国，最艰巨最繁重的任务在农村，最广泛最深厚的基础在农村，最大的潜力和后劲也在农村。实施乡村振兴战略，是解决新时代我国社会主要矛盾、实现"两个一百年"奋斗目标和中华民族伟大复兴中国梦的必然要求，具有重大现实意义和深远历史意义。新中国成立以来，党中央、国务院都高度重视农业、农村

---

〔1〕 "习近平等分别参加全国人大会议一些代表团审议"，载 https://news.12371.cn/2018/03/08/ARTI1520515156555213.shtml，访问日期：2022年10月8日。

和农民的问题，而且长期以来农业也是我国的基础产业，解决了 14 亿人的吃饭问题。农业农村的改革事关国家社会经济稳定发展的根基，历年来，"中央一号"文件基本都会聚焦于"三农"问题，足以说明党中央、国务院在国家战略层面对"三农"问题的重视程度。农村土地是农业发展的基本生产要素，农村土地制度的改革是事关农业农村现代化改革成效的关键。农村宅基地也是农村土地重要组成部分，并且农村宅基地制度的改革对于农业现代化、产业化发展和农村社会经济改革与发展等具有重要战略意义。

为此，2013 年，党的十八届三中全会通过的《中共中央关于全面深化改革若干重大问题的决定》，提出"保障农户宅基地用益物权，改革完善农村宅基地制度"的战略构想。为后续农村宅基地土地制度改革奠定了思想基础。习近平总书记于 2017 年 10 月 18 日在党的十九大报告中提出乡村振兴战略。党的十九大把乡村振兴战略作为国家战略提到党和政府工作的重要议事日程上来，并对具体的振兴乡村行动明确了目标任务，提出了具体工作要求。党的十九大报告指出，农业农村农民问题是关系国计民生的根本性问题，必须始终把解决好"三农"问题作为全党工作的重中之重，实施乡村振兴战略。党的十九大报告把乡村振兴战略与科教兴国战略、人才强国战略、创新驱动发展战略、区域协调发展战略、可持续发展战略、军民融合发展战略并列为党和国家未来发展的"七大战略"，足见对其的高度重视。作为国家战略，它是关系全局性、长远性、前瞻性的国家总布局，它是国家发展的核心和关键问题。历年以来，党中央、国务院都高度关注"三农"问题。

自 2018 年以来，全国各界都吹响了实施乡村振兴战略的号角。2018 年，中共中央、国务院《关于实施乡村振兴战略的意见》发布，全面开启了新时代我国农业农村现代化改革的新篇章。"实施乡村振兴战略"最早由 2017 年召开的党的十九大提出，中共中央高瞻远瞩，提出了"实施乡村振兴战略"的重大部署。同时，这也表明"三农"问题是关系我国国民经济可持续性发展的根本性问题。2018 年 5 月 31 日，中共中央政治局召开会议，审议《乡村振兴战略规划（2018—2022 年）》。2018 年 9 月，中共中央、国务院印发了《乡村振兴战略规划（2018—2022 年）》，并发出通知，要求各地区各部门结合实际认真贯彻落实。党的十九届五中全会再次提出优先发展农业农村，全面推进乡村振兴。坚持把解决好"三农"问题作为全党工作重中之重，走中国特色社会主义乡村振兴道路，全面实施乡村振兴战略，强化以工补农、以城带乡，推动形成工农互促、城乡互补、协调发展、共同繁荣的新型工农城乡关系，加快农业农村现代化。要保障国家粮食安全，提高农业质量效益和竞争力，实施乡村建设行动，深化农村改革，实现巩固拓展脱贫攻坚成果同乡村振兴有效衔接。必要的配套性法律制度体系尚未形成，有待进一步加强完善。法律是国家治理的有效工具，国家治理的任何领域都有赖于法律制度的"刚性"约束和政策性规范的柔性指引。因此，基于乡村振兴战略，有必要进一步地完善相关基本法律制度框架体系和有关政策性规范的系统化。

实施乡村振兴战略，要坚持党管农村工作，坚持农业农村优先发展，坚持农民主体地位，坚持乡村全面振兴，坚持城乡融合发展，坚持人与自然和谐共生，坚持因地制宜、循序渐进。巩固和完善农村基本经营制度，保持土地承包关系稳定并长久不变，第二轮土地承包到期后再延长30年。确保国家粮食安全，把中国人的饭碗牢牢端在自己手中。加强农村基层基础工作，培养造就一支懂农业、爱农村、爱农民的"三农"工作队伍。实施乡村振兴战略是建设现代化经济体系的重要基础；实施乡村振兴战略是建设美丽中国的关键举措；实施乡村振兴战略是传承中华优秀传统文化的有效途径；实施乡村振兴战略是健全现代社会治理格局的固本之策；实施乡村振兴战略是实现全体人民共同富裕的必然选择。习近平总书记对实施乡村振兴战略的七个要求表现如下：

（1）加快发展乡村产业，乡村振兴，关键是产业要振兴。要鼓励和扶持农民群众立足本地资源发展特色农业、乡村旅游、庭院经济，多渠道增加农民收入。要加强易地搬迁后续扶持，因地制宜发展乡村产业，精心选择产业项目，确保成功率和可持续发展。要把群众受益摆在突出位置，从产业扶持、金融信贷、农业保险等方面出台政策，为农村经济发展提供有力支持。要加快发展乡村产业，顺应产业发展规律，立足当地特色资源，推动乡村产业发展壮大，优化产业布局，完善利益联结机制，让农民更多分享产业增值收益。

（2）加强社会主义精神文明建设，农村精神文明建设很重要，物质变精神、精神变物质是辩证法的观点，实施乡村振兴战略要物质文明和精神文明一起抓，特别要注重提升农民精神风貌。要推动乡村文化振兴，加强农村思想道德建设和公共文化建设，以社会主义核心价值观为引领，深入挖掘优秀传统农耕文化蕴含的思想观念、人文精神、道德规范，培育挖掘乡土文化人才，弘扬主旋律和社会正气，培育文明乡风、良好家风、淳朴民风，改善农民精神风貌,提高乡村社会文明程度,焕发乡村文明新气象。要加强社会主义精神文明建设,加强农村思想道德建设,弘扬和践行社会主义核心价值观,普及科学知识,推进农村移风易俗,推动形成文明乡风、良好家风、淳朴民风。

(3) 加强农村生态文明建设,新农村建设一定要走符合农村实际的路子,遵循乡村自身发展规律,充分体现农村特点,注意乡土味道,保留乡村风貌,留得住青山绿水,记得住乡愁。希望乡亲们坚定走可持续发展之路,在保护好生态前提下,积极发展多种经营,把生态效益更好转化为经济效益、社会效益。要加强农村生态文明建设,保持战略定力,以钉钉子精神推进农业面源污染防治,加强土壤污染、地下水超采、水土流失等治理和修复。

(4) 深化农村改革,解决农业农村发展面临的各种矛盾和问题,根本靠深化改革。新形势下深化农村改革,主线仍然是处理好农民和土地的关系。最大的政策,就是必须坚持和完善农村基本经营制度,坚持农村土地集体所有,坚持家庭经营基础性地位,坚持稳定土地承包关系。要抓紧落实土地承包经营权登记制度,真正让农民吃上"定心丸"。要深化农村改革,加快推进农村重点领域和关键环节改革,激发农村资源要素活力,完善农业支持保护制度,尊重基层和群众创造,推动改革不断取得新突破。

(5) 实施乡村建设行动,要结合实施农村人居环境整治三年行动计划和乡村振兴战略,进一步推广好的经验做法,因地制宜、精准施策,不搞"政绩工程""形象工程",一件事情接着一件事情办,一年接着一年干,建设好生态宜居的美丽乡村,让广大农民在乡村振兴中有更多获得感、幸福感。要实施乡村建设行动,继续把公共基础设施建设的重点放在农村,在推进城乡基本公共服务均等化上持续发力,注重加强普惠性、兜底性、基础性民生建设。要继续推进农村人居环境整治提升行动,重点抓好改厕和污水、垃圾处理。要合理确定村庄布局分类,注重保护传统村落和乡村特色风貌,加强分类指导。

(6) 推动城乡融合发展见实效。要把乡村振兴战略这篇大文章做好,必须走城乡融合发展之路。我们一开始就没有提城市化,而是提城镇化,目的就是促进城乡融合。要向改革要动力,加快建立健全城乡融合发展体制机制和政策体系。要健全多元投入保障机制,增加对农业农村基础设施建设投入,加快城乡基础设施互联互通,推动人才、土地、资本等要素在城乡间双向流动。要建立健全城乡基本公共服务均等化的体制机制，推动公共服务向农村延伸、社会事业向农村覆盖。要深化户籍制度改革，强化常住人口基本公共服务，维护进城落户农民的土地承包权、宅基地使用权、集体收益分配权，加快农业转移人口市民化。要推动城乡融合发展见实效，健全城乡融合发展体制机制，促进农业转移人口市民化。要把县域作为城乡融合发展的重要切入点，赋予县级更多资源整合使用的自主权，强化县城综合服务能力。

（7）加强和改进乡村治理。要夯实乡村治理这个根基。采取切实有效措施，强化农村基层党组织领导作用，选好配强农村党组织书记，整顿软弱涣散村党组织，深化村民自治实践，加强村级权力有效监督。要加强和改进乡村治理，加快构建党组织领导的乡村治理体系，深入推进平安乡村建设，创新乡村治理方式，提高乡村善治水平。

党的十九届六中全会提出：在经济建设上，我国经济发展平衡性、协调性、可持续性明显增强，国家经济实力、科技实力、综合国力跃上新台阶，我国经济迈上更高质量、更有效率、更加公平、更可持续、更为安全的发展之路。在全面深化改革开放上，党不断推动全面深化改革向广度和深度进军，中国特色社会主义制度更加成熟更加定型，国家治理体系和治理能力现代化水平不断提高，党和国家事业焕发出新的生机活力。2021年既是打赢脱贫攻坚战取得全面性胜利的收官之年，还是"十四五"规划的开局之年。如何继续推动乡村振兴战略从而带动农村地区经济社会朝着更好更快的方向发展就成为重要的议题。回溯历史才能更好地展望未来。乡村振兴战略的推进也是如此。要在总结有益经验，吸取失败教训的基础上探索如何依靠法治保证乡村振兴战略这艘大船朝着正确的航线前进。

目 录

CONTENTS

前　言 ·· 001

第一章　我国乡村法治文化的历史沿革 ·· 001
第一节　乡民自治的起源 ··· 001
第二节　乡规民约的发展 ··· 007
第三节　乡约的蜕变与启示 ·· 011
第四节　新中国成立后乡村治理与建设 ·· 013

第二章　乡村振兴战略法治保障的概述 ·· 023
第一节　实施乡村振兴战略的历史渊源与逻辑起点 ································· 023
第二节　乡村振兴战略的概念、性质及其特征 ······································· 028
第三节　法治是乡村振兴的保障基石 ··· 034
第四节　实施乡村振兴战略法治保障的具体内容 ···································· 038
第五节　乡村振兴战略法治保障的意义 ·· 045

第三章　实施乡村振兴战略的立法保障 ·· 057
第一节　法　律 ··· 057
第二节　行政法规 ·· 059
第三节　地方性法规 ··· 062
第四节　地方政府规章、部门规章 ·· 067
第五节　我国实行乡村振兴战略的立法现状 ·· 069

  第六节 各地优秀的地方性法规、政府规章及规范性文件解析 …………… 073

第四章 实施乡村振兴战略的执法保障 ……………………………………… 080
  第一节 乡村社会执法机构及队伍建设 ……………………………………… 080
  第二节 乡村法治建设及普法状况 ………………………………………… 084
  第三节 村规民约在乡村社会治理的功能与作用 ……………………………… 096
  第四节 涉及乡村社会的行政执法典型案例解析 ……………………………… 102

第五章 实施乡村振兴战略的司法保障 ……………………………………… 112
  第一节 乡村的司法保障机构及队伍建设 ……………………………………… 112
  第二节 乡村社会司法救济途径及乡民的维权意识 …………………………… 120
  第三节 涉及乡村社会的司法案例分析 ………………………………………… 128

第六章 实施乡村振兴战略法治案例汇编 ……………………………………… 136
  第一节 立法案例 ……………………………………………………………… 136
  第二节 检察案例 ……………………………………………………………… 152
  第三节 法院判例 ……………………………………………………………… 165

第七章 我国实施乡村振兴战略先进地区的考察与启示 ……………………… 176
  第一节 考 察 ………………………………………………………………… 176
  第二节 启 示 ………………………………………………………………… 191

第八章 我国实施乡村振兴战略法治保障的展望 ……………………………… 197
  第一节 脱贫攻坚与乡村振兴的衔接 …………………………………………… 197
  第二节 实施乡村振兴战略的法治化 …………………………………………… 206
  第三节 实施乡村振兴战略的法治体系完善 …………………………………… 212

参考文献 ……………………………………………………………………………… 216
附 录 ……………………………………………………………………………… 224
后 记 ……………………………………………………………………………… 385

第一章 我国乡村法治文化的历史沿革

第一节 乡民自治的起源

自我国进入文明社会以来，如何将"乡土中国"这样一个幅员辽阔、人丁兴旺的国家治理得井井有条，除了事关乎广大普通乡民的日常生活之外，也与我国古代自秦汉以后建立的专制政治体系的稳定性和封建地主阶级统治的有效性相联系。所以，不论是参加科举试图报效国家的各级官员，还是隐于市朝的文人雅士以及散落乡野拥有一定社会影响力的地主乡绅，找到一个适于当时社会实际需要的治理古代社会最小统治单位——村族的方式，是他们共同的奋斗目标。到了宋明时期，乡约作为一种比较典型的基层治理范式开始在我国传统社会浮现。许多研究者都把乡约称为古代中央集权社会背景下的一种超越性的治理实践。乡约不仅揭示了中国特别的基层治理范式，而且使得以孔子为代表的儒家的中国传统乡治模式得以接续。宋明乡约治理乡村基层事务的成效，体现出传统中国治乡方案的历史进程与社会实际。[1]

中国以农耕文化为主的社会基层治理的主要手段以及价值体系自乡约问世以来就被其近乎完美的代表，时至今日在社会整合和村民成员的教化方面农村地区的传统乡约乡规仍然发挥着积极的作用。据相关资料考察，中国古代最早的一部成文乡约是于北宋熙宁年间（1068~1077 年）在陕西蓝田成书的《吕氏乡约》，中国古代村民自治的历史也由此展开，一套相对完整的乡村礼俗秩序以及道德规范体系也蕴含其中。

《吕氏乡约》在蕴含着儒家修身、齐家、治国、平天下的政治抱负的同时，也包含着当时的硕儒张载在程朱理学的基础上扬弃发展儒家理论而创造

---

[1] 张君劢：《新儒家思想史》，中国人民大学出版社2006年版，第45~46页。

的"礼学"的要求。除此之外，流行于当时儒生之中经世致用的思想理论也被《吕氏乡约》的组织者——关中儒生吕大钧兄弟与民间与保持乡间和谐稳定所必需的自律、互助、守法等需求相结合，融会贯通，创建并试行了以"约"为单位的社会组织，制定了乡约。其有效实施是通过村民们的自愿参与以及集体约束来实现的，后期加入了"保甲、社仓、社学"，形成了"一纲三目""一虚三实"相互为用的状态。

由于汉代的文化思想经历了"罢黜百家，独尊儒术"的改革，而儒家文化又以礼仪教化为首要要义，所以在经历了儒家文化的熏陶之后，汉代以后的中国社会基层的治理模式已经由法家"以法治民"转向了儒家的"以礼治民"，转向了以习俗教化养成的"礼"为主要的基层治理手段。中国人尊奉"礼治"，礼俗力量能够潜移默化地影响百姓的思想和行为，这种礼治倾向在我国古代最为典型的地区就是男耕女织的乡村地区，传统的乡村秩序就是一种"礼治秩序"。[1]首先，《吕氏乡约》中的礼治与周代的"读法"有着深远密切的关系，《周礼·地官·州长》有论，"各属其州之民而读法，以考其德行道艺而劝之，以纠其过恶而戒之"，[2]此处所说的"读法"本来指的是对法令进行宣读，但地方官员的职责并不是单一的，除了应履行其行政职责之外，还应对民众的教化负有责任和义务，各个乡民的德行和道艺都要被地方官员考察，如有问题，地方官员应加以管束，同时还要纠正错误和恶行，施以惩戒。[3]这表明，"读法"具有行政指令和道德教化的双重含义。另外来讲，传统的儒家学说较深层次的思想文化核心对于这种礼治秩序也有很大的启发。因此，大力推举礼治在农村社会正常秩序中的作用这一特点，表露了《吕氏乡约》蕴含着深厚的儒家礼俗文化。这种"礼治秩序"的显著特点即为"国权不下县，县下惟宗族，宗族皆自治，自治靠伦理，伦理造乡绅"。[4]《吕氏乡约》是儒家学说融汇运用到古代农村村民管理之中的历史创造性尝试，其中所蕴含的儒家礼治思想理论，为以关中蓝田吕氏兄弟为代表的封建士大夫阶级所倡导的乡治理念的塑造和实施提供了理论基础上的正当性。

---

[1] 费孝通：《乡土中国　生育制度》，北京大学出版社1998年版，第31页。
[2] （清）孙诒让：《周礼正义》，王文锦、陈玉霞点校，中华书局1987年版，第57页。
[3] （清）孙希旦：《礼记集解》，沈啸寰、王星贤点校，中华书局1989年版，第42~66页。
[4] 秦晖编著：《传统十论——本土社会的制度文化与其变革》，复旦大学出版社2003年版，第87页。

《吕氏乡约》是在宋代儒学向理学转变发展的新趋势以及责任意识开始在乡绅士大夫阶层逐渐觉醒的双重因素推动下的产物。这一蕴含着"协议"的理念,完全独立诞生于我国乡土的治理方式,将中国古代乡村社会的治理之路创造性地带入了新的境地。《吕氏乡约》将中国乡村社会中那些口口相传、世代遵循但并没有形成书面形式的习惯祖训进行了概括性的规定,其现实实行在很大程度上填补了魏晋以来乡村社会教化缺位的短板。"德业相劝、过失相规、礼俗相交、患难相恤"四条目用通俗的语言规定了处理乡党关系的基本准则和乡民安身立命的行为规范,不仅使乡村社会的治理有了可以共同遵循的礼俗和道德标准,而且为后世乡约的进一步发展奠定了历史性文本基础。

"德业相劝、过失相规、礼俗相交、患难相恤"四条核心约文和相关组织与赏罚制度,构成了《吕氏乡约》的主体组成部分。

其中"德业相劝"条曰:"德,谓见善必行,闻过必改。能治其身,能治其家,能事父兄,能教子弟,能御僮仆,能事长上,能睦亲故,能择交游,能守廉洁,能广施惠,能受寄托,能救患难,能规过失,能为人谋,能为众集事,能解斗争,能决是非,能兴利除害,能居官举职。凡有一善为众所推者,皆书于籍,以为善行。""业,谓居家则事父兄,教子弟,待妻妾;在外则事长上,接朋友,教后生,御僮仆。至于读书治田、营家济物、好礼乐射御书数之类,皆可为之。非此之类,皆为无益。"[1]《吕氏乡约》关注民间生活的"合理性"转化,此处的"理"即宋明儒之"天理"。

为了促成古代社会生活由人与人的私转向公的和谐与良善"合理化"的价值目标,两宋时期的理学家们在将"理"作为社会生活与政治生活的普遍性原则的基础上辅之以"礼",使两者主次配合,共同发挥作用。在古代社会,由于经济基础是自给自足的自然经济,再加上地域辽阔,就导致律法不能很好地调整农村地区的纠纷。由此,约文中的"德"就成为地处乡村基层中的人们所需要的,具体化的"理"也伴随着乡约这一自下而上的趋向"合理"的趋势所体现。从"修身"提升个人品德修养到对社群公共生活的参与转变以及由齐家庭、到齐家族、齐地域层进递加的转化,这些变化真实地揭示了规约和法则这两者交融所形成的生活方式——礼,对公共意识的培养。虽然提出了营家济物的价值取向,但仅围绕伦理生活的范围,没有更多的延

---

[1]《蓝田吕氏遗著辑校》,陈俊民辑校,中华书局1993年版。

伸至人的利益需求仍然是《吕氏乡约》难以忽视的瑕疵，这使得它仅关注道德教化而难以确切实践。

为了使人能远离人性之恶，乡约的"过失相规"从犯义之过、犯约之过、不修之过等几个方面进行了详尽的阐述："过失谓：犯义之过六，犯约之过四，不修之过五。"[1]相对德业相劝，过失相规是从相反方面对人的日常行为作出规约和惩罚，引导人自我约束，其着眼点在于地区、社群的民间事务而并不涉及国家政治，这是《吕氏乡约》民间性质的体现。

对人的婚丧祭祀等日常礼仪活动，"礼俗相交"作出了详尽的规范："凡行婚姻丧葬祭祀之礼，《礼经》具载，亦当讲求。如未能遵行，且从家传旧仪。甚不经者，当渐去之。"[2]表露了注重讲求实际情况，反对铺张浪费的价值倾向。此处所言礼仪相对简单，但对于关于详细的日常人际交往和事务的相关规范，后有乡仪部分进行了规制。"不仅会使乡里生活井然有序，而且也使每个人都能找到符合其身份的行为方式和表达方式。"[3]儒家之礼通过乡约这个代理，不仅对个人私人生活领域进行了调整，还进一步扩大到"乡里"这样一个公共社会领域的自觉以及对乡村生活关系和交际理性的关注，从而具有了民间秩序、制度以及法度的意义。同时，婚丧祭祀等礼的实践，也有助于消除人与人的隔阂和培育人与社会之间的温和情感。

"患难相恤"条，其中有水火、盗贼、疾病、死丧、孤弱、诬枉、贫乏[4]等，涉及关涉民生的灾害、医疗、救助、慈善等七个方面。儒家以仁义礼信理论为核心的社会援助系统的建立是《吕氏乡约》除了倡导通过乡民品德教化构建和谐社会生活的公序之外隐含的更大的目标，这也是对当时的大儒张载"民胞物与"思想的实践探索。儒家学者对社会民生问题的关注也在《吕氏乡约》民间社会互助理念中有所体现，这也显示了现代社会管理理论对乡约等古人智识的扬弃："《吕氏乡约》的基本理论，和现代的社会理论，非常接近。"[5]以上四条规约，把儒家的道德要求与具体社会生活联系起来，具有清晰和可操作的特点。

---

[1] 《蓝田吕氏遗著辑校》，陈俊民辑校，中华书局1993年版。
[2] 《蓝田吕氏遗著辑校》，陈俊民辑校，中华书局1993年版。
[3] 陈来等：《中国儒学史（宋元卷）》，北京大学出版社2011年版，第21页。
[4] 《蓝田吕氏遗著辑校》，陈俊民辑校，中华书局1993年版。
[5] 杨开道：《中国乡约制度》，商务印书馆2015年版。

从整体来看,《吕氏乡约》的内容主要通过传统的儒家的价值体系来进行品德教化,同时以制度约束为辅来进行乡风礼教培养,它在最大程度上将繁文缛节进行去除,将儒家核心伦理精神加以具态化,以图达到将之变成能够胜任乡村治理的现实化的规约,从而指导教化民众的行为。儒家学说传统的仁义、伦理以及礼教等价值观念被吕氏兄弟通过一系列的举措成功地落实扎根、走入百姓,使儒家的德治伦理在村民自治中的价值得以显现为乡民所体会,使之内化于心外显于行,形成隐性法则,在乡里生活中起逻辑主导作用。因此,乡约就是儒家伦理道德在乡村社会治理中的重要应用实践,并产生了道德教化民众,乡村民众自我治理,社会冲突矛盾调解等多方面的作用。[1] 传统儒家强调修身、齐家、治国、平天下的教化民众实现途径,吕氏兄弟不仅以礼修身、以礼齐家,同时深刻影响了参与乡村社会治理的普通民众,实现道德教化也是以礼推行,传统儒家所倡导的正是这种教化实施路径。[2] 乡约的治理目标主要为通过宗族村落等组织对乡民进行德行教化进而达到村落自我管治,最终达到乡村安宁和谐、邻里关系融洽。

作为我国封建时期乡约历史起源的一部村民自治的公约,《吕氏乡约》中所谓的"约"的组织其与宗族和基层行政单位的相关性是较低的,在组织的加入上其类似于"白莲教",是由乡民自愿承诺加入的非政府组织,乡约的"乡"与现在行政区划的含义大不相同,主要指乡野、乡村等自然居住区,其组织形式特别,小范围约束力强,有许多不容忽视的特点:

(1)非政府性。在进行一些如户口登记、徭役征收以及公共安全等方面的管理工作时,配合政府的基层政权组织在任何时期都是必不可少的。像《吕氏乡约》规定的那些老百姓自己的事,政府组织有时也会涉及,但一般不会将其作为主要的职责。婚丧病痛、天灾人祸等事情是平民百姓在日常生活中常常遇到的足以将其压倒的事情,另外还有较为重要的品德行为的教育等,这些于民来说胜于天恩的事情封建行政组织却很难真正有所作为,这就使得民间自治组织有了萌生的土壤。吕大忠说:"人之所赖于邻里乡党者,犹身有手足家有兄弟,善恶利害皆与之同,不可一日而无之,不然则秦越其视,何

---

[1] 刘学智:"理学视域下的《吕氏乡约》",载《陕西师范大学学报(哲学社会科学版)》2018年第3期,第19~26页。

[2] 谢长法:"乡约及其社会教化",载《史学集刊》1996年第3期,第53~58页。

与于我哉！"[1]这说明邻里乡亲、兄弟手足内部善恶价值观念以及利害目标相同，这种同荣俱损的既非法律规定又不是道德准则，而是出自伦理信念自我约束的机制，在吕氏兄弟编写《吕氏乡约》之时，无疑进行了充分考量，他们试图通过"入约"民众的互相帮扶、矛盾调解来达到乡野基层环境的品德提升、患难救助以及安全保障的目的。它是一种非政府组织，但在地处对西夏前沿，民众生活环境极差的当时，"约"组织的社会作用不啻是为政府的维稳工作雪中送炭。这是蓝田吕氏的一项发明，或为古代民间组织的滥觞。

（2）社会认同度高。由于《吕氏乡约》不仅将流传千载的儒家思想内涵和社会道德传统进行了总结吸收，而且又为其注入了张载所发展的义理学说的内容，因此其不仅仅是民间组织的公约，而且是儒家思想和张载学说相结合的产物，再加上吕氏兄弟所代表的士大夫阶级的躬身引导，《吕氏乡约》具有了相当程度的社会号召力和认同感，产生了强烈的激励与凝聚同约成员的力量。在这里需要强调一下吕氏的带头作用。史载吕大钧"潜心玩理，望圣贤凯期可到，日用躬行，必取先王法度以为宗范。居父丧，衰麻、敛、奠、比、虞、袝，一襄之于礼。已，又推之冠婚、饮酒、相见、庆吊之事，皆不混习俗"。在按儒家传统规矩行事这一点上，他们哪怕是兄弟之间也一丝不苟，他的行为也就是各位兄弟的共同行为。这样严格要求下的家庭关系，可以想见是长幼有序，男女有别，尊卑不杂，和睦相亲，对于这样的家庭、兄弟，乡人无疑是信赖的。《吕氏乡约》由于约中人钦佩学习吕氏兄弟的良好行为，从此摒弃陋习，争相效仿，进而成了人们行为的道德准则和行为规范，具备了极高的社会认同。

（3）贴近生活，简便易行。《吕氏乡约》提出的都是一些关乎民众思想道德，日常生活的事项，绝没有照搬繁难深奥的理学概念和教条。由于其条约内容表述通俗，包含范围广并且可实践性强，所以，如果约中人愿意的话，按《吕氏乡约》的要求行事并非不可能，并且几乎每一个人都可以做到。正如我们所知，能够产生较大感染力的往往是简便切实，出现在人们日常生活中的通俗且亲民的事物。两宋时期百姓生活中所缺乏的"纲常理念"被以张载为代表的理学家们从儒家学派中总结了出来，将这些阳春白雪的理学思想以通俗的方式普及到乡野山民之间便是蓝田吕氏兄弟编写乡约的重大作用。

---

[1]《蓝田吕氏遗著辑校》，陈俊民辑校，中华书局1993年版。

（4）约束力强。自古以来，家族宗法对个人行为的约束力在基层社会一直占据着重要的位置，到两宋时期仍是如此，以家族为节点是当时社会最明显的特征。政府对基层社会的控制工具伴随着中央集权的加强，国家控制力蔓延到乡野基层，变为了以品德教化以及法制宣传为主。《吕氏乡约》中的"乡"是由一个一个的家族组成的，吸收了传统家族管理的经验和元素，约文中的所有规定均不违反国家法制。强制性与刚性深刻地烙印在了当时政权组织的社会基层管理与教化机制当中。除了包含来自家族、社会、功德三个层面的约束机制之外，《吕氏乡约》身后还依靠着政府教化的无形压力。虽然看起来它只有传统的如劝诫、罚款以及断绝联系这样的柔性制裁方式，但与之前的基层管理方式相比，其约束机制更多、约束力也更强。

家族宗汰意识形态与儒学的仁义伦理学说组成了《吕氏乡约》的精神内核，其目的是希望以通俗化的儒教礼义为内核辅之以吕氏兄弟的身体力行，最终使蓝田的风气愈发向善，经过施行，其不仅达到了最初的目标，还使"关中风俗为之一变"。由此可见《吕氏乡约》在当时对乡村秩序的和谐化有序化起到了很大的正面作用，就连当时的理学硕儒张载都称赞"秦俗化之和叔有力"。此外，南宋的新儒学的代表人物朱熹对其进行丰富补充发展为了正统教材，明朝心学家王阳明效仿其制定《南赣乡约》等，都充分显示了《吕氏乡约》的巨大历史意义。

第二节 乡规民约的发展

南宋时期，乡约对于乡野基层社会的意义被当时的儒学家朱熹所观察到，朱熹在继承《吕氏乡约》核心思想精神内涵的前提下，对其补充发展重新编写，使之具备了更广阔深邃的理论视野，"经过修改，乡约文本不仅得到了完善，而且完成了从个别到一般的转变，达到了通行及普遍适用的水平。再加上朱熹后来的影响，乡约才得到广泛推行"。[1]经过朱熹增删修改过后的乡约很明显地具有理想与现实相结合的一般适用性，但其却体现了道德礼法与国家权力之间矛盾的调和，是政治、法律妥协的产物。

明朝建立后，明太祖朱元璋首创老人制，为了教化乡民还在乡野之中设

---

[1] 参见杨开道：《中国乡约制度》，商务印书馆2015年版。

立申明亭来教化乡里、淳化民风，明朝统治者希望以此来继承接续中原文明的传统血脉，到了明成祖时期，蓝田《吕氏乡约》更是通行天下，乡约组织也于民间开始逐渐增多。乡约这一社会基层规制模式进入发展的高峰期是在明嘉靖八年（1529年），彼时乡约在明朝政府统治的全国范围内被大力推行。除了以上官方措施，根据现存史料，民间士人也曾致力于乡约实践，如大儒王阳明、聂豹、罗钦顺、吕坤、刘宗周、陆世仪等，他们都曾结合所学在任职地区推行过乡约，从理论和实践上对乡约这种基层治理方式加以完善和落实，明代的这种理论与实践相结合的乡约推行范式行之有效，也因此成为后世乡村治理的典范模式。乡约在明朝得到较大发展，与整个明朝社会生活环境松弛，科举人才辈出，儒家德治仁义观念在全社会盛行是有很大的关系的。

于明朝时期诞生的乡约由于几乎都有政府介入的影子，所以其在内容上也含有对官方政策的一些细化和分解，再加上其民间性质也令其具有了与当地的社会经济和组织群体的实际情况相结合的条件，使得乡约可以因地制宜、因人制宜对政策进行解读细化以适应千变万化的社会实际情况，这也是乡约内涵的拓展与延伸。具体的如明正德年间（1506～1521年）的江西《南赣乡约》、隆庆年间（1567～1572年）的徽州府祁门县文堂《陈氏乡约》、万历年间（1573～1620年）的婺源县沱川《余氏乡约》和福建泉州府的《惠安乡约》等，这些在明朝中期官方倡导下所建立的乡约，在其具体操作执行中，不同地区的乡村都因地制宜地制定了一些细化便宜的乡约条款，这些乡约都显示出了各自不同的地域特点与差异。通过乡约的倡导和实施，国家意志变成了乡民的实践，国家和乡村社会亦借此实现了良性互动，这一社会实践本身即具有乡约最鲜明的本质特征。

乡约从"民办"走向"官办"的一个重要标志就是王阳明的《南赣乡约》。《南赣乡约》的颁布是明朝大儒心学的代表人物王阳明在巡抚赣南时期进行的。自此，乡约由民向官的先河彻底开辟而出，这一做法将乡约这个民间自治组织与当时国家行政的基层编制保甲补充融合，典型的如王阳明的保甲法，吕坤作《乡甲约》，两者目的皆在此处，这一行为也潜在地使得"约"这一民间组织的性质转为了官方主导下的整体建制。这一变化使得乡约为官方所确认、支持并推行，更深层次地使得其更强调了教化与管制，同时忽略了乡约原本提倡的个人的自觉和互助的性质，退化为了维护专制集权、控制社会的工具，自然而然地就封闭了原有的对人性自觉的提倡和基层社会的创造力与活力。

随着官方势力对乡约的介入越来越多，地方官员以及政府逐渐成了官办乡约的坚实后盾，虽然这使得乡约的约束力不断被强化、管辖范围也在不断扩大，有了士人政治精英和基层政府的加入，也使得乡约的实施效果有了较为稳定的保证。但另一方面，乡约的自治性、自主性和民间性则相对减弱。地方政府对于乡约的提倡与推行，一方面使得零星分散、人口总数较少的松散的古代村落社会成员都能够"入约"；另一方面官方政令与民间约法的补充结合也能够在一定程度上保证对违反两者的不法之徒予以严厉打击。"本来乡约的功效，只在教化的正面，只是防患于未然，……过而不改，只有依法办理，南赣乡约的强迫，不能说没有相当的意义。"[1]确实如以上所说，具有较大强制性地加入了政府背景的官办乡约能够保证不法之徒得到应有的惩罚，从而达到传统乡约所追求的组织教化、净化内部舆论以及维护乡野秩序底线的目的。

到了明代中后期，吕坤作为官办乡约的代表人物，对于官府对乡约的监督格外重视，为此他还专门安排了对于士绅等乡约领袖的培训。为了更好地推行乡约，吕坤规定挑选"年长老成善为讲说者"作为乡约培训教师，令这些教师熟练掌握乡约规条后分赴各地对其约中首领进行培训，"一约只住二日，将约中事体尽令正副讲史、甲长人人明白、个个通晓"，本约培训完成后再换至下一乡约开展培训。[2]经过一定时间（最多不超过2个月）的培训，官府会对参加培训的乡绅进行抽查检验，最后会按照考核结果对其训导师傅及其本人进行奖惩，此外效仿皇帝对臣子的监察，吕坤在乡约的管理上也设立了暗访制度。在上述种种官办乡约的治理措施中，我们可以发现官府强制力对于乡村社会治理的明显主导作用。吕坤曾在其《实政录》中专门讲道："乡甲之约，良民分理于下，有司总理于上。提纲挈领，政教易行；日考月稽，奸弊自革。……故得千良民不如得一贤守令。"[3]换句话来说，虽然政府对于乡约的主导在一定程度上保证在基层治理上，能更好地发挥乡约的作用，但是对于乡村组织的创造力与活力却有了很大的束缚。

---

[1] 杨开道：《中国乡约制度》，商务印书馆2015年版。
[2] （明）吕坤：《实政录》卷三，"查理乡甲"篇，中华书局2008年版，第988页。
[3] （明）吕坤：《实政录》卷五，"乡甲事宜"篇，中华书局2008年版，第1070页。

清朝统治者入关之后，为了维护统治的稳定，继承了明朝的乡约、保甲、社仓、社学等制度。但也对其进行了一些相对适应的改革，他们让四者互不关联，各有主管，结果导致了"提倡愈甚，效果愈少，弊端愈多，结果成为乡约的致命伤"。清朝将乡约与保甲、社学等分开提倡，破坏了明朝士人对乡野基层管制秩序规划的整体性以及稳定性，从而使之破碎不堪，乡村工作难以进行。中国乡村基层组织到了清朝末年，近乎回到乡约出现之前的状况，乡约空有宣讲，保甲空有门牌，社仓少而无谷，条件恶劣触目惊心。这些的结果最终就导致最高统治者与基层民众再无直接联系，各层官吏挡在两者之间，民意无法被皇帝知悉，圣心也难以被人民感知，这样的统治与明朝士人治理下的乡约组织相比更加令百姓陷入苦难。更令人担忧的是，清代乡约的直接倡导者由士人转为最高统治者皇帝，所以乡约的民间性也就由此彻底消失，转向为政府控制奴役百姓的工具，至于非官方的乡约形态则被称为"白莲教"等反动组织。

　　清朝入关后的第一位皇帝清世祖顺治时期便将明太祖的"圣训六谕"颁布全国各省，开始采用乡约制度，在顺治十六年（1659年），又颁行命令，让各省城督抚等对圣训六谕进行宣讲，后规定每月朔望为固定日期。至清圣祖时期，康熙的"上谕十六条"颁行天下使朱元璋的"圣训六谕"毫无用武之地，并结合《宣讲拾遗》《圣谕像解》等多种布满神道设教的言语的宣讲材料成为乡约的中心。雍正二年（1724年）《圣谕广训》出台，系将上谕十六条逐字解释补充而成，成书之后，《圣谕广训》便成了清朝唯一的乡约宣讲材料，并且在此之后，清朝乡约便再无新的举措，只是重新表达《圣谕广训》的内容，让各地好好遵循。根据杨开道统计，从清朝入关至清朝末期光绪年间，在这总计200多年的时间里，关于乡约的圣旨，清朝统治者共颁行了32道左右。与明朝相比是大为频繁，这一方面表露出清朝统治者对乡约的重视，这也间接反映了清朝乡约具体取得的效果并不很好。此间乡约虽然可能会有启发民智的益处，但深层次的根源在于，"乡民组织的乡约，已经变成了民众教育的宣讲，人民自动地规劝，变成政府钦定的规劝了"。因此，虽然清朝时期有不少地方管理者提倡乡约，希望以此开化百姓，甚至有的取得了较好的成绩，但都是蕴含着控制民众，使民归附官方的内在思想，并且没有丝毫放宽其民间成分。因此，乡约于清朝背离乡民自治，堕落为圣谕思想传播的工具，是无可辩驳的事实。

晚清政制改革在致力于建立县乡两级基层行政体制的同时，试图仿效近代日本维新变法的经验，遵行官治与自治相辅相成、自治乃"助官治之不足"的地方自治主旨，[1]在推行地方自治改革的过程中，更要深入发掘中国的乡绅自治文化。按照清政府的安排，拟于预备立宪"第六年城镇乡地方自治一律成立，[2]厅州县地方自治则限年内初具规模；第七年厅州县地方自治一律成立"。但是从全国试行自治的情况来看，效果并不理想，各地推行自治的进度各不相同，效果差异也巨大；中央政府颁布的《城镇乡地方自治章程》（1909 年 1 月 18 日）和《府厅州县地方自治章程》（1910 年 2 月 6 日）的施行状况亦不理想。基于以上原因，在清政府瓦解后，中华民国大总统袁世凯便对地方自治的政策进行了搁置。

但是，由于国内外的政治环境的影响，以及其他因素的考量，1914 年 12 月，地方自治的政策再次被袁世凯重启，并颁布了《地方自治试行条例》。随后，《县自治法》《市自治法》以及《乡自治法》于 1919 年 9 月 7 日、1921 年 7 月 3 日分别颁行。到了北伐胜利后建立的南京国民政府时期，其"训政"时期的主要任务之一就是以县（市）等为单位的地方自治，于 1929 年 6 月 5 日和 1930 年 5 月 20 日分别颁布了《县组织法》以及《市组织法》。但是，政府主导加乡民补充的二元乡间治理的模式无论是晚清还是民国始终没有改变，乡村自治也一直是官方与民间融合其中，官主民次结为一体。政府始终主导着乡村社会自治体系的构建，地方自治缺乏独立存在的地位。[3]

第三节　乡约的蜕变与启示

"为政以德"是发源于儒家学派的中国传统的政治哲学，在道德层面，宋以前儒家提倡修身，提升自己的品德修养，到了宋朝，道与天理被礼学家奉为儒家的道德哲学的核心价值，并逐渐成为当时的主流价值观念。然而，这

---

[1] 故宫博物院明清档案部编：《清末筹备立宪档案史料》（下册），中华书局 1979 年版，第 725 页。

[2] 故宫博物院明清档案部编：《清末筹备立宪档案史料》（上册），中华书局 1979 年版，第 61～66 页。

[3] 陈心柏："自治法草案评议"，载王建学编：《近代中国地方自治法重述》，法律出版社 2011 年版，第 280 页。

些理论取向却难以真正流向分散的基层乡民之中,此时,乡约的出现便很好地解决了这个问题。乡约将儒家的伦理价值观念进行通俗化转化,并结合基层社会的特征形成了开创性的"约"的治理模式,其出现自身也体现出了基层民众的道德与理性的自觉。其次,乡约出现也填补了传统的专制统治中"最后一公里"的缺失,将家与国更彻底地结合在了一起,完善了传统社会观念里对公共领域的忽视和一些规则的散乱,正是基于此,乡约也使得个人道德意识与公共意识的培育不再只是空谈。但是,这种倾向伴随着官方统治者对乡约事务的插手而重新归于平淡。当乡约由民间自发组建变成了官方介入甚至亲自修订,乡约所体现的自下而上的经典特征就被埋没了,这就实质上打压和抑制了人民的自觉性以及参与公共事务的积极性,从《周礼》的读法之典到清朝的宣读圣谕莫不如此。在如此转变中,乡约性质的蜕变不可避免,这意味着乡约的民间性、自觉性、自治性、公共性、组织性、人文性等精神的衰减。

作为一种民间自治互助的制度规范,乡约与法律在根本上是没有冲突与矛盾的,其反而能够补充与完善现实的法律制度。但是,这却并不适用于在古代黑暗的专制政治体制下的法律体系之下,因为其缺少像现代法律体系一样的正确的法律,因而在古代并不能使乡约与法律相和谐并使乡约合理合法,因为其并没有合法的正当性基础。因此,依法处理好国家法令与乡约的关系以及推进法治本身的建设是发掘出以乡约为代表的古人乡村治理经验的现代价值的基础,而今天我们提倡与推崇法治可谓是乡约发展的黄金时期。现今我国推动基层社会治理改革也应当吸收学习乡约的积极层面,调动基层人民的积极主动性,倡导民主,信任人民的智慧,引导人民自我调适与创造。此外社会秩序的稳定不是只依靠乡约所提倡的道德宣讲就可以的,还应当依靠法律以及政府的政令等,只有道德力量是行不通的,除了以上外部强制力,我们还应当积极调动人的自觉和理性的因素。在今天,乡约内在地对于人们内心的良善禀赋以及自我完善的肯定,正是基于此,现如今诸如宗族乡约化过程中等我国民间社会的稳定中我们仍能发现乡约的影子,这对于当今我国基层政策的制定是具有借鉴意义的。乡约对于民间社会风尚的良好引导作用以及其具有的维护基层社会、增强民众凝聚性的积极作用皆是其调动了民间以及个人的积极参与。借鉴和利用乡约等古代社会治理经验,有助于当下社会善治的实现。

第四节　新中国成立后乡村治理与建设

在当代中国，乡村社会治理与法治发展内在地显现了正规化的国家规则制度与来自乡土基层社会的非正规形式的法则与法理的交织运动的过程，是一个正式与非正式的治理机制的对立统一关系的独特反映，具有自身独特的历史品格。因此，大量分布于乡村基层社会中的乡村自治结构以及乡村自治体是现今农村社会治理与法治发展的决定性因素。我国现代的乡村自治与社会秩序的重塑与新中国的历史进程是一同发展进行的，经历过极其不平凡的历程，同时对中国的法治现代化也具有极其重要的影响。

在新中国成立之初，含有社会主义性质、辐射范围广泛的农业合作社以及人民公社这种具有政治性质的组织为了适应社会主义共和国的国家性质以及社会法权的要求而被广泛建立，这就导致国家公共权力无形地深入到了乡村基层社会的各个领域，村民自治缺乏其存在的社会政治基础。党的第十一届三中全会于1978年召开，这次全会不仅为我国总体的经济政治发展提供了广阔的空间，也为我国基层乡村自治提供了坚实的基础。到了1982年，完全基本没有国家政治因素插入的基层农村政治体制被写入了根本大法《宪法》[1]。随后为了将乡村自治行为纳入规范法治化的道路，我国于1987年试行1998年修订到了2010年再次修订了《村民委员会组织法》来对其进行规范。2017年中国共产党十九次代表大会的召开提出了"健全自治、法治、德治相结合的乡村治理体系"的战略性任务，使得乡村基层制度获得了新的时代活力，例如为了配合乡村振兴战略正常实施，2018年我国修正了《村民委员会组织法》。这充分表明新时代的国家与乡村的关系正在经历深刻重塑的过程，乡村治理与自治发展迎来了历史性机遇。

一、新中国成立初期的乡村治理与建设

1949年新中国成立，稳步实现国家机构的与制度的恢复与重建，以稳定社会经济秩序是当时的首要任务。在这一时间段进行的土地改革、落实婚姻

---

[1] 本书所涉我国法律、法规，直接使用简称，省略"中华人民共和国"字样，全书统一，后不赘述。

法以及农村农业合作化运动对于当时农村基层社会秩序的构建产生了重要影响。为了彻底实现我国农村居民"耕者有其田"的千年夙愿，新中国成立初期在农村领域我国掀起了土地改革运动。这一制度将传统的封建地主土地所有制进行了彻底的革新，转为了将所有权归还于民的农民土地所有制，为新中国乡村治理的探索提供了新的经济基础与社会基础。为了推动社会关系进一步变革，彻底废除封建的家庭伦理秩序，为建立新的农村社会经济秩序奠定了更稳定的社会环境基础，我国还进行了轰轰烈烈的贯彻《婚姻法》的运动，来确保我国第一部《婚姻法》的实行。

在我国农村治理现代化的进程中另一个创造性的探索便是农业合作化运动，人民公社体制则是农业合作化运动的历史产物，这又称为农业的社会主义改造，是中国农村基层社会制度领域的一场深刻改革。在1955年中共七届六中全会发布了关于农业合作化的文件之后，[1]1956年农业的社会主义改造便基本彻底完成，并颁布了关于农业合作化生产的两部法律，使得农业合作化的道路有了更坚实的基础，到了1958年，乡村地区遍布人民公社。[2]人民公社"政社合一"的性质也在1961年6月15日，中央工作会议中进行了明确，并将生产大队集体所有制规定为其组织体系和根本制度[3]，在彼时的历史背景下，这一制度创设不仅对当时的生产生活有了巨大影响，而且对后世也意义非凡。

党和国家在农业合作化以及其产生的人民公社运动中，对于构建乡村社会的民主管理体系，投入了很大程度的关注，这给基层乡村社会管理的"准自主性"提供了一定的法权因素，体现了现代基层社会自治的法权要求。中国共产党中央委员会《关于发展农业生产合作社的决议》（1953年12月16日）强调，农业生产合作社的管理工作，应该根据自身发展的实际情况，逐步改进；不论采取何种劳动组织形式，都必须经过社员充分的民主讨论，而后作出计划。[4]有关规定对加强合作社民主管理给予了足够的关注，保障人民公社充分地实行管理民主化。[5]这些基层乡村社会民主治理的探索实践及

---

〔1〕 参见《中华人民共和国法规汇编（1955年7月-12月）》，法律出版社1956年版，第25页

〔2〕 张培田主编：《新中国法制研究史料通鉴》（第5卷），中国政法大学出版社2003年版，第5657页。

〔3〕 张培田主编：《新中国法制研究史料通鉴》（第5卷），中国政法大学出版社2003年版，第5863页。

〔4〕 参见《建国以来重要文献选编》（第4册），中央文献出版社2011年版，第576、577~578页。

〔5〕 参见《建国以来重要文献选编》（第11册），中央文献出版社2011年版，第538页

其制度建构,为20世纪80年代之后的当代中国乡村自治法律制度的形成与发展,提供了宝贵的经验。[1]

二、改革开放历史新时期的乡村治理与建设

从1978年12月中共十一届三中全会召开到2012年11月中共十八大召开之前的30多年间,基层乡村治理与自治展示出若干鲜明的历史特点。

在新的历史时期下,乡村自治体系的兴起其基础的社会政治条件便是新的乡村政治体制的重新架构。改革开放初期,重新构建国家与乡村等基层组织的关系,创新乡村基层社会的自治与管理体制所采取的一个重大举措便是将政治与自治结合的人民公社进行撤销,重塑乡政村治体制。20世纪50年代,在相当一段时间内对乡村基层社会进行治理的体制是,经过三大改造建立起来的三级所有的政社合一的人民公社体制。到了1978年改革开放前夕,人民公社制度已经不能适应生产力的发展,成为束缚乡村地区生产力继续发展的枷锁。因此,1978年的改革开放,其在农业农村的重大举措之一便是将已经出现的家庭联产承包责任制逐步推行。这也就自然而然地使得乡村基层政权体制跟随生产制度进行重塑改革,这也是当时党和国家的重点议事日程之一。随着改革开放的深入,特别是多种形式的农业生产责任制的逐步推行,人民公社体制已经严重不适应农村社会生产力发展的要求,必须加以调整或改革。

改革开放以来,重新界定乡村与国家关系的要求开始出现,1982年《宪法》吸取了新中国成立以来基层建设的经验教训,在我国政治制度中写下了居民委员会和村民委员会这两个基层群众自治组织[2],并规定了它们各自的工作任务,这一点在中共中央、国务院《关于实行政社分开建立乡政府的通知》中亦有所明确[3]。

除了根本政治制度的推动保障,在农业经济领域进行的一系列改革措施,

---

[1] 参见《建国以来重要文献选编》(第15册),中央文献出版社2011年版,第527~530、538页。

[2] 参见《中华人民共和国法规汇编(1982—1984)》(第6卷),中国法制出版社2005年版,第11页。

[3] 参见《中华人民共和国法规汇编(1982—1984)》(第6卷),中国法制出版社2005年版,第231页。

也推动了乡村自治的步伐。家庭联产承包责任制的实行，使得农业生产开始进入现代化，将农村经济的活力完全激发了出来。这就是按照十一届三中全会的农民的社会主义积极性的要求建立的良好经济制度，在经济上充分关心人民的物质生活保障，然后才能激发他们在政治上的热情，进而切实保障农村居民的民主权利。[1]因为有了以上举措，农村人民才得以解放自己、积极创新，不断探索发展建立各种集体经济制度，[2]1982年以及1983年中共中央更是针对农村家庭联产承包改革中的一些关键问题印发文件，明确要尽力通过市场合同机制，分类分地进行改革。[3]家庭联产承包责任制在广大农村地区的兴起，不仅逐步结束了人民公社体制，而且内发地使得中国农村基层社会自治体制的创造性重构。[4]家庭联产承包责任制的一个根本环节是基于合同的法律机制完善与建立承包合同制，从而使得农民合法地获得土地的承包经营权。这一创造性的农村经济制度的空前变革，使获得土地承包经营自主权的广大农户家庭，不再像以往那样受到国家权力的完全支配，而是变成可以在相当程度上表达自由意愿和自主经营活动的基层社会主体，从而在相当程度上决定着附着在土地承包经营责任制之上的各类经济与社会资源的具体运用。[5]

经济体制的变革必然会导致政治体制的变化改革，所以1982年《宪法》为了使农村政治体制能够适应经济体制从而确立了乡村的基层自治制度。乡镇政权的构建与恢复从而进一步延展，进而使得国家权力能够贯彻到农村基层社会中去，但是由于我国国土面积巨大，乡村分布繁多如星，要建立一个稳固的乡村生活秩序仅仅依靠国家的力量是难以做到的，其治理效果也难以达到预期。所以，要按照《宪法》第111条的规定，充分发挥村民委员会的作用。在1982年《宪法》的指引下，在以家庭联产承包责任制为中心的农

---

[1] 参见《三中全会以来重要文献选编》（上），中央文献出版社2011年版，第7页。

[2] 参见中共中央书记处研究室、中共中央文献研究室编：《坚持改革、开放、搞活——十一届三中全会以来有关重要文献摘编》，人民出版社1987年版，第45~46页。

[3] 参见中共中央书记处研究室、中共中央文献研究室编：《坚持改革、开放、搞活——十一届三中全会以来有关重要文献摘编》，人民出版社1987年版，第130~132、129页。

[4] 参见中共中央书记处研究室、中共中央文献研究室编：《坚持改革、开放、搞活——十一届三中全会以来有关重要文献摘编》，人民出版社1987年版，第170、173页。

[5] 参见应星、周飞舟、渠敬东编：《中国社会学文选》（下册），中国人民大学出版社2011年版，第657页。

村经济制度改革的强劲推动下,全国范围内的村民委员会组织建设积极探索、渐次展开。到20世纪80年代后期,全国已经建立了90多万个村民委员会。[1]

从法治建设来看,我们还可以在推动乡村基层自治的过程中将法治的方式运用其中,让法治为乡村自治保驾护航,让乡村自治融入法治建设。以法治的社会管理形式来设计构建有机协调的法理型社会秩序的统治形态,是现代主要的社会组织方式,作为整个社会的组成部分,农村治理体系当然也要符合上述的社会形态。我国现代乡村自治发展的基层法治基础的坚实根基是在新中国建立至今的70多年的建设发展的历程中经历了4次《村民委员会组织法》逐步确立的。居于这四次法律之首的便是于1987年11月24日审议通过的《村民委员会组织法(试行)》。这部法律从界定村委会的性质、法律地位主要职能等;确定村民委员会的设立和组成的基本要求;规定村民委员会的具体运行机制,这三个方面入手,以法律的方式系统地创造规定了具有浓厚的中国特色的社会主义乡村自治制度的基本内容。

到了20世纪90年代末,社会主义基层民主的初步探索基本完成,推动基层民主制度进一步发展,成为党和国家的另一个重要任务。中共中央《关于农业和农村工作若干重大问题的决定》在此背景下于1998年10月应运而生,文件特别重点强调了要把保障农民民主权利加强工农联合发展作为新世纪我国农村发展坚定不移的10条方针之一[2]。该决定要求村民委员会"实行民主选举、民主决策、民主管理、民主监督",《村民委员会组织法》于当年进行了发布。此外,村民委员会一般设立在自然生成流传的村落之间的习惯也被《村民委员会组织法》进行了一定量的修正,而是将几个村落形成建制,再结合居住情况规定设立若干村小组(第3条第3款)。由此,村民自治逐渐转向以建制村为基础。2008年10月在总结了中国农村自治改革将近30年的经验的基础上发布了《关于推进农村改革发展若干重大问题的决定》,在该决定中明确了农村治理要与法同行,要进一步完善村民自治制度,从而调整乡村治理机制,使其与不断提高的农民政治参与的积极性相符合。同时该

---

[1] 李正华、张金才主编:《中华人民共和国政治史(1949—2012)》,当代中国出版社2016年版,第185页。

[2] 参见《改革开放以来历届三中全会文件汇编》,人民出版社2013年版,第91、94、96~97、109~112页。

决定还提出与强调健全以村党组织为领导的积极而充满活力的村民自治机制，深入开展符合直接选举、公正有序的要求的民主决策实践，使得民主管理实践以自我教育、自我管理、自我服务为目的，将村务公开、财务监督、群众评议纳入民主监督实践，依法保护村民的知情权、表达权、监督权等，从而推进村民自治制度化、规范化、程序化。这些内容与要求的内涵使得该决定成为新的历史条件下推进村民自治制度改革发展的纲领性文献。为了完成与符合农村基层民主政治建设的新任务与形势，完善村民自治体系，构建符合规范的村民小组和代表会议，2010年10月28日我国对《村民委员会组织法》进行了新的修订。本次《村民委员会组织法》还进一步确立了党在基层自治组织中的领导地位，规范了村民委员会的换届选举以及平时罢免制度，加强了对村民自治进行监督的作用，建立了乡镇政府委托村委会实施事项的付费制度，从而明显提高了村民自治的法治化水平，为建构法治型乡村治理与自治系统奠定了坚实的基层法治基础。

三、新时代的乡村治理与建设

进入新时代，我们党和国家进而对乡村自治提出了更高的要求，党的十八大更是特别提出了，健全基层自治制度的要求。[1]之后的十八届三中全会，基于治理能力现代化的要求，提出了改进治理方式，实现社会政府双向良性互动的治理效果的总方针。紧接着党的十八届四中全会提出了建设基层自治的具体要求，十八届五中全会通过了《关于制定国民经济和社会发展第十三个五年规划的建议》，十二届全国人大二次会议，提出了全面推进法治社会建设的战略性任务等一系列动作，无不揭示着，国家对乡村治理的重视。[2]党的十九大基于展望新时代中国的法治化现代化的建设道路，总结新中国成立至今的乡村管理与村民自治的实践经验的基础上，面向乡村振兴战略的远大目标，强调要"加强农村基层基础工作，健全自治、法治、德治相结合的乡村治理体系"。[3]以上种种措施都充分显示，国家和乡村之间的相互关系，在新时代国家现代化法治化的进程中正发生着某些创造性的改变，乡村治理体

---

〔1〕 参见《中国共产党第十八次全国代表大会文件汇编》，人民出版社2012年版，第25页。

〔2〕 参见《中华人民共和国国民经济和社会发展第十三个五年规划纲要》，人民出版社2016年版，第186页。

〔3〕 参见《中国共产党第十九次全国代表大会文件汇编》，人民出版社2017年版，第26页。

系正在从中国传统的基层控制体系走向法治化的法理型乡村自治体系,这也是新时代推动乡村基层自治体系不断完善,从而激发农村经济活力实现乡村振兴的必然选择。

第一,坚持国家治理与乡村治理同向而行。国家治理现代化,并不单单是政府一个层面的任务,而是一个全社会多层次全领域的整体改革。因此,推进国家治理现代化必然也要推进乡村治理的现代化,这是国家治理现代化的重点之一。众所周知,我国自古就是一个农业大国,时至今日仍有大部分地区都属于农村地区,因此,"三农"问题是国家发展中的重中之重,在这个背景下,加强乡村治理,推进乡村自治就理所当然地具有了其特殊的价值。但与此同时,随着改革创新的步伐加快推进与深入展开,乡村结构也随之发生了值得我们关注的深刻变化,因此推进乡村治理现代化的任务仍然艰巨。近几年,我国城镇化的步伐大步迈进,在改善城乡面貌以及解决"三农"问题等方面发挥了积极的作用,但是却产生了"村庄空心化"现象以及留守儿童与留守老人等许多问题。因此,在新的历史背景下,我们需要立足于乡村基层社会治理和乡民自治发展变化的新问题新特点,以促进乡村自治的健康发展和推动乡村社会治理的现代化为出发点来制定基层乡村治理新时期的措施,以使乡村治理井然有序、乡村自治充满活力。中共十八大到二十大乃至今日,我国每年都会发布针对"三农"问题的"一号文件",并将构建新型乡村治理的重点任务集中在健全村民自治等方面。例如,中共中央、国务院《关于加快发展现代农业进一步增强农村发展活力的若干意见》(2012年12月31日)、[1]《关于加大改革创新力度加快农业现代化建设的若干意见》(2015年2月1日)、[2]《关于落实发展新理念加快农业现代化实现全面小康目标的若干意见》(2015年12月31日)、《关于实施乡村振兴战略的意见》(2018年1月2日)等。2018年,国家为了更好地发展基层自治、维护农民权益,于12月29日,发布了修正后的《村民委员会组织法》。从以上种种迹象与行动中,我们不难看出,随着我国整体进入了现代化,对于国家治理提高要求的同时,对基层乡村治理也有了更高的期许与要求。

第二,加强和改进党对乡村治理与自治的领导。作为一个掌握国家政权

---

[1] 参见《十八大以来重要文献选编》(上),中央文献出版社2014年版,第106页。
[2] 参见《十八大以来重要文献选编》(中),中央文献出版社2016年版,第288、290页。

的最强大、权威的组织,国家的一切事务都要经过党的统一领导,在推进当代国家治理现代化的进程中亦应当如此。"党政军民学,东西南北中,党是领导一切的[1],"新中国成立至今的基层建设经验充分印证与实践了这句话。从最早于1987年制定的《村民委员会组织法(试行)》到2008年10月中国共产党第十七届三中全会提出的对基层党组织的健全;[2]再到,中共十八大提出的更严格的组织建设要求皆是如此。在国家层面,2018年中共中央、国务院《关于实施乡村振兴战略的意见》公布实施;[3]同年的《村民委员会组织法》进一步地对党的领导地位进行明确;2018年12月修订的《中国共产党农村基层组织工作条例》中更是有多个条款对党关于基层组织的政治、经济等的领导进行了细化。以上种种的国家以及党的文件政策无不体现与支撑着基层党组织对于乡村自治的领导,这必将使得我国的基层自治制度在新时代进一步稳固发展。

  第三,将法治、德治以及自治充分融入乡村自治。十九大报告明确提出了要构建"健全自治、法治、德治相结合的乡村治理体系"。随后的中共中央、国务院《关于实施乡村振兴战略的意见》、十九大报告,对于新时代乡村治理提出了:2020年,乡村治理体系进一步完善;2035年,乡村治理体系更加完善;2050年,包括健全乡村治理体系在内的乡村振兴战略全面实现的宏伟目标。[4]由此,新的时代背景下,乡村现代化的治理方向正在向我们呈现。自治、法治、德治这三种治理方式相互配合、相互促进是在新的时代背景下我国乡村治理的重要法宝,其中,自治是核心、法治是保障、德治是灵魂,三者相辅相成不可偏废。为协调贯彻三者,必须法治先行,以法治为基础才能有德治与自治。为此,2018年中共中央、国务院《关于实施乡村振兴战略的意见》,单独强调,要树立治理理念,在基层工作中要坚决用法律来维护农民利益,发挥法律的强大功能,调动基层民众积极性。[5]在新的历史进程中,推进基层法治建设、深化农村自治是构建新型乡村治理体系的应有之义,三者梯次推进,进而推动从传统的乡村控制体系向现代的法理型乡村治理体系

---

[1] 参见《中国共产党第十九次全国代表大会文件汇编》,人民出版社2017年版,第16页。
[2] 参见《改革开放以来历届三中全会文件汇编》,人民出版社2013年版,第157页。
[3] 参见《中国共产党第十八次全国代表大会文件汇编》,人民出版社2012年版,第25页。
[4] 参见中共中央、国务院《关于实施乡村振兴战略的意见》。
[5] 参见中共中央、国务院《关于实施乡村振兴战略的意见》。

的革命性转变。但同时我们也应当看到乡村社会自发地在历史变迁中形成的独特的非正式规则的积极作用，法理型乡村社会治理体系并不是要当然绝对地将村规民约，风俗习惯等民间乡村社会的非正式规则与法律对立起来，将国家法律与乡村社会的非正式制度进行结合，使两者协调发展并内在结合这也是法理型乡村基层社会与自治体系的时代要求。仔细观察的话，不难发现，随着传统社会的瓦解分裂，基于此而存在的"德治"理念本应当随之而去，但现实却恰恰相反，"德治"反而随着社会制度的转型与我们的社会生活进行了更深层次的融合，对包括乡村治理与自治在内的社会有机体产生了深刻的影响。因此，作为一种社会治理手段，德治在构建现代化乡村治理模式的过程中是一种重要的规制人们行为的手段。"治理国家、治理社会必须一手抓法治、一手抓德治。"[1]

在当下的中国，基层乡村社会治理与基层乡村自治是你中有我、我中有你不可分开谈论的，两者的密切关联，彼此互动是新型乡村治理体系在构建的过程中体现出的突出特点。但是，乡村自治实践究竟能够取得怎样的成果，跟我们的农村基层民主建设的进程是息息相关的。在全国范围内的基层乡村自治推行之初，党和国家就对与之配套的民主建设投入了大量关注。首要引起我国领导人注意力的便是完善村民选举、村务公开等方面的事务，为此1994年11月，中共中央发出《关于加强农村基层组织建设的通知》对相关方面的村民自治制度提出了具体要求。为了更有力促进基层民主建设《关于在农村普遍实行村务公开和民主管理制度的通知》《关于进一步做好村民委员会换届选举工作的通知》等细化村民自治流程，规范村民自治行为的文件相继发布。到了2008年十七届三中全会发布了进一步依法保障农民权益的《关于推进农村改革发展若干重大问题的决定》，提出要保障农民的监督权等。在依法完善村委会组织层面，2017年12月发布了《关于建立健全村务监督委员会的指导意见》，从监督考核等方面对村委会进行了规定。这将使得村级民主管理以及监督进一步发展，将村民自治纳入法治的笼子，对建构新型乡村治理体系将产生重要作用。在新的历史背景下，随着乡村治理出现了新的情况，如大量农民进城务工，并且大量外来农民在一些城中村和城乡接合部打工务农等带来的许多问题，如何在完善基层乡村治理的过程中妥善处理这些问题

---

[1] 参见习近平："加快建设社会主义法治国家"，载《求是》2015年第1期。

已经是当代基层建设所必须直接面对的重要课题之一。诚如习近平总书记所指出的，在行使村民民主权利的过程中，有两个情况要把握好：一是要处理好"走出去"和"留下来"的关系；二是要处理好"老村民"和"新村民"的关系。[1]因此，随后的2014年中央"一号文件"明确提出要进行因地制宜、因时制宜地进行基层自治试点工作；[2]2015年中央"一号文件"提出进一步探索符合各地实际的村民小组等村民自治有效实现形式，[3]当年的中共中央、国务院《关于打赢脱贫攻坚战的决定》对此也有明确；[4]2016年中央"一号文件"继续要求依法开展村民自治实践，探索村党组织领导的村民小组等村民自治有效实现形式；[5]2017年中央"一号文件"强调进行村小组创新型自治试点工作；[6]2018年中央"一号文件"仍然对此有所提及。[7]在经过了长达四年的试点工作之后，2018年修正的《村民委员会组织法》对村民小组的自治运行机制进行了法律层面的构建设计，对村民小组的性质、工作范围、自治事项等进行了规定。因之，积极稳妥地探索不同情况下村民自治的有效实现形式，对于创新和发展新时代的乡村自治制度，将现代的法理型乡村治理体系构筑在坚实的农村基层民主的基础之上，确实意义重大，影响深远。

---

[1] 参见《十八大以来重要文献选编》（上），中央文献出版社2014年版，第685页。

[2] 参见《十八大以来重要文献选编》（上），中央文献出版社2014年版，第715页。

[3] 参见《十八大以来重要文献选编》（中），中央文献出版社2016年版，第288页。

[4] 参见《十八大以来重要文献选编》（下），中央文献出版社2018年版，第70页。

[5] 参见《十八大以来重要文献选编》（下），中央文献出版社2018年版，第122页。

[6] 参见《十八大以来重要文献选编》（下），中央文献出版社2018年版，第546页。

[7] 参见中共中央、国务院《关于实施乡村振兴战略的意见》。

第二章 乡村振兴战略法治保障的概述

第一节 实施乡村振兴战略的历史渊源与逻辑起点

一、实施乡村振兴战略的历史渊源

乡村振兴战略的提出,具有深厚的历史渊源和现实基础,是从党和国家事业发展大局作出的重大战略决策。仔细研究马克思主义经典著作,特别是习近平总书记"三农"方面的理论,能够发现里面所蕴含的农村振兴的理念发展以及在这个理念引领下适应发展需要的实践路径。这种理念,对乡村振兴政策的制定提出了思想上的指导以及现实中实践的路径。

(一)重视"三农"问题

我们党是马克思主义政党,马克思主义经典作家非常重视"三农"问题,即农业、农村、农民问题。马克思着重论述了农业的基本地位和作用,认为"粮食生产是直接生产者和一切生产生存的首要条件"。[1]列宁认为发展农业是稳定社会主义经济基础的第一方面。他认为,"提高农业生产力必然导致工业形势的改善",并将农民问题置于社会主义革命的第一位,提出要让农业劳动者的物质条件得到改善,这是社会主义革命的首要问题。农民与农业问题贯穿于列宁的整个思想发展过程。新中国成立初期,被破坏的国民经济尚未重建,毛泽东在《论十大关系》一文中首次提出农业是国民经济基础的重要论断,指出农业作为社会稳定和国家发展的基础,必须将其摆在重要位置。邓小平从我国是农业大国的实际出发,始终强调农业的基本地位,重视农业和农民问题。江泽民在国家改革开放、社会主义现代化建设和全民小康建设

---

[1]《马克思恩格斯全集》(第26卷),人民出版社1972年版,第22页。

的大局中认真考虑了"三农"问题,认为农业、农村、农民问题是事关改革开放和现代化建设全局的重大问题。胡锦涛在中央农村工作会议上指出,要统筹城乡经济社会发展,更加关注农村,关心农民,支持农业。随着城市化和工业化的持续推进,第一产业在国内生产总值(GDP)中的比重不断降低,物质要素和农村劳动力向城市和非农产业转移,农民增收的途径十分有限,而且相当困难。我国的农业和农村发展比较落后,甚至出现了农村凋敝和衰退的现象。所以,解决农业、农村、农民问题被党中央放在了全党工作的第一位。习近平总书记把"三农"健康发展作为国家发展的"压舱石""稳压器",突出其在农村工作中的重要作用。习近平总书记一再警告说,"任何时候都不能忽视农业、忘记农民、淡漠农村。必须始终坚持强农惠农富农政策不减弱、推进农村全面小康不松劲,在认识的高度、重视的程度、投入的力度上保持好势头"。[1]习近平总书记在中央农村工作会议上强调,"要把加快培育新型农业经营主体作为一项重大战略,以吸引年轻人务农、培育职业农民为重点,建立专门政策机制,构建职业农民队伍,为农业现代化建设和农业持续健康发展提供坚实人力基础和保障"。[2]"农民多而不富,农业大而不强,农村广而不美"的问题,一直困扰着我国农村的发展。从我国发展的总体上看,农村依然是国民经济和社会发展中的重难点,必须尽快促进农业农村发展。农业强不强,农村美不美,农民富不富,决定着中国小康社会和社会主义现代化建设的质量,决定着亿万农民的获得感和幸福感。

(二)努力解决城乡二元结构问题,促进城乡一体化发展

城乡一体化思想是马克思、恩格斯提出的。在《共产党宣言》中,马克思、恩格斯提出农业与工业相结合会逐渐消除城市与农村之间的对立。列宁对城乡差别、工农业差异的成因进行了分析,并提出了相应的对策。毛泽东提出要兼顾城乡发展,要密切结合城乡工作和农村工作,强调要处理好农业、工农和工业三者之间的关系。邓小平指出,工业发展得越快,就越应该以农业为先。在十六大上,江泽民正式提出了统筹发展城乡经济和社会的设想。在党的十七大报告中,胡锦涛指出要以劳促农,以城市带动农村,统筹城乡

---

[1] "习近平在吉林调研时强调 保持战略定力增强发展自信 坚持变中求新变中求进变中突破",载 https://syss.12371.cn/2015/07/18/ARTI1437213288445546.shtml,访问时间:2023年1月15日。

[2] "中央农村工作会议在北京举行",载 https://news.12371.cn/2013/12/25/ARTI1387911416091828.shtml,访问时间:2023年1月15日。

建设。改革开放后,我国农村发生了巨大的变化,但是城乡二元结构并没有被彻底改变,城乡之间差距依旧较大,这是我国发展不平衡的关键所在。在城市基础设施快速建设的同时,农村基础设施建设相对落后,很大程度上不能满足全面建成小康社会、发展农业、增加农民收入的需要。同时,城乡公共服务也呈现出二元结构,主要体现在城乡公共服务水平差异较大,农村的社会保障、医疗卫生、基础教育等公共服务仍处于滞后状态。缩小城乡收入差距,必须大力发展农村经济,提高农民的生产和生活水平。要提高农村居民的收入,必须强化城乡统筹,提高公共服务水平,逐步推进基本公共服务,实现城乡公共服务均等化,重视城乡融合发展。社会主义现代化是新型工业化、信息化、城镇化和农业现代化的同时实现的现代化。推进社会主义现代化建设,必须统筹规划、统筹推进,重点是"完善体制机制,形成以工促农、工农互惠的新型城乡关系,实现城乡融合,让广大农民平等参与现代化进程,共同分享现代化成果"。经过多年城乡融合发展的基层实践,城乡融合发展水平不断提高。在党的十九大报告中习近平总书记首次提出"建立健全城乡融合发展体制机制和政策体系",标志着从城乡一体化向城乡融合发展的创新发展。城乡融合发展思想是习近平总书记在深刻总结马克思主义理论逻辑和社会主义建设实践经验的基础上,以"创新、协调、绿色、开放、共享"五大发展理念为指导,以乡村振兴战略为实践路径,实现中国特色社会主义城乡建设思想的历史性跨越。

(三)正确对待农民土地权利与获得非农收入,健全"三权分置"制度

以土地为研究对象,马克思指出土地所有权包括拥有权、占有权、支配权和使用权。列宁思想中始终贯穿着"土地问题"的思想,主张农民要对土地进行绝对的控制,牢牢抓住土改中解决农民问题的关键。毛泽东根据中国的现实,提出了要没收封建地主阶级的土地,将其归农民所有的方针。1953年,社会主义改造顺利进行,土地转为集体所有制。十一届三中全会后,邓小平提出实行家庭联产承包责任制,使8亿农民获得了土地经营自主权,农业生产破解了长期停滞的困境,农村经济不断发展。江泽民提出要把重点放在提高农民收入上,实现农业产业化。胡锦涛指出,推动土地管理体制改革,坚持和完善最严格的耕地和土地保护制度,保障农民的土地权益。农民最重要的生产资料是土地,土地也是农民赖以生存的最重要和最可靠的保障,但仅靠土地的小规模经营并不能使农民的经济得到明显的提高。所以,不少农

民离开农村到城市从事非农产业,农村剩余劳动力大量流动。农村土地流转速度的加快一定程度上是受到农村剩余劳动力大规模转移的影响,但是问题在于,土地管理主体和承包主体会对土地流转的速度、效率和规模产生一定的制约作用,从而阻碍了我国农业现代化和城镇化。习近平总书记于2013年7月赴湖北考察时提出,要完善农村基本管理制度,进一步深化农村改革。中国对农村土地所有权、承包权和经营权的关系进行了深入的探讨,在土地流转中,要充分尊重农民的意愿,确保农田、粮食安全,促进农民收入增长。在当年的中央农村工作会议上,习近平总书记指出,"要不断探索农村土地集体所有制的有效实现形式,落实集体所有权,稳定农户承包权,放活土地经营权"。[1]在中央全面深化改革领导小组第五次会议上习近平总书记指出,"在坚持农村土地集体所有制的前提下,要推进承包经营权分离,形成权属、承包经营权分离、经营权流转的格局"。[2]2016年10月30日,中共中央办公厅、国务院办公厅发布《关于完善农村土地所有权承包权经营权分置办法的意见》,该意见指出,现阶段深化农村土地制度改革,按照农民保留土地承包权和流转土地经营权的愿望,将承包土地权分为承包权和经营权。所有权、承包权、经营权并列,着力推进农业现代化。该意见的出台,在当前的社会经济发展中起着举足轻重的作用。党的十九大报告提出,深化农村土地制度改革,巩固健全农村基本管理制度,完善土地承包"三权分置"制度。

(四)以建设社会主义现代化强国为目标,加快实现农业农村现代化

马克思提出,现代农业应建立在加强社会互动的基础上。他分析了现代农业的发展,主要是从提高农民素质、提高机械化水平、运用科技力量等方面进行发展。农业合作社是恩格斯提出的思想。恩格斯认为,要实现完全共产主义,就必须将大规模的协作生产当作中间环节,关于这一点马克思和他从来没有怀疑过。列宁指出,俄国资本主义现代大农业的发展是由农业生产的技术化、机械化、社会化、专业化和资本化所推动的。邓小平十分重视农业现代化的发展,他指出,农业现代化是实现四个现代化的关键,如果农业发展不顺利,就会成为国家发展的绊脚石。江泽民认为,要想增加农民收入

---

[1] "中央农村工作会议在北京举行",载 https://news.12371.cn/2013/12/25/ARTI138791141609 1828.shtml,访问时间:2023年1月15日。

[2] 中共中央《关于全面深化改革若干重大问题的决定》。

和增强农业自身发展能力,就要实现农业产业化经营,这是提高农业科学化、市场化的有效途径,也是在家庭联产承包责任制的基础上实现农业现代化的有效途径。党的十七大报告中,胡锦涛明确地提出了要走中国特色农业现代化道路。在中国特色社会主义新时期,坚持以全面建成小康社会、建设现代化强国为目标,这是新时期的历史使命和必然要求。目前,我国农业和农村经济发展正处于新的阶段,市场竞争日趋激烈,资源约束日益紧张,农产品需求刚性增长。因此,加快农业现代化建设是全面建设社会主义现代化强国的基本环节,是我们向第二个百年奋斗目标迈进的必由之路。习近平总书记指出,"没有农业现代化,没有农村繁荣富强,没有农民安居乐业,国家现代化是不完整、不全面、不牢固的"。[1]习近平总书记认为,"我们必须比以往任何时候都更加重视和依靠农业科技进步,走内涵式发展道路"。[2]只有这样,中国特色现代农业的发展道路才能走得更稳更远。优美的山水、宜居的环境是实现农业和农村现代化必须坚持的底线,加快村容整治、不断改善农村人居环境、建设美丽宜居乡村是实现农业和农村现代化的基本保证。2013年12月,在中央农村工作会议上,习近平总书记指出,要推进改善农村人居环境,继续推进社会主义新农村建设,为农民建设美好家园、美丽乡村。2015年1月,在大理市湾桥镇古生村考察时,习近平总书记强调,"新农村建设一定要走符合农村实际的路子,遵循乡村自身发展规律,充分体现农村特点,注意乡土味道,保留乡村风貌,留得住青山绿水,记得住乡愁"。[3]这些重要论述,成为党的十九大关于加快实施农业农村现代化战略的理论来源。

二、实施乡村振兴战略的逻辑起点

乡村振兴战略是一个系统工程,必须深入推动各项农村改革。加强和改进农村基础设施建设,进一步推进农村土地管理制度改革,进一步健全农村土地"三权分置"机制,使土地承包关系在一定时期内保持稳定,第二轮耕

---

[1] 习近平:"主动把握和积极适应经济发展新常态 推动改革开放和现代化建设迈上新台阶",载 https://news.12371.cn/2014/12/14/ARTI1418566556252624.shtml,访问时间:2023年1月15日。

[2] "坚持不懈推进农业强农村美农民富——深入学习贯彻习近平同志关于"三农"的重要论述 中共农业部党组理论学习中心组",载 https://news.12371.cn/2014/06/23/ARTI1403475094545820.shtml,访问时间:2023年1月15日。

[3] 习近平:"坚决打好扶贫开发攻坚战 加快民族地区经济社会发展",载 https://news.12371.cn/2015/01/21/ARTI1421846577909245.shtml,访问时间:2023年1月15日。

地承包关系到期后再延续30年；进一步推进农业集体产权制度改革，进一步保障农户财产利益，积极发展农村集体经济；健全农业支持与保护制度，增加农业扶持总量，与此同时重点优化扶持结构，增强其政策效益；保证国家粮食安全，提高粮食安全保障水平；发展一系列可持续的经营形式，发展新型农户企业，完善农业社会化服务体系，有效衔接小农户和现代农业发展；促进农村一二三产业融合发展，支持鼓励农民自行就业，扩大农民收入来源；加速农业转移人口城镇化，推动农民工进城落户。

党的十八届三中全会强调，全面深化改革，必须以促进社会公平正义、增进人民利益福祉为出发点和落脚点。这是我国全面深化改革指导思想的关键要素之一，明确了全面深化改革需要着力解决的根本问题。解决农业、农村和农民问题是全党工作的重心，"三农问题"是国计民生的根本问题。在党的十九大报告中，习近平总书记提出要实施乡村振兴战略，这是符合新时期亿万农民对形势的新期望，其根本出发点和落脚点应该是增强参与意识，使中国亿万农民从生产、生活、生态等各个方面获得幸福。

第二节　乡村振兴战略的概念、性质及其特征

一、乡村振兴战略的概念

党的十九大报告决定实施乡村振兴战略，这一战略被写入了党章，指明了新时代农业农村改革发展的方向。

乡村振兴战略，侧重从顶层设计角度为农村发展指明方向，是坚持党管农村工作，坚持农业和农村优先发展，理顺城乡关系，坚持循序渐进、因地制宜；确保满足关键要素配置，提升农村公共服务水平，保障各项资源条件，推动农业和农村经济的快速发展；不断缩小城乡差距，补齐农村发展短板，要高质量、持久地振兴，不能搞不切实际的无序开发。

二、乡村振兴战略的性质

性质即事物的本质，它是一个事物与其他事物有所区别的根本所在。正确认识某一事物需要我们对其本质有深刻的认知和理解。乡村振兴战略事关中国农业农村发展前景与国民经济发展方向，其具有系统性、长期性、融合

性、差异性等特性。

（一）系统性

乡村振兴战略是农村全面发展和城乡关系重建的总体规划，是农业和农村发展各个领域的总体部署，是中国特色社会主义现代化经济体系的重要战略，在战略目标、战略内容和战略实施主体上具有明显的系统性。[1]乡村振兴战略不仅要发展现代农业，还要把发展内容有机地融入农村社会、经济、文化等各个方面。该战略是多目标的系统融合，它不仅要融合农村生活与生产、经济与环境、农村产业，还要实现农村经济发展和社会进步，同时也要融合农业农村现代化发展目标和城镇工业化发展目标。除此之外，乡村振兴战略不是只有农民和政府两方主体，而是要由多个主体来共同实施，比如金融企业、外资企业、城市资本、专业合作组织等，并且这些主体要在利益关系上实现系统融合。

（二）长期性

乡村振兴战略不仅仅是在全面建成小康社会阶段才存在的方针，也不是只存在几年的战略，而是贯穿于建设社会主义现代化强国的全过程，是我国社会主义现代化建设战略部署的组成部分。所以，乡村振兴战略的实施有长中短期目标，要有长远发展的理念，避免急功近利，避免短期成就和揠苗助长短期行为，要循序渐进，避免以短期项目建设的思路实施乡村振兴战略。[2]

（三）融合性

乡村振兴战略具有比较强的融合性，不仅指农业和农村，而是指城市和农村、农业和非农业、农民和工商资本共同发展的战略。乡村振兴战略不仅包括基础设施、公共服务等领域一体化发展，也包括农民、政府、社会组织等主体、政府权力与市场机制、当地居民与非当地居民、农民与各类新型商业主体之间、农民与集体经济组织之间的利益联系的整合。

（四）差异性

乡村振兴战略的实施没有统一的模式，因为我国山区和平原、沿海和内陆、城市和郊区发展差距较大，农村和城市基础设施发展差距大，各个地方

---

[1] 陈晓军："'农业与农村优先发展'立法保障研究"，载《东方论坛》2020年第1期，第106页。

[2] 陈柏峰："促进乡村振兴的基层法治框架和维度"，载《法律科学（西北政法大学学报）》2022年第1期，第4页。

发展不平衡。因此，需要根据实际情况科学部署乡村振兴战略规划。在实施战略时，要因地制宜，根据当地的发展阶段，所处位置，所拥有的要素等特点，在不同的地区和农村，探索形成具有自身特色的乡村振兴道路。[1]

三、乡村振兴战略的特征

（一）新时期"三农"工作的总抓手

习近平总书记关于乡村振兴的新理念、新思想、新战略具有根本性和全局性，大致体现在以下两方面：

一方面，习近平总书记乡村振兴的新理念、新思想、新战略，是落实乡村振兴战略、做好新时代"三农"工作的理论指导和行动指南，也是推动"三农"发展的根本实践指南。实施乡村振兴战略，通过振兴农业和农村相关产业，促进农业与二三产业深度融合发展，推动农业全面升级，能够有效推进现代农业建设，加快实现农业现代化。实施乡村振兴战略，要振兴乡村文化，提升乡村社会文明程度；振兴乡村生态，打造美丽宜居乡村；振兴乡村组织，构建治理现代乡村社会的体系，促进乡村全面进步。实施乡村振兴战略，不断扩大农民增收机会和来源，提高农村生产生活质量，让农民过上好日子，有效提高农民生活福祉，促进农民全面发展。因此，实施乡村振兴战略是新时代"三农"工作的总抓手，是促进农业发展、农村富强、农民增收的重要政策，有利于从根本上解决我国"三农"问题。

另一方面，以习近平总书记乡村振兴新理念、新思路、新战略为理论指导，实现乡村全面振兴，从根本上解决"三农"问题，对实现"两个一百年"奋斗目标和中华民族伟大复兴的中国梦具有宏观指导意义。目前，我国社会主要矛盾转化为人民日益增长的美好生活需求与发展不平衡不充分。乡村振兴战略的实施，可以有效推动城乡协调发展，缩小城乡发展差距，实现农业农村全面发展，为解决新时期社会主要矛盾打下坚实基础。在全面建设社会主义现代化国家，全面建成小康社会的过程中，我国目前面临的问题和困难主要集中在农村地区，通过实施乡村振兴战略，可以有效地解决农业、农村发展中的一些问题，促进农业、农村的现代化，为实现"两个一百年"奋斗目标奠定坚实的基础。在我国，农业是国民经济的基础，农村经济是现

---

[1] 陈荣文："法治乡村建设的体系与路径研究"，载《团结》2021年第5期，第50页。

代经济的一个重要组成部分。实施乡村振兴战略,有助于构建"人与自然"和谐共处的新型农村发展模式,促进"美丽中国"的实现;有助于展示新时期农村文明的新面貌,使中华优秀传统文化得到进一步的丰富和发扬;有助于健全我国现代社会治理模式,对国家治理能力的现代化具有重要的现实意义。

(二)坚持农业农村优先发展

从思想内涵上来看,习近平总书记的新理念、新思想、新战略具有突出的创新性,体现了"三农"理论在新形势下的新发展和新突破,主要体现在以下七个方面:

第一,首次提出了实施乡村振兴战略的新要求,为"三农"工作确定了新的发展方向和评价标准。提出了"产业兴产、生态宜居、文明乡村风俗、有效治理、生活兴旺"的总要求,是衡量乡村振兴进程和水平的一个重要指标,也是今后农业农村发展的目标和方向。与新农村建设的总体要求相比较,新要求的范围有所扩展,内涵也有所增加,同时提高了标准,也提升了目标。

第二,首次提出了新思路,即坚持优先发展农业和农村,强调了以农业农村为中心,将农业和农村放在更重要的位置。实施乡村振兴战略的基本原则之一是坚持优先发展农业农村。优先发展农业农村,一方面是因为党进一步重视"三农"工作,强调农业和农村工作的基础性和重要性,另一方面,由于我国农村发展的滞后,以及"三农"问题从根本上解决起来的困难和复杂。

第三,首次提出了城乡一体化发展的新理念,并确立构建新型工农城乡关系,打破城乡二元结构。所以,必须在城乡统筹发展规划、城乡发展一体化的前提下,构建和完善城乡一体化的政策体系和制度。同时也要逐步改变农村和城市在农业工业方面的不平等关系,构建新型的工农平等的城乡关系,逐步缩小乃至消除城乡基本差距,从而实现城乡一体化。

第四,首次提出了农村现代化和加快农业发展的新思路,并确定把农村现代化纳入社会主义现代化国家建设体系的新部署。实施乡村振兴战略的总目标是加快实现农业农村现代化。在重视农业现代化的前提下,将农村现代化纳入社会主义现代化的建设之中,从而使其内涵更加全面和科学。

第五,首次提出了突破农业现代化建设的新思路,即实现小农户和现代农业有机衔接。习近平总书记多次强调要"突出发展农民合作社和家庭农场,赋予双层经营体制新的内涵""加强集体经济""走共同富裕道路"。目前，我国传统农民小规模分散经营，这是加快实现农业农村现代化的最大障碍。因此必须把小农户和现代农业结合起来，发展各种形式的中等经营，培育新型农业经营主体，完善农业社会化服务体系。

第六，首次实现了从农村民主治理到有效治理的新跨越，提出了"三治结合"的新思路。不同于农村管理，农村治理在特征、效果、主体、运行模式等各有各自的特点。因此，必须完美结合自治、法治和道德规范的乡村治理体系，实现从农村民主管理到农村有效治理，实现国家在农村政治建设中思想的新飞跃。

第七，首次提出了"三农""一懂两爱"劳动力培育的新理念，确立了推进乡村振兴的新要求和新条件。实施乡村振兴战略，就必须要培养一支"三农"人才队伍。首先，这支队伍要对乡村是真正的热爱，也要真正热爱农村事业。其次，必须了解农业，了解现代农业的特征和发展规律。最后，这支队伍也要热爱农民，对农民怀有深厚的感情，真心实意地帮助他们解除困难和问题。

（三）坚持全面振兴乡村

从任务要求来看，习近平总书记乡村振兴新理念、新思想、新战略具有全面性和系统性的特点。乡村振兴是全面振兴的系统规划，主要体现在下面三个方面：

第一，总要求的全面性。在经济、社会、文化、政治、生态文明建设等方面提出了"产业兴旺、生态宜居、乡风文明、治理有效、生活富裕"五个方面的总要求，这也是"五位一体"总体计划在农村地区的具体应用。这是一个多元融合、全面建设的综合发展过程，体现了乡村振兴战略的实施。五个方面的总要求组成了一个有机的整体，全面、系统地阐述了乡村振兴的内在逻辑，强调了二者的协调与关联，需要统筹部署、统筹协调。其中，以产业兴旺为核心，注重发展农业，提高农业发展质量，培育新的农村发展动力；以生态宜居为关键，大力推动农村的绿色发展，构建人与自然的和谐发展新格局；以乡风文明为保障，要使乡村文化得到全面的发展和繁荣，必须持续地提升乡村的文明水平；以治理有效为基础，建立健全的乡村治理机制，建立健全自治与法治相结合的新型乡村治理体制；以生活富裕为目标，我们要努力改善生活条件，使乡村成为一个幸福、美丽的新家园。

第二,任务的全面性。习近平总书记多次指出要促进乡村产业、文化、人才振兴,落实乡村振兴战略。2018年7月,习近平总书记在全国农村振兴战略实施工作会议上,再次指出,要坚持全面振兴农村,补短板、强弱项,突出重点,全面实现农村产业、人才、文化、生态、组织振兴,推动农业全面升级,农村全面进步,农民全面发展。

实现"五个振兴",与上述五个方面紧密相连,而"五个振兴"则是从多个层面进行的,重点把乡村振兴作为一个有机的整体来看待。其中,以产业振兴为物质基础,以人才振兴为主要支撑,以文化振兴促精神,以生态振兴促宜居,以组织振兴为政治保障。同时,要把乡村振兴战略和脱贫攻坚工作紧密结合。实现精准扶贫,是实现全面小康的关键,对全面建成小康社会具有决定性的意义。脱贫攻坚是乡村振兴的前提,要实现乡村振兴必须先精准脱贫。在中央农村工作会议上,习近平总书记提出了要走中国特色扶贫之路,打赢脱贫攻坚战。

第三,组织领导的全面性。落实乡村振兴战略,关键是要加强组织领导。习近平总书记明确指出,"把实施乡村振兴战略摆在优先位置,坚持五级书记抓乡村振兴,让乡村振兴成为全党全社会的共同行动"。[1]在领导责任制方面,要坚持中央规划、省负责、市县落实的工作机制。各级党委和政府在乡村振兴战略实施过程中,坚持产业农业并举、城乡并举,全面体现农业和农村优先发展的方针。

(四)贯穿社会主义现代化国家建设全过程

从实施过程看,习近平总书记的乡村振兴新理念、新思想、新战略的特点为长期可持续性,主要体现在乡村振兴战略"三步走"的实施进度上。

乡村振兴战略,并不是一个阶段性的战略,而是一个动态的、长期的过程,它贯穿于整个社会主义现代化进程。党的十九大提出要全面建成小康社会,实现第二个百年奋斗目标的战略部署,中央农村工作会议据此提出实施乡村振兴战略要分三步走:到2020年,乡村振兴取得重大突破,基本形成政策体系和制度框架;到2031年,战略取得决定性进展,基本实现农业宁村现代化;到2050年,实现乡村的全面振兴,实现"农业强、农村美、农民富"

---

[1] 习近平:"把实施乡村振兴战略摆在优先位置 让乡村振兴成为全党全社会的共同行动",载https://news.12371.cn/2018/07/05/ARTI1530782825396155.shtml,访问时间:2023年1月15日。

的目标。

2018年9月21日,习近平总书记在中央政治局第八次学习会议上强调:"要遵循乡村建设规律,着眼长远谋定而后动,坚持科学规划、注重质量、从容建设,聚焦阶段任务,找准突破口,排出优先序,……切忌贪大求快、刮风搞运动,防止走弯路、翻烧饼。"[1]乡村振兴战略的实施是社会主义现代化国家全面建设的总体战略部署,其五个方面的总要求和"五个振兴"的重点内容涉及经济建设、政治建设、社会建设、文化建设、生态文明建设和党的建设,是一项艰巨的制度工程。"三农"问题重要且复杂,"三步走"的阶段性和时间表都表明了乡村振兴战略的实施是一个空前的伟大历史创新,是一个长期而持久的任务。所以,在实施乡村振兴战略时,不能跨越发展的阶段,坚持依法办事,坚持科学和统筹规划,有序推进实施,沉着建设农村;同时也要立足当下,着眼未来,正确处理好短期和长远目标的关系,把上一个时期的建设和发展作为下一个阶段的目标打下坚实的基础。

第三节 法治是乡村振兴的保障基石

一、国外乡村振兴法治经验

农村建设起步较早的国家有日本、韩国、法国、美国。随着经济和社会的发展,这几个国家具有自身特色的农村发展法律和法治体系正在逐步形成。发达国家和地区的共同经验是率先立法,依法促进农村富强,依法规范农村和城市的关系,依法激活农村发展活力,依法化解各类矛盾与冲突。

(一) 日本

日本在乡村建设管理方面的历史很长,法律法规制度也比较完善。在乡村振兴方面,日本采取了以下措施:一是加强规划法律体系的建设。日本出台了150多项行政计划所依据的法律(即计划法),根据这些法律制定了300多项计划,包括与村庄规划相对应的农业法律体系。二是加强对乡村建设的管理,颁布相关的管理条例。日本于1909年颁布了第一部农业法(《关于林木的法律》),至今日本农业法体系已经走过了100余年。日本共颁布了130

---

[1] 习近平:"把乡村振兴战略作为新时代'三农'工作总抓手",载 https://www.12371.cn/2019/06/01/ARTI1559351774977982.shtml,访问时间:2023年1月15日。

多部专门针对农村、农业和农民的法律，其中包括 15 部关于农村建设管理的法律。1953 年颁布的《农村、山村和渔村通电促进法》，是日本第一部农村建设管理法规。[1]日本从 20 世纪 90 年代起，就把重点放在加强农业和农村自身活力的发展上，于 1993 年出台了《关于为搞活特定农村、山村的农林业，促进相关基础设施建设的法律》，1994 年出台了《关于为在农村、山村、渔村开展度假活动，促进健全相关基础设施的法律》，2000 年出台了《过疏地域振兴特别措施法》。三是出台相应政策，重点对农村建设进行管理。放开了对土地的保护，加强了规划控制，实行了投资分工政策、环境保护政策，并鼓励农民参加政策的制定、出台和管理。

(一) 韩国

韩国"新村运动"之所以值得称赞，也离不开法律[2]的推进。韩国出台了《农业基本法》，作为本国的农业"宪法"。在此基础上，出台了 100 多部关于农业机械、农村农民、乡村现代化、乡村振兴、农业银行、农业灾害、粮食经营等的法律法规，构建了相对完整的农村和农业法律法规。在农村社会发展方面，先后出台了 10 多部法规，比如《农村现代化法》《农渔村整顿法》《土地改良法》《农渔村电气化促进法》等。20 世纪 90 年代以来，韩国继续加强农村建设和发展的政策。1994 年出台了 14 项政策和措施，以推进农业和渔业的发展，1997 年出台了《环境亲和型农业育成法》，2003 年出台了倡导建设有竞争力、风景优美的农村和渔村的八大具体政策，2005 年出台了《城乡均衡发展、富有活力、舒适向往的农村建设计划》。

(三) 法国

法国用了不到 20 年的时间，实现了农业现代化，这和其有关法规和政策出台的优先次序相关。《农村指导法》于 1960 年出台，《农村指导法补充法案》于 1962 年颁布，该政策决定设立基金，来调整农业结构；1974 年，为了鼓励向年轻农民转移土地，引入了"调整农业结构行动基金"（IVD）制度。自 20 世纪 80 年代起，制定了 20 多项生态农业标签技术指标，并制定了生态农业长远发展规划。《农业发展指导法》于 1980 年制定。《农业现代化法》于

---

[1] 李爱芹："乡村振兴战略实施中法治保障问题研究"，载《中国西部》2019 年第 6 期，第 104 页。

[2] 石磊："寻求'另类'发展的范式——韩国新村运动与中国乡村建设"，载《社会学研究》2004 年第 4 期，第 42 页。

1995年颁布并通过，并依其制定了一系列符合本国国情的、包含22项内容的独立的国内农业政策。1997年，法国提出并实施了生态农业的发展计划，以促进传统农业转型成为生态农业。新《农业指导法》于1999年出台，旨在鼓励青年从事农业生产，并确立了提高农民生产条件，改善农民生活水平，完善社会保障体系，保障农民退休金，同时逐步提高农民退休金。法国的乡村改良不仅限于物理空间规划，而是要考虑到农村的社会、经济活动以及土地使用等方面的综合政策。1983年，《乡村整治规划》被《市镇联合发展与规划宪章》取代，把各种绿地、空地、村庄、农牧场以及绿化边界的建设规模作为重点，保持延续农村和自然景观的原有形态。

（四）美国

美国规模化农业不仅具有人口稀少的天然优势，而且致力于将现代科学技术渗透进来，提倡将农业的专业化延伸到农业生产的每一个环节，更多的涉及了法律的保护。《农业调整法》于20世纪30年代在美国颁布，为了应对农业形式的不断变化，该法几乎每四五年修改一次。[1]20世纪90年代，《1990年农业法》《1996年农业法》相继出台，政府对农业的干预逐渐取消，转而采取基于市场机制的调控政策，专门解决市场失灵问题，让农业生产向自由化和市场化发展。1997年亚洲发生金融危机，这一危机促使美国时任总统布什于2002年签署了《农业安全及农村投资法》，对农业的补助进行了大量的修改，增加了农业补贴。美国的农业法律发展历程表明：首先要对农业这个弱势行业给予特殊的重视；其次要推进可持续发展的农业；再次要保障人们吃到安全、营养、健康的食品；最后要通过农产品的出口，限制国家战略竞争对手。

二、充分理解法治在乡村振兴中的基础和保障功能

从亚里士多德到孟德斯鸠再到卢梭，法治始终是人们追求和实现文明的理想。作为一种先进的治理手段，法治要求国家和社会都依法治国，不依当权者的权威甚至是特权来管理，也不依赖于个人的意愿。依法治国，就是坚持依法办事、法律至上的原则。在现代社会，法治[2]意味着依法治理。这种

---

[1] 陈彤："美国农业工业化发展与生态化转型研究"，载《亚太经济》2018年第5期，第83页。
[2] 卢昌彩："推动乡村振兴法治保障研究"，载《决策咨询》2018年第4期，第54页。

治理对于确保和促进乡村振兴非常重要。

(一) 推进"三农"政策法治化

党的十九大首次提出了实施乡村振兴战略,并将其写入党章,在我国"三农"发展进程中具有划时代的意义。实施乡村振兴战略,这是我们党一个长期的目标。习近平总书记多次强调,实施乡村振兴战略,要大力推进产业、人才、文化、生态、组织五方面振兴。中央农村工作会议明确了实施乡村振兴的基本原则和目标,并在此基础上制定了发展战略的顶层设计。进入21世纪,已经连续15年出台了"中央一号"文件,加上20世纪80年代中央五个一号文件,"三农"的政策体系已经趋于成熟和稳定。通过改革,初步构建起实施乡村振兴战略的"四梁八柱",为实施乡村振兴战略提供了制度和政策保障。要使党的目标成为全社会的共识,必须将党的各项重大政策纳入法治,以法治为准绳,强化党的法治建设。

(二) 乡村振兴战略的重要内容

十九大报告指出,要优先发展农业农村,坚持农民主体地位,加快实现农业农村现代化。乡村振兴战略的总要求为产业兴旺、生态宜居、乡风文明、治理有效、生活富裕,走中国特色社会主义乡村振兴之路,既要振兴经济,也要将政治、文化、生态、社会建设和党的建设有机结合起来。此外,在实施乡村振兴过程中,有效治理是基础,必须通过健全乡村治理机制,完善自治、法治、德治相结合的乡村治理体系,推进乡村治理体系和管理能力现代化,努力使农村社会更加和谐稳定。

(三) 全面推进农村综合改革的重要保障

乡村振兴战略的实施,首先必须进一步深化改革,其次要建设法治。改革开放以来,尤其是十八大以来,我国广大农民从改革的红利中得到了极大的实惠,他们的家庭收入得到了持续的提高,人民的生活质量得到了极大的改善,人民的幸福感得到了极大的提升,农村的面貌也发生了翻天覆地的变化。但是,在农村改革过程中,必然存在着城乡二元结构、农业工业化水平较低、农村基础建设薄弱、农民收入增长动力不足等深层矛盾。尤其是在深化农村改革的过程中,更多地依赖于法治的保护。十九大报告和2018年"中央一号"文件提出了建立健全城乡一体化发展的制度和政策框架;深化农村土地制度改革,巩固和完善农村基本治理制度,完善"三权"管理制度;健全农村支持和保障制度;加强农村集体产权制度建设;深化农业经营体制改革，这些从农村发展全局出发的制度安排，反映了依法治国、综合治理、系统治理的思路。要避免农民在利益博弈中处于弱势地位，就必须在法治的保障下，以法律为基础进行重大变革。

（四）补齐依法治国进程中的短板

我国最基本的治理单位是农村，农村在国家的经济和社会发展中发挥着重要的作用。在从社会管理向社会治理转变的过程中，人民群体比其他群体更关注法治，对正义和公平有更迫切的期望，对认识法律、遵守法律、使用法律的愿望也越来越强烈。当前，我国的大部分法律都与城市相关，主要是为了振兴城市的发展，推动城市的法治建设或者是城市中政府的法治建设。这些法律法规较少涉及农村的建设。农村法治建设极为重要，是我国法治建设的重要基础，加快农村依法治理、提升农村法治环境水平，无疑将对依法治国产生重大影响，也会补齐依法治国进程中的短板。

第四节　实施乡村振兴战略法治保障的具体内容

一、当前乡村振兴法治保障存在的问题

十八大以来，以习近平同志为核心的党中央着力推进国家治理体系和治理能力现代化，将法治建设作为"四个全面"的重要内容之一，全面依法治国的进程显著加快。但是，相对于全面依法治国的目标和城市法治化建设，我国农村法治建设整体上还存在着一些问题，有些地方还比较落后，主要问题体现在以下几个方面：

（一）"三农"问题立法相对滞后

在改革开放 40 年的历程中，国家先后制定了农业法律 20 余部、农业行政法规 60 余部，部门规章 460 余部和众多地方性法规，在发展农业农村方面产生了巨大的影响。但是，"三农"领域的许多法律，大部分是以资源保护和产业发展为重点的，例如《森林法》《草原法》《渔业法》等，很少关注农业和农村的基本关系。目前，我们主要依靠"三农"的政策指导，乡村振兴还缺乏一个轴向的基本法。与此同时，中国关于农业的法律总量还很少，有些地方还处于空白状态，部分法律还没有制定，因此在不少领域无法采取进一步行动。此外，中国农村农业立法的质量不高，原则性较强，内容过于笼

统,相关法律难以实施。在"三农"改革不断深化的今天,我国的一些法律法规还比较滞后,不能充分体现"三农"的实际状况和客观规律,无法对相关法律关系进行有效的调整。[1]

(二)乡村法治环境较差

大多数基层群众文化水平不高,受教育程度低,对民主和法治的认识不足,法治观念不强,普法学法的意识淡薄,有些甚至成了法律普及的"盲点""死胡同"。同时,我国普法的力度也需要加强,基层群众接受到法律熏陶和学习的是少部分,"在问题中寻找罪人"和"强调个人关系和感情"的习惯和想法很普遍。受文化环境的影响,基层群众有着根深蒂固的"息讼"观念,当权益受到侵害时,他们不知道如何用法律武器来保护自己,或者以"法律文盲"的形式出现;要么不遵守法律,依赖家族的力量,采取"以暴制暴",从而产生违法犯罪的行为;要么害怕法律的力量,忍气吞声。部分上访群众不相信法律,他们热衷于上访,来解决问题,破坏了社会的和谐与安定。由于受封建思想的影响,一些基层干部利用职务之便,以权力代替法律,以语言代替法律,简单粗暴地操作,出现了"有法不依、执法不严、违法不究、监督不力"等问题。

(三)乡村法治实践和法治主体的缺失

部分村民自治仅仅停留在形式上,自治组织不健全,自治机制不完善,民主决策和民主管理不到位。村委会上村民参与协商的积极性不高,村民的参与意识不强,对主体和权利缺乏了解,因而缺乏自己作为权利主体的意识。村民对选举认识不足,不能合法地行使自己的政治权利,存在着"家族空竹选举""贿赂选举"等问题。村民有时因为村土地征用、拆迁,建设宅基地等问题而上访,对农村的和谐稳定造成了很大的影响。

二、全面推进乡村振兴法治保障

十九大报告提出,全面依法治国是一场深刻的国家治理革命,要坚持依法治国,推进科学立法、严格执法、公正司法、全民守法。要在习近平新时代中国特色社会主义思想的指导下,全面推进乡村振兴的法治建设。在乡村

---

[1] 李爱芹:"乡村振兴战略实施中法治保障问题研究",载《中国西部》2019年第6期,第104页。

振兴战略实施的过程中,要根据我国的发展情况,吸收和借鉴国外推进乡村振兴法治建设的经验和做法,将依法治国理念深入人心,并在乡村振兴战略的实施全过程中起到指导作用。

(一) 完善乡村振兴法律体系

落实2018年"中央一号"文件,深入农村改革发展,科学立法、民主立法、依法立法,做好乡村振兴法律法规的顶层设计,加快推进《乡村振兴基本法》的制定工作,把有效的乡村振兴和"中央一号"文件合法化。以逐步推进的战略为指导,着眼现在,立足长远,首先制定和颁布《乡村振兴促进法》,划分中央和地方的权限,明确相关部门的职能,明确支持的途径和方式,规定乡村振兴的战略、制度和原则。以成立"农业农村部"为契机,对当前涉及农业的法律进行梳理,提出要加快完善有关法律法规,建立健全促进和保障乡村振兴的制度,强化法治功能,确保制度供给,切实保障乡村振兴。

(二) 加强宣传乡村振兴法治建设

宣传和教育是实施法律的基础,只有普及到位,法治理念才能在人民心中生根发芽,法律的规定才能在农民的自觉实践中内化。通过电视、手机、广播等方式,对村民进行普法教育宣传,让村民对农村生活中的一些日常法律法规有一定的了解,并能充分认识到宪法、法律赋予的各项基本权利,提高村民的参政议政意识。加强村民参与村务管理,依法维护村民的合法权利。尤其要围绕社会保障、土地征用、合伙经营、减负等方面开展咨询、宣传和服务,让村民在遇到这些方面的问题时,可以依法解决。作为乡村振兴的领头人,党员干部要带头遵守法律、忠于法律,提高自己的法治思维,提升依法办事的能力,在管理乡镇事务时体现出法治精神。在此基础上,进一步推动乡村民主法治的建设。

(三) 促进基层民主自治建设

在实施乡村振兴战略的过程中,乡村治理是重要保障。完善自治、法治、德治相结合的乡村治理体系,加强乡村基层工作,以德治为重点,预防和化解农村矛盾,用法治的思路和方法解决农村发展和稳定中遇到的问题。引导村民积极参与农村治理,增强其自我管理能力和自我服务能力。基层民主自治有助于扩大基层民主,是社会主义民主最为广泛而深刻的实践,是发展社会主义民主政治的基层民主。切实贯彻《村民委员会组织法》,把民主选举、民主决策、民主管理、民主监督以及农村管理和财政公开相结合,落到实处,使权力真正回归到人民手中。对涉及农业难点、重点、热点的问题，尤其是涉及农民切身利益的问题，要完善以村民会议或村民代表会议为主要形式的民主议事制度，进一步细化农民群众对所议事项决策和实施情况进行监督的规定，保障人民群众当家作主的权利。

（四）营造乡村创新法治环境

乡村振兴战略的实施，也需要一个良好的法治环境来保证。要加强对基层政府行政行为的规范，坚持国家法治和宪法法律权威相统一，要有效实施法律，合理保障群众的合法诉求得到切实解决，强化法律在保障农民利益中的权威地位，规范市场运行，促进保护农业和生态环境治理，解决农村社会中的矛盾。建立和完善农村土地承包纠纷调解机制，积极开展司法救助和法律援助，使村民充分认识到法律的力量。要加强执法，及时发现和处理在群众身边发生的违法条件，同时也要营造村民遇事找法、解决问题用法、化解矛盾靠法的法治环境。提高普法针对性和实效性，实现法治宣传与法治实践相衔接，法律普及与法律执行相结合，推进法治乡村建设，为全面推进乡村振兴、加快农业农村现代化营造良好的法治环境。

（五）强化党组织领导乡村法治建设

加强党的领导，是推动乡村振兴法治建设的重要保障。十九大报告提出，要强调党对各项工作的领导作用。充分发挥党委核心领导作用，严格履行法治建设第一责任人职责，把法治工作纳入党委重要议事日程，明确分工，落实责任。在推进农村治理法治化过程中，必须把强化农村基层党组织政治功能放在更加突出的位置，加强党对农村事务的领导，以更健全的网络、更有力的抓手、更管用的办法，使农村各方面治理在法治轨道上更有实效。要坚持党的领导，共享公共资源、多组织协商、多主体共建、多平台共治的"五共"社区建设，多元服务共享，以法律保障促进农村产业繁荣，提高农村人民生活质量和幸福指数。

三、高质量推动乡村振兴法治保障体系的对策

为了合理地、科学地、有质量地保障乡村振兴法治的建设，我们必须做到以下几点：第一要回归党中央关于乡村振兴的初衷；第二采取的措施要与党中央提出的乡村振兴战略部署相一致；第三要与乡村振兴法治主体管辖的基本内容相一致。立足于党中央的初衷，从顶层设计入手，结合乡村振兴的

中短期战略规划，深入研究乡村振兴战略的精髓，以实施乡村振兴战略为主要目的，优化法律保障体系的逻辑结构，逐步构建法律保障体系。

（一）党中央实施乡村振兴战略的政策初心

十九大报告和中共中央、国务院《关于实施乡村振兴战略的意见》明确提出了五个总要求：产业兴旺、生态宜居、乡风文明、治理有效、生活富裕。随后，习近平总书记在谈及"全面振兴乡村"时，特别强调了"五个振兴"，即产业、文化、人才、生态、组织振兴。"五个总要求"和"五个振兴"虽然表达不太相同，但是两者是有机统一、相互联系的，从社会、政治、经济、文化、生态五个方面对乡村振兴进行了全方位的阐释，共同构成了乡村振兴的核心理念。产业振兴是乡村振兴的物质基础，是经济发展的一个重要方面，旨在保持乡村经济发展的旺盛活力，坚持精准发力，立足特色资源，关注市场需求，发展优势产业，为乡村振兴提供不竭动力。高质量推动乡村产业振兴，目标是实现乡村振兴和助力农民共同富裕。文化振兴，是乡村振兴的一个文化维度，旨在为乡村振兴提供强大的精神支撑，其重点是推动乡村文明的传承和培育，充分地激活乡村文化活力，增强乡村发展的"软实力"。生态振兴，是生态维度的乡村振兴，旨在构建和形成乡村振兴的良好环境基础和推进绿色、低碳、可持续发展，其重点是对农村突出环境问题进行综合整治，对乡村自然环境进行保护修复，建设形成生态宜居的美丽乡村。组织振兴是乡村振兴的政治维度，要培养造就一批坚强的农村基层党组织，其重点是通过基层组织体系的健全和组织运行机制建设，大力推进各类农村资源整合利用，有效统筹多主体力量，发挥其积极作用，推动乡村社会实现有效治理。人才振兴，是社会维度的乡村振兴，其重点是培育和发展乡村产业、治理、文化以及生态建设等各领域的人才，为乡村振兴提供强大的人才储备和智力支撑。"五个振兴"各有侧重点，又相互关联，共同构成了乡村振兴的整体内容。

（二）乡村振兴法治保障体系建构的逻辑路径

中共中央、国务院在 2018 年出台了《乡村振兴战略规划（2018—2022年）》，在政策层面上细化了"如何振兴乡村"的实施重点和路径。这一规划，在乡村振兴这一宏大的战略蓝图布局中，无疑具有重要的方向引领作用，同时也是我们构建乡村振兴法律制度体系遵循的基本的逻辑进路。规划历来与法律紧密相连，"规划与法律是实体与程序、目标与手段、可能性与现实、结果与过程、内容与形式的关系"。《乡村振兴战略规划（2018—2022年）》，一方面为乡村振兴法律制度保障确定了核心内容，反过来，战略规划对权责利益进行划分、规范和激励，这些内容想要有确定性则必须有法律制度的保障，因此法律制度能保证规划实施的有效性。

（三）以《乡村振兴促进法》作为法制体系领头羊

由于乡村振兴是一个系统工程，而法律制度的建设，可以形成一种刚性的规范约束，为推进乡村振兴提供长效、持久的保障。在乡村振兴法制保障体系的总体架构中，首先需要一部具有龙头作用的引领性法律。而已经出台的《乡村振兴促进法》正是这样一部具有引领性作用的法律。目前，《乡村振兴促进法》已经出台。《乡村振兴促进法》是本着农民利益为出发点制定的。制定出台《乡村振兴促进法》，为全面实施乡村振兴战略提供有力法治保障，对促进农业全面升级、农村全面进步、农民全面发展，全面建设社会主义现代化国家，实现中华民族伟大复兴中国梦，具有重要意义。制定《乡村振兴促进法》，是贯彻落实党中央决策部署，保障乡村振兴战略全面实施的重要举措；是立足新发展阶段，推动实现"两个一百年"奋斗目标的重要支撑；是充分总结"三农"法治实践，完善和发展中国特色"三农"法律体系的重要成果。

（四）构建新时代乡村振兴法律制度保障体系的总体框架

围绕《乡村振兴战略规划（2018—2022年）》实施的重点任务，着力建构以《乡村振兴促进法》为龙头引领，以产业振兴、土地管理、乡村治理、生态保护、民生改善等五大重点领域的"多"个法律为基础支撑的法律制度保障体系。其中，《乡村振兴促进法》是具有推进乡村振兴的宏观指导意义的立法，要与国家的《乡村振兴战略规划》相衔接，在宏观层面对乡村振兴各个领域发展共同遵循的法治理念、基本要求、权责分配等进行明确；而"多"个法律支撑，则应分别围绕乡村振兴若干重点领域、重点问题的破解，对既有法律法规进行完善和补充，对相关的配套性制度进行规范，以此形成法律法规和制度规范性文件梯度层次分明、有机衔接的乡村振兴法律制度保障体系。

（五）乡村振兴法制保障体系的主要子系统的构建

上文在顶层设计的指导下，跳出以往分散在乡村建设各个微观层面的研究视角，系统且全面地设计乡村振兴的法律保障体系，构建了整体框架。而当我们检视当下乡村振兴的法制状况时，有以下几个重点系统需要我们进一步探索。

（1）农村土地法律制度系统。建构农村土地法律制度系统需要在以"放活土地使用权"为目标指向的农村土地法律制度立法总框架下，分层次地推进农村土地法律制度的健全完善。一是进一步加大农村土地立法进度。制订《农村集体土地流转法》，并且针对还在试点的宅基地"三权分置"制度，加强立法调研准备，待时机成熟时进一步完善相关法律制度，形成统一的农村土地法律体系。二是在集体所有权实现的同时强化和做实集体成员权，最大程度调和兼顾农村集体和农户个人的土地权益，寻求广泛的改革认同。三是针对实施或即将实施的承包地、集体经营性建设用地方面的法律制度，完善利益调整的程序规范，确保既有农村土地法律规范的实施。

（2）完善农村治理法律体系。一是要完善和健全有关村民自治的法律法规。制定《村民委员会组织法》实施细则，强化法律责任的规定，使村民自治法律保障体系更加系统化、规范化、权威化。二是因地制宜地完善乡村自治章程和强化村规民约，通过村民集体自愿自主决策，完善落实自治宪章和村规公约的奖惩机制，实现法治与道德规范的有效结合。三是完善乡村公共法律服务制度，保障和促进村民合法权益维护营造遵法、守法的乡村治理环境。

（3）乡村产业发展法律制度系统。一是要加强农村政策性金融的系统性制度供给，放宽农业科技企业贷款信用风险容忍度。推动农业科技的创新和研发，建立和加强农业科技保险供给制度。二是加快构建归属清晰、权责明确、保护严格、流转顺畅的现代产权体系，这是农村吸引人才和资本的关键。三是深入推进包括户籍制度、就业制度、教育制度、医疗制度、土地制度、住房制度以及其他公共品供给制度等方面的系统性制度创新。四是加快完善农业商标的法律制度。五是针对农产品收储制度和价格形成机制，出台比较完善的法律法规。

（4）农村生态法律制度系统。一是制定一部统一的完整的农业生态环境保护法律，将防治污染、实现城乡环境公平作为立法原则，为农业生态环境保护提供法律基础。二是梳理现有农村生态环境保护法律法规，填补耕地污染防治、生态农业、垃圾处理等方面的立法空白。三是健全农药安全使用、土壤环境、农田灌溉等农村生态环境保护的相关标准体系，以及适应各地农业环境特点和要求的地方环境标准。四是明确各环境执法部门在法律层面的职能和职责，赋予其更多的行政许可、行政强制和行政处罚权，加大加重对污染与破坏环境行为的处罚力度。

（5）农村民生保障法律制度系统。一是在社会保障方面，制定农村社会保障的基本法律，基本法律应规范农村社会保障的基本原则，保障标准，比如《农村社会保障细则》《农村社会保障法》等。同时，还应该出台相应配套法律法规来进行保障，例如《农村医疗保险法》《农村社会救济救助法》《农村社会养老保险法》等。二是在农村基础设施建设方面，制定出台相关法律，用法律明确政府在农村基础设施建设中的主体责任，详细地规范农村设施建设的资金来源、经营规范、决策制度等。三是在农村卫生方面，出台《农村卫生保健法》，提高农村居民健康水平，改善农村卫生保健条件。四是在教育方面，出台《农村教育促进法》，要制定法律法规用以规范目前存在的相关问题，培养德智体美劳全面发展的社会主义接班人和建设者，解决留守儿童缺乏教育等问题。与此同时，各个部门要按照上述相关法律法规，出台部门配套细则，与国家法律法规相适应，构建多层次的社会保障体系，织牢民生保障网，顺利开展农村民生保障工作。

第五节　乡村振兴战略法治保障的意义

一、历史意义

（一）乡村振兴战略的法治保障策略为我国农村解决好"三农"问题提供了强有力的制度支撑

乡村作为我国社会的底座，对其的治理必然关系到社会的政治、经济、文化等方面。"中央一号"文件在2018年就乡村发展提出了"法治乡村"概念。该概念的提出意味着我国的乡村建设重点和难点发生了改变，即从城市转向了农村。随之党的十九大报告就提出了乡村振兴战略，并对其进行了具体安排，这意味着乡村振兴战略的法治保障也提上了日程。乡村振兴的目标是农业强大、农村美丽、农民富裕。"三农"问题始终是关系到国计民生的根本性问题，始终是一个历史性、永恒性的中国课题，是解决中国当前社会主要矛盾的战略举措，是实现国家现代化的必然途径。而乡村振兴战略的实现就中国目前的发展现状而言离不开乡村法治的保障，将法治保障策略作为制度支撑，是从我国实施法治以来就一直遵循的乡村治理经验和措施。我国从新民主主义革命到党的十九大一直都将做好农村工作作为重中之重。从党领导人民分田地，带领百姓求解放到党领导农民开展互助合作，发展集体经济，再到改革大幕在农村拉开，家庭联产承包责任制的出现，实现了将广大农民紧紧团结在党的周围，改变农村贫困落后的面貌，推动了农村经营体制、改变了农村社会结构，这也为以后中国农村的发展奠定了发展基础。党的十八大，习近平总书记围绕"三农"工作提出了一系列新理念新思想到党的十九大，乡村振兴战略的提出，使得乡村振兴"三农"目标的实现迫切需要法治保障，法治从一般理论上升到制度支撑的地位，为实现"中国要强，农业必须强；中国要美，农村必须美；中国要富，农民必须富"保驾护航。"三农"工作的实现是需要动态的法治保障的，党的十九大报告也多次提出了"法治"和"依法治国"的相关论断，习近平总书记在报告中也强调"全面依法治国是中国特色社会主义的本质和重要保障"，这反映出了党对全面依法治国的高度重视，也从侧面反映出新时代背景下乡村振兴的法治保障的实现，是实现全面依法治国的基础，是开展各种乡村活动要依据的制度前提，更是为实现"三农"工作提供的强有力的制度支撑。中国人的饭碗要牢牢端在自己的手里，中国人的饭碗要装中国粮食，要坚持农业供给侧结构性改革主线，以法治制度支撑和加快推进农业的提质导向，真正实现乡村振兴战略的法治保障为我国"三农"工作提供制度支撑的意义。

（二）乡村振兴战略的法治保障策略有利于我国全面建设成社会主义现代化国家，实现中华民族伟大复兴

随着我国社会结构的改变，乡村社会不再是费孝通先生笔下的"乡土中国"，也不再是贺雪峰先生笔下的"新乡土中国"，而是一个随着城市化、信息化、工业化不断发展得更加具有复杂性、多元性、动态性的乡村社会。乡村社会存在的问题是官僚体系过于僵化，很难有效满足社会主体所需的高效率高质量的服务，使得这个社会难以依靠"管理"思维得到有效治理。而以法治为主要内容的"治理"思维和模式，则能尽力呈现社会的复杂性、动态性和多样性。为解决这一问题，人们对乡村治理达成的共识是治理乡村"道路千万条，法治建设第一条"。邓小平同志在十一届三中全会上也提出了治理中国的法治方针，要求治理中国要有法可依、有法必依、执法必严、违法必

究，从而奠定了现代中国法治的基础，同时也体现了乡村治理的法治基础。法治模式要求依据法律治理乡村的方方面面，与以往的"人治"模式彻底划开了界限。乡村治理法治化是实现乡村治理有效的必由之路，是改善乡村法治环境的基础。在国家治理走向依法治国的背景下，国家以法治保障的方式促进乡村振兴战略的实现，立足于中国新的发展阶段，并结合我国乡村社会的具体实际，结合"三农"法治实践，从依靠人治到依靠法治，从静态的法制到动态的法治，对乡村治理的方方面面都作出了具体的法治规定，规范引领乡村的全面发展、规范村民行为和乡村生活，全面升级了农业、全面进步了农村、全面发展了农民，减少了城乡融合的差距，推动了"两个一百年"奋斗目标的实现，为全面建设社会主义现代化国家提供了发展途径，为实现中华民族伟大复兴提供了动力。

（三）乡村振兴战略的法治保障有利于实现乡村的多元有效治理

随着城镇化的发展，农村人口大量涌入城市，农村的人际关系逐渐疏远，农村的治理形式变得多元化。乡村振兴是实现乡村现代化、市场化、城市一体化的过程，在这个过程中必然涉及多方主体的利益；必然面临传统习惯和乡规民约解决利益争端方面逐渐失效的局面；必然导致乡村从一个相对熟人的社会走向陌生的社会的局面。在这样的社会关系与社会结构变迁的背景下，乡村的治理不仅仅依靠村民的参与，而是需要多方主体进行多元化的有效治理。为了适应社会新的发展，村民要改变传统且不合时宜的乡村治理观念和方式，运用法治理念来解决乡村建设中各方主体利益的冲突，使各方主体在维护各种利益能够符合法制规范。随着全面依法治国的提出，乡村振兴过程中村民对法治的需求也有所增加，法治所保障的乡村多元化有效治理也成为乡村振兴战略所追求的目标之一，多元化治理有效的途径和手段也越来越依赖强有力的法治保障。例如，近年来城乡融合日益深入，农业机械化、集约化水平提高，使得我国的农业农村生产逐步从追求数量向注重质量发展转变。乡村多元化治理有效主要体现在村民自身的生产活动、物质生产活动和精神生产活动等方面发生了重大变化。村民自身的生产活动的变化主要是村民自我意识的觉醒和利益观念、权利思维的转变，生产活动不再仅仅局限于最初的小圈子，而是通过多种渠道来丰富和完善自身的生产活动。村民的物质生产活动的变化，主要是因乡村传统封闭的社会格局被打破，新的社会格局形成，乡村的物质生产活动所采取的工具从单一化变得多元化，种类繁多且便捷轻巧，物质生产活动方式也从实物转向机械和科技方式，方便了农民的日常生产生活；农民的精神生产活动发生变化，农民的思维格局改变，法治观念增强，如村民在面临宅基地、土地承包经营与流转、项目征地等问题时不再依靠自身盲目不合理的协商，而是依据法律制度和政府部门更好地维护和实现自身利益的最大化，使大多数农民树立了依法解决问题的思维也提高了农民的整体素质。多元有效的治理乡村，是法治保障乡村振兴战略实现必然要求。法治保障要更好发挥法治的固根本、稳预期、利长远的目标，增强多元化治理乡村的途径，从思维到行动，从行动到结果都体现运用法治思维解决乡村振兴问题的理念，守住法律底线。

二、理论意义

（一）健全乡村法律制度体系，为乡村振兴法治建设提供理论依据

乡村要实现善治，除了依靠不断更新的乡规民约，还必须依靠健全完善的法律制度体系。通过健全完善的法律让更多的农民通过规范合法的方式参与乡村治理，达到社会共治的目的。乡村健全法律制度体系通过法律法规的修改、完善、加强法律执行力度和监督力度、加强多种形式的普法宣传，为我国农业农村经济发展，乡村振兴法治建设提供理论依据。首先，国家制定了以《乡村振兴促进法》为主的法律，并具体规定了农村集体经济组织的活动内容和依据，从资产、管理、保护、救济、权利和义务等方面进行了详细规定，理顺了农村集体资产管理，建立了集体经济组织民主决策等法律制度，实现乡村组织化、规范化运行。其次，相关主体根据法律制定了行政法规和规章，对在乡村谁去执法、如何执法、执法的重点和难点，以及一些执法的具体细节进行规定，使乡村执法工作有理有据，为乡村之间的矛盾纠纷的解决提供合理的途径。再次，健全乡村振兴司法机制和监督力度。乡村振兴主要是依靠人的参与，有人的参与就会存在各种纠纷，一些涉及的刑事案件和大额民事案件纠纷的解决不是乡规民约所能调整，就需要通过司法的途径进行解决，并运用监督手段和机制对其进行监督，及时制止和减少此类案件的发生，还乡村一个良好的社会环境。同时要健全乡村的管理机制，主要是针对土地、房屋等设定相应的纠纷仲裁机构，畅通纠纷的解决渠道，积极引导村民通过诉讼或仲裁的方式解决纠纷，维护自身合法权益。最后，维护脱贫攻坚战的成果。目前我国已经实现了全面脱贫，但是对于脱贫成果的维护却

还有很长的路要走。农村作为脱贫的主阵地，要对脱贫成果进行维护，建立相应的法律制度体系，为乡村振兴法治建设提供切实可行的理论依据。乡村振兴坚持以法治思维引领乡村治理，需要严格且合理的法律制度体系，并严格按照法律法规等的规定实施，在尊重农民民主的基础上，依法办事，推进我国乡村法治建设的进程。

(二) 加强了乡村治理能力建设，为乡村法治化治理提供宝贵经验

改革开放以来，我国的农村社会发生了重大变化，传统农村的封闭性被打破，村民的思想也发生了深刻的变化，乡村中出现了多种行业、不同阶层的人，这些都增加了乡村治理的难度，对乡村治理能力提出了挑战。乡村治理主要依据乡规民约的手段和功能都在减弱，逐渐演变成依照法律法规政策来治理乡村。法治社会影响了农民的思想，影响了参与农村治理的人的认知水平和处事的能力，人们想要化解乡村治理中的矛盾和平衡各方的利益，推进乡村的管理水平和维护乡村的稳定发展，就必须在完善法律制度体系的基础上，加强乡村治理能力的建设。农民最主要的资产就是土地和房屋，这是农民能够获得利益最直接的资产，也是考验乡村治理能力好坏的关键。乡村建设处理好农民和土地、农村和房屋的关系，首先就是完善和坚持农村基本经济制度、坚持农村土地集体所有、坚持家庭经营基础性地位，使农民幼有所居，老有所依。例如，对近几年从土地承包经营权中分离出的土地经营权的相关内容进行明确具体规定，保障土地经营权在流通中有法律依据、有流动平台、有参考价格、有纠纷解决方式等；对宅基地"三权分置"案件也设立了具体的规定，促进了农村土地制度改革，维护了农村社会秩序、促进了乡村金融的融资可能性。对于一些集体经济组织的财产的出租和出售所得利益，应该按照具体情况一部分用于完善乡村基础设施，一部分用于分配给村民，使村民切实享受乡村振兴带来的利益。乡村治理能力建设是衡量一个乡村持续性发展的指标之一，治理能力的高低是一个持续性过程所得到的结果的评价，需要相关人员的长久坚持，对于农民所关注的土地和房屋问题等相关问题的合理有效解决，是评价乡村治理能力的最直接方式。同时针对农村产权保护、基础设施建设、劳动就业保护、基本公共服务、投资融资权益事件中出现的问题得到及时解决，也是综合衡量治理能力的方式，乡村治理能力的提高，为乡村法治化治理提供了宝贵经验。

（三）以《乡村振兴促进法》作为乡村农业治理基础，为国家粮食安全提供有效的保障措施

粮食安全是保证人口大国社会稳定的基础，一直以来人民的吃饭问题都是我国治国理政的头等大事，将国家粮食安全纳入乡村振兴战略法治保障中，是牢牢把握粮食安全主动权的关键。我国的《乡村振兴促进法》关于粮食安全作出了明确规定，我国实施以我为主、立足国内、确保产能、适度进口、科技支撑的粮食安全战略。以《乡村振兴促进法》作为乡村农业治理基础，是确保粮食安全、耕地红线的法律支撑。保障粮食安全最重要的是保障种子和耕地的充足和安全。耕地是粮食生产的"命根子"。为此，我国专门严格规定保护耕地，实施永久基本农田保护制度，牢牢守住18亿亩耕地红线不能触碰的目标，严格控制耕地转林地、园林等其他类型农业土地，要求在保障耕地总量不减少的情况下，提高耕地质量。种子是农业的"芯片"。法律明确国家加强农业种子资源保护利用和种子资源库建设，支持育种基础性、前沿性和应用技术研究，实施农作物和畜禽等良种培育、育种关键技术攻关，推进生物种业科技创新，鼓励种业科技成果转化和优良品种推广等。抓种子有利于农产品种源自主可控的目标实现。《乡村振兴促进法》有助于实现粮食和重要农产品的有效供给，实现保数量、保质量、保多样的三保证。《乡村振兴促进法》为保障和解决种子和耕地问题提供了制度支撑，为农村农业治理提供基础，保障了国家粮食安全。例如《乡村振兴促进法》全文中有51个"政府应当"，都明确规定了各级人民政府及有关部门在维护农民权益、保护耕地和保障粮食安全、引导新型农业产业发展、完善农民返乡就业扶持政策、建立农民收入稳定增长机制、统筹农村教育和医疗工作等方面应当履行的职责。坚持藏粮于地、藏粮于技，不断提高粮食综合生产能力，建设国家粮食安全产业带，确保谷物基本自给、口粮绝对安全，是《乡村振兴促进法》在农业发展中的具体规定，是法治保障国家粮食安全的措施。

（四）实施乡村振兴战略法治保障，形成了社会多方参与乡村治理的理论创新

乡村振兴目标的实现有利于基层社会治理格局的形成，乡村治理不仅得益于农村、农民的参与，也得益于社会各界人士、各阶层的共同努力。乡村治理从最初依靠德智、乡规民约、村中德高望重的长者到现在依赖法律法规、政府、有知识才能和各界社会人士的共同治理，乡村治理不再是单一的治理

格局。现代社会中,多方主体共同参与的多元化治理是实现高效治理的重要模式。乡村振兴战略法治保障,首先,是政府依法将自治权交还给村委会等部门,防止违法削弱村委会的自治权,并帮助其完善内部治理结构和适时对其进行监督。其次,乡村村集体成员比如党员、村委会成员、村民等依据法律法规的制定,并结合自身的需要制定乡规民约,对乡村进行经济、政治、文化、环境、生态的综合治理,同时在整个治理过程中坚持民主协商,保证治理效果的民主性、科学性和合法性。再次,社会各界人士基于自身利益和社会发展以及不破坏乡村发展环境的基础上,与村集体组织或村民签订协议对乡村土地等资源进行合理利用,降低乡村土地的荒废率和合理利用乡村环境,保障乡村环境不受污染、村民生活不受干扰。在多方主体参与乡村治理过程中要始终坚持人民民主权利,在涉及村民利益和其他主体利益冲突时,要优先考虑村民的合法利益,充分发挥农民在乡村治理和建设中的积极作用。农村治理和发展的结果都是由村民主要承担和享有的,村民在治理过程中发挥着主体地位的作用,完善农村基层群众自治制度,就是增强村民自我管理、自我教育、自我服务和自我监督能力的关键。乡村振兴战略的法治保障社会多方参与乡村治理,需要政府、村民、社会组织、人民团体、事业单位等各方参与,从而形成社会多方共同治理乡村、共同推进乡村善治体系的构建。

(五) 实施乡村振兴战略的法治保障策略,为农村土地改革发展提供法律依据

农村的土地改革主要是指农村土地承包过程中所涉及的承包地"三权分置"改革和分配。我国对农村土地采用的是以维护农村土地集体所有制和家庭承包经营为基础,统分结合的双层经营体制,从而确保土地承包关系保持稳定且长久不变。在农村土地改革过程中要始终将保护农民合作社、农民主体合法利益作为改革的基础,按照"落实农村土地集体所有权、稳定农户的土地承包经营权、放活土地的经营权"的要求,以法律制度保护和促进农村承包地的土地经营权的有序流转。具体而言按照《民法典》物权编、《农村土地经营权流转管理办法》的规定:其一,在保护农民对土地享有土地承包经营权的基础上,即对所承包经营的土地享有占有、使用、收益等的权利,按照农业市场的发展情况,在充分尊重农民真实意愿的基础上,依照法律法规及相关规定对承包地的土地经营权进行自由流转,所得利益归农民享有。其

二，允许农民的宅基地实行"三权分置"，保护符合土地利用总体规划的农村住宅、农业设施和休闲旅游设施等建设，在保障农户资格权和房屋财产权的基础上，依照法律法规的规定，依法保护宅基地的流转，对违反法律规定买卖宅基地的行为以及利用农村宅基地建设别墅和私人屋馆等违反土地用途管制的行为均认定无效。同时集体经营性建设用地也可以进入市场，这极大地促进了土地利用率和增加了集体的收入。由此可见，实施乡村振兴战略的法治保障为乡村土地改革发展提供了法律依据，依法进行土地改革也是保障土地改革能够顺利进行的关键。

（六）乡村振兴战略的法治保障有利于乡村德治、自治机制的纵深发展

乡村振兴战略法治保障的结果有利于以乡风文明为基础的德治的建设和以乡村改革为目的的自治体制的建设。乡村振兴战略的总要求之一是"乡风文明"，这就需要依靠德治化育乡风文明。法治保障德治的深度发展的前提，德治是以弘扬社会正能量为手段规范农村基层治理，矫正社会不良风气的重要方式。德治是一种"软法"形式，具有较高的社会追求，有教育教导的作用，带有感情色彩和独立性，维护社会秩序的成本比较低，依靠个人自觉自省。而法治是刚性约束，有系统的法典法条，依照规章制度奖惩对错，具有普遍化理论化程序化的特点，靠法律机器监督和执行。以法治手段保障乡村的德治发展，有利于乡村的道德建设，促进乡村文化发展。乡村自治需要健全和完善的自治机制，建立多样化和多层次的自治体系，实现治理有效的目的。例如农村群众自治制度就是乡村实现自治的基础，要求村民实现自我"管服教"。乡村自治是农村基层治理的目标，法治是保障乡村自治的前提，二者统一于农村基层治理体系中。乡村振兴战略的法治保障有利于乡村德治、自治机制的纵深发展。

一方面，三治融合的治理体系，是乡村各项事务顺利进行的基础和方式。自治是乡村基层治理的核心，德治是乡村基层治理的途径，法治为乡村治理顺利进行提供保障，三者相互配合，是乡村治理工作有序进行。乡村法治建设需要提高村民的自治能力，通过加强德治和自治建设，使法治成为人们自觉遵守的道德追求。通过打造良好的人文环境，让村民潜移默化地接受本地区优秀的传统文化和红色文化，增强了乡村的德治效果，通过设置奖励的方式开展评选活动，对本地区治理做出贡献、家庭和睦、遵法守纪、爱护环境等的村民进行评选，发挥榜样的力量，并通过社会大环境影响和规范村民的

自治能力，推动村民自治和基层法治的良性互动，需要健全法律制度体系，平衡政府与村"两委"之间的关系。基层自治主体要在法律框架内合法行使权力，不论是基层政府、村"两委"还是民众都不允许有超越法律的行为。

另一方面，三治融合的乡村治理体系有利于乡村善治。乡村治理的主体是村民，乡村治理结果的承受者也是村民，在乡村治理过程中要实现民主选举、民主决策、民主监督和民主管理，提高村民治理乡村的热情和积极性，实现还权于民于社会的目的。乡村不是某一个人的乡村，是整个村民的共同家园，提高乡村治理水平，除了要充分发挥基层组织和基层干部的带头作用，还要尊重群众的主体地位，以法治保障乡村自治的纵深发展，扩大村民参与乡村治理的建设主动性和力度。乡村振兴战略的法治是实现乡村德治、自治建设结果的必要途径，为乡村稳定有序发展提供了保障。

三、现实意义

(一) 软法硬法兼顾的综合治理过程，为法治化治理和化解乡村纠纷提供创新性经验

在乡村振兴过程中，需要法治来保障各项事项的顺利进行。乡村振兴战略的法治保障是硬法和软法的兼顾，二者综合治理，为法治化化解乡村纠纷提供了创新性经验。乡村振兴中所采用的硬法是依靠国家强制力保障实施的法律规范，主要包括法律、行政法规、地方政府规章，这些规范在乡村振兴战略中应用是需要国家强制力保障才能更好地发挥作用。软法是不依靠国家强制力保障其实施，而是依靠社会强制、内心强制、国家激励、社会激励等方式实施。主要指各种乡规民约和各种有利于乡村振兴的政策。硬法是从制度层面规范村民的行为、乡村治理的法律依据和具体治理的方面和手段，起着一种保障性、强制性的作用。软法则是随着国家治理体系和治理能力的现代化更多采取非强制性手段，如引导、协商等方式，逐渐渗透到村民的生活中，规范村民行为的同时实现乡村振兴。良法的实现需要两者的相互兼顾，才能达到更大治理效果。

具体而言，硬法和软法兼顾的综合治理是指，一方面，乡村振兴通过硬法强化政策引领规范，将党的惠民惠农政策集成化、法治化和规范化，确立了乡村振兴法治保障的大方向。通过明确国家建立健全城乡融合发展的体制机制体系，推动城乡要素的有序流动，形成城乡互补、工农互促、协调发展

的局面。涉及耕地保护、农民合法权益保护、生态环境保护和严格保障农产品质量安全等方面都明确作出了限制和规定，并对相关政策内容进行监督检查。另一方面，乡村振兴通过软法以国家意志的形式对相关行为进行规范、引导和激励，充分运用立法之外的各种规范，通过给补贴、奖励、荣誉等方式调动相关主体参与社会治理的积极性，发挥社会各界在实现治理秩序、推动社会发展方面的能动性。同时发挥软法性条款的赋权、宣示和倡导作用，依赖激励和沟通协调机制来实现乡村振兴的法治治理。乡村全面实现振兴是一个系统性、全局性工程，涉及农业农村发展的方方面面，在国家治理体系现代化背景下，想要实现乡村的各方面发展，就必须一直坚持硬法和软法兼顾的综合治理过程，不断完善硬法的强制规范作用和软法的激励、宣传和鼓励作用，二者的结合，保障乡村治理工作的顺利进行，加快乡村振兴战略成果的实现，为乡村治理提供创新性的治理经验，维护乡村的稳定和法治权威。

（二）培养农民的法治化意识，提高农民的幸福感、安全感

我国是人民当家作主的社会主义国家，坚持以人民为中心的思想，坚持农民主体地位、维护农民根本利益。想要真正提高农民生活的幸福感、安全感，就必须强化农民的法治化意识，培养农民在权利受到侵害时，运用法律武器保障自己的合法权益，乡村治理法治化有利于满足村民对法律的需求。乡村振兴战略主要体现在促进产业发展和农民增收、乡村治理、公共服务、社会保障等方面，每个方面的实现都需要依法进行，需要法治的配合和管理以调动农民的积极性、主动性和创新性，以保障各项工作最大化的收益，保障农民民主权利和其他合法权益，维护农民根本利益，提高了农民的幸福感、安全感。乡村振兴战略需要从我国的农村实际出发，在促进产业发展和农民增收方面规定一系列举措，要求各级人民政府建立健全有利于农民收入稳定增长的机制，保障成员从集体经营收入中获得收益分配的权利，让农民共享全产业链增值收益。在乡村治理方面完善农村基层群众自治制度，健全村民委员会民主决策机制和村务公开制度，增强村民自我管理、自我教育、自我服务、自我监督能力，完善乡村治理体系，建设充满活力、和谐有序的善治乡村。在公共服务方面努力实现基本公共服务均等化的明确要求，从传承和发展乡村优秀传统文化，加强基础教育和公共卫生服务保障，培养高素质农民，统筹规划、建设公共基础设施，发展农村社会事业等各方面提出了具体举措。在社会保障方面完善城乡统筹的社会保障制度，确保城乡居民基本养老保险

待遇随经济社会发展逐步提高。这些有利于农民、农业农村优先发展，而这将会是中国农业农村政策的基本点，切切实实地有益于调动农民的积极性、主动性和创造性，为打造一个更加法治且和谐富裕的乡村作出了贡献，实实在在提高了农民的幸福感、安全感。

（三）乡村振兴战略的法治保障有利于弘扬社会主义核心价值观，促进和谐平安的乡村建设

社会主义核心价值观主要包括三个方面：国家、社会、个人。乡村振兴的法治保障是通过对个人思想行为的限制和影响来影响社会最终间接影响了国家。社会主义核心价值观在乡村振兴发展中的表现主要包括邻里美德、家庭美德和社会美德三个方面。

第一，依法妥善处理乡村邻里纠纷。弘扬守望相助、崇德修睦的乡邻美德。乡邻美德是维护熟人社会基于血缘、地缘、亲缘和宗缘关系所建立的情感和道德纽带。在乡村中发生的案件多半是民事案件、一部分是刑事案件，这些案件的发生需要合适的人去调解、和解，更有甚者需要司法机关的参与。在村民之间所涉及的金额较小的民事纠纷可以通过乡村干部、司法协理员、人民调解员的调解，加强执行和解，增进邻里和睦。充分尊重符合社会主义核心价值观的农村风俗和生活习惯，慎重审理因农民日常生产生活引发的刑事案件。对于一些婚恋纠纷、土地权属纠纷、征地拆迁纠纷等引发的刑事案件，首先需要相关人员进行调解，争取将矛盾化解在基层，如果不能化解则需要采取司法手段，例如将其列为失信被执行人名单，使其树立正确的邻里观。

第二，依硬法和软法解决家庭纠纷。家庭纠纷主要包括婚姻关系、赡养关系、抚养关系。婚姻主要是夫妻双方在年龄适合、未婚、自愿状态下结为夫妻，并对对方忠诚。婚姻关系主要是指结婚自由、离婚自由。夫妻关系的好坏是维护家庭和谐的关键。对于陷入危机的婚姻，尽量加强救治，大力弘扬家庭美德，着力维护家庭稳定，其中涉及的高额彩礼问题尤为突出，需要注意甄别地方风俗、民族习惯、通过司法审判引导农村摒弃高额彩礼。对于感情确已破裂的婚姻，要注意钝化家庭矛盾，预防因家庭纠纷导致恶性伤害事件发生。家庭关系是推进家事审判方式和工作机制改革，促进和谐的家庭建设。要积极巩固有利于家庭稳定的财产制度和情感基础，着力保护未成年人、妇女和老年人的合法权益，要摒弃不赡养老人和遗弃儿童的不良风气，

引导家庭成员树立行为规范，弘扬优良传统道德，培育家庭美德，着力维护家庭稳定。

第三，大力弘扬社会美德，传承发展提升农村优秀传统文化。维护社会安全，避免社会犯罪事件增加。乡村作为社会的一部分，要实现"法治乡村""平安乡村"建设，就必须将依法惩处与系统治理、综合治理、源头治理有机结合，从源头上防范农村各类犯罪，维护广大农村地区的社会治安稳定。通过司法审判依法监督行政机关在农村公共文化建设、移风易俗行动中依法行使职权，推动乡风文明新气象的形成，依法惩治危害农村社会安全的犯罪将执行过程与乡村社会矛盾纠纷多元化解决机制有效对接，与乡规民约、善风美俗建设有效对接，通过法治不断推进乡村社会主义核心价值观建设，维护乡村和谐平安建设。

第三章 实施乡村振兴战略的立法保障

第一节 法　律

　　脱贫攻坚任务胜利完成后，乡村振兴成为推动我国农业农村发展的主导性战略，在新的历史时期，要将乡村振兴落到实处，需充分发挥乡村振兴战略的引导作用，对现代农业产业体系的构建进行规范及有效的探索，通过推进农业产业发展的现代化，真正帮助农民增收、增产，真正实现农村地区的共同富裕，使人们共同享受发展的成果。十八大以来，中共中央、国务院高度重视农村的发展，但是其支持都是通过发布政策和国务院以及地方政府自行制定规范性文件，没有一部统领全国乡村振兴的法律。第十三届全国人民代表大会常务委员会通过了《乡村振兴促进法》，系统、全面地对乡村振兴作出了规定，为各地乡村振兴战略提供了基本方向。

　　《乡村振兴促进法》规定乡村是指城市建成区（包括乡镇）以外具有自然、社会、经济特征和生产、生活、生态、文化等多种功能的区域综合体。

　　《乡村振兴促进法》规定由国家农业和农村工作领导机关对国家乡村建设的总体协调、宏观指导和监督检查；政府和相关单位依法履行本单位的责任。

　　《乡村振兴促进法》对乡村振兴战略提出的措施由产业发展、人才支撑、文化繁荣、生态保护、组织建设、城乡融合六个方面构成，以及相关的扶持措施和监督检查。

　　在产业发展方面坚持以农民为主体，通过完善农村集体产权支付，增强农村集体所有制经济发展活力；以乡村优势特色资源为依托推动建立现代农业产业体系，推进数字乡村建设；通过优化农业生产力布局，推进农业结构调整，发展优势特色产业构建科学合理、公正高效的重要农产品供给保障体系；实行永久基本农田制度严格保护耕地，严格控制农用地转为建设用地，加强农田水利等基础设施建设并保护高标准农田；加大农业技术革新力度，培养创新主体推进农业农村创新发展；强化农副产品技术推广系统，开展农业技术推广服务。

在人才支撑方面国家健全乡村人才工作体制，引导城市人才下乡，促进农业农村人才队伍建设；加强职业和继续教育，组织农业技能培训，培养高素质的农民和懂技术、具有管理能力的乡村实用技术人员；强化农村医疗保障队伍素质。

在文化繁荣层面，各级人民政府应当组织开展新时代文明实践活动，健全完善乡村公共文化体育设施网络和运行机制；加强对历史文化名镇名村、乡村风貌的保护。

在生态保护层面实施生态系统保护和修复工程，加强乡村生态保护，绿化环境，建设美丽乡村；发展生态循环农业和先进种植养殖技术，综合整治乡村水系，实行垃圾分类改善农村人居环境；实行耕地养护、修复、休耕的河流湖泊休养生息制度；禁止污染环境、有毒有害废物向农村转移。

在基层建设层面要健全党的各级委员会积极领导、地方各级人民政府认真负责、民主科学地进行协商、社会群体要共同参与、人民群众积极响应、法律法规起到保障作用、科学技术作为产业支撑的现代化乡村社会治理体制和自己治理、依法治村、以德治村相结合的乡村社会治理体系，建设治理好充满绿色和生机，村民安居乐业，村集体充满秩序的农村；中国共产党农村基层组织要按照《中国共产党章程》和相关的法律法规充分发挥全面的领导职能；建设完善乡村集体干部队伍的培养、配备、适用、管理的机制；加强乡村执法队伍建设，完善乡村矛盾解决机制，推进法治乡村建设。

在城乡融合层面各级人民政府协同推进乡村振兴战略，优化城乡产业发展、基础设施、公共服务设施等布局，加快县一级的城市和乡村融合共同发展，推动高质量、高效率的农业农村建设，使农村适合居住，适合劳作，农民生活更加富足，将优质教育资源、医院和优秀医生、政府和社会的积极援助等资源延伸到乡村，改善农村基础设施，推动城镇和乡村的基本公共服务体系的均衡发展；地方各级政府推动形成平等竞争、规范有序、城乡统一的人力资源市场；要积极促进城镇和乡村的百姓生活的稳定和找工作的便利，不能把农民自愿在城市获得户口的条件放在一边，从而丧失土地承包经营权、土地使用权和集体收入分配的权利；鼓励农民到城工作，依法保障农民工工资和社会保障的权益。

为了保障乡村振兴战略的顺利实施，该法规定扶持措施各级地方人民政府可以按照规定为基础的社会主义新农村建设和社会主义新农村的发展提供国家公债；构建贫困县和经济落后地区扶贫工作的长期稳定机制，持续推动贫困地区发展，实现巩固拓展脱贫攻坚成果同乡村振兴有效衔接；乡村振兴基金以市场化方式成立，以乡村产业发展和基建建设为中心，建立健全乡村金融和农业保险体系；提升土地使用效率，保障乡村产业用地，优先发展集体所有制经济和乡村产业。

有权必有责，有权利一定有相应的责任和监管。我国对乡村振兴战略的实施进度和乡村振兴战略目标的实现实行各级负责人承担相应责任和阶段性对其进行考核和评估的制度体系；建立一个客观的、能够反映农村经济发展状况的指标体系，由县级人民政府负责对本区域进行评估；县级以上人民政府负责乡村振兴工作的领导和指导。

《乡村振兴促进法》是一部对乡村振兴具有关键性、引领性的法律，对于指导全国乡村振兴具有统领性的作用。针对乡村产业稀少、发展不足提出了要大力发展农村产业；针对农村人才外流、劳动力外流提出了吸引人才的方针；针对乡村文化衰落，各地优秀乡风衰落提出文化繁荣；针对农村工业污染严重、废水废气乱排乱放，环境差规定了生态保护。总之，《乡村振兴促进法》的颁布为乡村振兴提供了强有力支持，在乡村振兴法的促进下，一定能实现乡村的全面振兴。[1]

第二节　行政法规

一、国务院《关于促进乡村产业振兴的指导意见》[2]

在未来十年内逐渐实现农村产业融合发展在县的生产总值中的占比得到显著提升，在发展乡村产业方面的工作得到显著进步；建立健全农村的生产体系，并使其愈发成熟，农业供给侧结构性调整获得成功，环境友好型产业发展愈发成熟，农民的就业市场和前景得到保证，农民获得收入的方式更加

---

[1] 谭智心：" 立法为基强化保障　全面推进乡村振兴——《中华人民共和国乡村振兴促进法》解读"，载《农村金融研究》2021年第8期，第62~67页。

[2] 国务院《关于促进乡村产业振兴的指导意见》（国发〔2019〕12号）。

多样，利用发展多样产业帮扶贫困农民的成效逐渐显现。

工业的有效发展是农村富裕的重要基石，也是乡村振兴的重要前提。农村的工业发展主要扎根于县城，依赖于农村本地的现有资源，以农民作为工业发展的主体，以农乡各产业的融合发展作为工业发展的有效实践路径，符合因地制宜的发展理念，激励当地农村农民积极创新创业，丰富农民的营收方式，是提高农村产业的生产发展水平，解决农村发展困境，提高农民生活水平的有效之策。随着乡村振兴战略的不断推进，我们国家乡村的创业条件和环境呈现稳步向好的态势，新兴产业、新的产业体系如雨后春笋般不断涌现，这在极大程度上促进了农村产业的发展，但发展过程中也出现了各种阻碍发展的问题，比如创新产业种类单一、产业链过短、生产要素缺乏活力、产业生产质量和生产效率低下，这些发展中的问题还需政策上的指导和当地政府的支持来引导解决。

实行乡村产业振兴应以习近平新时代中国特色社会主义思想作为指导思想来指导乡村产业振兴的全局部署，全面贯彻党的十九大和十九届二中、三中全会精神，地方政府和人民都应重新树立全新的发展理念，深入贯彻追求高质量发展的要求，把发展农业和农村放在首位，以事实上的乡村振兴战略为总出发点，以农业供给侧结构性改革为主线。

基本原则是因地制宜，突出特色；市场化政府支持；综合开发，发展农业；绿色引领创新之路。

为了保证乡村振兴战略的顺利实施，需要放大地方的当地优势和长处，积极发展农村的当地产业，还要逐步引进现代化的养殖方法，扩充地方产业的门类，打开优质农产品的销路，打造"农家乐"等农村旅游特色，培养新农村的服务型人才，开发信息化农村生产方式，将"互联网+"的新理念融入新农村的新产业。大力加强农村的新兴产业的发展，使得农村产业空间构型更加合理，加快城乡融合发展，鼓励城市产业逐步向农村转移，为农村的产业发展提供助力。具体到加快农村产业发展的方法，还要加强农村产业间的有机联动，使得农村产业间更具向心力，也就是鼓励产业主体的多元化，促进不同主体联合发展，形成不同产业间高效融合发展的新局面，建立乡村产业间的利益共同体。同时，乡村振兴必须是绿色的、可持续的，为此要促进农业的质量振兴、农业的绿色振兴，提高农村工业的可持续增长率，具体措施包括建立健全乡村绿色产业发展的标准，积极促进形成现代化的生产方式，形成具有本村特色的农业品牌，因地制宜发展当地特色产业。鼓励农村农民进行创新创业活动，为当地农村产业发展注入活力，引进科学技术促进产业发展，当地政府与农村自治组织还应积极引导农民、进城务工人员、农村毕业学生等主体共同推进创新创业活动。只有优良的外部环境才能促进乡村产业的向上发展，所以当地政府要精准制定促进农村产业发展的具体政策，改善农村的外部环境，完善财政投入机制，提高土地出让收入用于农业和农村的比重，支持振兴农村产业，创新农村金融服务，引导县金融机构以吸收存款为主，重点扶持农村产业；有序引导工商资本下乡，要完全按照法律法规对农村当地的资源储备进行开发，保证耕地面积不受非法占用，保护农民的合法利益；在政策方面保证农民正常的土地使用，建立人才引进体系，吸引城乡人才入乡或返乡创业。最后还要强化组织保障，统筹协调，强化指导服务，营造良好氛围和崇尚创新、鼓励创业的良好环境，确保乡村产业整形落地见效。

二、国家乡村振兴局、中央农办、财政部《关于加强扶贫项目资产后续管理指导意见》

为加强扶贫项目资产后续管理，确保精准扶贫项目继续发挥作用，巩固扶贫成果，继续全面推进乡村振兴，必须坚持以习近平新时代中国特色社会主义思想作为扶贫工作的指导思想，使全民积极遵守法律，突出帮扶特性、坚持权责明晰，以实施分类管理、坚持公开透明，引导群众参与为原则。以摸清扶贫项目资产底数、有序推进确权登记、落实后续管理责任、规范后续管护运营、规范收益分配使用、严格项目资产处置为措施。并在此基础上加强组织领导、强化监督管理，有了成功经验做法要及时抓好总结推广。

三、国务院关于乡村产业发展情况的报告[1]

习近平总书记指出："要推动乡村产业振兴，紧紧围绕发展现代农业，围绕农村一二三产业融合发展，构建乡村产业体系，实现产业兴旺，把产业发展落到促进农民增收上来，全力以赴消除农村贫困，推动乡村生活富裕。"[2]李克强强调，要将"互联网+"概念充分渗透到农业发展中去，吸引各类人才到乡村创业，大力推进一二三产业一体化发展。农村产业的发展离不开农村

---

[1] 参见2019年《国务院关于乡村产业发展情况的报告》。
[2] "谱写农业农村改革发展新的华彩乐章——习近平总书记关于'三农'工作重要论述综述"，载 https://www.12371.cn/2021/09/23/ARTI1632350759121530.shtml，访问时间：2023年1月15日。

资源和本村农民，充分开发利用农村资源，将农民作为农村产业发展的重要主体，以一二三产业融合发展为农村产业振兴的具体措施，这充分发挥了农村区域的优势，体现了农村踏实朴素的发展理念，扩充了农村产业门类，构建了利益联动机制。近年来，乡村产业发展呈现积极向好的发展态势，发展动力充足。具体体现在现代化农业生产方式广泛普及，粮食产能巩固提升，各类农作物产量充足。绿色化生产理念深入人心，化肥农药使用量逐年降低，技术装备水平稳步提升，科学生产技术向农业生产链普及，持续推进农业供给侧结构性改革；农村产业门类逐年扩增，当地优势产业不断涌现，逐渐打造出一批具有地方特色的农村产业；农村产业一体化发展不断推进，传统农业和现代产业不断交融，产业间的合作愈发深入，逐渐形成以农业为主的发展趋势，形成"农业+"的新理念；逐步建立健全利益联动机制，各产业间利益紧密相连，各地农村产业探索新的股份合作模式；农村创新创业日渐活跃，各类反向下乡创新创业人员累计达780万人；产业扶贫扎实推进。虽然乡村产业发展势头良好，取得了积极的效果，但仍然面临许多问题，总结起来有以下几点：发展质量效益不高，传统农产品加工生产方式单一，农村旅游业的开发缺乏特色，农村产业生产的产品和提供的服务大部分偏向低端，农村品牌的价值偏低。农村产业分布相对比较分散；产业要素活力不足，人才资源匮乏，缺乏吸引各类人才入乡返乡发展乡村产业的体制机制；乡村产业生产链条较短，农产品加工方式简单而单一，无法充分利用农村产业的副产物；农村产业的基础设施建设仍需加强和完善。

第三节　地方性法规

为顺利推进乡村振兴战略，实现农业生产现代化，农村产业稳步发展，农民安居乐业的目的，各个省份都制定了本省的地方性法规。虽然各个省份根据自己本省的特色来制定，但是仍然有很多共同之处有逻辑可循。

各个省份地方性法规的基本框架是根据《乡村振兴促进法》来制定基本框架，分别是总则、农村产业发展、产业发展的人才支撑和人才资源储备、农村文化发展、农村环境改善、乡村治理、城镇乡村一体化、扶持措施、监督管理。相比于《乡村振兴促进法》，各个省份的地方性法规制定得更为具体，其基本原则和指导思想都是一致的，即坚持中国共产党的领导，坚持农业农村优先发展,坚持习近平新时代中国特色社会主义思想的指导,建立领导责任制,在落实《乡村振兴促进法》的工作机制的基础上各个省份的地方性法规也带有地方不同特色和侧重点。

《浙江省乡村振兴促进条例》在乡风文明建设中不仅规定了开展群众性精神文明创建活动,教育和引导践行社会主义核心价值观以及加强对历史文化的保护,传承和发展特色乡村文化,而且对薄养厚葬、赌博、滥办酒席、高额彩礼进行了规范,比如关切倡导卫生整洁、爱护公物等文明行为,反对随地吐痰、乱扔垃圾等不文明行为,倡导文明养犬等,对社会关注的热点问题进行了回应。而且规定地方政府应当建立健全农村留守儿童、老年人等农村弱势群体的保障体系和配对支持体系,建立和完善农村养老体系,鼓励儿童保育的多样化,对乡风文明作出了详细的规定,值得学习和借鉴。[1]

《四川省乡村振兴促进条例》指出,各区域推进农村振兴工作的第一责任人是地方党委、政府主要负责人和农村基层党组织书记。地方政府应尽快健全粮食安全责任制,县级以上地方政府要积极研究对策,从而提升各地的粮食生产能力,保证粮食生产的正常运行,优化粮食加工、运输和储存流程,将科学技术应用到粮食生产过程中,提高粮食产量,保证粮食的供应充足。在文化繁荣层面,四川省对优秀乡村文化进行了详细的规定,地方各级人民政府要充分发扬本地区的文化特色,制定针对性政策和采取针对性措施对本区域的文化遗产进行有效的保护和传承发扬。条例还规定地方政府要完善本区域的公共服务保障体系,加快图书馆、公众健身设施的建设,在乡村区域进行文化艺术、体育健身等相关主题的宣讲活动;鼓励农村农民进行文艺创作,鼓励能真实体现乡村振兴战略实施成效的艺术创作。[2]

《吉林省乡村振兴促进条例》在监督农村村民委员会的权力责任方面,规定各级人民政府应当建立健全乡村基层组织权力监督制度,开展群众监督、村务监督委员会监督、上级部门监督和会计核算监督、审计监督和推行村级小微权力清单制度,完善村务、财务公开制度,创新公开方式,实现公开经常化、制度化和规范化以及规范村级会计代理制度,加强对农村集体经济组

---

[1]《浙江省乡村振兴促进条例》现行有效/浙江省第十三届人民代表大会常务委员会公告第51号/2021年7月30日发布/2021年9月1日实施。
[2]《四川省乡村振兴促进条例》现行有效/四川省第十三届人民代表大会常务委员会公告第101号/2021年11月25日发布/2022年1月1日实施。

织的审计监督，对村干部任职和离境期间的经济责任进行审计。[1]

《福建省乡村振兴促进条例》在总则中明确规定乡村振兴促进工作应受到社会公众监督。在条例中充分考虑了地方特色，发扬邻近海洋的优势。条例规定在乡村产业发展进程中，应大力支持海洋牧场、数字产业等新兴产业的发展，保证海洋资源的合理开发和利用，发扬"海丝文化"和具有本地特色的海洋风俗文化，充分发挥本地优势，打造出具有地方特色的渔村。开发和引进优秀产业发展项目，保证本地优势产业的一体化发展。优化农产品的加工方式和流程，不断健全农产品的运输和储备体系。福建特色，首先体现在产业发展上。福建乡村产业发展路径选择，是扬长避短的过程：全省"八山一水一分田"，人均耕地面积约0.5亩，仅为全国平均水平的1/3；生态禀赋优越，农业多样性资源丰富。打特色牌，走特色路，是必由之路。在实践中，福建特色现代农业建设采取了集聚发展、融合发展、绿色发展、创新发展等策略。以集聚发展为例，福建主张通过"一村一品"示范村、农业强镇、农业强县、现代农业产业园区、优势特色产业集群等平台，释放乡村产业集聚效应。条例集中于促进产业发展："县级以上地方人民政府要充分挖掘本地的特色和长处，促进农村物流、乡村旅游、茶叶、水产品等具有本地优势的产业发展。"条例中，"海洋"元素被着重提及。福建是海洋资源大省，历史上是海上丝绸之路的重要起点，如今承担着建设21世纪海上丝绸之路核心区的时代重任。因此，"海洋经济""海丝文化""海岛生态"等成为产业发展篇中重点着墨的关键词。[2]

《山东省乡村振兴促进条例》对新型冠状病毒等突发重大疾病作出了回应，条例规定，县级以上政府要不断完善乡村医疗服务体系，并积极培养和引进优秀的医务人才，建立健全疫情防控的体制机制，能自主处理本区域内常见病和主要的传染病。

《新疆维吾尔自治区乡村振兴促进条例》有以下几个特点：[3]一是突出

---

[1]《吉林省乡村振兴促进条例》现行有效/吉林省第十三届人民代表大会常务委员会公告第76号/2021年11月25日发布/2022年3月1日实施。

[2]《福建省乡村振兴促进条例》现行有效/福建省人民代表大会常务委员会公告〔13届〕第60号/2021年10月22日发布/2021年12月1日实施。

[3]《新疆维吾尔自治区乡村振兴促进条例》现行有效/新疆维吾尔自治区第十三届人民代表大会第五次会议公告第11号/2022年1月27日发布/2022年3月1日实施。

规划先行。条例以中央精神为遵循，以国家上位法为依据，将规划先行单独成章，强化乡村振兴规划的引领作用。二是突出人才支撑。条例坚持问题导向，为推动补齐该地区乡村振兴中的"人才短板"作出多项规定。如规定了支持开展免费培养农科生，建立和落实高等院校、科研机构等事业单位专业技术人员到乡村挂职、兼职和离岗创业制度等。三是突出文化引领。条例对实施文化润疆工程作出多项规定。如：规定了继续开展民族团结进步活动，促进各族群众广泛交流、全面交流、深度融合；规定了促进公共文化服务一体化建设，促进农村基本公共文化标准化、均等化等。四是突出乡村善治。条例对建立健全农村治理、基层组织建设、农村集体经济组织建设、基层法治建设、安全建设等体制机制等方面都作出了具体规定，还对产业发展、生态宜居、城乡融合、保障措施、监督检查等方面作出了明确规定。

《河南省乡村振兴促进条例》[1]明确规定，要把乡村产业发展作为乡村振兴战略实施过程中的核心环节，保证粮食和其他农产品的供应充足和食品安全，打造出粮食生产、现代化养殖、食品加工、高效物流、冷链储存、特色乡村旅游产业为支撑的乡村产业发展的新体系。条例提出实施粮食田间、技术性储粮政策，从而保证粮食的供应充足。对各地农村田地建设引入更高标准，不断完善农业生产的基础设施建设，保证耕地的正常使用，完善粮食生产、运输和储备体系，建成全国粮食产业示范区域。在生态环境方面，条例明确，全省将加快城镇和农村的绿植覆盖，完善地下水设施建设，解决各地农村的污水处理问题，合理处埋厕所粪便，使农村生活更加干净便利。该条例提出，农村基层组织要积极进行精神文明建设的宣讲，建设文明乡村，建设文明家庭，使得科学和文明深入人心，举办农村爱国卫生运动，提高卫生意识和村民身体素质，宣扬健康的生活方式。关于农村治理能力方面，该条例提出要改进乡镇政府服务流程，推进一次性处理方式。强调在交通消防、食品安全、安全生产等领域农村的安全管理责任。完善农村灾害抵御体系建设，建立健全生物、地震、旱涝等灾害报警体系，完善农村预警信号传播设施建设，降低灾害发生对农村经济和人身安全的损害。促进城乡融合和社会公共服务体系的建设，完善对城乡弱势群体的关爱支持体系。确保医疗保险

---

[1]《河南省乡村振兴促进条例》现行有效/河南省第十三届人民代表大会常务委员会公告第79号/2021年12月29日发布/2022年3月1日实施。

等社会保障的全面覆盖。积极保护农民的合法权益，保证农民工资的合理发放。

《广西壮族自治区乡村振兴促进条例》突出了广西地方特色，针对该区农乡发展不足、城乡发展不平衡等突出问题，加强乡村产业发展和各类人才对产业发展的支撑，完善农村基础设施建设，提高农村治理能力，促进农业全面升级，全面推进农村发展，和全区农民全面发展，用法治保障和促进新时期该区"三乡"发展。[1]

农村文明是乡村振兴的灵魂。该条例规定，农村文明建设主要集中在精神文明建设、公共文化服务体系和服务标准、文化继承和发扬、当地优势文化集群。该条例规定，地方政府要确立社会主义核心价值观的指导地位，推广农村精神文化活动，建设农村精神文明新面貌，提高农民的精神素养，丰富农村农民的精神生活。地方政府要尽快建立健全村集体公共服务体系，建设公共图书馆等公共文化设施，协调优秀教育和文化资源向农村倾斜，协调建设县级图书馆文化中心、乡镇综合文化站、农村书房、农村文化广场及公共体育设施、农村公共数字文化设施；促进公共文化资源共享和服务质量的提高。鼓励发展农村各种形式的群众文化艺术和当地特色风俗文化活动，运用互联网、微信公众号等新媒体传播方式，传播当地特色民俗文化，扩大社会影响力，引导社会力量参与发掘、继承和发扬农村特色民俗文化，实现优秀民俗文化的文化输出，重视优秀民俗文化继承者的培养，培养农村文艺队伍，打造乡村文化品牌，丰富农村文化生活。该条例规定，各级人民政府要发挥村规和村民协议及基层社会组织的作用，推动风俗变化，弘扬时代新动向，打破陈规定型观念和恶劣风俗，抵制封建迷信，打造文明村镇、文明家庭、建设文明村落。

增强乡村风貌，改善农村人居环境，塑造美丽乡村，是乡村振兴的"形"。对此，条例主要从美丽乡村、生态环境保护、生态循环农业、村貌庄貌改善、垃圾和污水处理等方面作出规定。条例规定，各级人民政府应当坚持绿色发展理念，协调山、水、林、田、湖、草、沙的综合保护和系统治理，加强农村污染防治和生态保护，加快建立健全污染处理机制，大力宣传绿色

---

[1] 《广西壮族自治区乡村振兴促进条例》现行有效/广西壮族自治区人大常委会公告13届第65号/2022年3月24日发布/2022年5月1日实施。

生活观念。优化农村周边环境条件，建设生活便利、环境友好的现代乡村。条例规定，地方政府要尽快对农村土地管理进行公权力介入，积极保护和改善当地农村的生态环境，保证绿植的覆盖率，以科学有效的方式对沙漠进行科学化治理。为改变水土流失的环境现状，要有效实现退耕还湖还湿地、退耕还林还草；完善生态治理制度，对受到破坏的生态环境及时治理恢复其应有的生态功能。改善农村饮用水的现状，保证饮用水供应充足，建立健全饮用水质量监督的体制机制；建立健全农村土地质量监督制度，监控土地污染等环境问题；禁止秸秆直接燃烧，研究秸秆有效利用的新方法。

农村治理能力是乡村振兴的关键。该条例主要规定了有关农村治理的内容，条例对农村治理机制、基层自治组织执法、基层自治组织自主建设、依法治理农村、平安村、德治村等作出明确说明。农村振兴需要明确农村治理的体制机制，完善党政机关指导、地方政府负责、集体共同协商、社会提供资源帮助、人民热情建设、法律法规提供有效保障、科学技术作为乡村振兴支撑的现代化农村治理体制，建立健全自主治理、以德治理、依法治理一体化的现代化乡村治理体系，优化农村治理机制。实现标准化管理，构建精细化、精准化的互联网管理平台，建设农村治理能力现代化的现代新乡村。在农村法律治理方面，条例规定，地方政府要加强普法工作的建设，对农村居民灌输法律观念，同时注重提升农村干部的法律意识，积极引导农村人民知法、懂法、守法。县级以上地方政府要尽快建立健全农村法治公共服务体系，每个农村均需设立至少一个法律顾问。同时还需建立对法律顾问的监督制度，从而保证法律顾问能急民所急、想民所想，切实保障农民的合法权益，并起到普及法律的作用；重视对农民的法律援助，深入了解农民面对的法律困境，并提供专业有效的解决措施；改善农村纠纷解决机制，实现调解和诉讼的有机结合，最终建成治理体系和治理能力现代化的新农村。

第四节　地方政府规章、部门规章

关于乡村振兴的部门规章众多，2020年至2021年发布的就有80篇，涉及的具体方面很广泛，关乎民生的各个领域。

在2020年，为了加快实现全面小康以及为巩固即将实现的全面小康，生态环境部办公厅、农业农村部办公厅、国务院扶贫办综合司发布《关于以生态振兴巩固脱贫攻坚成果 进一步推进乡村振兴的指导意见（2020—2022年）》，指出建成生态环境良好适宜居住的现代乡村，切实完成不愁吃、不愁穿，义务教育、安全住房、基本医疗有保障的目标；有效化解农村生态环境突出问题；持续巩固提升乡村生态环境优势。在同年农业农村部办公厅、教育部办公厅还发布了《关于推介乡村振兴人才培养优质校的通知》，广泛动员涉农院校人才培养方式，加大人才培养力度，用五年的时间，培养 100 万名受过高等教育的乡村振兴带头人，建设约 100 所高素质小学，培养乡村振兴人才，全面提升农业农村人才培养质量。

在 2021 年发布的涉及乡村振兴的部门规章中，涉及医疗保障、信贷、住房安全、金融服务、政府采购、水利保障、就业、环境整治、法治保障、人才培养、文明乡风建设、交通运输、职业技能、彩票公益、能源转型、非遗工坊、人力资源、自然灾害、生态保护各个方面，涵盖了乡村振兴应有的所有领域。

乡村振兴是农村的全面发展，不仅是物质上的吃饱穿暖，不能牺牲环境发展经济，不能有了物质基础而忽视文明精神，要使乡村全面振兴，需要多方面、多层次、多领域、多部门共同协力推进乡村振兴计划。在能源方面，为了满足人民美好生活的内在需求，构建现代能源体系，促进农村地区绿色转型发展，《加快农村能源转型发展助力乡村振兴的实施意见》指出要保证光伏扶持贫困的有效成果，不断提高乡村电力支持，在县一级发展清洁能源，政府和社会应对农村的绿色能源产业发展提供支持和帮助，实现农村用电自给自足，发展能源相关产业，对农村资源研究新的充分利用路径，将电气化生活广泛普及到农村的千家万户，引导农村居民绿色出行。相关的组织措施也包含在意见范围内，包括充分发挥组织的模范带头作用，绿色生活的转型需要所有主体共同参与，社会和组织资源要对此倾斜，建立健全农村新能源供给体系，不断提高农村新能源统筹能力。

文化和旅游部办公厅、人力资源和社会保障部办公厅、国家乡村振兴局综合司《关于持续推动非遗工坊建设助力乡村振兴的通知》指出要明确认定条件，开展非遗保护传承，然后开展遴选认定，筛选出志在以非遗保护传承进行扶贫的企业在重点贫困地区建成非物质文化遗产工作坊，广泛吸引就业，将其作为拓宽就业渠道的重要手段。除此之外，还需要让劳动者适应非遗工坊的发展，为此，需要加强节能培训，培养优秀带头人，在中国非遗传承人研修培训计划中面向非遗工坊带头人开设专门培训班。这样才能在尊重优秀传统文化、尊重地域文化特色、尊重民族传统的基础上，帮助非物质文化遗产作坊提高产品质量和设计水平，增强产品竞争力，拓展销售渠道。

十八大以来，反腐倡廉不断推进，打掉了众多"老虎"和"苍蝇"，但是在基层组织治理中，仍然存在着负担重，村级权力运行不规范、运行不到位等问题。在部分地方引入"清单制"取得了良好的效果之后，总结了村级小微权力清单、承担事项清单、公告服务清单等经验，农业农村部、国家乡村振兴局发布了《关于在乡村治理中推广运用清单制有关工作的通知》，该通知强调要充分认识清单制在乡村治理中的重要作用，要强调清单制在各地广泛运用，对加强和改进农村治理、促进农村和谐稳定产生的积极作用。在运行清单制的过程中要强化组织领导，加强部门协同，强化工作指导并且分类有序推进，加强宣传推广以减轻村级组织负担，保障农民权益，提高乡村治理效率，提升为民服务能力，密切联系群众。

第五节　我国实行乡村振兴战略的立法现状

自2021年颁布《乡村振兴促进法》以来，目前有八个省份颁布了地方乡村振兴促进条例，国务院各部门在各自分管的范围内也都发布了一些相应的配套措施，涉及各个方面。乡村振兴战略是我国现代化建设的基础项目，是抓好"三农"工作的总抓手，在今后的任何一个时期，都要努力实现亿万农民对美好生活的憧憬和向往，同时要坚持从我国国情出发，推进乡村振兴战略向着高质量的方向发展，积极推动农业产业全面升级进步和农村全面发展。

在实施乡村振兴战略过程中，在制度建设上、体系建设上、具体行动上都坚持了以下一些基本点。首先是观念上的创新，乡村的振兴不仅仅是经济的发展，新房子或者娱乐场所的建立，振兴是指农业农村的全面振兴，包括经济，也包括环境和人文素质。然后是要立足于本地区的现实发展状况。地方各级人民政府关于乡村振兴战略的地方性法规或针对性政策的制定，应当深入考察本区域的现实发展状况，并将本区域优势资源结合城市发展的政治制度发展思路，有序推进乡村振兴战略，以及搬迁和合并。最后是各地都坚持了先策划的思路。目前所有省、市、县都对乡村振兴制定了规范性文件。但是在具体实施方面各地执行情况各不相同。

改革开放以来，中国农村的面貌发生了翻天覆地的变化。改革开放40多年来，我国农村普遍告别了一穷二白的窘境，农民的生活也愈发富裕起来。农业生产方式、生产品类、生产管理方法也发生了翻天覆地的变化；回顾我国的农业发展进程，我国农村发展已经有了巨大的进步，但还是存在部分农村相对富裕、部分农村仍旧贫困的现状，尤其集中在我国中部和西部的农村。在地势平坦的区域，科学技术已经深度融入农业生产中，同时农村的大部分青壮年却有进城务工的趋势。在经济发展相对快速的区域，当地农村已经率先完成了城镇化进程，"与城市的发展进程基本同步"，逐步形成城乡一体化的发展体系。但是，在经济欠发达地区的农村仍然面临着大量发展中的困难；在农民以家庭为单位，向集体承包土地并承担责任的经济制度下，传统的耕地方式和农作物产量无法使得农民真正致富，而只能维持基本的温饱水平；在面对城市经济发展要远远优于农村的境况下，贫困地区农村的大量中青年劳动者纷纷迁往城市打工，这样的选择确实扩充了农民的收入渠道，使其有了更多的收入，但是，大量的青壮年从农村出走到城市使得农村空留年纪大的老人独守乡村；农村的主体劳动力缺失不利于乡村振兴战略的实施和开展；农村的村集体组织缺乏相应经济来源，村民自治组织在组织方面缺乏可组织的青壮年劳动力，导致农村发展后劲不足。

根据最近一次全国人口普查数据，2020年我国城镇化率达到63.89%，相比我国2010年的城镇化率提升了14.21%，已超过21世纪初定下的城镇化发展目标；随着经济的发展，城市和乡村的老龄化程度也随之发生了变化。我国农村60岁、65岁及以上老年人口比例分别为23.81%和17.72%，我国城市60岁、65岁及以上老年人口比例分别为15.82%和11.11%；明显可以看出城市的老龄化程度低于农村的老龄化程度，这正是由于农村青壮年劳动力进城务工导致的。青壮年出走乡村导致农村"老龄化"的同时也导致农村主要劳动力的不足。预计我国在2028年，农村60岁以上老年人口比例将会达到并超过30%，这时我国农村的老龄化程度会大大加深；我国中西部地区的农村和农民虽然不再一穷二白，但是该区域的发展动能依旧不足，发展路径不够明晰，公共基础设施建设不足，这些因素皆导致了该区域的发展进入瓶颈，发展较为迟缓。

在人才支撑方面，各地政府虽然制定了相应的人才支撑方面的立法，但是在具体实施措施方面并无具体规定，不能很好吸引年轻人从事乡村振兴事业。乡村相比于城市教育落后，基础设施差，薪资水平低，如果要吸引高素质人才，相关的住房、医疗、子女教育保障是必不可少的，要比在城市更多，只有这样才能吸引人才从事乡村振兴事业。在农业农村劳动力方面，绝大多数农村年轻人进城务工，不是他们不想留在家乡工作，而是在家工作支付不起家庭开支，不得不独自去城市打工，有的一年只回一次家。目前，没有专门的法律或者其他相关的规范性文件统一地说明农民工的问题，他们属于乡村，但一年可能只在乡村待十几天，其余时间都在城市打工，只有这样才能支撑家庭生活的开销，子女的教育。现在的法律并没有对农民工回乡的安置以及工作问题作出回应，只是以为强调妥善安置就完了，这并不能真正起到作用。加强政策支持吸引人才进村和村里本土干部相结合，也就是新鲜事物和传统实际相结合，加速助力乡村的发展。[1]

目前，普通城市辐射范围仍然太小，不能为当地乡镇提供足够多的就业机会，也就不能让众多的农村劳动力在本城市或者邻近城市吸收，只能外出向一线城市聚集，造成农村人口流失，城市人口聚集。如何让城市辐射乡村，让本城市的就业岗位能吸纳周边地区大部分的劳动力，不必要去一线大城市打工，这样技能缓解大城市人口过多的压力，又能促进欠发达城市的发展。如何让本城市做到留住农村劳动力，中央法律制定战略，具体的工作细则需要靠各个地方的城市自己去建设、制定细则。

有资金支持、人才支持，用好资金助力乡村振兴还需要抵制住钱的诱惑。在乡村振兴战略中，要专门负责监督资金的使用状况，使其不能腐；严密把控滋生腐败的窗口，有腐必抓，使其不敢腐；选拔高素质和真心为民的人才，使其不想腐。但是目前对于乡村振兴的地方性规定还不是很全面，甚至可以说稀少。目前重要任务是要使现任的领导干部明白乡村振兴对于国家发展的重要意义。[2]开展专题讲座培训，积极重视乡村对本地城市以及国家发展的意义，领导、督促本地针对乡村振兴的地方性法规和政府规章的制定和实施。国家应开通并且大力宣传投诉检举的渠道，使农村村民可以把自己见到的违法乱纪的情况向上反映，最大限度限制腐败、不作为的情况的发生。

---

[1] 辛俊霞：" 乡村振兴背景下农村人才培养问题探究"，载《人才资源开发》2022年第5期，第21~23页。

[2] 张显伟、闫文莉：" 乡村振兴视域下法治乡村建设探析"，载《桂海论丛》2022年第1期，第92~97页。

乡村振兴不仅仅是振兴乡村经济，而是一个系统的工程，但振兴乡村经济毫无疑问是很重要的一方面。乡村经济拥有土地资源、劳动力资源和农业、渔业、养殖业等资源，现在从事农村农业的年轻劳动力大大减少，他们不愿意种地，致使大面积土地荒废。让这些闲置土地流转，既能增加土地利用率，又能为农民增加一部分固定土地收入。[1]

中国共产党十九届四中全会强调要"完善公共法律服务体系，夯实依法治国的群众基础"。从目标服务对象范围看，人民群众是党实施乡村振兴的直接受益者。虽然近年来随着法治的全面深化，围绕农村治理颁布实施的法律法规体系不断完善，但推进乡村振兴的立法仍处于亟待启动的状态，围绕乡村振兴完善法律法规体系的问题暂时难以解决。乡村振兴需要"建设和完善农村治理法制"，完善乡村振兴的法律法规体系问题暂时难以解决。乡村振兴需要"建设和完善农村治理法制"，而农村治理的全部内容不仅是国家治理的内容，也是地方治理的内容。因此，在国家社会治理的一般意义上，中央立法应为乡村振兴提供法律规范；在中央政府提出的地方治理主张意义上，地方政府要输出地方性法规，通过中央和地方一般意义上的、局部的，共同建立乡村振兴的两级法律对乡村振兴进行保障。[2]

中国共产党十九届四中全会指出，国家治理能力的提升离不开社会治理能力的增强。社会治理方式方法应该进行创新创造，完善党政机关指导、地方政府负责、集体共同协商、社会提供资源帮助、人民热情建设、法律法规提供有效保障、科学技术作为乡村振兴支撑的现代化农村治理体制。在实现国家治理体系和治理能力现代化的总体进程中，首先要实现的就是农村的治理体系和治理能力的现代化。近年来，随着我国经济的快速发展农民的生活逐渐富足起来，现代化的法治也一直在农村区域逐步推进。但如果要在农村地区使得法治观念深入人心，建设现代化的农村，还需要继续重点开展农村地区的法治工作。[3]

我国农村土地集体所有制的实现深入贯彻了我国有关农村的立法观念。农村土地归村集体共同所有，农村土地所有权不能在农户和个人之间分割，

---

[1] 李蕊："乡村振兴地方立法的逻辑进路"，载《地方立法研究》2022年第1期，第1~11页。

[2] 于文豪："乡村振兴促进法的特色与关键制度"，载《人民论坛》2022年第1期，第38~41页。

[3] 黄莉娜："论乡村振兴背景下法治乡村建设"，载《南昌航空大学学报（社会科学版）》2021年第4期，第52~56、114页。

土地所有权不可交易。土地集体所有制制度是中国特色社会主义经济制度的重要基石，是我国农村地区社会和经济制度的基本标志。农村土地集体所有制之所以在新中国成立后建立起来，主要是对历史因素和实践因素的反思。我国自封建时代以来土地所有制方面一直实行土地私有制和土地自由出售，造成了土地兼并的严重和地主收租，对我国农业的发展进程造成了巨大阻碍，对农村农民脱离贫困、农村秩序稳定产生了不利影响，我国也因此积贫积弱。所以，我们新中国实行的新的土地所有制度，既是中国共产党深刻的民族价值观的体现，也是广大人民长久以来的殷切期望。中国的根本制度是社会主义制度，"社会主义的本质是解放生产力，发展生产力，消灭剥削，消除两极分化，最终实现共同繁荣"。中国共产党对于社会主义的选择和实践，就是要推翻之前阻碍农村发展的旧制度，发掘能促进农村发展的新制度，从而实现农村的经济发展，农民的共同富裕。自土地集体所有制在农村推行以来，我国的农业发展已经取得了长足的进步，农民的生活也愈发富裕。该制度也助力中华民族实现了全面建成小康社会的理想，这亦体现了土地集体所有制的优越性。

首先，我国针对"三农"领域具体事项的法律有796部，有明确的制度建设；其次，我国"三农"法的立法框架大致可分为宪法层面和法律层面，具体包括宪法层面的"四条根本法"和法律层面的"五个制度集"。"四条根本法"对我国乡村振兴具有提纲挈领的意义，对国家实现农业农村现代化、农村经济承包经营制度、农村土地集体所有制、农民作为社会主义事业的主要建设者等五个方面作出了纲领性布局。"五个制度集"是法律层面的要求，与宪法的纲领作用相呼应，具体包含农村土地产权制度、农业生产方式和产品控制制度、环境保护和电力能源保障制度、科普科技支撑农业保障制度、社会治理和民生保障制度。在制定农业法的过程中，我国也总结出关于农村的立法经验：首先是立法路径，党中央的总体设计和地方的具体实施相结合；其次是立法理念，充分发挥法律的激励作用；最后是治理战略，确保实施过程中社会主义市场经济的顺利运行。

第六节　各地优秀的地方性法规、政府规章及规范性文件解析

在2018年1月和9月，中共中央、国务院分别颁布《关于实施乡村振兴

战略的意见》和《乡村振兴战略规划（2018—2022年）》，确定实行乡村振兴战略的计划。乡村振兴是我国实现乡村现代化发展的关键环节，是我国结合当下国家发展实际情况制定出的能切实促进我国农村经济发展的战略。

一、晋中市

晋中市乡村发展的困境既和全国各个地方乡村有共同的普遍性，又有其特殊性。首先，城镇居民的收入相对农村居民过高。2013年城镇居民人均可支配收入是23 714元，2017年城镇居民人均可支配收入是30 927元；2013年农村居民人均可支配收入是8991元，2017年农村居民人均可支配收入是12 297元，城镇居民的收入明显高于农村居民。其次，农村地区的农业发展缺乏人才支撑，高素质人才不足，青壮年劳动力缺口较大。负责晋中市农村产业发展的管理人员自身素养不足，且年龄都相对较大。在文化素质方面，91.3%的农业生产经营人员初中以上学历，7.7%的高中或中专以上学历，只有1%的农业生产经营者具有大专以上学历。在年龄结构方面，13.1%的年龄在35岁及以下；48.0%年龄在36岁至54岁之间；38.9%的人在55岁以上。最后，农村的生态环境也是亟待解决的问题。晋中市自身拥有很多资源，在开发这些资源的同时也对晋中市的环境造成了极大的损害。随着资源的过度开发，形成了很多工矿荒地，这也导致晋中市水土流失严重。最后，在农村区域，还存在垃圾倾倒、垃圾乱堆的现象。[1]

在这一背景下，2018年12月29日，晋中市政府及相关部门颁发了《晋中市实施乡村振兴战略总体规划（2018-2022年）》，为晋中市统筹谋划和科学推进乡村振兴战略提供了科学的指导和引领。依据本地的实际发展情况和晋中市的发展目标，该规划对晋中市如何实现乡村振兴作出了总体布局，对战略的各实施阶段也进行了精准化部署，从而确保乡村振兴战略的顺利开展。另外，晋中市还提出"一片一带一圈"的新建设思路，并邀请浙江大学相关教授团队制定了《"醉美晋中"乡村振兴示范廊带建设总体策划》，借此完成对廊带的建设。最终，经过晋中全市人民的共同努力，三个月完成了具有乡村振兴示范作用的示范廊带。

---

[1] 李敏："乡村振兴战略的地方实践与经验启示——以晋中市百里乡村振兴示范廊带建设为例"，载《农村经济与科技》2021年第11期，第207~209页。

二、四川省

自 2018 年初，四川省就开始筹备乡村振兴省级立法，要求其"要充分体现四川特色。"2021 年 11 月 25 日四川省第十三届人民代表大会常务委员会第三十一次会议通过了《四川省乡村振兴促进条例》，该条例在体例安排上共分为 11 章，具体包括，总则、规划布局、产业发展、人才支撑、文化繁荣、生态保护、组织建设、城乡融合、扶持措施、监督检查、附则等 11 章。

谁负责实施乡村振兴？该条例明确了全省全面负责、市（县）、县（市、区）、乡（镇）、村抓落实的乡村振兴实施工作机制。地方各级党委、政府主要负责人和农村基层党组织书记是本地区农村振兴工作的第一负责人。振兴农村，工业是关键。该条例提出，农业发展一定要以农民为发展主体，发掘和借助当地优势资源，促进农村各产业间的融合发展，建立健全现代化农业生产体系和管理体制，加快数字经济和农村产业的结合。在做好巩固和扩大扶贫成果的结合方面，该条例还增加了相关规定。例如，明确地方各级政府要"将巩固和扩大扶贫成果与乡村振兴有效衔接，建立乡村振兴考核评价体系、工作年度报告制度和监督检查制度"。根据《关于实现巩固拓展脱贫攻坚成果同乡村振兴有效衔接的意见》和各省实施意见，该条例明确建立健全了对容易返贫致贫人群的动态监测、预警和扶持机制，建立助力和支持低收入农村和欠发达地区的长效机制，实现巩固和扩大扶贫成果与乡村振兴战略实施的有效结合。[1]

三、福建省

工业发展是乡村振兴的重要基石。不能充分利用福建省本地优势和特色、工业用地供应不足、农村闲置土地无法得到充分利用等问题对福建省的工业发展造成了一定阻碍。《福建省乡村振兴促进条例》指出，要充分利用福建省本地优势资源，建立健全具有地方特色的产业发展机制，实现地方产业持续稳定的发展。该条例指出，县级以上地方人民政府要充分挖掘本地的特色和长处，促进农村物流、乡村旅游、茶叶、水产品等具有本地优势的产业发展。海洋资源是福建省的特色资源和优势资源，应依托海洋资源发展福建省的产

---

[1] 文露敏："乡村振兴完成省级立法意味着什么"，载《四川日报》2021 年 12 月 8 日。

业。海洋相关的产业应该是福建省产业发展过程中重点着力的产业类型，还应扶持当地农村发展自己的特色渔业。关于福建省乡村振兴战略的有关规定，清晰地指出了福建省乡村振兴的实践路径，并切实促进了福建省优势产业的发展，取得了乡村振兴的实际成果。

乡村振兴能否实现，关键在人。完善高素质人才的培养体系，使农村发展具有充足的内生动力。该条例明确指出切实可行的农村基层干部培养方法，以期提升基层干部的综合能力，并提高农村和乡镇工作人员的薪资待遇。建立倾斜激励机制，让人才去留人。一是要求县级以上各级政府完善优化优秀人才引进和培养机制，并且地方政府可以借助对优秀人才分配住房和发放补贴的方式吸引人才，建立健全各类社会人才参与乡村振兴的激励机制和服务保障机制，并接受回乡人员子女回乡上学。二是汲取并推广省内其他地区，如南平、三明等地有关农村卫生人才的培养方式，有条件地区可以联合地方高校共同培养高素质乡村医务人才。三是乡村教师缺乏的问题亟待解决，政府和社会的教育资源应向农村地区适当倾斜，保证乡村儿童义务教育阶段的学习，提前征求村民意见，撤销和合并农村学校，加强教育监督机构的监督和指导。

党的第十九届五中全会强调："走中国特色社会主义乡村振兴道路，全面实施乡村振兴战略，强化以工补农、以城带乡，推动形成工农互促、城乡互补、协调发展、共同繁荣的新型工农城乡关系，加快农业农村现代化。"该条例规定，地方政府要建立健全城乡共同发展的体制机制，稳步推进城乡融合和一体化发展。地方政府还应对当地的农村发展做出纲领性布局，引导农村利用自身优势资源发展，针对生态环境恶劣、人口结构老龄化严重的农村可以采用"异地搬迁"政策，政策的制定和实施做到切实符合农村实际情况。消除城乡壁垒，保证城市和农村资源的顺畅互通，实现农村和城市的协同发展。《福建省乡村振兴促进条例》还规定地方政府需要加快基础设施的建设，尤其要对农村地区的基础设施建设加大支持力度。同时还要加强农村地区对于公共基础设施的管理和维护，完善农村地区对于公共基础设施的管理和维护制度。

数字技术以及数字经济的广泛推广对我国的经济发展产生了巨大影响，同时数字技术也将为乡村地区的振兴注入新的动力。该条例总结了福建省利用数字技术发展乡村产业的先进经验，并结合乡村发展的实际情况，对数字技术如何助推乡村振兴做出了指示：首先，要尽快实现农村基础设施的数字化转型。对农村的通信设施的现代化改造要加大投入力度，扩大通信设备的覆盖范围，尽快实现农村水电设施的智能化改造，将数字化技术融入农村农业生产中。地方政府要积极承担向农村等贫困区域推广智慧农业的责任，不断引导和指导农村农民完成由传统农业到智慧农业的顺利转型。其次，建立建成农产品生产和销售领域数字化服务体系，开发和推广具有本土特色的农产品和农村产业产品，并利用互联网、电子商务平台等新兴销售渠道打开销路。最后，要广泛普及农村基层治理的数字化。地方政府应当立足自身发展情况，自主开展数字化政务的新型治理方式，将数字化技术融入政务处理、便民服务等治理场景中，提高各地政务的处理效率，最终实现治理能力的提高。

四、云浮市

建设现代化的农村和农村产业是实现人民群众愿望的必经之路。云浮市为实现乡村振兴所做的相关立法工作，以法治和社会主义市场经济为中心，制定了一系列切实推进乡村振兴的法律。小到治理农村养殖业的污染、生活垃圾等涉及农民切实利益和幸福感的农村问题，大到农村发展规划的制定和乡村精神文明的推广，云浮市的农村立法关涉农村生活的方方面面，切实保障了农村产业的发展和农民的幸福生活。云浮市人大常委会先后发布了《云浮市畜禽养殖污染防治条例》和《云浮市石材生产加工污染防治条例》，重点关注畜禽养殖和石材生产加工两大特色产业，在减少污染、绿色持续发展方面下足功夫，并对这两类特色行业提供技术支持，实现云浮市特色产业的高质量发展。云浮市借助制定符合当地发展现状的法律，为当地特色产业的健康发展提供了有力的保障，并以特色产业带动云浮其他产业的发展，深入推进乡村振兴战略的实施。云浮市传统的"公司+农户"养殖模式的不断推广，虽然扩充了当地农民的收入渠道，但是养殖过程中排放的粪便也对当地的水域环境造成了巨大伤害。云浮市的养殖业大量集中于新兴县，该县因为大量养殖粪便不经处理直接排入公共水域，造成当地水污染极其严重的环境问题，甚至导致当地居民的饮用水都无法正常供应。针对云浮市较为严重的水域污染的环境问题，云浮市人大及其常委会制定出《云浮市畜禽养殖污染防治条例》，结合云浮市以家庭养殖为最小单位的养殖业发展特点，将小规模养殖户也纳入调整范围,规范养殖业的养殖及废物处理方式,填补上位法空白,在立法权限内积极探索解决自身发展问题的方案。随着条例的颁布和实行,云浮市在保证养殖业健康高质量发展的同时,也改善了该市的水域生态环境。

加强石材加工的污染防治,实现石材加工业的绿色转型。云浮是中国石材三大产业基地之一,更有"石城"的美誉。云浮市的石材生产加工产业历史悠久,可以追溯到四百多年前,也是云浮市的支柱型产业。云浮市石材加工业的发展吸纳了大量的农村务工人员,增加了农民工的收入。但是,石材生产加工过程造成的污染依旧是发展过程中不可忽视的问题,针对云浮市石材生产加工业发展的实际困境,云浮市人大及其常委会制定了《云浮市石材生产加工污染防治条例》,用以有效防治石材行业造成的环境污染,并保障石材行业完成高质量发展的转型。该条例对石材生产加工过程中产生的粉尘、废气、废水等有害污染物作出针对性规定,并将废水全部循环利用、适法操作等有效防治措施写入法规,用法律保障云浮石材生产加工业的绿色转型和升级。[1]

农村生活垃圾的正确处置关系着农村居民的生活幸福感,也是建设生态宜居乡村的最大阻碍。为改变农村生活垃圾处理的现状,云浮市颁发了《云浮市农村生活垃圾管理条例》。该条例立足当地实际,汲取优秀的垃圾处置经验,规定了农村生活垃圾分类等一系列切实有效的处置方法,并要求当地政府对解决农村垃圾处理问题给予大力支持,帮助农村建设配套处置措施,确立垃圾处理负责人,建立健全垃圾处理的监督机制。该条例的顺利实行,实现了农村生活环境宜居优美的转变,也使得农村居民的卫生意识得到提高。乡村振兴战略的实施,离不开全局规划。随着各项农村法律的颁布和实行,云浮市的农村面貌得到了巨大改变,但是在农村建设方面仍旧存在一些问题,比如,一户多宅、违章建筑的建设乱象尤为突出。针对当地的农村建设的现状和问题,云浮市颁发了《云浮市村庄规划建设管理条例》。该条例对村民宅基地管理、农村整体规划、农村公共设施的建设和维护等作出规定,并规定当地政府要制定农村建设计划,重点支持农村地区的基础设施建设,建立健全公共服务体系。最后,该条例规定要加强对农村建设的监督,完善和优化监督机制,保证乡村振兴战略的顺利推进。《云浮市文明行为促进条例(草

---

[1] 云法:"云浮:立法夯实乡村振兴'基石'",载《人民之声》2021年第11期,第35~36页。

案)》第二次审议通过，为提高云浮当地居民的文明素质提供了解决方案。草案立法重点在于农村文明行为规范，引导农村居民继承和发扬当地的优秀民俗的同时，养成现代化的文明行为。同时对于摒弃乡村陋习、抵制封建迷信作出具体规定，具有很强的针对性和可操作性。

第四章 实施乡村振兴战略的执法保障

第一节 乡村社会执法机构及队伍建设

一、"执法"的含义

在古代,"执法"当动词讲是指执行或者执掌法令,当名词讲是指执法的官吏。随着历史不断变迁,社会快速发展,在如今的新时代法治社会之下,"执法",又称之为法的实施,是指国家行政机关按照法定职权和程序,行使行政职权、履行行政职责、贯彻和实施法律的行为,或者说是指行政机关之下的部门和机构单位,被赋予依法实施法律之公权力,有组织地对违法者实施逮捕、起诉、威慑或惩罚。[1]这个术语的范围具有模糊性,可以包括警察、法院等所做的活动,但最常用于直接从事巡逻、监察或劝阻犯罪活动,以及调查和逮捕犯罪嫌疑人的执法工作人员。执法工作通常由警察、巡警或其他执法机构来完成,但是在专门领域中,他们也可以拥有自己的内部执法部门。

执法部门经常涉及预防犯罪和惩处犯罪,但是同时也存在一些执法组织是阻止非犯罪性的违规行为,而对这种违规行为的惩罚可以较轻;另外虽然加强执法确实有助于治安,但执法对治安的影响有其极限,且各国执法机关可能已到达这种极限,这是因为在超过一定的程度后,增加警力、加强逮捕率、增加起诉率等做法在实务上都会变得不可行所致。[2]

---

[1] *New Law Journal-Volume* 123, Part 1. Page 358, 1974.

[2] Hans Zeisel, "Limits of Law Enforcement", *American Journal of Sociology.* 1985, 91 (3), pp. 726~729.

二、我国的执法机构的构成

在我国公安、法院、检察院共同构成我国执法、司法、监督的整个环节。通常意义上将公安作为我国的执法机构，最典型的例子是警察。政府通过在警务部门投入大量资源，增加执法人员的数量和质量，以使法律得到有效的实施。

执法机关常常被限制在特定的司法管辖区内，有时，司法机关的管辖权也会相互交叉，出现相互竞合重叠的情况，例如，美国各州都有州一级的执法机关，但联邦调查局仍然可以执行在任何州的犯罪活动。

此外，在我国，行政执法权力的主体是各级人民政府和各有关部门。《地方各级人民代表大会和地方各级人民政府组织法》第2条第1款规定："地方各级人民代表大会是地方国家权力机关。"《宪法》第105条第1款规定："地方各级人民政府是地方各级国家权力机关的执行机关，是地方各级国家行政机关。"将人民政府确认为我国的执法机构。

因此，可以这样认为，我国的基层执法机构主要包括乡镇政府以及作为公安派出机构的乡镇派出所。

（一）公安和派出所

1. 公安

公安是公安机关的简称，也称为公安部门，是人民政府的重要组成部分，是我国的行政机关，是同时兼备行政性与司法性的行政部门，是人民警察的管理机构。其内部警种多种多样，有刑事警察、治安警察、户籍警察、巡逻警察、交通警察等。除了承担着警务化任务，例如，刑事案件的侦查工作、治安管理等，同时也行使部分非警务的行政许可职能，例如，执行户籍管理及统计、特种行业管理等。

其自上而下包括国务院设立公安部，是我国最高的公安机关；省、自治区、直辖市设立公安厅（局）；市、县、旗设立公安局，盟、地区设立公安处，同时派出若干分局；市辖区设立公安分局；县行政区公安局和市辖区公安分局下设公安派出所。此外，中国民用航空局公安局和海关总署缉私局等行业系统人民警察列入公安部序列，接受同级行业行政主管部门和公安部门的双重领导。

2. 派出所

派出所属于公安系统中的基层性组织。派出所一般隶属于地方政府层级的机关，是上级公安机关的派出机构。其管辖范围小，一般是街道、镇等诸如此类的行政区域设定。派出所的警务人员多有几十人，少则只有几个人，这种情况一般兼任数职。基本建设包括办公用房、业务用房和辅助用房三个部分，没有专门的拘留室、侦讯室等设施。

第一，在基层公安工作中，派出所工作是最具有综合性的。公安部于2007年5月17日发布了《公安派出所正规化建设规范》，规范中明确规定："公安派出所是市、县公安机关直接领导的派出机构，是公安机关依法打击违法犯罪、维护社会治安、服务人民群众、保卫一方平安的基层综合性战斗实体。"派出所的工作是一种综合性的工作。就"保一方平安"而言，这是一项必须经过多种综合工作才能实现的工作。尽管各级公安机关都已经提出了这项工作，也确实负有这一责任，但真正能够落实这项工作并对其进行最后的监督检查的却是派出所，因为各级公安部门提出的工作和要求，最终还是要依靠派出所去实施完成的，正所谓"上头千条线，派出所一根针"。公安部为基层公安机关中的一个部门专门制定了"建设规范"，实际上派出所是独树一帜，由此可以看出派出所在公安机关中发挥着不可替代的地位和作用。

第二，在基层公安工作中，派出所工作是最具基础性的。按照公安部的有关规定，结合公安工作的实际需要，派出所主要担负着基层治安秩序管理、特种行业管理、法治宣传、治安防范、安全检查、收集情报等主要工作，接受群众建议和意见，为民众排忧解难，积极为群众办实事、办好事。而这些都是公安机关最具有基础性的工作，是公安工作的根基，是各项公安业务工作的依托，也是推动公安工作向前发展进步的基石。有人把基层派出所工作的重要性描述为："基础不牢，地动山摇。"[1]

第三，在基层公安工作中，派出所工作是最具直接性、广泛性的。作为基层派出所，最直接的工作就是与人民群众在一起，坚定地走群众路线，从群众中来，到群众中去。他们的工作与人民群众的生命财产安全息息相关。其

---

[1] 游云福："试论基层公安机关的概念、主体及机构设置"，载《江西警察学院学报》2011年第6期，第13~16页。

直接性主要体现在，派出所的人民警察是要和老百姓面对面进行沟通，深入老百姓的生活，体会老百姓的"柴米油盐"，与老百姓共同进退，只有和老百姓融为一体，他们的工作才能顺利展开，精准实施，并取得有效的成绩。在我们的视野里，有着许多述说他们的纪录片，例如《守护解放西》，真实记录了基层派出所干警保护一方百姓，深入百姓生活的工作状况。其广泛性主要体现在，基层派出所的工作会涉及各行各业，各个领域，大到生命安全，小到鸡毛蒜皮，所以，大家对派出所的看法及评价也是众说纷纭。因此，可以说派出所在构建和谐警民关系中起到了巨大的积极作用，但与此同时，它带来的消极作用也是最大的，这些都是由它的广泛性所造成的。

第四，在基层公安工作中，派出所工作是最具影响性的。因为公安机关具有特殊性质，它掌管着社会治安，维护社会稳定，承担着保护人民、服务经济发展的重要职责，另外，我国的国体是人民民主专政，具有中国特色的社会主义国家，公安机关与民众的接触最多，也最直接，因此，人民警察是老百姓心目中最具代表性的"公家人"，往往被认为是国家的影子，是政府的代言人。那么，由于派出所的上述特殊性质，就决定了派出所工作是整个公安工作的基础，也是群众最广泛的平台，是公安机关联系群众的桥梁纽带。在这方面，每一个公安机关都必须有一种认知：设立信访部门、充实信访力量、落实信访保障，并不是为信访部门办事，而是为全体民警办事，为广大人民群众办事。

（二）乡镇政府

乡镇是聚居地的类型之一，是我国最基层的行政机构，可作为一种行政区划类型，一头连着城市，另一头连着农村。1887年，国际统计学会制定了一个对各国都适用的区域划分体系，该体系规定，只要人口超过2000人，就可以称之为"城市"；而人口少于2000人的则为农村。但是，每个国家的实际情况并不相同，国情差异在所难免，很难将该体系与各个国家的具体情况相适应，因而未能得到普遍的认可。在英语中，town或small city一般都被译为镇、城镇和小城市，但在汉语中，"乡镇"这个词的含义是随着语境的变化而变化的。乡在中国有着悠久的历史，是一个行政区划单位，自先秦时代沿用至今，扩展出乡级行政区的概念。

政府是指国家进行统治和社会管理的机关，是代表国家意志、发布命令和处理事务的机关。政府的概念有广义和狭义之分，广义的政府是指行使国家权力的所有机关，包括立法、行政和司法机关；狭义的政府是指国家权力的执行机关，也就是国家行政机关。

政府是特殊机构，发挥着维护国家安全和主权，加强国防建设，消除社会隐患和内部腐败，控制污染和保护生态环境，鼓励创新创造、提高国民生产能力、优化社会结构、促进社会进步等作用，是国家公共行政权力的象征，也是国家公权力的承载体和实际行为体。政府发布的行政命令、行政决策、行政法规、行政司法、行政裁决、行政惩处、行政监察等，均须遵守《宪法》和有关法律的原则和精神，并以国家武装力量为后盾来强制执行。

政府可以被理解为一种制定和执行公共政策、执行和管理公共秩序的机构，一般指所有具有法律制订、执行和执行法律、解释和适用法律的公共机构。

第二节 乡村法治建设及普法状况

一、乡村法治建设

民主与法治是紧密联系、不可分割的，两者是相互依存、相互影响的。民主是法治建设的先决条件，民主是法治建设的保证。民主的发展离不开法治的完善，法治建设也离不开民主。

在推进民主乡村建设的进程中，要通过健全基层选举制度和村民自治机制，充分发挥集体经济、农民协会等组织在村务工作中的重要作用，要逐渐建立一个新型农村民主建设模式，例如，干群联动、工农联建、城乡联创。只有在决策、管理、服务、监督等方面下功夫才能更好地促进民主。在农村的各项建设中，要充分调动村民的自主性和积极性，在坚持"少数服从多数"的基础上，既要保障和保护少数人的合法权利，又要让他们充分自由地表达自己的观点和诉求，并通过正规渠道解决各种矛盾，从而增强他们对乡村的认同感、归属感、责任感。要完善重要问题的会议制度，加强村民小组会议制度；要大力推动村务公开、党务公开，使村民知情权、参与权、表达矛盾等得到合理解决，切实保障广大群众的知情权、参与权、表达权、选择权和监督权；要坚持以人为本、以农民为主体的原则，始终坚持维护农民切身利益的第一要务，坚持做好群众认同、群众参与、群众满意的根本要求，尊重农民的意愿，切实做好新形势下的群众工作，扎实走群众路线，从群众中来到群众中去，依靠群众的智慧和力量建设美好乡村。

在依法治国的重大理念引导下，建设法治乡村，要坚决贯彻依法治村原则，严格按照《村民委员会组织法》《土地管理法》《城乡规划法》等相关法律法规规定，对村庄的各种活动和决策进行规范。首先，各种制度、规范明确了各个主体的权利和义务，并接受人民群众的监督；其次，明确的规范制度可以调节乡村之间复杂的利益关系，当合法的权利被侵犯时，可以用法律手段来弥补或者纠正。同时，科学地制定管理制度，也是实现依法行政的重要途径；要实现依法维权，建立健全村民申诉渠道和处理机制，更是维护农村社会稳定、促进农村和谐发展的重要法宝。

二、乡村普法状况

我国农村法治宣传工作是国家统一领导和部署的一项重要内容，它的发展经历了与全国法律教育基本相同的历史进程。但是，由于乡村独特的历史、地理位置、文化特色以及经济发展等因素，使得我国乡村法治建设具有一定的特殊性。有些学者认为全民普法教育应该大体分为三个阶段，即"一五"法治宣传阶段；"二五"和"三五"法治宣传教育阶段；从"四五"普法启动到现在的社会主义市场经济法治宣传教育阶段。叶国平、吴高平和谢贵春等人认为，我国乡村法治教育也可以按照以上的方法去划分。郑薛滋璐在进行乡村法治宣传教育时，也采用了以上的划分法，并把"七五"法治建设列入了全面推进依法治国的时期。本书基本同意以上观点的划分，并提出了"一五"普法教育计划的实施前，乡村普法教育的普及工作已经过了改革开放以来的前期筹备期。这一时期与其后的法律制度建设有着密不可分的内在关系，因此，把它融入法律制度的过程中，能够全面地反映出我国公民法律制度的发展过程。因此，在此基础上，将我国普法教育40年的发展过程分为五个时期。

（一）农村普法教育的准备阶段（1978—1985年）

1980年8月，邓小平在接受意大利新闻记者奥琳埃娜·法拉奇采访时说："我们的国家有着数千年的封建社会历史，社会主义的民主和法制极度匮乏。现在，我们要把社会主义的民主体制和法律体系建设起来，这是解决问题，纠正错误的唯一办法。"十一届三中全会深刻地思考了中国古代法制的缺失，由此提出了发展社会主义民主，建立健全社会主义法制体系的重大决策。虽然当时采用了"法制"的概念，但强调了"法律面前人人平等"的原则，也提出了"有法可依、有法必依、执法必严、违法必究"的原则，这些都蕴含着法治的基本内容。此后，我国的民主和法制建设得到了加强。1979 年 7 月，第五届人民代表大会第二次会议通过了《刑法》《人民法院组织法》《中外合资经营企业法》（现已失效）《刑事诉讼法》等 7 部法律，并组织"学习新法律、宣传新法律"的相关学习活动。同年 9 月，中共中央《关于坚决保证刑法、刑事诉讼法切实实施的指示》明确指出：这七部法律的贯彻与否，是衡量我国依法治国的一个重要指标。这是党中央首次在文件中使用"法治"这个词，反映了党和国家对法治的理解达到了一个新的高度，也标志着法治建设的一个新的开始。尽管此时的"学习新法律、宣传新法律"活动还没有形成系统性、制度性的形式，但是中国共产党对封建传统的深刻理解，以及对思想教育的重视，尤其是对法治发展的内在需求和逻辑的关注，决定了随着法制建设新的起步，必然要以全民普法教育为基础，为法治的发展铺平道路。在此期间，一批法律工作实践者投身于法治宣传工作，法学家张友渔率领一支法律工作者队伍，出版了《公民手册》和《大众法学》等刊物。

改革开放初期社会治安状况的不断恶化，1983 年至 1985 年的"严打"活动，使中国的法治建设和普及教育工作在现实层面提上了日程。为此，党中央在加强社会治安管理工作的同时，也多次强调加强法治教育才是重中之重，要从思想层面提高人民群众的法治意识。邓小平同志说："我们要加强党政机关、军队、企业、学校和全体人民的纪律和法律意识。""我们要讲法制，让每个人都了解法律，让更多的人不但不违法，还能主动地维护法律。"

在此基础上，部分地区积极展开了法治的宣传和教育工作。1984 年 6 月，中宣部和司法部分别在北京，辽宁，江西等地组织了一系列的法律宣传教育工作。山东省藤县官桥镇，吉林省扶余市三岔河镇，湖北省沔阳县新河口村，都是法治宣传教育工作成功的典型代表，效果颇佳。例如，沔阳县（今仙桃市）八号乡新河口村的 1000 多名村民通过学习《刑法》《经济合同法》（现已失效，下同），了解了法律知识，树立了法治意识，通过笔试、面试两种形式的考核，成绩全部达标。1983 年初，江苏省建湖县上冈乡冈西村成立了一所业余法制学校，通过一年多的法制宣传，从家喻户晓的"是非窝"变成了"团结村"，并以此为先导，在全县 28 个乡镇办起了"业余法律学堂"和"业余法律社团",为即将拉开序幕的农村普法教育积累了经验。

(二)农村普法教育的起步阶段(1986—1990年)

经过前期的酝酿和筹备工作,中共中央、国务院转发了由中宣部、司法部发布的《关于向全体公民基本普及法律常识的五年规划》。《关于在公民中基本普及法律常识的决议》是全国人民代表大会常务委员会在同年11月通过的一项重要文件,标志着我国全民法治宣传教育工作正式开始。按照"一五"普法计划和决议的规定,1986年至1990年是"一五"普法时期,文件中对普法工作的定位是"一项重大的工作,也是一项社会主义精神文明建设的重要内容"。其目的在于提高广大市民的法律意识,养成知法、守法的良好习惯。普法对象主要有工农、知识分子、干部、学生、军人、其他劳动者以及所有能够接受教育的城市居民。主要针对的对象是领导干部和青少年。普法教育的内容主要以"十法一例"为主,称得上是全民法治教育的启蒙阶段。

实际上,农民或农村地区并不是"一五"普法计划的重点,而是在规划步骤中将大中城市和郊区乡村列为第一要务,并指出了关于农村普法的具体方法,例如,干部包片,党员包联系户,编写农民法律读本,宣传员送法上门等。可见,"一五"普法规划中特别部署了乡村法治,把城市郊区农村列为全国第一批重点工作。

"一五"期间,各地乡村都十分重视法治建设,通过宣传法治教育途径解决的典型案例也数不胜数。这一时期,全国有超过7亿人参与了法治教育,有4亿多名农民参加了法律知识学习和考试。虽然这个数据并不完全客观、但农民接受教育的数量能达到4亿人,这是一个惊人的数据,但是,它也表明了农村的法治教育不仅仅是在形式层面实施,而在实质层面均已落实。山东省滕县官桥镇的做法较为典型,这里开设了专门的法治教育"夜校",采取了"农闲多学,农忙少学,大忙不休"的方针,使农民的法律意识得到了提高,增强了农民群众的法治观念。有几个典型的例子:镇上有八个逃犯的家属,在夜校进行系统学习之后,均劝说他们投案;某夜校学生,在学习刑法时,当场揭露了一名犯罪嫌疑人;一对夫妇长期虐待老人,了解到虐待老人是犯法的,于是开始尊老爱老。在法治夜校的带动下,社会治安得到了改善,经济得到了发展,工业和农业总产值逐年大幅上涨。江苏省武进县(今常州市武进区)在全县范围内大力推行《经济合同法》,以往,"口头合同""扯皮合同""呆账欠账"等问题尤为突出,通过宣传栏、黑板报、墙报、法律咨询等方式,让大部分企业认识到"依法履约"的重要意义。某单位拖欠该县一家针织企业的款项,迟迟未付,在了解了该法律后,便写信告知应当依照《经济合同法》执行,不久,该公司退回了账款。据国家工商总局统计,1984年,全国共签了6亿多份合约,农村签订的合约数量最多。1985年,全国农村签约数量达到了10亿份。因此,我国农村法治建设在维护社会治安、促进国家经济发展等方面发挥着重要作用。在普法活动中,村民们开始认识到法律,树立起了法治意识。

这一时期的典型事例对我国的法治建设起到了重要的促进作用。1989年中国第一起"民告官"案件具有划时代的意义。1985年,温州市苍南县的农民包某照在镇上的河岸上建了一座房子,之后被强行拆除。1988年,包某照向当地人民法院提起诉讼,要求对其房屋进行合法的鉴定并给予经济补偿。尽管包某照最终以失败告终,但它反映了我国农民的权利意识在逐渐觉醒并提高,这对我国《行政诉讼法》的制定起到了积极的促进作用。

"一五"普法工作虽取得了一定的成效,但人们对这一时期的普法工作成效抱有很大的期望。司法部当时部长邹瑜发表了《五年左右基本普及法律常识是能够实现的》,文章中提道:"在这个十几亿人口、农民占大多数、文化水平不高的国家,普及法律知识是一项艰巨而光荣的任务,我们深信,只要大家团结一致,坚持不懈,就能实现目标。"这足够表明,当时的政府已经认识到了法治宣传教育的重要性,同时也认识到了农民在法治宣传教育工作中的特殊地位和作用,这也与中国的实际国情相契合,人民当家作主才会让社会越来越好。

然而,仅用五年时间就实现全民了解法律知识,提高法治意识,这对广大村民居民来说几乎是不可能的。首先,从思想上讲,传统的观念和习惯已经根深蒂固,即使新中国成立40年,也很难在短期内改变"人治"和"等级"的概念。同时,由于战争期间对法律的恐惧,使得他们没有感觉到法律的公正与合理。其次,从落实上看,"一五"普法是改革开放后的先锋性工作,缺少可借鉴的经验,导致了规划的不完善和不合理,尤其是部分领导干部不懂法律、认识不够透彻、"应付差事"等问题。另外,"一五"普法规划提出,要以大、中城市及其郊县农村为重点,导致一些地区采取"先城市后农村"的法制方针,有的地方甚至错过了"一五"普法的时机。最后,就对象而言,那时已实行了家庭联产承包,由公社到户,人员分散,流动性大,难以集中。在当时的宣传氛围下，由于分散式学习很难达到目标，加上大部分的村民都把精力放在生产、生活上，很少与外界联系，法律与村民的需要不平衡，一些人甚至不能读书。因此，五年之内，根本不可能实现普遍的法律常识教育。

由此可见，农村的法治宣传教育工作是一个漫长的、艰难的过程，不可能在短时间内得到切实实施。1990年，罗干在第三次全国法律宣传工作会议上说："这是一个长期的工作，必须继续把它引导到更深的地方去。认为只需一两个五年的时间，就能一劳永逸，这是不现实的。针对这项工作，我们要坚持五年、十年、五十年，并且要坚持不懈地抓下去。"这段感慨至深的发言说明了我国从实际出发，认识到我国法制宣传教育工作的复杂性、长期性，应由短期法律宣传向长期法律宣传转变。

（三）农村普法教育的展开阶段（1991—2000年）

这一时期，随着国家法治建设的深入、广度不断提高，乡村法治建设也在逐步推进。"二五"普法时期，随着社会的全面发展，法治建设的目标也在不断提高，党和国家对农村法治宣传教育工作高度重视，并在全国绝大多数农村开展了普法工作。在"三五"普法中，国家法治宣传工作的重点是提高全民的法治观念，强调社会主义市场经济法、依法治理教育。在乡村法治建设中，重点强调了宪法、市场经济、村民自治等方面的法律知识。

1991年至1995年是"二五"普法时期。法律法规的名称由"基本普及法律常识"改为"法治宣传教育"，这不仅是一个简单的名字变更，更体现了我国对普法工作有了更加全面和深刻的理解，对工作内容有了更具体的分类和规划。1992年，专门的全国法治宣传委员会成立，这标志着我国政府有了高度重视法治工作的意识。同时也表明了国家针对普法工作作出了长远的规划和方针。

在这一长期规划中，要把普法工作作为一项重大的社会教育项目来进行。这一政策的实施对象是工农、知识分子、干部、学生、军人、个体劳动者等。与"一五"规划不同，"二五"政策把城镇居民划分为"所有有文化素质的人"。这主要是因为20世纪90年代以后，我国农民的文化素质有了很大的提高，城乡间的界限越来越模糊，"一五"普法中"先城镇后乡村"的思想也在逐步改变。同时，将"个人、工人"纳入规划目标中，既体现了改革开放后新的主体意识，又体现了法治规划顺应了社会的实际需求，顺应了社会主要矛盾的变化。本次宣传活动的内容包括：以宣传法律常识为主，"有针对性"和"有重点"，学习宣传各地、各行业"与工作、生活相关"的"专业"法律法规。同时，要加强法治宣传，加强公民的社会主义法治意识，加强社会各个层面的法治建设，为国家政治、经济和社会的持续发展提供有力的保证。"二五"普法从常识的"初步启蒙"向法律常识、法律意识转化。

在方式上，规划专段安排了乡村法治教育的方式，推荐了业余法治学校、夜校等形式进行法治教育，同时提出党员包户、送法上门、干部包片等开展宣传法律知识等的具体方法途径。这一规划还提出了"依法治理"的观点。在农村，要坚持依法治乡，依法治县，加强基层文化服务，充分发挥基层文化阵地的功能。

"二五"普法时期，我国十分重视农村农业建设，对乡村法治和法治宣传工作提出了更加具体的要求。1991年，中共十三届八中全会通过《关于进一步加强农业和农村工作的决定》，决定中指出，必须深入推进法治宣传工作，加强法治意识，增强法治观念，积极推进思政工作、加强民主法治建设。《九十年代中国农业发展纲要》于1993年国务院第七次常务会议通过，该纲要对法治工作作出了细致的部署，主要是加强与农民生产生活有关的法治宣传，要建立健全乡村法治体系，做好农民法治的落实，积极提供法律咨询，强化有关立法等工作。

"二五"普法期间，全国各地的农民学习法律的数量都比前一段时间有所增长。全国90%的乡镇和村庄都已部署了普法工作。在山东章丘，以法治为典型，在农村中，有50%以上的乡镇将法律知识用于农村管理，"依法治村"的思想已经初见成效。河北省在加强法治建设方面，突出了乡村法治建设的重点。一方面，加大对京津周边、铁路沿线等"重点地区"的法律法规宣传力度，并在全国54个县设立了法治教育中心，为12 000余名轻微违法者提供了法律知识。而在河北省，截至1994年，已有18 736个村进行了依法治村，占全国农村的36.8%。

"二五"普法虽有了一些实践经验，但因时代变迁、宣传方式、力度、民主法治建设等原因，尚不能完全适应新形势。从宣传"十法一例"到学习劳动生产法规，建立法律意识，依法管理，这不仅增加了实施的困难，而且，从实践的效果来看，也存在许多不足，再加上文盲教育得不全面，农村法治的建设还远远落后于城市的法治。

"三五"法治建设阶段是从 1996 年到 2000 年。这一阶段的规划,以法律宣传教育为基本内容,是全党、全国人民的共同责任。在法律宣传的对象上,"二五"的普法计划中,实施对象也增加了企业经理。重点对象也有所扩展,包括县、处级以上领导、司法机关、行政机关、企业经营管理者、青少年。而对于乡村,则要充分落实"依法治国"的思想,结合实际,做到"依法治村""依法治乡"。1998 年,中共中央办公厅、国务院办公厅印发《关于在农村普遍实行村务公开和民主管理制度的通知》,着重指出,要按照国家法律、法规、政策,并与具体实际相结合,建立完善村务公开、村民会议、村民代表会议和党员议事会制度,依法建制、以制治村,加强农村的民主法治建设。

"三五"普法规划中,重点突出宣传社会主义市场经济法治宣传和依法治国的基本方略。第一方面,以社会主义市场经济为基础,以提高我国的法治建设水平,是一项具有重要意义的制度创新。当时正值香港于 1997 年回归,同时为加入世贸组织做准备,市场经济的发展离不开法律的保护。邓小平同志曾多次强调,一是要加大对社会主义市场经济法治知识的宣传和普及,被全民所知悉。二是要突出依法治国的基本方略。江泽民同志在 1996 年 2 月 8 日召开的第三次中央法治会议上,第一次系统、全面地论述了依法治国的基本方略。"依法治国"这一概念是 1995 年首次在党的十四届五中全会上正式提出的。1997 年,"依法治国"被写入十五大报告,1999 年,九届人大二次会议修改宪法,通过了宪法修正案,正式将"依法治国"纳入《宪法》。从"一五"普法时期的"法治"到"二五""依法治理""三五""依法治国"的立法,使我国从静态法治走向动态法治,从动态法治走向依法治国理念,有了质的飞跃。为此,该方案提出了"坚持法治宣传和法治实践结合""学法和用法结合""坚持依法治国、全面推进各项事业依法治理"。

此次普法,全国有 8 亿的普法对象,其中有 7.5 亿参与了各类法律教育活动。为法治宣传教育工作积累了丰富的经验。"二五"普法规划中提出的"坚持把理论与实践相结合、学法与用法相结合"的理念还在摸索中,"三五"普法规划就是要把它落实到实践中去。在农村地区,主要表现为:一是重点宣传,突出重点。河北省在 2000 年进行了一次集中的法律宣传,那时正值村委会换届和土地承包工作,借此机会对《村民委员会组织法》《土地管理法》等法律法规进行了全面的宣传,收到了很好的效果。其次,各种新的宣传手段层出不穷,比如电视普法、报纸、文艺节目等,1999 年开播的"普法"经典节目《今日说法》，覆盖了农村的许多案例，给村民提供了丰富生动的案例教学。1998年，为广大群众，特别是农村居民提供法律咨询，提供"要司法"的专用热线"148"。司法部当时的部长高昌礼说："设立专门的法律服务热线，把宣传法治、健全法治、推进法治与党的领导、依法行政、群众路线有机结合到了一起，让人民群众看得见、摸得着、用得上。"再次，利用立法提高普法效果。1998年《土地管理法》修订时，由于涉及广大农民的切身利益，所以当时就倾听民众的呼声，广泛征求了意见。这样既能让法律更加贴近民意，又能提升法律的质量，又能为乡村法律服务提供一堂生动的实践课。然后，再根据难点，逐一解决。在我国，关于农民工如何学习法律制度，是当前法治建设中一个十分突出的问题。成都市制定了《暂住人口务工经商法律指南》，实行"以人为本"的原则，受教育率达85%。

"三五"普法时期，无论是观念还是实践都发生了翻天覆地的变化，在农村，随着时代的发展和现实需求的日益提高，法律意识也越来越强，乡村法治建设步入法治化轨道。"三五"普法实施过程中，司法部曾经指出："无论在规模、内容、形式等方面，普法教育都是中外法治建设的先河。"当然，这一时期的法律工作还面临着许多困难，张福森在《关于"三五"法制宣传教育基本情况的报告》《关于进一步开展法制宣传教育的决议（草案）》和《关于进一步加强法制宣传教育工作的意见》中指出，"当前的工作重点还是在农民和流动人口身上"。

（四）农村普法教育的强化阶段（2001—2015年）

这个阶段的法治建设包括"四五""五五""六五"三个普法规划。这一时期，我国对乡村法治建设的重要性及其发展滞后性的认识日益清晰、深入，并逐渐加强了对农村法治建设的重视。

与前面三个时期相比，"四五"普法规划没有把法律目标明确，而把法律法规定为"所有有文化素质的人"。"四五"普法以"三五"为基础，紧紧围绕依法治国基本方略，注重提高公民法律素质，特别指出努力实现由提高全民法律意识向提高全民法律素质的转变，实现由注重依靠行政手段管理向注重运用法律手段管理的转变的"两个转变，两个提高"目标。该目标不仅是对过去十五年来的法律工作的总结和肯定，也是对未来法律工作的指导，同时也是当前农村法律工作的重点。

当前，我国普法规划制定人员意识到了乡村法治建设的重大意义，也意识到了当前农村法治建设滞后的现实。新一轮的普法规划突出了加强乡村居民法治建设、加强乡村法治建设。特别是对农村基层干部、流动人口的宣传教育；着重于乡镇法治建设，加强基层法治建设，并将乡镇作为优先发展的基层组织。这是由于我国的农村经济市场化程度不断提高，已与全国统一的大市场接轨，外贸每年都在增加。在这一大背景下，我国的法律法规和民主法治得到了极大的发展，主要体现在：

第一，随着农民工数量的增多，我国对农民工的法律教育越来越重视。2003年1月，《关于做好农民进城务工就业管理和服务工作的通知》（现已失效）是国务院办公厅发布的。同年11月，全国首次进行了关于农民工合法权益的法律宣传。发放《劳动者维权手册》，由劳动保障部门编制，并向全国各地发布有关投诉举报电话等。2005年4月，建设部法制工作领导小组就工程建设领域农民工的法律问题，编制了《建设领域农民工权益知识读本》。

第二，要把"送法下乡"作为一项重要的工作。2004年，胡泽君在接受媒体专访时对乡村法治进行了描述，"送法下乡"是在农村广泛开展的，用多种方式让法律走入农户、走到田间。各地积极整合资源，组织广大法治宣传员、律师、公证员、人民调解员、基层律师等，深入乡村积极进行法治宣传。

第三，加强民主法治的建设。2003年，司法部和民政部联合印发《关于进一步加强农村基层民主法制建设的意见》，提出了全面推进农村依法治国的总体方案，重点是在农村开展法治宣传，增强农民的法律意识，建立了"民主法治示范村"。

第四，农村普法教育验收环节进一步强化。2005年1月中央宣传部等单位发布的《关于对"四五"普法〈规划〉和〈决议〉贯彻执行情况总结验收的指导意见》，也把乡村是否开展经常性的法律下乡活动，建立村民法治教育阵地，进行经常性的法治宣传教育活动，对流动人员的法治教育有计划，有安排，有要求等，列入了"四五"普法依法治理总结验收的指导标准。

第五，确立"全国法制宣传日"、构建法治宣传网络、在一些地区进行法治宣传。首先，在"四五"计划中，把每年的12月4日定为"全国法制宣传日"，并在全国范围内进行了一系列的宣传。其次，司法部于2001年6月正式启动"普法网"，开创了我国法治宣传工作的新途径。十多个省市相继出台了相关的法律、法规，将法治宣传工作纳入法治轨道。

"四五"时期，我国农村法治建设已初露端倪，但从"五五"（2006—

2010年）到"六五"（2011—2015年）的普法规划中，农民是其中的一个重要内容。"五五"普法是对前四次普法工作的总结，提出了几点新的建议。在普法规划上，增加了以人民为中心、以人为本、务实创新、分级指导等基本理念；在法律宣传的对象上，"四五"法律注重农村干部和流动人口问题，把农民纳入法律宣传工作，把农村法律法规建设作为国家法律工作的重点内容；在普法工作中，我们将"法律六进"活动分为：进机关、进乡村、进社区、进学校、进企业、进单位。国家针对不同群体的特点，进行了有针对性的指导，提高了法律宣传的质量。其中，以"法治进乡村"为核心，将法治宣传纳入政府对农村的公共服务当中。以多种方式加强农民的法律意识；强化农村法治宣传工作；深入推进"民主法治村"建设，大力推广基层民主自治理念，建立健全具有活力的村民自治制度。此外，此次规划中还特别提到了提高农民法律素养的要求。强调农村"两委"干部要积极探索农村法治工作方式，加强农村法律知识普及工作。

如果说，以前的法治教育规划仅仅将农民作为普通的法律宣传对象，而将其作为一项一般性工作来进行，那么，在"五五"的法治教育规划中，它就成了一个突出的焦点。2007年，中央宣传部、司法部、民政部等部门印发了《关于加强农民学法用法工作的意见》，对"五五"普法规划进行了进一步的细化，把"学法律、讲权利、讲义务、讲责任"作为"五五"普法的主要内容。2005年，《关于推进社会主义新农村建设的若干意见》由党中央、国务院印发，成为我国新农村建设的重要内容。同年，中央政法委、司法部等部门举办了一场"双百讲座"，即"百位百人"的专题报告会。

"五五"法治宣传中，农村普法教育工作取得了一定的成绩。国家法治宣传办公室在"五五"普法规划实施过程中所做的监督检查报告表明，24万农村党支部和村民委员会干部都得到了法治宣传，增强了他们的法治意识。司法部、民政部对"民主法治示范村"进行了表彰。河南省律师事务所3000人，公证员450人，为2878个村委会、村办企业提供法律咨询服务，已有60余万群众在接受矛盾纠纷调处中受到法治教育。关于农民工的法治教育，全国各地都取得了突出的成果，2006年首个农民工法律培训中心在北京设立，青岛，济南，南京，无锡，江苏省将6月18日作为"6·18"农民工法律宣传周。

农村普法教育受到各级政府的高度重视，效果明显。我国立法对农民权利的保障也在不断提高，其中最具代表性的就是"同票同权"。2010年，修改了《全国人民代表大会和地方各级人民代表大会选举法》，使中国城乡选民"同票同权"，由4∶1改为1∶1。这既是对村民的合法权益的肯定，也是对其合法权益的有效运用。

"五五"法治宣传活动中，农村法律法规的实施效果也反映在几个典型的案例中。河南省新密市刘寨镇的一名外来务工人员张海超，于2007年在多所医院确诊患有尘肺病。《职业病防治法》对职业病诊断所需的职业卫生、健康监护等相关信息，应由雇主负责。然而，该案中的公司拒不向其提供有关信息，郑州职业病控制中心对其诊断为"肺结核"。为了证实自己患有尘肺，张海超不顾医生的劝告，在2009年"开胸验肺"，得到了公司赔偿60多万元。2016年5月，张海超成立了"张海超尘肺防治网"，为尘肺患者提供保护。经过多年的普法教育，特别是对外来人员的法治宣传教育，使张海超不但具备了被侵犯的权利主张的法律意识和认识，更具备了敢于与不法行为进行抗争的勇气和能力，积极主动地帮助他人维权。这既体现了二十多年来乡村法治建设的成效，也对中国的法治建设起到了积极的促进作用。

2009年，成都市金牛区天回乡金华村的唐福珍，因反抗强拆，在屋顶上自燃身亡。这件事在当时引起了社会的极大关注，唐福珍一家人为了拿到一笔合理的赔偿，四处奔走，最终却落得如此下场。一方面，他们已经树立了自己的维权意识，也学会了一些法律知识。同时，也表明了我国现行的法律体系还需完善。随后，北京大学5名专家写信给全国人民代表大会，请求重新审议《城市房屋拆迁管理条例》（现已失效），并将《城市房屋拆迁管理条例》的复审报告送交全国人民代表大会常务委员会。国务院法制办公室邀请了5名专家，并组织有关单位开展了立法调研。2011年，国家出台了《国有土地上房屋征收与补偿条例》，确立了拆迁先行补偿、禁止暴力拆迁的原则，并提出了政府向法院起诉、突出市场价格补偿的原则。同时，废除了《城市房屋拆迁条例》，这起案件为我国的法治建设作出了杰出的贡献。

在"六五"普法计划中，农民也是法治宣传的重点。在要求上，要做好农民的法律、法规、政策等方面的宣传和教育。重点是强化对"两委"四类干部的法治教育，提高法治观念；在外来务工人员中，注重遵纪守法、表达诉求的学习，将普法与法律服务相结合。为了完善"六五"法律法规，中宣部、司法部、民政部等部门于2012年5月联合印发了《关于进一步加强农民

学法用法工作的意见》。在此基础上,新时期农村法治建设呈现出如下特征:

第一,法律和规章的完善。2011年3月,吴邦国在十一届全国人大四次会议上宣布,我国已经形成了中国特色社会主义法律体系。与此相对应的,涉及农业、农村、农民的法律、法规也有了显著的增长。截至2011年年初,全国农业部门共制定了15项现行法律、25项行政法规、154项农业部门规章和600项地方性农业法规规章。

第二,宣传方式更具先进性和多样性。到2015年,全国农村地区的网络覆盖率已达30.1%,农村地区的网民数量占27.9%,人口规模为1.86亿,同比去年末增加了800多万。据统计,目前全国共有3730个公共法律相关网站,其中包括3746个官方微博、微信,粉丝超过3000万。以上数据显示,我国农村法治宣传工作已迈入网络时代。

第三,在农村普及法律知识。十八大提出的"二十四条社会主义核心价值观"将"法治"融入其中,将普法作为法治的一个重要内容,充分体现了这项工作在我国现代化建设中的重要性,为普法的意义与作用提升了层次;十八届三中全会提出,要加强法治宣传工作;党的十八届四中全会提出,要坚持以法律为基本原则,加强法治宣传教育;党的十八届五中全会提出"要大力弘扬社会主义法治精神,加强全社会尤其是政府工作人员依法用法的意识,在全社会形成良好法治氛围和法治习惯"。农村有我国44%的人口,必须成为全民法治宣传的主要目标。2015年2月,中共中央、国务院印发了《关于加大改革创新力度加快农业现代化建设的若干意见》,其中专章论述了"三农"问题、强化乡村法治建设、深化农村法治宣传、提高农民学法、尊法守法、用法的观念。2015年3月,农业部发布了《关于贯彻党的十八届四中全会精神深入推进农业法治建设的意见》,意见指出,加强农业的法治宣传教育是重中之重。

第三节 村规民约在乡村社会治理的功能与作用

一、村规民约的定义,什么是村规民约

现代村规民约是村民自治的制度化、规范化的形式,是村民在生活、生产、生活中根据法律的精神,根据村民自治的需要,在生产、生活中根据风

俗和现实共同约定、共信共行的自我约束规范的总和。这是一种"准法",介于法律和道德之间,具有自治性、合法性、契约性、自律性、乡土性、地域性和强制性。近年来,我国村规民约的实践发展对乡村居民自治、社区法治建设具有重要意义。对古代村规民约的考察,与近代村规民约的比较和分析,有助于我们更好地理解现代村规民约的民主、自治和法治精神,从而推进农村自治和法治建设。[1]

村规民约是中国传统文化的一种重要内容,有着悠久的历史。传统的"村规民约"是中国地方社会中一种既有正式又有非正式的权威的民间行为准则。在各个历史阶段,它们都起着同样的教化功能,以维持传统的农村社会秩序。

村规民约的历史渊源,似乎可以追溯到以地域联系为纽带的人类社会中出现的异姓杂居村庄。在这种情况下,由于不同的姓氏和村庄的不同而形成了一种越来越复杂的社会关系,这就需要一种社会公共规范,它可以在一定程度上解决不同的家庭之间和家庭成员之间的关系,从而弥补了传统的家庭成员之间的关系。这一套适用于同一村庄内各个家庭、各个村民的社会公共行为准则,不管它叫"乡约""乡规",还是"村约",都属于历史上的"村规民约"范畴。虽然传统的村规民约与家规民约有着千丝万缕的关系,互相利用,甚至是重叠,但是,村规民约却是与家规、族规完全不同的,是中国古代封建社会中稳定农村社会的一种重要措施。

在儒家的长期支持下,封建统治者们逐渐意识到,乡约对于教化民风、遵制守常、维护社会秩序的重要性,并开始认同和推崇。明代后期,大兴讲乡约的民间活动开始了。在那个时代,乡约是一种民间的规训,它是由农村社会自行规定的一种公共行为准则。后来,在朝廷的承认和赞扬下,历代帝王都在制定自己的行为准则,形成了一种"圣谕"。乡约就是以"圣谕"为中心,并与家规或禁令相结合,形成了一套道德准则。村规民约的内容,以"劝善""教化"为主。如隆庆六年(1572年)《文堂乡约家法》中所述:"乡约之旨,当以劝善习礼为主。"其次,从《吕氏乡约》开始,乡约就是一种地方自发组织的地方自治组织。陈柯云先生说,乡约是农村地区以一种共

---

[1] 张广修:"村规民约的历史演变",载《洛阳工学院学报(社会科学版)》2000年第2期,第25~29页。

同的目标（御敌卫乡、惩恶、广教化、厚风俗、保护森林、处理差役），以血缘或地缘联系而组成的民间团体。因此，有些乡约组织属于宗族性乡约组织，比如《文堂乡约家法》就把乡约和家规混淆在一起，因此，乡约组织和家规也就产生了交叉的现象。但至清朝，乡约运动越过家族界限，形成由同居一地的乡民组成的单纯由地域联系的民间团体，并有讲乡约、支持文教科举、应付差役、经营管理乡约、购买土地等权力。"乡约"的作用，在《辛省北牌公议禁赌碑记》一书中就有"约正""乡约"的记载。到清代，保甲制度完备以后，乡约和护甲机构互相利用，形成了"乡约月讲"的惯例。明末清初的一场规模较大的讲乡约运动，其宗旨是"传道、劝民、遵法、广教、宽民风"，为维护社会秩序起到了积极的作用。

至清乾隆年间，村规民约已相当普及，而且涉及的内容更广泛更具体。乾隆五十三年（1788年），洛阳一带乡村曾掀起一股立约之风，禁赌禁娼，教化民风。如乾隆五十三年（1788年）仲秋，洛阳新安县一乡保根据"邑贤""禁赌博以端风化"的建议，召集辛省北牌牌民"合牌公议"，立"辛省北牌公议禁赌碑"。他们痛陈赌博危害，《公立禁赌约》曰："嗣后，如有开场盘赌者，罚砖一千；有将隙地与人开场者，与开场同罚；有一名赌博者，罚砖五百；有输赢类赌者，与赌博同罚。"同时对该禁赌条约的执行也作出相应的约定："每十家互相稽查，隐匿者连坐。所罚之砖俱入寺充公。如不受罚，乡保送官究处。倘乡保徇情不首，与开场同罚。"最后谆谆告诫乡民："凡我乡规，当彼此相戒，慎勿有初而鲜终也。"另外，对流娼者禁曰："牌中若有收留外来流娼者，照开场盘赌罚例加倍处治。"这是一部立意鲜明、禁条明确、执行措施严密的较为完备的禁赌禁娼村规民约。又如，同年冬新安县刘河村七十老人刘明"与合村公议"所立禁赌碑曰："嗣后有赌博者，罚砖二百；开场者罚砖二百。如不受罚，禀官究治。"[1]

至清道光年间，洛阳一带乡村的村规民约不仅禁赌禁娼、教化民风，而且对农业生产、货物买卖管理方面亦立约进行规范，以促进地方农商经济的发展。如洛阳偃师安驾滩村于道光十年（1830年）所立"偃邑安驾滩合村公议禁止赌博牧放碑"载：赌博禁规三条："一开赌者，罚钱拾仟文，一参赌者，

---

[1] 张广修："村规民约的历史演变"，载《洛阳工学院学报（社会科学版）》2000年第2期，第25~29页。

罚钱伍仟文；一匪赌者，罚钱叁仟文。"牧放禁规三条："一骡、马、牛、驴，罚钱伍佰，夜间加倍；一羊只，罚钱壹佰，夜间加倍；一凡本村牛羊，自腊月十五日起至正月十六日止，许在地牧放，以外俱照罚规。"另外对买卖煤的活动也立约管理："又本村向无煤行，今同合村公议，嗣后，买卖煤口单，许乡约地方经管，不许他人参与。"为使禁规"永为惩戒"，牌额特刻"慎始慎终"以示执约决心。此外，偃师尚存留有清代修寨御寇、打井供水、修渠防旱碑刻多处，均反映着乡民共同立约，抵御天灾流寇，发展农业生产的愿望和壮烈义举。

清朝末年，由于官场腐败，国家危局加剧，康有为和梁启超等人发起了戊戌变法，目的在于改革君主专制。他们在主张建立君主制的同时，也将改革的希望寄托在地方自治上。他们著书、提倡自治、创办时务学堂、南学会、推动湖南新政、推行地方自治，开创了中国长期的中央集权独裁统治时期的地方自治，并在以后的日子里产生了深远的影响。

民国初期，山西军阀阎锡山是推行地方自治的第一人。1917年9月，阎锡山以山西都督之职兼任山西省省长后，便着手筹划治晋方略。他认为："自治不本于村，则治无根蒂""村村治则县治，县县治则省治，省省治则国治矣，故治国在治村""乡村建设为全国建设的中心"。因而大力倡导并推行以"确立民主政治基础"为目的的村政建设，采取了包括编行村制、划定村界、整理村范、召开村民会议、制定村禁约、筹建息讼会和建立保卫团等一系列整顿村制、改进村政的村政建设措施。

由于历代的推崇，村规民约不断发展完善，成为博大精深的民族文化中的重要组成部分，为我们今天进行的现代村规民约建设提供了不可多得的文化渊源和历史借鉴。[1]

二、村规民约在社会治理中的功能与作用

虽然由于农村和农村的融合，村规民约的作用已经减弱，但是在许多边远地区，它依然起着很大的作用。在农村，通过村民之间的约定，形成了村规民约，实现了村民的共同信任和共同行动。村规民约也从单纯的维持生产、

---

[1] 张广修："村规民约的历史演变"，载《洛阳工学院学报（社会科学版）》2000年第2期，第25~29页。

生活秩序，逐步转变为农民、集体、他人利益调节的基础，在村民利益整合中起着举足轻重的作用。此外，村规民约并非仅限于维持原有村民的统治权力，而是建立在民主法治的基础上，促进文明乡风的建设。

（一）推动村民自治

村规民约一般建立在多数村民的同意基础上，具有很强的约束力，可以通过村民之间的监督和自我管理来确保其有效执行。村民自治章程是我国"最完整的村规民约"，它是根据《村民委员会组织法》制定的，在制度上对村民自治机构的设置、职能的确定、村社公共权力的运作等进行规约，而其他专项性村规民约侧重就村民自治范围内生产生活秩序的维护、村民行为的规范、具体事务的处理等作出约定和规范。村规民约是一种自治规范，它源于村中，在村民中发挥着作用，体现着村民的共同意愿，是基层民主管理的重要载体，是村民在"契约"中自我管理、自我教育、自我监督、自我约束的一种自律行为，与深化农村改革、推动农村发展密切相关，符合社会主义市场经济体制下农村治理改革的要求。在现代，村规民约顺应时代潮流，融入国家法律、政策等诸多方面，逐渐融入国家的乡村发展战略，把乡村的"个性"和国家的"共性"、村民的个人需求和村庄的总体发展利益相结合，在推进基层自治、保障村民民主权利方面发挥着积极的作用。

（二）整合农民利益

随着社会主义市场经济的确立，传统的乡村封闭状态得到了突破，劳动力的流动性得到了加强，农民的生活和工作范围也发生了变化。特别是随着农村城镇化和农民非农化的深入，农民的职业由单一化走向多元化，农民逐渐形成了多种社会团体。过去的农村，基本上都是农民、商人、半农半工的农民（比如一些教师、医生、工人），而现代农村中，有农民、工人、社会管理者、服务者、私营企业主、个体工商户、智能型职业者等不同的社会群体。乡村社会和谐发展要求有一套相对稳定的制度与机制来协调各方的利益，而村规民约就是由不同的利益集团在博弈中形成的，能够起到整合的作用。它对农民利益的整合作用有两个方面。一方面，村规民约是一种与现代社会一体化机制相适应的契约规范。村规民约是"习惯法"，是乡村社会各个阶层在其基础上，可以自由地表达自己的意愿和利益。在民主程序方面，村规民约的制定既是村民参与村务管理的一个过程，又是乡村社会各个阶层的利益诉求的集中体现。通过制度化的村规民约来平衡各方的利益。而村规民约则是介于国家法律与村民个人诉求之间的一种利益调节机制,它将传统的乡土性与外来的现代性融合在一起,是一种对当代乡村社会利益的有效表达和协调的制度安排。现代的村规民约,表面上是民间的契约,实际上却是国家的法律,大部分的内容都是对法律的精练,只有一些具有乡村特征的内容,被称为"村规民约"。在实践中,村委会和村民小组通常都是根据村规民约来解决诸如承包地、自留山、宅基地、征地补偿等问题。村民对村组的决议不满意时,往往会采取法律手段,或者直接向村委会提出申诉。在处理此类案件时,法院也基本上是按照《村民委员会组织法》执行的,这样才能依法保障其合法权益。[1]

(三) 促进文明乡风建设

村规民约是国家法律、政策的有效延伸。从中国历史的视角审视,在传统乡土社会里,国家法在很大程度上是作为"后盾"的象征意义而存在的,或者说国家法律在传统农村基本上是疏离的,农民更多的是生活在自在秩序的民间法中,由民间法调控和解决一切。在沿袭熟人伦理的农村社会,法律不可能触及农村生活的细枝末节,更不可能是"万能"的。作为维护底线伦理的法律很难解决道德层面的一些现实问题。在现有的农村政治资源环境下,政府权力也被限定在法律明确授权的范围内。而村规民约结合村域实际将国家法律地方化,成为国家法律的有效补充,能够依据国家法律政策的原则、精神或者基本伦理,就社会公德、家庭伦理、乡风民俗、邻里关系、农村秩序等作出规定,制定村庄道德规范,促进文明乡风建设,实现乡村治理的有序化。

作为介乎国家法律与乡风民俗之间的村内规范,村规民约既具有规范性的一面,也带有契约性的成分,依靠乡村公共权威得以实施,是协调国家法律与民间习俗之间冲突的缓冲地带。在一些村庄,村规民约被虚化为一种形式化的文本,有的甚至违反了国家相关法律政策,限制了其乡村治理功能的发挥,笔者认为,紧密结合村域实际是村规民约发展的生命力所在。村规民约延续和发展的基础是其乡土性,尽管适用范围相对狭小,由于其与地方风俗、农民习惯、传统规则紧密相连,群众认可度高,遵守的自觉性强,对基

---

[1] 周铁涛:"村规民约的当代形态及其乡村治理功能",载《湖南农业大学学报(社会科学版)》2017年第1期,第49~55页。

层治理的作用不可小觑。在一些带有地方习俗的个案处理中，村规民约甚至有国家法所不能达到的效果。比如相邻关系的处理，尽管《民法典》及司法解释有相应规定，却言之不详，由于各地风俗习惯不同，相同的行为可能在不同地域对相邻方的影响截然相反，国家法不可能周延，这时村规民约的作用自然显现。村规民约紧密结合村域实际主要包括两方面内容：一是简单地以地方化的方式将国家法律、党委政府决策进行细化，贯彻落实；二是对本村范围内公共事务的处理通过民主协商的方式形成村规民约，共同遵守。一方面，村规民约应承担诠释国家法律、政策的作用，承担传承优秀传统文化的作用，用适合于当地普遍文化水平的语言文字告诉村民什么可以做、应该做，什么不能做，倡导文明新风，可以在法律政策允许的范围内贬抑、惩处违法违德行为，规范村民行为。另一方面，村规民约是创新乡村治理的有效载体，要紧密结合村域实际，着力解决基层治理中的实际问题，促进农村社会和谐稳定。对不具有普遍性，带有明显村域特色，国家法律政策尚未予以规范的领域，要通过村民协商，形成村规民约，实现有效治理。

第四节　涉及乡村社会的行政执法典型案例解析

　　党的十九大第一次明确提出乡村振兴战略，奠定了乡村振兴战略实现"两个一百年"奋斗目标奠基石的关键功能地位。农民收入、农业增长、农村发展都是一个关系国计民生的根本课题，而"三农"问题是近年来全党工作的重点。党的十九大关于实施"乡村振兴"的重要决策，显示了党中央对"三农"工作的特别关注与重视。我们应该看到，在法治中国建设中，农村是一个非常脆弱的地方，也是一个亟须强化的地方，因此，我们要充分认识到这一点。如何让乡村振兴落到实处、如何让治理提高效率，是乡村振兴战略需要解决的基本问题。在落实乡村振兴和摸索治理效率如何提升的过程中，会出现一些问题。如下案例是农业农村部公布的一些行政执法典型案例，本节将对这些案例进行分析，寻找问题并从中总结落实乡村振兴以及提高治理效率的有效途径。

　　案例1：2021年初，四川省农业农村厅接到通报，称江油市某种业有限公司涉嫌销售带有检疫性有害生物的水稻种子，并立即组织开展排查。江油市农业综合行政执法人员对该公司库存的散装种子进行执法抽检，检出水稻细菌性条斑病菌，该公司涉嫌生产经营劣种子。经立案查明，当事人共生产、销售不合格种子54 642公斤，且涉案金额巨大，情节严重，涉嫌构成刑事犯罪。[1]

案例2：2021年2月，宁夏回族自治区平罗县农业综合行政执法人员在春季农资市场检查时，发现平罗县黄渠桥镇某农资店销售的三个杂交玉米品种均未通过宁夏品种审定，上述品种适宜种植区域也不包括宁夏。经立案查明，至案发时当事人已销售涉案种子涉案19袋，违法所得共计1760元。根据《种子法》，平罗县农业农村局对当事人作出没收种子，没收违法所得1760元，并处罚款6万元的行政处罚。[2]

种子对于农民的重要性不言而喻，它的质量是保证农民一年辛苦劳作有所回报的首要条件。一些不法商家生产、销售不合格种子，导致农民的收成减少，一年的辛劳可能没有盈利只有亏损，这就会有返贫的风险。可能有些农民会找一些副业糊口，但是这些副业都是不稳定的兼职，这就决定了农民对土地的依赖性强。上述行政执法典型案例均是由于不合格种子引发的。其中出现的问题可以具体分为两个方面：

第一，行政管理不到位，行政管理是保障农民权益的重要防线，上述案例中不良商家认为可以侥幸绕过相关行政管理部门的监督管理，生产、销售伪劣种子以及销售未通过当地品种审定的种子，损害农民利益，对当地农业造成较大不良影响。这反映出行政管理不到位的问题。那么应该如何提高行政管理能力，解决行政管理不到位的问题呢？首先，加强对种子行业源头供货商的管控，依托互联网平台，实现源头可追溯，严把种子源头，做到谁供货谁负责，从而解决种子行业供货源头质量参差不齐难以把控的问题。其次，将行政管理权力进一步下放，由县一级下放到乡镇，可以发挥更大的地方积极性，解决问题也更加具有针对性。我们也需要严把生产、销售的种子质量，严打生产、销售不合格种子的不良商家，从而增强农民信心，提高农民耕种

---

[1] 农新："农业农村部公布上半年农业行政执法10大典型案例"，载《中国农机监理》2021年第7期，第28页。

[2] 农新："农业农村部公布上半年农业行政执法10大典型案例"，载《中国农机监理》2021年第7期，第28页。

土地的意愿。从根本上留住农民，从而确保我国从事农业人数的稳定平衡。

第二，农民自身对种子质量的鉴别能力相对薄弱，就会造成一些不良商家利用农民的知识盲区，通过一些营销策略，向农民销售不合格种子，这就会给行政管理增加难度。这就需要相关行政管理部门派遣相关专业人员下乡普及有关种子质量的鉴别知识，以及种子行业商家的一些惯用营销手段，从而提高农民的警惕性。同时，在集中购买种子的时间段派遣相关专业人员下乡帮助农民采购种子，为农民的种子采购提供技术上的支持，帮助农民选到优质的种子。同时，也要加强种子因地制宜播种的落实，为乡村振兴战略的实施打下坚实的基础。

案例 3：2020 年 11 月，福建省莆田市农业农村局接到市公安局移交的福建省莆田市某公司涉嫌违法生产农药线索和证据材料后，立即开展核查。经实地检查并依法抽检，农业综合行政执法人员发现该公司生产的 15 批次、3.93 万瓶农药产品不符合农药产品质量标准，被认定为劣质农药，货值约 32 万元。当事人违法生产劣质农药，且货值金额较大，涉嫌构成刑事犯罪。莆田市农业农村局立即启动打击涉农犯罪联动执法工作机制，依法将该案移送当地公安机关。查获不合格农药产品 19 批次 800 余吨，涉案金额 2000 万元。[1]

案例 4：2021 年 4 月，山东省济南市农业农村局接到举报，称天桥区某化工有限公司涉嫌非法经营咸百亩农药。农业综合行政执法人员立即赴现场对该公司开展突击检查，现场查获农药 18 桶、标签 39 张，且发现该公司未取得农药经营许可证。经立案查明，当事人先后购进咸百亩农药 5 吨，货值金额 2.46 万元，已售出 4.55 吨，违法所得 2.26 万元。依据《农药管理条例》规定，济南市农业农村局对当事人作出没收违法经营的农药，没收违法所得 2.26 万元，并处罚款 24.6 万元的行政处罚。[2]

案例 5：2021 年 2 月，河南省长垣市农业农村局接到长垣市市场监督管理局情况通报，称金某涉嫌经营假劣兽药。农业综合行政执法人员根据通报

---

〔1〕 农新："农业农村部公布上半年农业行政执法 10 大典型案例"，载《中国农机监理》2021 年第 7 期，第 28 页。

〔2〕 农新："农业农村部公布上半年农业行政执法 10 大典型案例"，载《中国农机监理》2021 年第 7 期，第 29 页。

情况立即开展执法检查,现场查获假兽药 67 种、兽药标签 2971 个。经立案查明,当事人经营假兽药,涉案金额 700 余万元,涉嫌构成刑事犯罪。[1]

案例 6:2020 年 12 月,四川省成都市农业农村局对邛崃市某生物科技有限公司生产的兔用配合饲料进行监督抽检,农业综合行政执法人员发现该公司生产的兔用配合饲料中含有抗菌药乙酰甲喹,涉嫌使用农业农村部公布的饲料原料目录、饲料添加剂品种目录和药物饲料添加剂品种目录以外的物质生产饲料。经立案查明,当事人生产的 10 个品种、11 个批次共 19.63 吨兔用配合饲料中非法添加了乙酰甲喹,货值金额 4.91 万元,至案发时已销售 19 吨,违法所得 4.78 万元。依据《饲料和饲料添加剂管理条例》规定,邛崃市农业农村局对当事人作出没收违法生产的饲料及原料,并处罚款 29.35 万元的行政处罚。[2]

上述行政执法典型案例分别是由于违法生产农药、非法经营威百亩农药、销售假冒的兽药和被怀疑是使用了农业农村部发布的饲料原料、饲料添加剂和药品添加剂品种目录之外的其他原料。像农药、兽药以及饲料,这些均是农民日常生产经营过程中实际需要的生产资料,是生产经营的重要一环。这一环出现问题将会影响整个生产过程的正常运转,影响产出效率。乡村振兴战略是一个战略性的大方向大目标,但是战略的实施却是需要一步步脚踏实地、稳扎稳打,从基层、从乡村社会、从农民的实际需求出发,来发展和完善制度,从根本上实现真正的乡村振兴战略。对农药、兽药以及饲料管理上重视的加强就刻不容缓,在这个互联网发达的时代,中国作为互联网发展迅速的国家,拥有着其他国家难以比拟的迅速且信息体量庞大的互联网络,依托互联网络的强大能力,可以做到商品源头可追溯,出现问题可以快速锁定并且解决问题,这也给了一些不良商家以威慑,减少违法生产经营农药、假兽药以及不符合规定的饲料的行为。同时,也要加强农民去正规销售点购买生产资料的意识,相关部门应派遣有关专业人员下乡普及相关专业知识、法律知识,让农民了解哪些是优质的农药、兽药和饲料,同时,也要加强对售

---

[1] 农新:"农业农村部公布上半年农业行政执法 10 大典型案例",载《中国农机监理》2021 年第 7 期,第 29 页。

[2] 农新:"农业农村部公布上半年农业行政执法 10 大典型案例",载《中国农机监理》2021 年第 7 期,第 29 页。

卖商户的普法宣传力度，使售卖农药、兽药以及饲料的人知法、懂法、守法，进而从源头避免违法生产销售的情形出现。

案例7：2021年3月，湖南省长沙市农业农村局接到群众举报，称有人在湘江望城段从事非法捕捞活动。经前期摸排、蹲点掌握线索后，农业综合行政执法人员联合当地公安人员对上述非法捕捞活动实施收网，当场抓获正在进行非法捕捞的李某等3人，查获橡皮艇1艘、禁用渔网40余副、渔获物130公斤。李某等人在禁渔区使用禁用渔具非法捕捞水产品的行为涉嫌构成刑事犯罪。目前该局已打掉非法捕捞团伙2个，刑拘犯罪嫌疑人9人，缴获非法捕捞快艇2艘，渔网200余副，涉案渔获物1000余公斤，涉案金额80余万元。[1]

《孟子·梁惠王上》的《寡人之于国也》一章中，孟子曾说："时令不延，则无粮"，要按照特定的时令去砍树，这样木头就不会枯竭了。食物和鱼类都是取之不尽用之不竭的，木头也是无穷无尽的，那么人们对于日常生活就没有什么不满意。王道的开始，就是人们对于顺应自然规律可循环的生活没有什么不满。由此来看，早在春秋战国时期，古人就已经提出了可持续发展的观点。在科技发达、人民知识文化程度大幅度提升、可持续发展观念深入人心的今天，我们更应该坚持可持续发展的观念。上述案件是由于在禁渔区使用禁用渔具非法捕捞水产品引起的，体现了一小部分人利欲熏心、法律意识淡薄，同时也反映出相关部门的监管不到位。相关部门可以根据当地实际情况在乡镇开展一些普法讲座，例如居住在湖附近的住户，就着重普及非法捕捞等相关的法律知识，从而有针对性地提高公民的法律意识。同时，坚持"两点论"，不仅要抓人们的法律意识，也要抓相关部门的管理能力。相关部门应该加强监管力度，合理安排人员加强巡视、增设监控设备，以避免类似情形的发生。

案例8：2021年1月，浙江省杭州市萧山区农业农村局会同区公安分局联合开展生猪屠宰违法行为专项执法行动，农业综合行政执法人员发现楼某

---

[1] 农新："农业农村部公布上半年农业行政执法10大典型案例"，载《中国农机监理》2021年第7期，第29页。

等 5 人涉嫌未经定点从事生猪屠宰活动,现场查获生猪及产品 951 公斤、屠宰工具 31 件。经立案查明,当事人长期从事非法生猪屠宰活动,涉案金额 200 余万元,涉嫌构成刑事犯罪,萧山区农业农村局已依法将该案移送当地公安机关。[1]

案例 9:2021 年 2 月,山西省吕梁市农业农村局接到群众举报,称方山县某食品有限公司涉嫌无证屠宰动物。农业综合行政执法人员立即赴现场进行执法检查,现场查获屠宰分割牛肉 35 袋,总重量共计 1013.25 公斤。经立案查明,当事人未取得畜禽定点屠宰证书非法从事畜禽屠宰活动,货值金额 6.08 万元。依据《山西省畜禽屠宰管理条例》第 25 条之规定,吕梁市农业农村局对当事人作出没收非法屠宰的动物产品,并处罚款 19.45 万元的行政处罚。[2]

上述行政执法典型案例是由于未经定点从事猪、牛等屠宰活动和无证非法屠宰引起的。未经定点从事屠宰活动,其肉类的来源不明,品质无法保障,会增加患病肉类流入市场,一些不良商家可能会由于其成本低廉而走险违法销售不合格肉类,从而危害人们的健康。相关部门可以调动群众的积极性,让群众守卫自己的食品健康安全,对举报此类事件的群众给予一定的奖励。同时,相关部门可以派遣相关专业人员普及一些劣质肉类对身体健康的危害、辨别肉类品质的方法以及合格肉类标识的相关知识,提高人们对肉类品质的鉴别以及相关标识的辨识,加强人们去正规销售点购买动物类产品的意识。相关部门也应当提高行政执法能力,加强对流入市场肉类的监管,从而避免此类情况再次发生。

从上述九个案例中,我们可以看出这些案例普遍存在的问题有两个大方向,一个是农民群众的法律意识薄弱,另一个是相关部门的管理力度需要加强。要改变当前农村法治建设的状况,就必须加大执法力度,确保执法的严肃性和违法必究。从而维护法律的尊严,赢得人民的信赖,实现农村法治的突破。推进农村改革发展的顺利进行。一是要规范行政执法。要注重执法手

---

[1] 农新:"农业农村部公布上半年农业行政执法 10 大典型案例",载《中国农机监理》2021 年第 7 期,第 29 页。

[2] 农新:"农业农村部公布上半年农业行政执法 10 大典型案例",载《中国农机监理》2021 年第 7 期,第 29 页。

段和程序，注重执法的人性化，保障执法的文明性，不能只追求结果，不能把执法变为感情上的比拼，也不能用武力挑起新的矛盾，要一视同仁，发现违者，纠正违者，惩治违者，惩治有理，保证执法客观公正，加强执法工作的可信度。二是加强执法。在队伍建设方面，要加强执法队伍的素质，加强执法工作。三是强化对法律的监管。在村内设置违法行为举报邮箱，及时发现违法问题，对违法问题不能视而不见，要采取行动纠正，消除违法后果。加强对乡村行政执法的监管。

推进国家治理和能力现代化无疑是一个相当庞杂的过程，而乡村社会的建设与治理能力的现代化就是其中的一个重要内容。目前，乡村社会治理的"非法治化""非程式化"等惯性思维，使得乡村社会的治理结构、管理水平和能力的提高必然是一个长期而复杂的过程。在乡村社会中，农民通过法律手段解决矛盾纠纷，解决社会矛盾，促进社会经济的迅速发展。然而，我国目前还没有建立起乡村基层法治环境。相对于民众的期望，相对于实现国家治理能力的现代化，我国的法治乡村建设仍有许多不适应和不符合的地方。比如，《关于推行地方各级政府工作部门权力清单制度的指导意见》颁布后，政府部门自觉把权力放到了明处，并积极"晒"了权力清单。然而，在中共中央办公厅、国务院办公厅印发的《深化农村改革综合性实施方案》中，有关农村基层依法治理的内容却寥寥无几，更不用说农村改革的重点了。

乡村基层建设作为法治中国、和谐社会的重要内容，不应该脱离法治建设的潮流，要积极地融入国家的全面依法治国实践中去。同时，通过依法治村，可以提高广大农民的法律素质，激发农民的新动力。在新的历史条件下，全面推进农村基层法治建设，不仅有利于促进我国的社会治理，而且有利于维护农民的合法权益。通过对乡村进行法治文化教育，不仅可以真切地保护农民的合法权益，还可以让农民以主人翁的姿态投入建设美丽家园的体系中去，使我国乡村振兴战略得到进一步的发展。

法律意识不可能是自然而然形成的，而是需要被培养的。但是，它的教学方法是很有意义的。过去，我们宣传的方法很单一，很单调，主要是发宣传资料，组织法治讲座，与农村生活脱节，农民不喜欢，也很难理解。一是要把握好节日的关键节点。比如在"3·15"消费者权益日期间，通过对消费者的维权等法律知识进行宣传，把静态的法规转化为动态的案例。二是要充分发挥传统与新兴媒介的优势。比如，让民众"看法律"，播放法治影片；开展"律师说法",对身边案件进行分析,使群众"听法律";通过微博、微信等新媒体,建立"法治农村"微信公众号、法律顾问微信群等,让老百姓"懂法律"。三是要运用好的文化沟通手段。比如举办一些法律常识竞赛,组织关于普法的文艺节目,排演法律知识短片,让老百姓"知法律";组织村民参加巡回法庭的庭审,使人民"明法律"。未来,随着时代的发展,宣传手段的创新,普法工作将会更加深入。

十九届四中全会是我国农村社会治理的一个重要转折点,它既对基层社区治理结构进行了界定,又对整个社会治理体制进行了规范。2020年中央一号文件明确指出,要加强乡村社会管理。乡村是国家治理体系的"最后一公里",如何进一步发展乡村治理,同样是实现乡村法治化的重要课题。要确保乡村社会治理体系的运行有序高效,要做到以下几点:

第一,要逐步地加强农村的政治、经济、社会、文化、教育、组织和宣传工作,把党在农村的政治、经济、社会、文化、教育、组织、宣传等工作结合起来。要加快建立完善由党委领导、各有关部门共同努力的农村基层治理体系。要把发展落后、效率低下的乡镇领导班子用各种办法来解决,特别是要解决好村党支部书记的配置问题。在乡村开展"听党话、感党恩、跟党走"主题教育和实践活动。

第二,要坚持县、乡、村三级统筹,将社会管理与服务相结合,逐步向下,提供更加全面、细致、高质量的服务,以提升基层治理的效率。其一,在农村社会治理中要明确县级政府是基层社会治理的第一线指挥,其职能主要是统筹规划。在乡村治理方面,必须实行县、乡两级领导的包村机制。其二,要以"为农服务"的形式,强化"为农服务"的作用;要实现审批、服务、执法等功能的整合,构建一个服务管理平台,实现"把一网办""最多一次"服务。要加强农村基层管理,尤其是农村人居环境整治、农村宅基地管理、集体资产管理等。其三,加强基层组织的管理和服务职能;要实现村民自治制度化、规范化、程序化,就必须加强村规民约的建设。要实现"自治""法治"和"德治"的统一。

十八届三中全会以后,社会治理工作取得了丰硕的成绩,共建共享的社会治理制度日益健全,"七位一体"社会治理体制也日益健全,但从垂直治理层面看,目前,我国覆盖全国、地区、城乡的基层治理体制尚不健全,难以形成统一指挥、专常兼备、反应灵敏、上下联动的综合协调机制。要把社会治理与应急管理相结合，使治理重心下放，体现基层治理的重要性。在此基础上，构建了以乡镇社区为单位，构建了县、村之间交互联动的农村社区管理工作系统。

第一，要持续提升"第一线指挥部"即基层所发挥的指挥能力和指挥水平；县级政府机关是农村基层政权的重要组成部分，同时也是政府决策的直接执行者，具有"第一线指挥"的作用。政策乃至制度优势能否转化为治理效能，都离不开基层行政机构的执行力。在农村基层社会管理，尤其是在一些重大突发公共安全事故面前，要坚持党的根本宗旨，始终与党中央保持一致。坚决听从党中央的指挥、协调和调度，坚决执行纪律。要有针对性地根据不同的情况，采取有创意的应对措施。基层党政领导是"第一线指挥部"的指挥者，在面对突发事件，要坚持原则和灵活相统一，创造性地执行各项政策。各级党委、政府要统筹协调，既要当好指挥员，又要当好调度员，要能把各种政策、各种资源、各种关系协调起来。

第二，要提高基层政权建设的能力和水平。乡镇政府是政府机关，担负着对突发公共安全事故进行管理和服务的职能，是解决突发事件的"后勤服务单位"。要根据相关法律、法规在经济、社会方面将更大的管理权限下放到乡镇，构建起更加全面完善的行政服务系统，确保权责的统一。同时加强管理与服务意识，运用现代化、数字化、信息化手段有效推行更加精细的、更具体系化的、更有人性化的管理。要充分利用所有的资源，动员各方面的力量，建立各类平台，打通各类渠道，实现"一站式"服务和人性化服务。保证医疗设施、医疗资源和生活物资及时、充足的供应，保证人民群众在应对突发、重大公共安全事件中的民生问题。

第三，要完善"三治"与党委领导下的社区治理体系。作为居住小区，社区是处理公共安全突发事件的最前线。建立和完善乡镇应急管理体系，实行党委领导、村民自治、依法行政、注重德治。其一，要加强自我管理，加强服务，加强教育，加强监督，建立健全的管理机制。其二，提倡科学、互助、信任、关怀的德治思想；这就要求我们充分发挥道德教育的作用，将优良家风、倡导互助、信任、关怀的社会公德深植于人们心中，树立社会楷模，形成良好的乡村社会风尚。其三，要按照法律的规定进行处理。加强居民法治观念，引导人们遵守、学习、运用法律法规，合法地表达自己的诉求、解决争议、维护自己的合法权益。其四，要坚持以党建为先。要坚持农村基层党组织的领导，坚持相信群众、发动群众、依靠群众，最大限度调动群众参与基层社会治理。在此基础上，要充分调动基层社会管理的活力，使其在社区中的作用得到最大程度的发挥。强化基层组织建设，密切党组织与干部群体的关系，把个体和群体的利益、短期和长远的利益协调起来，努力建立和谐共治的和谐社会。

第五章 实施乡村振兴战略的司法保障

第一节 乡村的司法保障机构及队伍建设

乡村振兴战略作为一项国家级别的战略,其内涵涵盖了产业兴旺、生态宜居、乡风文明、治理有效、生活富裕等多个方面。为了能够统筹好乡村振兴战略的各个方面,就需要构建具有地方性特点的司法保障机制。

一、乡村振兴与司法保障

中国自古以来就是一个农耕大国,农业、农村、农民,关乎国计民生的基本,而与之相关的"三农问题"也始终都是历届中国政府的关注点。

新中国成立以来,党和国家领导人高度重视乡村建设与发展,是因为乡村是一个地域综合体:一方面,从乡村的属性特征来看,乡村包括了社会、经济、生态和文化特征;另一方面,从乡村所具备的功能来看,除去基本的生产、生活功能外,乡村还兼具着生态、文化等其他功能。同时,乡村与城镇并不是对立矛盾的,而是二者共同构成了人类生存活动的主要空间,在国家发展中各尽其能。尤其是乡村所具备的供给农业农副产品、保障粮食安全和主权、提供绿色生态屏障、传承传统文化等方面的独特功能,在经济社会全面发展中具有不可替代的重要地位[1]。因此乡村在发展过程中所产生的农村、农业、农民——"三农问题"是关系国计民生的根本性问题,也是我国发展过程中不可忽视的首要问题。在某种程度上,我国人民日益增长的美好生活需要和不平衡不充分的发展之间的矛盾在乡村最为突出,我国仍处于并

---

[1] 参见高其才:"通过司法健全乡村治理体系",载《贵州大学学报(社会科学版)》2019年第3期,第38~43页。

将长期处于社会主义初级阶段的特征很大程度上也体现在乡村[1]。因此可以毫不夸张地说，乡村兴则国家兴，乡村衰则国家衰，乡村的振兴是实现中华民族伟大复兴的关键点。因此，在党的十九大上，党中央明确提出了作为国家发展战略之一的乡村振兴战略，此时，我国乡村的发展进入了新的历史阶段。

乡村振兴战略的内涵十分广泛和丰富，包含了乡村建设的各个方面，除了传统观念认为的振兴乡村经济，发展乡村基础设施，升级乡村产业链，保护乡村生态环境，传承乡村人文历史文化外，新时代的乡村振兴还含有对乡村司法保障能力体系的健全。在改革开放后，我国经济快速发展，综合国力得到了提高，在此过程中，我国的司法保障水平也在不断提高，法治建设有目共睹。但在取得辉煌成绩的同时，不可否认和忽视的是，我国司法保障水平也呈现出两极分化的趋势，经济发达地区的司法保障水平普遍要高于发展欠缺的地区，城镇水平相比于乡村的治理能力要高。因此，我国分布广泛，经济不佳的乡村就成了我国建设完善司法保障体系的薄弱环节。从而此次乡村振兴战略的实施，就包含了加强乡村司法保障体系建设，提高乡村法治水平，保证广大农民安居乐业的新内涵。

实施乡村振兴战略、提高乡村法治水平离不开乡村司法保障体系的建设。司法保障最重要的过程就是通过人民法院进行审判这一法定职能来解决社会治理中存在的矛盾纠纷，保障权利人的正当合法权利，对过错方作出相应的惩处，进而调节相应的社会关系，维持乡村地区的正常秩序。进一步健全现代乡村社会治理体制，健全自治、法治、德治相结合的乡村治理体制，确保乡村社会充满活力、和谐有序。[2]

因此，健全司法保障在乡村振兴中对推进建立健全现代乡村社会治理体制、提高乡村法治水平、助力建设和谐乡村的积极作用。健全广大乡村地区司法保障机制，则是保障乡村振兴战略顺利实施的重要手段。

二、乡村地区司法保障的机制构建

（一）明确司法保障基本路径

想要真正较好地实施乡村振兴战略，首先要从政策的构思出发，并配之

---

[1] 参见中共中央、国务院《关于实施乡村振兴战略的意见》。
[2] 中共中央、国务院《乡村振兴战略规划（2018—2022年）》。

以符合国情和客观条件的相关制度。其中,司法保障制度的构建十分重要。

在乡村振兴战略背景下,司法保障机制的具体构建,需要考察司法保障机制作为一个整体在乡村振兴中的具体作用。针对这种乡村司法保障的具体机制,需要探究其内部要素和架构、运行机制,以及与外部乡村社会资源的融合性,在此基础上提出适合民族地区乡村振兴战略的司法保障机制完善方案〔1〕。

在当前,要实现乡村振兴战略的目的,对乡村司法保障机制的构建主要考虑以下两点:首先,从内容上来看,构建新时代乡村司法保障制度主要包括保障乡村地区的人权和维护权利人的正当权利,维护乡村地区的和谐秩序、保护乡村地区的绿色生态与维护环境公共利益和传递正确价值导向四个方面;其次,从乡村地区司法保障的实际运行途径来看,要摒弃过去依靠本乡土司法资源来处理司法纠纷的状况,实现通过国家法律和司法制度来实现维权的过程。因此,在构建乡村司法保障体系过程中,要不断探究国家法律不能充分适应乡村土壤的原因,找到国家司法保障体制在下乡过程中水土不服的部分,对症下药,并结合不同乡村地区的实际情况,实现司法保障机制的乡村化,让国家的法治建设深深扎入乡村,进而构建出符合新时代条件下的具有中国特色社会主义的乡村司法保障体制。

(二) 建立司法资源供给机制

在明确了乡村司法保障制度构建的基本路径后,还需要明白任何制度都不是空谈就能够实现的,都需要一定的物质前提。对于乡村司法保障制度构建的重要前提就是在乡村地区已经具有了一定规模的司法资源,其中既包括具有法律素养的司法人才,也包括一定数量的司法物质基础,如一定的办公条件。在我国经济发展过程中,因为发展不均衡和发展不全面,尤其是中国内陆省份的广大乡村地区,上述司法资源相对于经济发达地区,特别是东部沿海地区的乡村来说,显得匮乏。故要实现乡村振兴战略背景下的乡村司法保障机制构建,就要先建立乡村地区的司法资源供给机制。

司法资源供给机制的建设具体可分为以下几个方面:首先,加强农村基层司法设施基础建设,完善人民法庭和巡回法庭制度。充分发挥巡回法庭、人

---

〔1〕 余贵忠、杨继文:"民族地区乡村振兴的司法保障机制构建",载《贵州社会科学》2019年第6期,第89~93页。

民法庭的"司法为民"优势,贴近广大民族群众,依靠广大人民群众,解决农村人民群众实际生产生活中的法律问题。其次,在中国网络基建条件日趋完善的大背景下,充分利用互联网、大数据、人工智能等先进科学技术,推进农村地区乡村智慧法院、智慧检务和智能司法建设[1]。例如,建立健全乡村中的"网络司法社区",完善人民群众纠纷案件的处理机制,充分发挥互联网的立案、证据收转、在线庭审等便捷功能,实现看得见、家门口的公正司法。接着,通过司法资源的大力投入和扩大法治宣传教育范围,切实做到对乡村法治宣传的目的。例如,加大人民法院、巡回法庭、"马背"法庭等的法治宣传教育力度,促使人民群众能够正确界分社会道德和法律制度,认清法律管辖的范围,从而提高农村地区农村群众的法治意识和守法观念[2]。

(三)促进乡村绿色司法保障机制构建

习近平总书记反复强调:"绿水青山就是金山银山。"振兴乡村的一个主要内容就是要保护乡村的绿色生态环境。我国陆地领土面积大,地形地貌丰富,甚至在同一省份内,环境也存在着极大的差异,这是我国的基本国情。我国部分省份乡村绿化率高,生态环境好,例如,江浙地区的乡村;然而,与之形成鲜明对比的是我国有些省份的乡村地区,例如,甘肃部分地区的生态环境十分脆弱,绿化程度远不及东部沿海地区,这就需要在改善环境的同时给予特别保护,如将某些地区通过法律的程序列为禁入区或对破坏环境的主体承担一定的法律责任等。而以上措施的实施,都离不开乡村司法保障机制。乡村振兴战略背景下的司法保障机制应当正确处理好经济发展与生态保护的关系。首先,要完善乡村地区的生态保护公益诉讼机制。乡村本身具有提供绿色生态保障的作用,保护乡村地区生态的价值不言而喻。对于破坏生态环境的行为要坚决制止,严重的要通过司法途径进行解决。在我国,与生态环境有关的司法解决途径主要是通过公益诉讼的方式实现的。因此,完善乡村地区的生态保护公益诉讼机制,坚决通过诉讼制度严惩有关责任人员。其次,要合理对待民事环境资源纠纷。要在客观国情的基础之上,积极探索建立关于责任人的惩罚性赔偿制度。再次,要建立健全环境公益诉讼中环保部

---

[1] 杨继文:"从实验法学到智能法学",载《检察日报》2018年12月18日。
[2] 余贵忠、杨继文:"民族地区乡村振兴的司法保障机制构建",载《贵州社会科学》2019年第6期,第89~93页。

门、社会组织与检察院之间的程序衔接机制。最后,完善乡村生态环境保护的刑事治理体制,创新公安、检察和环境资源保护相关部门的执法协调联动机制,充分保障农民个人和集体经济组织的合法权益[1]。

(四) 完善法治与自治的融合机制

法律并非万能,亦非最好的解决途径,也并非所有的问题矛盾纠纷都可以通过法律解决。在乡村振兴的过程中,体现得尤为明显。乡村在中国的土壤上扎根发展了数千年,在地区内部人际关系复杂,社会组成复杂,其内部往往有一套属于自己的问题解决逻辑体系,因此在有些时候,通过法律来解决纠纷反而会事倍功半。此时,就需要充分发挥乡村的自治机制,让乡村的自治和法治有机融合起来,构建法治与自治的融合机制。例如,在农村地区,具体纠纷案件的解决过程中,需要明确乡规民约在司法过程中的效力[2]。

与成文法律相比,乡村自治的性质可以被看作是习惯法,所谓的完善法治与自治的融合,就是要做好习惯法与成文法的有效衔接。所谓习惯法是基于当地长期生活所形成的不成文的约定,其适用一般不存在其他的先决条件[3],与之形成对比的是成文法的适用,即在司法程序中,法官适用具体的法律条文是存在一些先决条件的。因此,要做到乡村法治与自治的融合,就需要做到以下两点:一方面,需要明确乡村习惯的适用范围和条件,要取其精华,去其糟粕,将乡村习惯中好的内容保留下来,将其中不适合时代发展的内容去除,在乡村自治与法治融合方面形成公正而平等的新气象;另一方面,通过《民法典》等法律的准确理解和司法程序正当适用,理顺村民自治与国家法治的关系,从乡规自治习惯中汲取营养,完善德治和法治的具体实施机制,实现法治秩序和司法保障之下的乡村振兴[4]。

(五) 健全纠纷解决的整体协作机制

健全农村纠纷的事前、事中、事后化解的整体协作机制。其一,司法部

---

[1] 余贵忠、杨继文:"民族地区乡村振兴的司法保障机制构建",载《贵州社会科学》2019年第6期,第89~93页。

[2] 杨继文、姜利标:"藏区治理的非司法叙事:刑事纠纷与宗教习俗",载《中南民族大学学报(人文社会科学版)》2016年第2期,第85页。

[3] [奥]尤根·埃利希:《法律社会学基本原理》,叶名怡、袁震译,中国社会科学出版社2009年版,第338页。

[4] 余贵忠、杨继文:"民族地区乡村振兴的司法保障机制构建",载《贵州社会科学》2019年第6期,第89~93页。

门要加强与农业行政管理部门、农村妇联、基层群众自治组织的沟通衔接，从行政职能和社会管理上形成纠纷解决的事前预防机制。其二，创新发展"枫桥经验"的地区模式。在人民群众发生纠纷之后，乡村调解仲裁、行政复议、诉讼程序需要进行协调和衔接，必要时建立和完善"一站式服务"平台、"诉调对接平台"，充分发挥调解室职能，依靠和发动人民群众，创新群众工作方法，坚持"矛盾不上交，就地解决"。其三，对生态环境保护、涉土经营纠纷等多发案件类型，需要完善和提高行政执法与司法程序的协同治理机制和能力，加强乡村调解和司法诉讼机制的结合。其四，在乡村法律公共服务体系的构建过程中，重点突出特色农业、生态环境保护、民族文化传承等方面的制度构建，形成乡村矛盾纠纷的多元化治理合力，切实保障民族地区基层"治理有效"。

（六）完善司法救助体系

构建司法保障制度，就不得不提到司法救助体系。想要建立有效的司法保障机制，就要让该机制充分发挥其作用，不能将其束之高阁。换句话说，要让权利人通过司法程序来维护自己的正当权利，才能彰显司法保障制度的价值，才能实现乡村振兴战略中法治乡村的建设。但在实践过程中，并非所有人都会通过司法程序来维护自己的权利，其中，一部分主体因为难以支付昂贵的司法费用放弃了司法维权，因此，为了让权利受损的主体参与到司法程序中去，司法救助就必不可少，故要完善司法救助体系。具体来说，就是在司法程序中，加大对经济困难的当事主体提供缓、减、免交诉讼费和其他司法支出的帮助。一方面，明确司法救助的范围；另一方面，司法机关应当依法主动介入，对经济困难的当事人及时采取缓、减、免交诉讼费措施，保障当事人的基本生活权利[1]。此外，在一些特殊案件，例如在涉及人身损害赔偿金或者是一些刑事案件中，可以适当提高司法救助的比例。在司法执行方面，通过合理调研和广泛听取当地群众意见，完善和细化执行司法救助制度，通过救助程序、救助标准和救助对象的公开化与民主化，构建具有特色的司法保障救助基金制度，将救助款项精准发放到符合救助条件的群众手中。

---

[1] 余贵忠、杨继文："民族地区乡村振兴的司法保障机制构建"，载《贵州社会科学》2019年第6期，第89~93页。

三、司法保障队伍建设

在制定好相关政策和制度后,关键在于实施,政策和制度的实施又依赖于相关的执行者,也就是司法保障的队伍。司法程序的实施、司法功用的发挥以及司法对于社会所产生的影响都与司法队伍息息相关,具有专业素质和较高水准司法素养的司法队伍能够发挥积极的作用,反之,则会产生消极的作用甚至阻碍司法保障的建设。因此,构建乡村振兴战略背景下的乡村司法保障制度,关键在于加强司法保障队伍的建设。

(一)乡村司法保障队伍建设中的不足

当前,因为历史发展和地理条件等因素的影响和制约,我国乡村司法队伍建设存在一些问题,其中,主要的问题包括对司法问题认识不够深刻,队伍专业素养不高和司法主体对现有法律的解释适用力不够,这些问题都对我国乡村司法保障制度的构建产生了消极的影响。

第一,司法问题认识不够深刻。司法队伍对于司法问题认识不够深刻可以从主观和客观两个方面来分析。在主观方面,我国司法队伍对于乡村中相关的矛盾纠纷关注不够,对相应纠纷的性质和原因认识不够深刻。在客观方面,我国司法队伍对于司法问题的解决积极性不高,对农村司法问题的介入程度不足,并没有按照法律的相关规定发挥其应有的职能。

第二,乡村司法队伍专业素养有待提高。我国的乡村因为历史悠久,数量巨大,环境特殊,加之以有复杂的人脉关系,进而使得我国的乡村司法问题具有因素复杂、专业性强等特点。从客观情况出发,这就使得在乡村工作的司法人员应当具有更加专业的素质和更加全面综合的能力。与城市司法队伍比农村司法队伍存在着明显的差异,在学习交流等方面存在着天然的不足,就使得乡村司法队伍的整体专业水平要偏低于城市。当前我国乡村司法队伍中,高层次专业性人才较少,与乡村司法队伍的专业性需求不相匹配。由于专业知识及诉讼经验缺乏,司法人员在事实认定、法律适用上意见不一,导致判决结果差异性大,稳定性、可预测性弱,这不利于有效解决乡村纠纷和维护司法秩序[1]。

---

[1] 王树义、李景豹:"论我国农村环境治理中的司法保障",载《宁夏社会科学》2020年第3期,第62~72页。

第三，乡村司法主体对现有法律的解释适用力相对不足。在乡村司法实践中，往往会出现在城镇司法中不曾出现的实际司法问题。比较典型的如与乡村密切相关的生态环境诉讼问题。现行的与环境资源相关的法律法规难以满足日益突出的生态环境问题需求，修改法律又并非一劳永逸的方法，因此在实践中只能通过对现有法律进行解释后适用。但如上文所述，乡村地区因为受制于农村司法机关的人员结构和知识层次等因素，在实践过程中，绝大多数乡村司法人员对法律的解释水平难以满足实际的需求。

（二）完善乡村司法保障队伍建设

第一，完善乡村司法队伍选拔考核机制。因为乡村司法案件具有综合性、复杂性的特征，因此对于乡村司法队伍的建设就需要具有较高知识水平的人才。对此，首先，要通过学历的筛选来选取具有较高水准的人才。这可以通过公务员考试或者人才引进等方式来实现。其次，单纯的学历高还不足以应对日益复杂的乡村司法问题，因此，在招考中还需要专门设置和实际乡村司法问题相关的法律专业人才的岗位（如环境法律学科），让专业的人做专业的事，解决专业的问题。同时，对于专家型高层次人才，可采取弹性聘请、交叉挂职等灵活方式，让其在乡村发挥其所具有的专业知识。最后，要完善基层司法配套措施，弥补与城市引进人才方面的竞争劣势。要特别注意加强薪资待遇方面的力度，让更多具有专业素养的人才乐于到乡村工作。

第二，加强乡村司法队伍的技能培养。如前文所述，乡村的司法队伍建设与城镇司法队伍的区别之一就是乡村的司法问题相对于城镇来说，更具有专业性和复杂性。对此，需要加强乡村司法队伍的技能培养。首先，要加强乡村司法习惯在乡村司法队伍中的融通与贯彻，注重乡村司法习惯共性问题的研究和乡村司法习惯特性问题的总结，同时，要学习在成文法法律框架制度下，将其灵活运用到乡村司法裁判的能力，确保裁判标准和裁判结果的统一化。其次，要加强对乡村司法新政策或新制度的理解和把握，在准确把握政策精神内涵的前提下，将其运用到具体的司法保障过程中去。最后，要培养复合型乡村司法人才。因为乡村司法的复杂性和特殊性，单一的法律知识不足以解决现有的和将来可能出现的不同法律问题，因此要加强复合型法律人才的建设，如对于涉及生态环境的公益诉讼可以培养法律与环境科学相结合的人才。

第三，发挥乡村司法队伍与"准司法"队伍合力。结合乡村司法的特征，可以在法律允许的框架内,适当简化司法程序,让乡村中的村民可以通过简易的方式参与到司法程序中去,既解决了司法问题,也拉近了乡村司法与村民之间的距离,真正让乡村司法走进乡村。同时,司法的目的是解决问题,处理纠纷,因此除了司法程序外,还可以发挥乡镇司法行政机构、村民(调解)委员会、乡镇政府、农村干部、村务管理者、乡绅村贤等在农村司法中的积极作用,将司法诉讼、司法调解与乡村基层群众自治有机结合,实现对权益受损农民的法律救济[1]。进而确切保障村民的合法权益。

第二节 乡村社会司法救济途径及乡民的维权意识

在实施乡村振兴战略过程中,健全的司法保障体系是确保乡村振兴战略能够顺利实施的坚实保障。

在我国经济日益发展,综合国力不断提升,城镇化水平越来越高的同时,党中央高度重视对乡村的建设,通过政策、财政、人才引进等多重手段进行乡村建设。与乡村发展相伴随发展的,是我国乡村司法救济的途径和乡民维权意识。对此,本节将重点介绍乡村司法保障机制中的乡村社会司法救济途径及乡民维权意识。

一、乡村社会司法救济途径

司法因其本身所具有的中立性、权威性、强制性、终极性等特质,是一个国家一个社会解决矛盾纠纷最重要的途径,这点无论是城市抑或是乡村都是适用的。在现在实行乡村振兴战略的大背景下,通过司法途径来保障乡村居民的合法权益显得更加重要,这也是振兴乡村的重要举措。不同于城市,乡村因为经济发展相对薄弱,法律意识相对欠缺等原因,使得乡村在司法解决途径上具有一定的特殊性。

首先,乡村司法的特殊性体现在法律客体方面。在乡村中,因为人际关系复杂和长期以来本地所形成的习俗,在乡村实践过程中,除了法律关系外,还涉及大量的习惯法、村规民约和熟人社会等,这些在乡村司法救济时都不

---

[1] 王树义、李景豹:"论我国农村环境治理中的司法保障",载《宁夏社会科学》2020年第3期,第62~72页。

能忽视；其次在客观方面，因为乡村本身经济并不发达，导致了乡村司法配置远不如城市，这也使得具有专业知识或较高法律素养的司法人才不愿在乡村工作，并最终使乡村司法救济效果不佳，和城镇司法拉开了差距。再次，在司法功能方面，乡村司法与城镇司法也存在着一定的差距。乡村司法除了城镇司法所具备的定分止争和传播法治观念外，还具有修复关系的作用。最后，更明显的是，国家会针对乡村发布不同的政策或者相应的法律法规，这些政策法规等都对乡村司法的实施产生了或多或少的影响。由此可见，乡村因为其本身具有的特性，使得乡村司法也具有区别于城镇司法的复杂性。因此，乡村司法不能照搬城镇司法的模式，其相关救济途径更应考虑其本身的特殊性。

具体来说，与城镇司法相比，我国的乡村司法提供了以下司法救济方式和途径：

（1）审判机关、检察机关、公安机关司法诉讼解决途径。通过诉讼途径来解决纠纷，是最传统、最直接、也是强制力最好的司法解决途径。无论是城镇还是乡村，无论是经济发达地区还是发展较弱的区域，司法机关都有国家强制力做担保，因此如果其他解决途径不能很好地解决矛盾纠纷时，通过最传统的公检法诉讼途径便是有效途径。

（2）基层司法行政机构、村民（调解）委员会、乡镇政府、农村干部、村务管理者、宗族势力、乡绅村贤等进行调解。如前文所言，乡村是自然、社会、经济和文化特征的地域综合体，充满着强烈的文化传统，是中国人情社会的缩影，其所出现的纠纷往往涉及多方利益，因此单纯地使用诉讼途径去解决问题可能会事倍功半。此时，借助于了解本地风情的外部主体介入纠纷主体之间进行调解通常会取得更好的结果，尤其是本地的宗族势力和乡绅村贤。这些主体在促进农村司法程序推进和解决农村矛盾纠纷中均发挥着重要作用。

（3）自行和解。当事人协商符合意思自治的原则，是最省力、最经济的解决方式，可以将纠纷化解在萌芽阶段，根据《民事诉讼法》相关司法解释的规定，诉讼和解不仅可以发生在一审程序中，也可以发生在二审程序、再审程序和执行程序中，除了法定不能和解的，和解适用于大部分民事诉讼案件，是目前乡村解决纠纷的最常见和常用的途径。

二、乡民的维权意识

脱贫攻坚战的全面胜利,对于乡村振兴战略的实施意义非凡,也意味着我国乡村进入了新的发展阶段。为了顺利衔接脱贫攻坚和乡村振兴,我国颁布了一系列有关乡村治理的政策和法律法规,其中就不乏和乡村司法有关的规定。虽然我国不遗余力地颁布了大量的法规政策来推动乡村司法机制的建设,但不可否认的是,不论是何种法律体系,不论如何构建法律制度,习惯和习惯法都是人类社会最优先使用的解决矛盾纠纷的方式。

通过习惯或习惯法来处理纠纷,在我国某些地区特别是乡村仍然发挥着不可替代的作用,甚至是诉讼方式所无法比拟的。究其原因,是因为我国传统的小农经济模式导致了乡村相对的封闭性。加之在我国法治社会建设中对乡村的普法力度的不足和"家丑不可外扬"的传统思想,让村民不到万不得已是不会轻易选择诉讼的司法途径来维护自己的合法权益的。总的来说,我国广大乡村地区,其法治维权意识还存在明显的不足,具体而言,可以从以下角度来分析。

(一) 法治思维的不足

中国作为一个长期的中央集权国家,传统的文化在乡村地区影响很大,加之以普法工作在乡村开展程度不足,导致了村民的法律意识薄弱,在权利受到损害后,村民往往不懂得运用合法的手段来维护自己的权益,反而因为传统的思维理念和一些约定俗成的习惯来处理自己所遇到的纠纷。在乡村振兴的大背景下,尽管乡村法治建设在如火如荼地进行,但村民通过法律手段来解决问题的观念却仍未建立,村民法治思维欠缺。具体而言,可以从以下角度进行详述:

第一,**个别村干部本身存在官本位的思想**。村干部是管理乡村的关键人物,具有一定的权威性,通常也是乡村权力的掌握者,在其职权范围内,对乡村的事务管理和财产财务具有支配权。除了乡村居民的个人素质,具体的某个乡村最后能建设成什么样子,和该村的村干部密不可分。然而,在实践中,我国的乡村,尤其是经济发展偏弱的乡村或者位于边远地区的乡村,这些村中的村干部本身的法治素质相对不高。尽管经过一段时间的法治建设和普法活动,村干部的法治思维有所提高,有了一定的法律素养,但当遇到相关的矛盾纠纷时,这些村干部仍优先考虑用权力方式去解决问题。

第二,村民本身法律思维建设有待加强。如上文所述,受到小农经济和传统思维的影响,乡村村民特别喜欢通过找关系来解决矛盾纠纷。比较著名的例子如电影《秋菊打官司》,该电影就十分明显地表现出当出现纠纷,当合法权益受损时,法治与人治之间产生矛盾。人情是乡村社会得以正常运转和维系的枢纽。在一个乡村里人们多多少少地都存在某些亲戚关系。在人情社会里,人们办事"讲情面"而不是"讲规矩"[1]。苏力教授在其《法治及其本土资源》中谈道:"由于种种因素,中国农村社会在一定程度上、在一定领域内是超越正式法律控制的,因为政府还不能提供足够的或对路的'法律'服务来保持这些社区的秩序。"[2]乡村的受教育程度普遍不如城镇,其法律思维更是处于萌发阶段。在当前,因为受过教育的青年劳动力往往选择外出务工,留守的村民大多是老弱病残,这些村民的受教育水平更是远不如城镇,因此其法律思维更是不能满足乡村振兴的客观需求。

(二)法治教育有待加强

法治作为我国的基本治国方略,与乡村振兴战略密不可分,建设法治乡村,提高乡村法治管理水平,维护乡村居民合法权益,保证乡村公平正义是乡村振兴战略的重要内容。但无论是何种战略,其具体实施都离不开人,然而我国广大的乡村地区,尤其是经济落后的偏远乡村,因为当地村民的法治意识不够,导致战略实施起来困难重重。而导致结果发生的重要的原因之一是我国乡村法治教育的不足甚至是缺失。

第一,对象的缺失。村民毫无疑问是乡村的主力。随着我国生产力的不断提高,尤其是我国农业机械化水平的提高,在土地上已经不需要像过往一样存留大量的劳动力,因而青年一代往往会选择外出务工,留守在村里的通常是老人和孩子。这就导致了作为乡村主要劳动力的青年在乡村的时间不多,导致了其受乡村法治教育的机会少,让乡村法治教育的对象缺失,同时,老人和孩子对于法治的兴趣不高,加之本身教育水平受限,更加使得乡村法治教育效果不佳。与此同时,受乡村发展水平的限制,人们通常对经济建设的兴趣要高于法治建设,甚至有些人对于法治建设采取漠不关心的态度,这也

---

[1] 李艳、申才勇:"乡村振兴战略与法治服务保障——乡村治理法治问题研究",载《第十四届中部崛起法治论坛论文集》(上),第101~115页。

[2] 苏力:《法治及其本土资源》,中国政法大学出版社1996年版,第30~31页。

导致了法治教育效果欠佳。

第二，教育形式单一。建设乡村法治，离不开法治教育，不同于在学校接受教育，我国乡村法治教育普遍采用拉横幅、印制宣传手册的方法，开展活动时在农村道路或农民家中随便发几张，既不进行讲解，也不进行实际分析[1]。除了法治教育手段不能满足我国乡村法治建设的要求外，在具体的宣传教育过程中也存在"重形式而轻内容"的现象。这就使得普法工作做得不够全面，不够深刻。

第三，教育内容存在不足。我国乡村在法治教育的教育内容偏向于政治上的权利义务，以宪法教育最为典型。宪法作为国家的根本大法，虽然其在我国法律体系中处于绝对的地位，其重要性也不是其他法律可以比拟的，但是在实践中，宪法本身与村民的切实利益联系并不是很紧密，甚至宪法中的许多内容不能直接拿来参与诉讼程序，因此这样的法治教育内容对于村民缺少吸引力。尽管随着《民法典》的颁布和实施，普法内容向民法进行了侧重，但还不够深入和全面，不能真正满足村民的客观需求，使得村民学习的主观能动性不足，而这样的法治教育内容并不能真正让村民的法治思维建立，也不能满足我国乡村振兴的内在要求。

第四，法治教育的响应不高。因为乡村发展的原因，村民对于经济发展的兴趣要远高于法治教育，在这样的客观环境中，要想让村民积极响应法治教育，首先，要发挥村干部的作用，让村干部带动村民学习法律知识。其次，乡村法治教育缺少足够的资金支持。法治教育资金的不足导致其本身流于形式，必然会使法治教育的实效缩水。

第五，法治教育队伍的建设专业性不强。在乡村进行法治教育工作的往往是当地的政法和司法的从业人员，这些人并非专门从事教育工作的，他们本身的普法能力显得不足。同时，这些人本身又有着自己的本职工作，对于法治教育没有充足的时间，其精力也有限，这就导致了法治教育队伍所进行的法治教育效果不佳。

---

[1] 李艳、申才勇："乡村振兴战略与法治服务保障——乡村治理法治问题研究"，载《第十四届中部崛起法治论坛论文集》（上），第101~115页。

三、乡村治理法治问题的建议

（一）坚持党对乡村司法保障工作的领导

党的领导是中国特色社会主义最本质的特征，坚持党对乡村振兴工作开展的领导，是保障乡村振兴战略实施取得良好效果的本质需求。因此，要做好乡村司法保障体制的建设，离不开党的领导。

在乡村振兴战略实施过程中，想要坚持党对乡村司法保障工作的领导，做好党对乡村司法保障体系建设工作，一方面，要做好村支书的法治教育工作，提高其法律素养。因为村支书是党与村民联系的直接负责人，其本身的言行举止在很大程度上代表着党的形象，同时，村支书作为村支部的核心领导人，其法律素养也会影响整个支部的法律意识，进而对乡村的法律分为产生重要的影响。另一方面，要提高乡村党员干部们的法律意识和素养，增强为人民服务的能力。要充分发挥党员的模范带头作用，在开展具体工作时，要结合客观情况，与时俱进，切不可死守刻板工作方式，要充分运用钉钉、微信等新媒介开展党员干部的教育工作，实时掌握和了解新的司法政策内容。而且，需要进一步增强农村党员干部的法律素养、树立法律权威，强化法律信仰，培养依法治村能力[1]。

（二）培养法治思维

如果乡村村民具有法治思维，遇事首先考虑通过法律途径来维护自己的权利，那么就会变被动的"送法下乡"为村民自发主动的"迎法下乡"，真正建立符合乡村情况的乡村司法保障体系。

第一，培养规则意识。相比于城镇，乡村中往往存在着较为严重的传统思维观念。权力至上的意识仍旧在于部分村干部的挂念中，面对矛盾纠纷时，这些干部缺乏规则意识。因此，需要培养乡村中村干部的规则意识，加强村干部的法治思维。作为乡村权力的具体实施者，村干部的言谈举止往往对村民具有引导作用，甚至好的行为可以被立为榜样加以宣传。村干部自发主动地培养规则意识和法治思维，并将其融入应用到平时的问题解决中去，会对全村村民的法治思维建设产生积极的影响，村民就会主动效仿。这样做，不但

---

[1] 李艳、申才勇："乡村振兴战略与法治服务保障——乡村治理法治问题研究"，载《第十四届中部崛起法治论坛论文集》（上），第101~115页。

可以节省培养村民法治思维的成本，而且其效果也更加鲜明，持续时间也更为持久，很利于乡村振兴战略下的乡村司法保障体系建设。

第二，培养权利义务意识。法律的内容就是权利和义务，想要推动乡村司法保障体系的建设，就要让乡村村民了解法律、熟悉法律、应用法律。要做到这些，就需要让村民了解法律的内容，就要让村民树立权利义务意识，要让村民建立真正的法律思维意识。

第三，培养程序意识。实体正义和程序正义孰轻孰重，是法治思维里最常见的问题。因为历史原因，使得部分村干部和部分村民在处理问题时更看重结果的好坏，甚至是处理问题的方便程度也会较于过程而被优先考虑。这就导致了在客观上存在乡村人员不愿按照法律程序去解决问题，程序意识不强的现象。所以，为了推动乡村振兴战略，培养乡村人员的程序意识就显得尤为重要。要培养程序意识，一方面要指导村干部依照法律程序办事，加强对村干部程序意识的培训教育，明白做事的法律程序。另一方面，还要加强村民的程序意识，要让其按照法定的程序来解决矛盾纠纷，摒弃以结果为重的传统思维。另外，也要加强社会对于村干部的监督，监督其办事的过程及其结果，敦促其按程序办事，加强程序意识。

第四，坚持法律面前人人平等。司法保障的主要内容之一就是要让村民通过法律来维护自己的合法权利，让村民感受到司法对于自身利益的保障。要做到这些，就要切实保证做到法律面前人人平等，做到法律面前没有特权。只有做到法律面前人人平等，才能让村民主动运用法律解决纠纷，才能建立起符合我国特色的乡村司法保障体系，才能推动乡村振兴战略的实施。

（三）加大普法力度，提高农民法治素养

法国思想家卢梭曾言："一切法律中最重要的法律既不是刻在大理石上，也不是刻在铜表上，而是铭刻在公民的内心里。"因此，想要法律发挥其本身应有的作用，不是单单地将法律法规颁布出来就万事大吉了，而是要让法律在人民内心有一席之地，要让人民发自内心地拥护法律，让人民发自内心地主动执行法律法规，而这些并不是村民自然就能拥有的，需要加强乡村的普法工作。

第一，明确普法的对象。在传统乡村普法过程中，通常以村民作为普法对象。在乡村振兴战略的大背景下，应当首先将村干部列为普法的重点对象。如前文所述，村干部是乡村的领导，是乡村权力的具体实施者，村干部的言行举止对村民起着十分重要的影响作用，加强对村干部的普法和法治教育工作，转变其以往固有的官本位思想，让其用法律思维去解决矛盾纠纷，在潜移默化中对乡村村民起到引领作用，这样的普法方式会取得事半功倍的效果。在村干部普法工作取得一定成绩后，再将普法的重点人群转换为村民，让村民真正具有法治思维，让其主动积极地拥护法律，切实让司法保障工作在乡村落实下来。

第二，加强普法的实用性。普法工作的目的是让村民逐渐培养法律思维，培养通过法律方法去解决问题的意识。因此，在开展普法工作时，要重视普法内容的实用性。这就要求普法人员进行实地调研，充分了解村民对于法律的需求，进而在后续的普法工作中做到有针对性，切实做到将村民的法律需求置于普法工作的第一位，切实考虑到村民的现实需求和相关利益，增强普法教育的实用性。

第三，创新普法形式。法律本身是枯燥的，尤其是面对冗杂的法律条文时，本身受教育程度不高的村民更是难以应付，无法对普法内容产生共鸣，对学习法律知识没有积极性。因此，想要做好普法工作，切实推动乡村振兴战略的乡村司法保障工作，就必须创新农村普法工作方式，更好地增强普法效果。一是乐教乐学，建立法治文艺演出团体，通过农民身边的典型案例，潜移默化地让农民群众接受法治教育。二是建立一支法治宣传骨干队伍。制定方案，同时选择有一定法律基础的村民作为法治宣传员，定期组织他们参加法治培训活动，运用积分制等形式进行奖励，提高学习积极性[1]。

第四，建立一支业务能力性强的专业普法队伍。普法工作归根到底还是普法队伍中的专业人员来进行，普法效果的好坏，与普法队伍中的人员法律素养有直接的关系，只有普法队伍素质过高过硬，才能保证普法内容的准确性，让最正确的法律内容进入乡村。所以，普法队伍的核心成员应该精通法律，具有较高的专业素养。同时，普法工作是重要且严肃的工作，不能只是完成任务，只注重形式而忽略实际内容，因此普法队伍的专业人员除了专业的知识外，还要做到认真负责。总之，想让乡村普法工作取得成绩和效果，要建立一支接地气、人数多、素质硬的普法队伍。

---

[1] 李艳、申才勇："乡村振兴战略与法治服务保障——乡村治理法治问题研究"，载《第十四届中部崛起法治论坛论文集》（上），第101~115页。

第三节　涉及乡村社会的司法案例分析

实施乡村振兴战略，健全的司法体系是保障，而正确地理解、适用法律则是通过司法来实现乡村振兴的基石，本节将选取部分典型案例，来帮助读者更好地理解通过司法途径来解决乡村纠纷。

一、夏侯某友等40人申请严某勇农业承包合同纠纷执行案

（一）基本案情

2017年至2018年间，被执行人严某勇等三人合伙承包村民夏侯某友等40名申请执行人的耕田，双方约定租期为2年，年租金每亩500元，按年支付。后严某勇等三人仅支付了2017年的租金，约定在2019年4月底付清2018年度租金。约定支付期限届满后，严某勇等三人仍未支付。经催讨无果，夏侯某友等40人于2020年4月29日向分宜县人民法院起诉，双方达成了调解协议。但调解协议约定的支付期限届满后，严某勇等三人仍未支付，夏侯某友等40名申请执行人向分宜县人民法院申请强制执行。

（二）执行结果

案件进入执行程序后，承办法官通过财产调查，未发现被执行人有可供执行财产，且无法通过电话联系上被执行人。鉴于本案涉及农民权益保障问题，且申请人人数众多，为了尽快帮助申请人实现合法权益，维护社会稳定，法院将本案纳入凌晨专项行动案件。承办法官在专项行动过程中成功找到还在家中睡觉的被执行人后，向被执行人告知了履行生效调解书的义务及逃避执行可能面临的罚款、拘留等强制措施。被执行人当场将拖欠的40名申请执行人的土地租金及逾期付款利息转账至法院标的款账户。

（三）典型意义

土地是农业、农村发展最基本的生产资料，也是农民最基本的生活保障。国家为了实现乡村振兴、村民致富，深入推进农业供给侧结构性改革，鼓励发展多种形式适度规模经营，依法保障农民合法流转耕地，维护农民耕地利益，确保农村社会和谐稳定。本案严某勇等三人承包40名申请执行人的耕地，但却未按照承包合同约定的期限支付租金，且在法院调解达成调解协议后仍拒不支付，躲避履行义务，其行为严重损害了申请执行人的合法权益，

易引发了破坏社会和谐稳定的群体性事件。法院通过凌晨专项行动顺利执结本案,及时兑现了40名申请执行人的合法权益,及时化解了一起可能引发群体上访的事件,取得了较好的法律效果和社会效果。

二、张某文等111名农民工与被执行人万载县万兴利烟花公司劳动人事争议纠纷案

(一)案情简介

2017年至2019年间,万兴利烟花公司聘请张某文、李某香等111名民工为其工作,共拖欠工人工资合计70余万元。经多次催讨无果,张某文、李某香等111人向万载县劳动人事争议仲裁委员会申请劳动仲裁。经仲裁裁决,万载县劳动人事争议仲裁委员会支持了张某文、李某香等111人的仲裁申请。仲裁生效后,万兴利烟花公司仍未按照仲裁裁决支付工资,张某义、李某香等111人遂向万载县人民法院申请强制执行。

(二)执行结果

执行法官发现本案涉及111位农民工的工资,第一时间进行网络查控,但并没有查询到被执行人有可供查询的财产。根据申请执行人提供的线索,执行法官到被执行人的厂房,发现万兴利烟花公司正在整改过程中,并未从事花炮的生产,仅仓库有部分待销售的花炮产品。因被执行人拒不履行生效仲裁裁决确定的义务,以各种理由拖欠不支付工人工资,对法定代表人采取了限制高消费措施,并对其实施了拘留措施。后万兴利烟花公司筹集了45万元用于支付农民工工资,并承诺在2020年10月29日前将剩余工资款付清。至此,111位农民工领到了大部分工资款,也同意本案终结执行。

(三)典型意义

乡村振兴,生活富裕是根本。农民工工资的按时足额支付,直接影响农民工的生计、生活和生产,更是事关农民群体增收、农民就业稳定和脱贫攻坚成果的巩固。本案的执行直接关系几十个农民工家庭一年的收入和生计,万载县人民法院将执行工作同精准扶贫和服务乡村振兴有效结合,积极开辟农民工维权绿色通道,依法快立快执,及时采取财产查控、现场调查、对欠薪企业负责人失信联合惩戒、执行和解等措施,积极督促被执行人履行支付农民工工资的义务,及时地保障了农民工工资款的执行到位,在传递司法温情的同时,也有力地彰显了司法机关依法保障农民工的合法权益、服务农民

工就业创业的担当与决心。

三、刘利某等人犯组织、领导、参加黑社会性质组织等罪案

（一）基本案情

被告人刘利某先后担任南昌县蒋巷镇高梧村党总支书记、蒋巷镇城乡综合管理办公室副主任、蒋巷镇城管中队党支部书记、队长等职务。为达到称霸一方的目的，刘利某以整治豫章大桥两侧环境卫生和违章搭建为由，招募王三某、曹某等为队员，购买城管制服、对讲机、执法仪等装备，牵头成立桥头行动组，聚集形成以刘利某为首，王三某、曹某为积极参加者，刘继某、刘小某、王利某等为其他参加者的黑社会性质组织，并打着桥头行动组的"合法外衣"，以暴力、威胁等手段，有组织地实施敲诈勒索犯罪31起、寻衅滋事犯罪5起，为非作恶，欺压残害群众，在当地和运输渣土行业内形成非法控制和重大影响，严重破坏当地经济、社会生活秩序。此外，刘利某、曹甲单独或伙同他人实施了盗窃、寻衅滋事、职务侵占等犯罪行为。

（二）裁判结果

南昌县人民法院一审认为，被告人刘利某在黑社会性质组织中居于组织、领导地位，对整个组织及其运行、活动起着决策、指挥、协调、管理作用，是组织者、领导者，遂对其以组织、领导黑社会性质组织罪、敲诈勒索罪、寻衅滋事罪、盗窃罪、职务侵占罪等数罪并罚，决定执行有期徒刑17年，剥夺政治权利5年，并处没收个人全部财产。对王三某等积极参加者、刘继某等其他参加者，以参加黑社会性质组织罪等数罪并罚，分别判处1年6个月至7年6个月的有期徒刑，并处2万元至11万元的罚金。宣判后，刘利某等被告人不服，提出上诉。南昌市中级人民法院二审裁定驳回上诉，维持原判。

（三）典型意义

乡村振兴，治理有效是基础。本案即是扫黑除恶专项斗争开展以来南昌市侦办的首起涉黑案件。办理该案的县法院既立足审判职能、严惩黑恶势力，又着眼常治长效，向镇党委、镇政府发出加强对党政设立的各类机构包括临时机构的管理、加强对村级"两委"人选的考察任命和监督管理等司法建议，推动建立健全源头治理的防范整治机制、铲除黑恶势力滋生土壤，得到积极回应。

四、朱某萍与被告鹰潭市高新区龙岗办事处新湖村朱家村小组承包地征收补偿费用分配纠纷案

（一）基本案情

原告朱某萍系被告鹰潭市高新区龙岗办事处新湖村朱家村小组村民。2011年定亲并怀孕，2014年登记结婚，2015年朱某萍以朱家村小组村民的身份办理了失地农民保险，其间朱某萍的户口一直在朱家村小组，为朱家村小组集体经济组织成员。2011年，政府征收了被告朱家村小组的土地，村小组集体获得了土地征收补偿金。2012年1月16日，被告朱家村小组通过分钱方案，议定每个村民分得土地征收补偿款6万元人民币，但被告以原告朱某萍征地时怀孕为由拒绝分配朱某萍土地征收补偿款。朱某萍提起诉讼，诉请被告朱家村小组向其支付征地补偿款、利息及主张权利而产生的误工费、交通费。

（二）裁判结果

法院认为，案件所涉的土地征收补偿费用是因集体土地被征收而产生的，本集体经济组织成员依法有权获得相应的分配权利。根据最高人民法院《关于审理涉及农村土地承包纠纷案件适用法律问题的解释》（2005年）第24条规定："农村集体经济组织或者村民委员会、村民小组，可以按照法律规定的民主议定程序，决定在本集体经济组织内部分配已经收到的土地补偿费。征地补偿安置方案确定时已经具有本集体经济组织成员资格的人，请求支付相应份额的，应予支持。……"原告朱某萍系朱家村小组村民，在征地补偿安置方案确定时具有该村的集体经济组织成员资格，应当享有与其他村民同等经济待遇。被告以原告怀孕为由剥夺其参与分配的权益，明显违反《村民委员会组织法》第27条第2款"村民自治章程、村规民约以及村民会议或者村民代表会议的决定不得与宪法、法律、法规和国家的政策相抵触，不得有侵犯村民的人身权利、民主权利和合法财产权利的内容"的规定，据此，原告朱某萍要求被告朱家村小组支付其承包地征收补偿费用人民币6万元的诉讼请求，符合法律规定，依法予以支持。其他费用没有证据证明，不予支持。

（三）典型意义

乡村振兴，乡风文明是保障。土地征收补偿费用是对集体土地被征收的补偿，受益主体是具有集体经济组织成员资格的人。但在农村土地征收补偿款分配过程中，经常受到重男轻女的落后观念影响。户籍尚在本村的"外嫁

女"的集体经济组织成员资格不因其结婚出嫁或怀孕而改变，依法享有与其他村民同等的土地征收补偿费分配请求权，任何集体、个人无权剥夺"外嫁女"的合法权益。本案判决支持"外嫁女"享有征收补偿款，体现了法律面前人人平等的精神，充分维护了妇女的合法权益，符合社会主义核心价值观，对引导塑造文明乡风、促进乡村振兴起到了积极作用。

五、赣州大坑生态农业发展有限公司、李某亮等非法占用农用地案

（一）基本案情

2015年年末，被告人李某亮、刘某亮、刘某华合伙，向龙华乡大坑村横石岭组的农户租赁承包了"牛角窝""大杉窝"等山场林地，并合资注册成立了赣州大坑生态农业发展有限公司（以下简称"大坑公司"），准备开发油茶基地和脐橙果园。2016年9月开始，在未取得林地使用手续的情况下，开始在"牛角窝""大杉窝"等山场上推挖修建公路、附属房，开挖梯田式水平条带并在打好的条带上种植脐橙和茶树，导致林地被破坏。被告单位大坑公司在大坑村横石岭组"牛角窝""大杉窝"等山场开发油茶基地和脐橙果园经营至今。经鉴定，被告单位大坑公司破坏林地总面积325亩，其中在开挖破坏的林地内修建环山路占用林地面积24.2亩；修建房屋等占用林地折合1.13亩。公诉机关以非法占用农用地罪提起公诉。

（二）裁判结果

南康区人民法院认为，被告单位大坑公司、被告人李某亮、刘某亮、刘某华违反土地管理法规，非法占用林地，改变被占用土地用途数量325亩，造成林地大量毁坏，其行为均已构成非法占用农用地罪，依法应判处5年以下有期徒刑或者拘役，并处或者单处罚金。鉴于被告人系自首，当庭自愿认罪，积极缴纳植被恢复费，并进行补植复绿，对被告单位大坑公司判处罚金20万元，被告李某亮等人均判处有期徒刑3年、缓刑4年，并处罚金8万元。

（三）典型意义

本案系非法占用农用地引发的刑事案件。犯罪人未取得林地使用手续，在山场上推挖修建公路、附属房，开挖梯田式水平条带导致大面积林地被破坏，损害了社会公共利益。合理利用土地资源，切实保护好耕地、林地等农用地，是关系国计民生、国家发展全局的大事，也是推动可持续发展、实现乡村振兴的必要举措。在本案中，人民法院以非法占用农用地罪依法追究被

告人的刑事责任,不仅让破坏林地行为依法得到应有的惩处,也通过以案释法,让其他群众认识到破坏耕地、山林等农用地的行为是违法的,起到了良好的警示教育作用。

六、喻某等人污染环境刑事附带民事公益诉讼案

(一) 基本案情

2019年年初,被告人喻某邀集被告人江某等人一起办厂,从废旧电瓶中提炼铅锭。同年5月份,被告人喻某、江某、李某、陈某等人筹备建设冶炼铅锭厂房,10月底,冶炼铅锭设备安装成功。喻某等人多次购买废旧电瓶,分别将14.3吨、14.47吨、31.515吨、14.42吨、14.79吨废旧电瓶运送至冶炼厂。11月3日,该厂正式投产,生产过程中没有办理任何环保、工商等有关审批手续,喻某等人处置废旧电瓶片料约86吨,生产铅锭约45吨。11月4日,被告人陈某联系姜某以14 500元每吨的价格出售生产的31.33吨成品铅锭。11月5日,上栗生态环境局当场查获该厂钢棚内大量的成品铅锭、废旧电瓶及冶炼设备等。经上栗生态环境局认定:被查扣的未拆解的废铅酸蓄电池、废旧电瓶内的片料(电极)、铅渣和烟道灰属于危险废物。经萍乡市环境监测站监测:该加工点冶炼炉外排废气中二氧化硫浓度超标22.3倍。公诉机关以五被告人犯污染环境罪提起公诉,同时提起刑事附带民事公益诉讼。

(二) 裁判结果

上栗县人民法院一审认为,被告人喻某、李某、陈某、江某、张某为谋取非法利益,违反国家规定,非法处置危险废物,严重污染环境,均构成污染环境罪,依法应予惩处。喻某等人实施的非法处置危险废物的污染环境犯罪行为,破坏了生态环境,损害了社会公共利益,依法应连带承担相应的民事责任。对喻某等人分别判处有期徒刑8个月至2年不等,并处罚金和没收违法所得。喻某等五被告人连带赔偿因非法处置危险废物的污染环境犯罪行为向大气排放污染物造成的环境损害修复费4.12万元、专家评估费9372元,并在萍乡市电视台或《萍乡日报》就其污染环境损害社会公共利益的行为公开赔礼道歉。

宣判后,喻某不服,提起上诉,萍乡市中级人民法院二审裁定驳回上诉,维持原判。

(三）典型意义

本案系在农村非法处置危险废物污染大气生态环境引发的刑事附带民事公益诉讼典型案件。犯罪人擅自利用拆解后的废旧铅酸蓄电池极板冶炼铅锭，非法向大气排放浓度超标达 22.3 倍的二氧化硫，污染了大气环境，现场尚未依法处置的遗留危险废物存在污染周边生态环境的隐患，损害了社会公共利益。依法惩治环境污染犯罪，对非法出售、居间介绍、非法处置等犯罪链条各环节参与人员均依法严惩；积极引导被告人缴纳环境损害修复费，并判决在新闻媒体上公开赔礼道歉，为保护和改善生态宜居环境起到了良好普法示范效应。在本案中，人民法院深入贯彻落实习近平生态文明思想，落实最严格的环境保护司法制度，彰显了司法机关助推生态文明建设的坚强决心。

七、张某勇与芦溪县南坑镇团某村村委会租赁合同案

（一）基本案情

2012 年 9 月，原告团某村村委会与武功山水产公司签订农村土地流转合同，约定将团某村 822.078 亩土地的承包经营权流转给水产公司，从事水产养殖及种植业生产经营。水产公司将土地分别转包给多人经营，2017 年 5 月，被告张某勇与水产公司签订鱼塘养殖租赁合同，约定由张某勇承包鱼塘 88.15 亩。2018 年 10 月 10 日，原告团某村村委会与水产公司协商一致，解除了土地流转合同。原告团某村村委会要求被告张某勇支付协议解除之日起的租赁费用，张某勇于 2019 年 5 月 7 日向团某村缴纳了部分租赁费。原告团某村村委会于 2019 年 11 月 4 日就剩余租赁费向张某勇送达催款通知书，认可张某勇与水产公司签订的租赁合同，并要求其在 2019 年 11 月 15 日前交清租赁费，否则有权解除合同。2019 年 11 月 22 日，团某村村委会向张某勇送交解除合同通知书。

（二）裁判结果

芦溪县人民法院经审理认为，团某村村委会在与武功山水产公司签订合同解除协议后，要求张某勇向其支付租金，且张某勇已实际缴纳了部分合同解除协议签订后产生的租金，鱼塘养殖租赁合同的合同主体已实际变更为团某村村委会与张某勇。根据鱼塘养殖租赁合同的约定，被告逾期 30 天缴纳下一年度的租赁费的，出租方有权解除租赁合同。被告张某勇构成违约，原告依法享有解除合同的权利，一审判决被告张某勇在 2020 年 1 月 16 日前将案涉

鱼塘归还给原告团某村，支付原告租赁费，驳回原告其他诉讼请求。被告张某勇不服，提起上诉。萍乡市中级人民法院二审判决驳回上诉，维持原判。

(三) 典型意义

伴随我国城镇化和农业现代化进程，农村土地承包经营权流转明显增加。本案系农村土地经营权出租引发的合同纠纷，承租人武功山水产公司在取得土地承包经营权后，又将土地分别转租给多人实际经营，存在大量转租关系。团某村委会与水产公司解除土地转租合同后，法院根据实际经营情况，依法认定了团某村委会与土地实际经营者之间的租赁关系，在经营者不履行合同义务时，支持了村委会要求解除租赁关系的合法诉求。本案对于有序引导农村土地经营权流转行为，推动农村土地适度规模经营，激发农村发展内生动力具有积极意义，也有效保障了村民的合法土地权益，促进了农村产业持续健康稳定发展。

第六章　实施乡村振兴战略法治案例汇编

第一节　立法案例

实施乡村振兴战略需要完整的理论顶层设计，也有赖于实践的融贯通达。无论是国外还是国内，都存在大量的实施乡村振兴战略的法治案例。通过对这些立法案例的学习可以帮助我们更好地理解乡村振兴战略的法治道路设计，对存在的诸多问题也会有一个大概认识和相应的思考。

一、国外立法案例

（一）美国立法案例——《1996年联邦农业完善与修改法》

1. 立法背景

生产过剩是美国农业多年一直存在的问题，尤其在遭遇到20世纪30年代的经济大萧条后，过剩的农产品在市场化过程中愈加廉价，从而影响农民收入，政府开始着力干预农业生产，主要是加大国家财政在诸如农产品价格补贴、休耕地补贴、粮食库存补贴等方面的投入。诸多的补贴和库存成本大大提高了政府的财政负担，财政赤字问题屡屡暴露。尽管在20世纪70年代，美国对农业相关法案做出过一些调整，但仅仅是细枝末节上的变化。到了20世纪80年代，1985年农业法案才真正对农业政策有了较为明显的改变，主要是促进农业市场化。然而，经历了数十年的发展变化，起源于20世纪30年代的农业法案已经逐渐不能适应多年来乡村社会和农业生产、技术的发展进步，农民要求更大种植自由度和更进步的法案的呼声日益高涨。[1]

---

[1] 参见"美国农业经济学家C. EDWIN YOUNG谈《1996年联邦农业完善与修改法》"，载https://www.doc88.com/p-015651916939.html，最后访问日期：2021年10月16日。

2. 立法内容

该法案以促进农业市场化为立法目的。其重点推行的农业改革措施主要有三条：①取消小麦、稻米、饲料和棉花的休耕面积计划。②解除种植限制，允许农民在所有土地上自由种植除水果和蔬菜以外的任何类型的作物。这些作物的生产和销售也与市场接轨。③补贴方式在一定时间段后逐步与种植产量不再关联，与市场也不再关联，而是固定且逐年减少补贴。在对外政策上，仍然大力支持扩大出口。对于参与出口的出口商在遇到诸如"不公平竞争"等困境时，以补贴的方式予以支持。农业出口短期和中期贷款继续发放。[1]其中，农产品价格补贴条款主要规定：①以主要粮食作物如小麦、稻米等的弹性种植面积补助款取代以往的价差补助款，政府准备7年内拿出总共356亿美元与农户（完全自愿）一次性签订7年的弹性生产合同。[2]②对乳制品价格补贴减少，100磅乳制品的补贴由1996年的10.35美元逐步减至1999年的9.9美元等；取消对于鲜牛奶的补贴，但为了保证鲜牛奶的乳制品在市场中的稳定供应，对农民的贷款继续发放，且此举对于来年的相关产品价格并不造成影响。[3]贸易条款目标主要包括：降低出口补贴，出口补贴额将低于关贸总协定规定的补贴上限额16亿美元。土地资源保护条款主要规定：土地资源保护在法案中所占比例相当重要，环保措施更加受到国内高度重视，保护资源的成本由政府来分摊。[4]

3. 立法效果

从短期数据来看，由于政府引导和农民市场信息一定程度的缺乏，虽然上述法案赋予了农民作物种植种类的选择自由，但主要农作物的产量还是在一定程度呈现出比例失衡等问题，比如，1996年美国玉米播种面积比上一年扩大了13个百分点。但从长期来看，在耕地总面积不变的情况下，耕地的利用更加合理化、平衡化，总产量相应也会更加接近一个稳定的平衡点。关于农业中的政府财政支出，该年度可能会提高，但是此后第三个年度开始会更

---

[1] 参见刘运样："从发达国家粮食产购销体制看我国的粮改"，载《宏观经济研究》1999年第5期。

[2] 参见戴晓春："我国农业市场化进程中政府职能研究"，华中农业大学2003年博士学位论文。

[3] 参见王霄鸣："美国农业保护政策及其影响研究"，华中科技大学2004年博士学位论文。

[4] 参见"美国新农业法及有关国家农业支持政策分析"，载 http://www.moa.gov.cn/ztzl/nygnzczcyj/200212/t20021224_38663.htm，最后访问日期：2021年4月16日。

加可控和稳定。有学者指出，《1996年联邦农业完善与修改法》会明显促进美国农产品的出口，预计到2005年出口值将由此前的每年590亿美元增加到800亿美元。新法案出台后，由于政府对出口补贴的减少，加之原本的农产品市场更加发展，新市场也不断形成，在国际粮食市场发展并不景气的情况下，美国农产品的竞争更加凸显。

（二）英国立法案例——《英格兰和威尔士乡村保护法》

1. 立法背景

英国的农村建设其实始于14世纪至15世纪期间的"羊吃人"圈地运动，众多的乡村遭遇大规模破败，农民不得不前往城市周边聚居谋生，仅剩的地区多是偏远地区和贵族封地内的农村。

该法案是第二次世界大战后英国颁布第一个农业法，以促进农业种植业发展和加强耕地保护为主要立法目标之一。1960年至1970年，英国的大城市由于盲目扩张等问题变得越来越拥挤，一些在城市积累了一定财富的人们将定居眼光转向了乡村，加上城乡交通的快速发展，这些人便选择了在乡村的土地上搭建或者购买住宅和别墅，由此形成了"逆城市化"现象。这一现象对于乡村产生了巨大的影响：一方面农村的房屋布局和道路交通建设快速发展，乡村建设被注入了一股新的动力；另一方面，乡村的不合理开发和污染等环境问题也有所暴露，这些激增的人口对于乡村建设的呼声与现状的矛盾日益增长。[1]

2. 主要内容

加大对自然景观和传统风貌的保护力度，英国政府制定实施了《英格兰和威尔士乡村保护法》，明确乡村建设范围、乡村交通建设和管理，支持公众加入乡村建设，兴建农村公园和广场，划定乡村公共交通和公共活动区域。

在乡村建设开展的过程中，高度重视保护利用乡村周边的湖泊、山林、农田等自然景观，并将其与乡村独有的建筑、文物、遗迹等文化景观融合开发和保护。[2]进入21世纪，英国继续推进乡村发展规划和建设，出台了"英格兰乡村发展计划"，进一步加强对农村土地、水质、空气监测和管理。遵循可持续发展理念，始终做好乡村地区的环境保护，对乡村企业予以扶持，引

---

〔1〕"英国和法国的农村改造：农业扶持、基础建设、传统村落保护并重"，载https：//www.163.com/dy/article/FS24EM520534OE52.html，最后访问日期：2020年10月17日。

〔2〕沈费伟："赋权理论视角下乡村振兴的机理与治理逻辑——基于英国乡村振兴的实践考察"，载《世界农业》2018年第11期。

导和支持有活力和特色的农村社区的创建。总体来看,英国的乡村改造以保持乡村活力与可持续性为目标,重点开展乡村规划和建设,鼓励农村采取多样化的特色发展模式。[1]加大对自然景观地区的保护力度,对通航时间和通航范围予以明确规定,引导社会公众加入乡村地区的各项建设。如建设乡村公园和设置乡村公共道路等。

3. 立法特点

第一,强化乡村管理模式的灵活性,注重保护乡村传统特色。1960年至1970年,英国大城市的居民开始纷纷逃离城市,回归乡村,环境保护问题也由此引起了政府的关注。英国政府通过颁布《英格兰和威尔士乡村保护法》,在建设乡村公园、创建有活力和特色的乡村社区、保护乡村田园自然景观等方面倾力支持。200年后,英国还专门继续制定了"英格兰乡村发展计划",继续对在基础设施和组织建设等方面完善乡村"硬件"和"软件"设置,乡村的特色发展道路不断形成。[2]

第二,大力推行乡村产业多样化经营,鼓励兴办乡村企业。2007年,英国执行欧盟《2007—2013乡村发展七年规划》,大力扶持乡村企业发展。

第三,依托政府财政支持,全面且有效地为乡村发展注入源源不断的活力。政府面向乡村发展的财政投入具有系统性。英国政府通过多种行政计划和建设项目,对各类农村生产经营主体在提高生产效率、提升经营服务水平、加强文化和文物保护等方面予以支持。这些方式包括:乡村基本支付支持计划。2017年约有7.1万农户接受该项目计划支持,资助金额达13亿英镑;乡村经济发展主体资助计划等。2015年至2020年这五年间,英国政府投入了1.38亿英镑用于农村生产经营和保护建设。主要包括对规模较小的经营者予以经济支持、引导多样化农业的发展、全面提高农业、林业等的农业生产率、不断完善乡村公共服务、大力发展旅游业的同时始终高度重视农村文化建设和文物保护工作。此外,从1978年开始,英国政府建立了农村生态服务系统(Ecosystem Services),这一系统依托于英国国家生态系统,旨在通过进一步深入评估乡村生态环境的经济价值,为乡村生态系统的保护和开发提供科学的

---

[1] 参见"美国新农业法及有关国家农业支持政策分析",载http://www.moa.gov.cn/ztzl/nygnzczcyj/200212/t20021224_38663.htm,最后访问日期:2021年10月16日。
[2] 龙晓柏、龚建文:"英美乡村演变特征、政策及对我国乡村振兴的启示",载《江西社会科学》2018年第4期。

决策依据和分析工具。[1]

第四，对于基础设施和薄弱的乡村地区提供对应的公共服务支持。针对规模小、推广能力薄弱的小型和中型企业，以及它们远离基础设施齐全的城市、且分布散乱等问题，英国政府通过基础设施建设和配套公共服务的提供，包括增建就业服务设施、乡村就业信息网站以及乡村超高速宽带业务等方式，合理运用政府的财政力量为这些相对偏远和落后的地区提供针对性的扶持帮助。

（三）日本立法案例——《村落地域建设法》

1. 立法背景

从1973年起，由于石油危机的影响，日本经济结束高速增长进入平稳发展期。在30年的平稳发展后，涌向城市的农村人口不断减少，农民的收入结构中非农业收入的比重从1970年到1985年这15年间提升了20%，达到了80%。在农村快速发展的同时，古建筑类的文物等文化遗产的保护问题也日益引起政府重视。1975年，日本文化省制定了《文化财产保护法》，首次将对民俗、工艺等非物质遗产的保护写入法案之中，该法也对传统建筑保护区域的标准作出了明确界定。在这一法案实施后，日本的白川村、古川村等历史文化古村纷纷开展了卓有成效的文化古迹保护和修复工作，一大批文化遗迹得以重新焕发生机。[2]

正是在这种城乡发展特点和潜力日益凸显的背景下，人们开始重新在整体上思考城市和乡村在人居和经济发展等方面的定位和功能上的关系，这种思维转变突出体现在有关对于乡村规划建设的相关立法中。首先是在经济发展上，日本发展主要通过大力加强乡村基础公共设施等的建设为乡村经济发展提供基本的经济支持和政策帮助。同时，基于乡村与城市相比具有更美观的自然环境和更加和谐的生态系统，相关规划便对于这些优势着重利用。另外，日本不仅仅对于城市和乡村在发展中的差距进行平衡，对于不同乡村之间的发展差距，也积极进行弥合和协调。在1977年和1985年，日本国土厅制定的第三次和第四次全国综合开发规划中，日本政府分别对乡村自身在人

---

[1] 参见"美国新农业法及有关国家农业支持政策分析"，载 http://www.moa.gov.cn/ztzl/nyg-nzczcyj/200212/t20021224_38663.htm，最后访问日期：2021年10月16日。

[2] 周力行、刘宇："二战后日本乡村规划发展历程对我国的启示"，载《安徽农业科学》2021年第4期。

居环境和自然环境建设和保护以及城乡经济交流和功能互动等方面进行了不同的侧重。正是这种规划及有关法律法规的制定和完善，日本的城乡一体化发展效果更加明显，乡村在与城市的沟通互动中，既发展了经济，也留住了美好环境和和谐生态。[1]

2. 立法意义

通过制定法律法规和完善治理方式，日本乡村土地利用和空间规划日趋合理，乡村在生产经营、生活服务、生态保护等方面取得了均衡的发展，城市建设不断发展的同时，乡村的发展也及时同步跟上，城乡一体化基本实现。日本人均耕地相对较少、农耕传统久远深厚的基本国情与我国颇有类似之处，因此相关农业农村的发展和建设或许也多有可资借鉴之处。尤其是日本在乡村环境和用地规划方面的法律条例，其科学性十分明显，在实践中展现出的良好的立法效果也值得充分肯定。因此，我国或许也可以充分借鉴日本在乡村土地空间规划方面的先进立法例，并结合我国国情加以针对性地整合改造，从而为乡村的土地和空间利用合理化提供法治保障。

日本是亚洲最具有代表性的发达国家之一，它在20世纪后半叶所开创的卓有成效的乡村发展之路，为我们提供了乡村现代化发展的道路借鉴。首先是乡村现代化发展的理念。对于乡村的生态环境要坚定不移进行保护，充分认识这部分自然环境的生态平衡功能，并对生活在这一环境中的其他多样生物进行突出保护。对于历史古迹、文化遗产要积极修复，使之成为乡村文化产业的特色项目。在此基础上，以基础设施建设为重要着手点，通过土地利用规划和建设规划，完善乡村的人居环境和发展环境。其次是充分发挥法律法规和规章对于乡村发展的保障功能。通过制定不同法律层级的规范，为乡村建设提供科学和全面的指导。这些规范吸收了乡村发展的政策经验和有关规划的科学对策，具有很大的针对性和先进性。最后是充分吸收公众参与乡村现代化发展。这与我国发展为了人民、发展依靠人民、发展成果由人民共享的理念颇为相似，即在乡村建设中多听取民意，鼓励人们积极参与乡村的各项发展，最终实现人民满意的发展。[2]

---

[1] 周力行、刘宇："二战后日本乡村规划发展历程对我国的启示"，载《安徽农业科学》2021年第4期。

[2] 参见周力行、刘宇："二战后日本乡村规划发展历程对我国的启示"，载《安徽农业科学》2021年第4期。

二、国内立法案例

(一) 中央立法案例

1.《乡村振兴促进法》——"中国乡村振兴总章程"

(1) 立法背景。2020年是中国共产党"两个一百年"奋斗目标之一的实现全面小康的决胜年，中国已在2020年年底实现贫困人口清零，这是一个中国式的奇迹时刻，也必将在人类脱贫史上留下浓墨重彩的一笔。然而，相对于产业基础雄厚的城市，农村的经济基础仍存在不够扎实之处，农业农村的长久稳定发展以及农民美好生活仍需要党和国家的高度重视以及社会各方面的参与。我国城镇化发展迅速，而乡村振兴就显得略有不足。进入新时代，党和政府高度重视"三农问题"，因此新时代农业、农村的发展和农民获得感、幸福感的提升仍需要充分的法治保障，民有所呼、国有所需，法必有所为。党和政府长期高度关注农业和农村的发展，重视农民生活的改善，通过一系列的立法和政策举措，积累了乡村振兴的大量理论和实践经验。

(2) 主要内容。《乡村振兴促进法》，于2021年4月29日通过，并于2021年6月1日施行。该法共10章74条，包括总则、产业发展、人才支撑、文化繁荣、生态保护、组织建设、城乡融合、扶持措施、监督检查和附则。主要内容包括五大振兴、城乡融合、扶持措施和监督检查。

首先，五大振兴主要包括产业振兴、人才振兴、文化振兴、生态振兴、组织振兴，对应的目标是实现乡村产业兴旺、生态宜居、乡风文明、治理有效、生活富裕，这五项统一于国家总体的经济建设、政治建设、文化建设、社会建设、生态文明建设之中。这五大振兴最先由习近平总书记提出，是党和政府长期以来解决"三农问题"的宝贵经验，被实践证明是推动农业全面升级、农村全面进步、农民全面发展行之有效的理论指引。通过立法将乡村振兴的五大具体方面确定下来，有利于发展农村集体经济、培育农业经营主体、促进农业转型升级、提升农业科技水平、促进耕地保护和科学利用、保障主要农产品供给、改善农村生态和环境、移风易俗、文明乡风、传承和发展优秀传统文化、加强基层组织建设和治理等具体内容的展开。其次，城乡融合发展是能够充分发挥城市和乡村的不同优势的结合正确发展路径。推动形成工农互促、城乡互补、全面融合、共同繁荣的新型工农城乡关系是城乡融合发展的目标之一。再次，关于扶持政策，农业农村优先发展是乡村振兴战略的重要内容之一。我们党和政府历来重视"三农"问题,一系列强农惠农富农政策屡屡出台,对农业农村的发展发挥着切实有效的推动作用。新时代的乡村振兴,也应当有财政优先保障、金融重点倾斜、社会积极参与等的法律机制的保障。最后,关于监督检查,监督检查制度的设立能够确保乡村振兴各项工作有效开展,层层压实推进乡村振兴的责任,发挥相关政府工作人员和社会工作者的积极性。[1]

(3) 立法意义。实施乡村振兴战略具有全局性意义,是新时代做好"三农工作"的总抓手。制定《乡村振兴促进法》,是贯彻落实党中央决策部署,保障农业更加发展、农村更加进步、农民生活更加美好的重要举措,有效总结了长期以来农业农村发展的行之有效的宝贵经验,是具有中国特色、中国智慧的关于农业农村农民法治经验的立法成果,也必将能够保障和促进乡村振兴诸项事业的开展。

2.《长江保护法》——"母亲河绿色治理"

(1) 立法背景。长江是中华民族的母亲河,是中华民族发展的重要支撑,保护好长江流域生态是维护国家生态安全的重大需求,事关中华民族的生存发展与未来。[2]"不搞大开发,共抓大保护"是新时代长江开发的核心思想之一。长期以来,长江的生态功能、经济功能、文化功能为各级政府和各地人民所极为重视,正是上述功能的充分发挥,国家和人民的正常生产生活才得以顺利开展和进行。然而,随着工业化、城市化进程的发展,长江的生态环境问题更加突出,如何更加合理开发利用长江、更好完善跨区域行政管理和保护都需要充分的立法来回答和保障。长江经济文化综合带是国家战略目标,除了相关政策的出台,统一和完善的立法才能更好填补这一国家级战略目标的法治化空白和不足。[3]

(2) 主要内容。《长江保护法》包括总则、规划与管控、资源保护、水污染防治、生态环境修复、绿色发展、保障与监督、法律责任和附则9章,共96条。其主要亮点如下：①树立绿色发展规矩。一是确立绿色发展理念；二是统筹绿色发展规划；三是制定绿色发展红线；四是明确绿色发展措施；五

---

[1] 参见"《乡村振兴促进法》解读",载 http://www.ahjx.gov.cn/OpennessContent/show/2232123.html,最后访问日期：2021年11月20日。

[2] 竺逸麟："编织世界级生态岛保护网",载《检察风云》2021年第10期。

[3] 参见祝红："《长江保护法》的亮点解读",载微信公众号"南京律协"2021年10月14日。

是建立绿色发展机制。②建立流域协调机制。一是明确流域协调机制的职责；二是明确流域协调机制的组成；三明确建立流域信息共享机制；四是建立地方协作保护机制；五是建立专家咨询审查机制。③强化政府管理责任。一是系统明确政府责任；二是明确政府考核制度；三是约谈地方政府制度；四是政府定期报告制度。④推进流域休养生息。一是开展资源环境承载能力评价；二是实施长江生态环境分区管控；三是全面禁止生产性捕捞和禁渔；四是加强长江禁采区和禁采期管理。⑤加强长江资源保护。一是国家统筹长江流域自然保护地体系建设；二是重点保护珍贵、濒危水生、野生动植物；三是开展长江流域水生生物状况完整性评价；四是建立长江流域野生动植物遗传基因库。[1]⑥完善污染防治措施。一是控制总磷排放总量；二是加强对固体废物监管；三是加强农业面源污染防治；四是开展地下水风险调查评估；五是严格危化品运输的管控；六是加快搬迁改造重点地区危化品企业。⑦推行生态保护补偿。一是明确生态补偿办法；二是明确生态保护补偿资金；三是明确生态保护补偿方式。⑧实施最严格法律责任。一是法律责任范围广；二是损害赔偿责任严；三是新增刑事责任多。[2]

（3）立法意义。《长江保护法》作为一部流域管理法，为长江流域生态环境治理奠定了坚实的法治保障，为今后我国境内的其他江河湖泊立法发挥示范作用，积累了立法经验。作为一部绿色发展法，为长江的经济开发提供了基本的思想遵循和路线。作为一部系统治理之法，能够统筹山水林田湖草生态综合治理和经济文化社会综合治理。作为一部法网严密之法，它的各项具体法律制度落实了党和政府"用最严格的制度，最严密的法治保护生态环境"的承诺。对各级各地政府、执法司法机关的责任都有明确的规定，对于其他违法者也是严惩不贷。总之，长江哺育了中华民族，是经济发展的重要支撑，产生了繁荣多彩的民族文化，是乡村振兴、美丽中国建设的重要部分。长江保护法的出台和实施，意义非凡。[3]

---

〔1〕 贺震："以法律之盾护卫长江碧水东流"，载《群众》2021年第5期。

〔2〕 参见"《中华人民共和国长江保护法》文字解读"，载 http://www.ahtlyaq.gov.cn/yagovopenness/yaqopens/qzbmopens/003108009/202110/t20211018_1603327.html，最后访问日期：2021年11月20日。

〔3〕 参见张胜等："我国首部流域法律，将为保护长江带来什么"，载《光明日报》2021年1月6日。

3.《土地管理法》——"农民问题的核心"

（1）立法背景。"万物土中生。"土地制度是一国经济制度最基础的内容之一，土地征收管理关系是透视一国国家治理能力和治理体系现代化水平的重要窗口，事关亿万农民朋友的生产生活，关乎农民安身立命的切身利益。随着经济社会的发展，越来越多的问题暴露出来。由于对农用地之间的转化缺乏制度性的约束，导致实践中耕地转为林地、草地、园地等现象的发生，影响国家粮食安全，被征地农民合法权益问题越来越多被关注，宅基地流转规定如何适应社会发展，国土空间如何更加合理地进行规划、耕地补偿如何实施和管理、集体经营性土地入市的管理、建设用地审批优化等、临时用地规范管理等都存在一定程度的立法空白和不足。[1]

（2）主要内容。现行《土地管理法》共8章87条。最新的立法修改在2019年，修正案共35条。主要修改内容是：①将土地督察制度上升为国家法律，土地督察进入依法督察新阶段。②明确土地所有权和使用权的登记，依照不动产登记的法律、行政法规执行。③对"承包地"的内涵和外延进行了法律界定，明确了承包期。④将国土空间规划体系在法律上作了明确规定，为"多规合一"改革预留法律空间。⑤对土地利用年度计划的内容进行了拓展。⑥对耕地占补平衡提出了"数量和质量"的法律要求。⑦明确了对基本农田进行永久保护的制度。⑧对耕地休耕和耕作技术保护制度用法律加以明确。⑨将原《土地管理法》第43条删除。⑩为了适应审批制度改革和改革需要，进一步下放了用地审批权，合理划分中央和地方审批权限。⑪完善土地征收制度，保障农民监督权、参与权和话语权，为了公共利益需要，对征地制度进行了改革。主要是界定了为了公共利用需要而事实征地的六个方面。省、市、区政府批准的征地不再报国务院备案。规定了征收土地的程序，将批后公告改为批前公告。明确了征地补偿标准，将农村住宅、社保等纳入补偿内容，明确被征地农民生活水平不降低，长远生计有保障。⑫明确了收回国有土地使用权的四种情形。⑬对农村宅基地资格权、使用权和处置权及主管部门进行了调整，新增宅基地自愿有偿退出机制。⑭对农村集体经营性建

---

[1] 参见"农村土地制度实现重大突破——自然资源部法规司司长魏莉华解读新土地管理法"，载http://www.mnr.gov.cn/dt/ywbb/201908/t20190827_2462251.html，最后访问日期：2021年11月20日。

设用地与国有建设用地同权同价以及入市制度进行了法律规范,集体经营性建设用地可不通过国家征收直接入市。⑮赋予农业农村主管部门对农村宅基地的监督检查权。⑯对国家工作人员的违法行为进一步作了明确规定。⑰明确了非法出让转让农村集体土地和集体经营性建设用地的办法〔1〕。

(3)修改意义。一是为有效解决土地管理中存在的地方政府违法高发多发的问题提供了法治方案。二是为国土规划体系、土地利用总体规划和城乡规划改革合一预留了法律规制空间。三是通过实行最严格的耕地保护制度,宣传了基本农业永久保护的法治意识,严格保证耕地合法利用,为国家粮食安全提供前提性保障。四是结束了集体土地不能与国有土地同权同价入市的二元体制,为推进城乡融合发展破除了一定制度障碍。五是合理划分了中央和地方的土地审批权。地方对建设用地审批层级高、时限长、程序复杂问题长期以来一直为百姓诟病,新《土地管理法》使用了简政放权、优化服务的要求,灵活调整了土地审批权限,科学划定了权责体系。六是缩小了征地范围,对政府滥用职权征地有一定限制作用。七是将补偿原则上升为法律规定,增加了补偿种类,提高了补偿标准,完善了补偿机制。总之,土地管理事关农业农村发展和农民生产生活,此次土地管理法的修改更加完善了土地管理制度,能够为乡村振兴提供了基础性的法治保障。〔2〕

(二)地方立法案例

1.《浙江省乡村振兴促进条例》

(1)主要立法内容。

第一,关于总则。一是对乡村的定义和范围作出了明确。二是对领导责任制作出了明确。三是明确了乡村的三大特有功能,即保障农产品供给和粮食安全、保护生态环境、传承发展中华优秀传统文化。

第二,关于城乡融合。一是明确规定,县市区人民政府有关部门和乡镇人民政府应当根据职责分工,组织落实乡村公共基础设施管理维护责任。二是要求遵循因地制宜、适度超前、服务便捷原则,推进农村公路、公交站点和村内道路的建设改造和养护管理。三是围绕公共服务城乡均等化,从义务

---

〔1〕 "新修订《土地管理法》解读",载http://www.gzxr.gov.cn/xxgk/xxgkml/jcgk_44556/zcjd_44572/201910/t20191031_25872404.html,最后访问日期:2021年4月20日。

〔2〕 参见"帮您读:《土地管理法》修改了什么? 意味着什么?",载微信公众号"广东自然资源"2019年8月28日。

教育学校标准化和适度规模化、建立城乡医疗、就业统计和失业救助体系、城乡统一的基本医疗保险、大病保险、基本养老保险等作出相应规定。

第三，关于产业兴旺。一是紧盯粮食等重要农产品有效供给。要求落实国家粮食安全战略，为永久基本农田、高标准农田、粮食生产功能区等提供法律支撑，完善粮食加工、流通、储备体系。二是突出农业生产效率提高。要求县级以上人民政府加大农业科技投入，建立创新平台，强化高等学校、科研机构、农业企业创新能力，推进生物种业、智慧农业、设施农业、农业机械等领域创新。力争到2025年粮功区实现亩均纯收入"吨粮千元"，耕地亩均产出达到10 000元。三是积极拓展农业增值增效空间。就推进农业全产业链、一二三产业融合发展，提出统筹农产品生产地、集散地、销售地市场建设，完善农产品分级、加工、包装和营销物流体系，从而实现农业产业链的延链、强链、富链。四是坚持把小农户与现代农业有机衔接作为重点。围绕带动小农户、发展小农户、支持小农户，作出专门规定，如鼓励社会资本发展与农民利益联结的新产业、新业态，引导经营主体与农户建立保底收益加按股分红等方式，促进产业升级和农民增收。

第四，关于生态宜居。该条例第四章"生态宜居"共8条。美丽乡村是美丽浙江的最亮底色，千万工程是浙江的一张靓丽金名片，乡村振兴的一个重要任务，就是推行绿色发展方式和生活方式，让生态美起来、环境靓起来，展现现代版的"富春山居图"。

以美丽乡村为底色，数字乡村为引领、共富乡村为目标、风貌乡村为特色、善治乡村为根本，提出建设千个未来村、万个精品村，打造一批引领数字生活体验、呈现未来元素、彰显江南韵味的示范性乡村。

在总结2003年以来实施"千万工程"经验做法的基础上，将"三大革命"、面源污染防治、农房风貌管控等举措提升为法律法规规定。同时更加突出以人为本的场景化建设、农村风貌微改造，从加强规划、保障村民宅基地、村内公共服务设施、整治村容村貌等方面作出了系列规定。

第五，关于乡风文明。该条例第五章"乡风文明"共5条。乡村不仅要塑形，更要铸魂。要求村委会利用农村文化礼堂等载体，开展群众性精神文明创建活动，教育和引导村民践行社会主义核心价值观。同时明确村规民约可以作出约定的具体事项，引导培育文明乡风、良好家风、淳朴民风，推进移风易俗。

要传承发扬优秀传统文化，加强对历史文化村落、特色村寨等整体性保护，对梯田、桑基鱼塘系统等农业文化遗产的挖掘、传承和利用，挖掘优秀农业文化深厚内涵，引导特色鲜明、优势突出的乡村文化产业发展。

第六，关于治理有效。该条例第六章"治理有效"共5条。坚定不移走习近平总书记指引的乡村治理路子，坚持不懈推进改革创新和基层实践，为全国乡村治理体系和治理能力现代化建设提供了一系列浙江经验。着眼于把好做法、好经验提炼上升为法律层面，同时从健全党领导的"四治融合"乡村社会治理体系的角度，重点从三个层面进行强调。一是加强乡镇、村"两委"组织建设。要采取培训轮训、实地考察、跟班实训等措施提高农村基层干部的政治素质、法治意识和治理能力。二是健全自治、法治、德治、智治"四治融合"治理模式。各级人民政府应当推进法治乡村建设，开展民主法治村创建和法治宣传教育，加强法律援助和司法救助，建立健全农村公共法律服务体系，强化执法监管，保障农业农村发展和农民合法权益。三是加强平安乡村和清廉乡村建设。坚持发展新时代"枫桥经验"，完善基层治理四平台、矛盾纠纷调处化解中心、村务监督、小微权力清单等行之有效的机制，加快新时代乡村治理体系和治理能力的现代化建设。

第七，关于数字乡村。该条例第七章"数字乡村"共5条。浙江是数字经济的先行地，数字乡村建设也一直走在全国前列。为推动数字技术和乡村振兴深度融合，把"数字乡村"单设一章，对相关制度措施做进一步明确和细化。如：要求推进农村新型数字基础设施建设，加快传统基础设施的数字化改造；支持发展智慧农业，加大涉农信息服务提供力度，培育和壮大乡村电子商务市场；拓展乡村治理与服务数字化应用场景，促进现代信息技术在政务服务、农村集体资产管理等领域的综合应用。

围绕探索数字化改革撬动农村改革持续深化新路径，强化系统设计、场景打造、集成推进、制度重塑，率先构建数字乡村建设体系，打造数字乡村展示窗口、乡村数字生活品质标杆、乡村整体智治现代样板。

第八，关于人才支撑。该条例第八章"人才支撑"共3条。坚持和完善驻村第一书记、农村工作指导员和驻村工作组制度，优化派驻人员工作保障机制和激励措施。坚持和完善科技特派员制度，通过岗位与编制适度分离、职称评聘、评奖评优倾斜等方式和利益结合机制。加强乡村教师、医疗卫生队伍建设，提高和改善山区和海岛教师、医疗卫生人员待遇。建立引导乡贤回归、青年返乡和人才入乡激励机制,完善农创客扶持政策,支持和引导各类人才利用技术、资金、资源等优势服务乡村振兴。

第九,关于保障措施。该条例第九章"保障措施"共13条。对土地、资金等要素保障进行规定。

在土地保障方面,充分体现取之于农、用之于农:一是各级人民政府应当在规定期限内稳步提高土地使用权出让收入用于农业农村比例,并按照国家和省有关规定落实土地使用权出让收益用于农业农村比例;二是编制县、乡镇国土空间总体规划时,应当安排不少于百分之十的建设用地指标,重点用于保障乡村产业用地;三是县(市、区)人民政府通过土地整治,将农村建设用地垦造为农用地后腾出的建设用地指标,应当按照国家和省有关规定优先用于土地整治项目所在村的产业、公共服务设施和村民住宅用地。

在资金保障上,充分体现优先投入、多元投入:一是优先保障用于乡村振兴的财政投入,优化对农村重点领域和薄弱环节的财政资金配置;二是加大对山区县、海岛县的财政支持,促进区域协调发展;三是优化金融扶持措施,完善政府性融资担保机制,建立健全多层次农业保险体系和防灾抗灾和灾后救助体系,引导各路资金参与乡村振兴。[1]

(2)立法解读。该条例是浙江省"三农"领域首部基础性、综合性、系统性的法规,是为了保障乡村振兴战略有效贯彻实施,落实2018年中央一号文件提出的"把行之有效的乡村振兴政策法定化,充分发挥立法在乡村振兴中的保障和推动作用"的要求而制定的。

第一,规范地位十分重要。该条例以习近平法治思想为指导,紧紧围绕忠实践行"八八战略"、奋力打造"重要窗口"主题主线,对浙江省乡村振兴的总目标、总方针、总要求作出明确规定,把实施乡村振兴战略的重要原则、重要制度、重要机制、重要举措以法律法规形式固定下来,是浙江省全面推进乡村振兴、争创农业农村现代化先行省的制度基础和重要遵循。

第二,现实意义十分重大。高质量发展建设共同富裕示范区是浙江省当前和今后相当长一段时间的重要政治任务。建设共同富裕示范区,主战场在"三农"、短板弱项在"三农"。该条例着眼于浙江省城乡、区域发展不平衡

---

[1] "关于《浙江省乡村振兴促进条例》的解读",载http://www.jiangshan.gov.cn/art/2021/12/20/art_1229080574_1622834.html,最后访问日期:2022年4月20日。

不充分问题仍比较突出的实际，聚焦破除妨碍城乡要素双向自由流动的体制机制壁垒，促进各类要素更多向乡村流动，对推进城乡融合发展、实现农民农村共同富裕具有重要的引领和推动作用。

第三，制度保障十分有力。该条例贯彻落实党中央、省委省政府关于乡村振兴决策部署，全面总结提炼浙江省"三农"工作行之有效、可复制可推广的创新举措、成功经验，并上升为法律规范，进一步健全完善了推进乡村振兴战略实施的制度体系、体制机制和具体举措，与现有法规和规章一起，构成了与国家法律法规相配套、与浙江农业农村发展相适应的地方涉农法规体系，将为全面推进乡村振兴提供根本性、全局性、战略性的制度保障。[1]

2.《新疆维吾尔自治区乡村振兴促进条例》

（1）主要立法内容。该条例共 11 章 62 条。包括：总则、规划先行、产业发展、人才支撑、文化引领、生态宜居、乡村善治、城乡融合、保障措施、监督检查、附则 11 个方面的内容。主要内容是：

第一，用系统性和前瞻性的眼光做好规划。该条例遵循中央搞好农业农村建设保障农民权益的精神，依据国家《乡村振兴促进法》，将规划先行单独成章，充分发挥科学规划在乡村振兴过程中的引领作用。

第二，充分重视农村人才的引进和培养。该条例结合了部分地区存在的一定程度上的人才短缺问题，为积极引才纳智作出了多项规定，力求补足人才短板。如：规定中强调了支持农科学生培养的费用减免，鼓励和引导大学和有关科研单位的具有农业农村相关的专业技能的人到乡村创业、工作或者任职等。

第三，把文化乡村的建设放在乡村建设的战略全局考虑。该条例明确提出要实施文化润疆工程，并切实提出了一系列具体的举措。如要经常举行有关弘扬民族团结的活动，积极引导对于不同民族的人民群众在经济社会友好交往；大力加强公共文化服务建设，加大农村文化服务在硬件和人才等软件方面的投入，力求实现惠及全体农民的公平文化服务等。

第四，完善现代化的乡村治理体系。该条例对建立完善乡村治理的体制机制、基层组织建设、农村集体经济组织、基层法治建设、平安建设等方面

---

[1] 王通林："护航乡村振兴 助力共同富裕 全面贯彻《浙江省乡村振兴促进条例》"，载微信公众号"中国乡村振兴"2021 年 9 月 22 日。

都作出了具体规定，还对产业发展、生态宜居、城乡融合、保障措施、监督检查等方面作出明确规定。[1]

（2）立法解读。实施乡村振兴战略，是党的十九大作出的重大决策部署，是全面建设社会主义现代化国家的重大历史任务，是中国特色社会主义进入新时代做好"三农"工作的总抓手。该条例坚持以习近平新时代中国特色社会主义思想为指导，全面贯彻党的十九大和十九届历次全会精神，贯彻第三次中央新疆工作座谈会精神，完整准确贯彻新时代党的治疆方略，牢牢扭住社会稳定和长治久安总目标，坚持依法治疆、团结稳疆、文化润疆、富民兴疆、长期建疆，贯彻落实党中央关于实施乡村振兴战略的决策部署和自治区党委工作要求，坚持农业农村优先发展总方针，围绕产业兴旺、生态宜居、乡风文明、治理有效、生活富裕的总要求，建立健全促进乡村振兴的法规制度体系，实现与国家乡村振兴促进法的有效衔接，加快推进农业农村现代化，推进各民族共同富裕。同时，对于在乡村振兴发展中积累的正确的政策经验和试点做法，要全面准确地进行总结评价，从而为有关乡村规划和发展的法律法规和规章规范提供实践反馈，更好发挥法律规范的科学引导作用。[2]

实施乡村振兴战略，是我国对于城乡发展规律和目标的科学研判和准确部署，在实现全面建成小康社会和向着富强民主文明和谐美丽的现代化中国"两个一百年"奋斗目标中具有承上启下的作用，是我国坚持以人为本、共同富裕的现代化发展理念的生动诠释。

制定和实施该条例，意义重大。首先是依据《乡村振兴促进法》，结合新疆具体情况，细化有规定，促进该法的切实有效落实。其次，该条例也旨在巩固当前来之不易的脱贫攻坚成果，固定有关良好经验和做法。再次，该条例也起到了将乡村振兴改革实践中党和人民的智慧经验吸收入法律规范之中，为其继续发挥良好作用提供法律保障的作用。最后，该条例通过系统全面的规范制定，凝聚全社会对农业农村的重视和关心，统筹推进农业农村各项建设

---

[1] 郭小华："全面实施乡村振兴战略，发挥引领、规范和保障作用——解读《新疆维吾尔自治区乡村振兴促进条例》"，载微信公众号"新疆人大在线"2022年2月25日。

[2] 郭小华："全面实施乡村振兴战略，发挥引领、规范和保障作用——解读《新疆维吾尔自治区乡村振兴促进条例》"，载微信公众号"新疆人大在线"2022年2月25日。

事业，为农业农村的现代化发展注入引领、推动和保障的法治力量。[1]

小　结

法治是乡村振兴的必由之路，通过立法能够及时总结乡村振兴的法治经验，完善各项农业发展和农村管理等各项具体制度，充分发挥各方主体的积极性，督促政府积极履行职责，保护农民根本利益。域外关于乡村振兴的立法能够为我们提供良好的立法经验和理论的借鉴，将之与我国农业农村的实际相结合，能够不断促进理论新发展和立法的更新完善。目前，我国乡村振兴法治的立法既有统领性的总纲，也有各环节、各主体的具体方面的立法，既有中央层级的法律法规规章，也有地方各级人大和政府制定的法律规章，主要立法基本齐全，形成了基本完整的立法体系。对其中较为重要、较有特色、较为成熟的立法案例的学习解读，能够让我们更好理解乡村振兴的法治道路，更全面和深入思考相关问题和法治应对之策。

第二节　检察案例

这几年来，中共中央作出关于"三农问题"的决策，国家检察机关认真贯彻落实这一战略部署，在工作中积极履行司法机关的公益诉讼检察职能，为实施乡村振兴战略和取得脱贫攻坚战的胜利提供了法治保障。最高人民检察院以专题的形式发布涉农公益诉讼的典型案例，以此来深化涉农公益诉讼检察工作，推进乡村振兴战略进一步实施，助力巩固和扩大脱贫攻坚成果。

习近平总书记指出，从中华民族伟大复兴战略全局来看，民族要复兴，乡村必振兴。2020年12月下旬召开了一场中央农村工作会议，此次会议强调要坚持把解决好"三农"问题作为全党工作重中之重，要用全党的力量推动乡村振兴，促进农业高质高效、乡村宜居宜业、农民富裕富足。最高人民检察院党组要求检察机关要有极高的政治自觉、法治自觉、检察自觉，充分发挥检察职能，贯彻落实中央关于"三农"工作的战略部署。全国检察机关认

---

[1] 王娜："为持续全面推进乡村振兴提供法治保障"，载《新疆日报（汉文版）》2022年1月29日。

真贯彻党中央决策部署,以"产业兴旺、生态宜居、乡风文明、治理有效、生活富裕"为总要求,履行公益诉讼检察职能,坚持农业农村优先发展,以典型案例为抓手,办理一批有影响力的案件,维护国家利益和社会公共利益。从 2020 年的 1 月到 11 月,全国检察机关共发出 22 015 件诉前检察建议或公告,立案办理 29 249 件涉农公益诉讼案件,提起 137 件行政公益诉讼、646 件民事公益诉讼(含刑事附带民事公益诉讼),这些案件的办理极大程度上支持了乡村治理。

一、甘肃省酒泉市肃州区人民检察院督促保护无公害蔬菜质量安全行政公益诉讼案[1]

(一)要旨

针对农产品存在质量问题,检察机关发挥公益诉讼检察职能作用,准确把握依法履职与服务大局的契合点,以地区特色产业戈壁农业作为监督重点,督促多个行政机关协同履行监管职责,推动戈壁生态农业规范发展。

(二)基本案情

甘肃省酒泉市肃州区是全国最大的戈壁日光温室基地和有机蔬菜无土栽培示范区。域内建成东洞、总寨、银达、西洞四个戈壁生态农业示范园区,日光温室面积达 2.63 万亩,形成大规模无公害蔬菜生产基地。由于园区检测中心、农产品质量安全追溯点未实现全覆盖,存在追溯体系不健全、检测效率不高等问题,农产品质量安全存在隐患。因缺乏有效监管,出现因农药残留超标蔬菜被退市后,重新流向市场问题,危害人民群众身体健康,损害了社会公共利益。

(三)调查和督促履职

2019 年 3 月,甘肃省酒泉市肃州区人民检察院(以下简称"肃州区院")在履行职责中发现该案线索并立案调查。办案组通过深入园区走访调查、座谈交流、查阅资料等方式查明,四个戈壁生态农业园区农产品质量检测配套设施、检测效率、追溯体系、蔬菜尾菜处置等不能满足戈壁生态农业大规模发展需要。肃州区农业农村局对农产品质量安全监管职责履行不到位,

---

[1] 参见最高人民检察院发布十五起公益诉讼检察服务乡村振兴助力脱贫攻坚典型案例之十:甘肃省酒泉市肃州区人民检察院督促保护无公害蔬菜质量安全行政公益诉讼案。

园区农产品质量安全存在隐患。

2019年3月28日，肃州区院在总寨镇戈壁园区召开检察建议公开宣告送达会，向肃州区农业农村局发出行政公益诉讼诉前检察建议。督促该局依法履行职责，全面提升对该区农产品质量安全监管能力和水平，健全农产品质量安全监督管理体系，提高农产品质量的可追溯性。同时向戈壁园区属地乡镇及农作物种植面积较大的12个乡镇发出检察建议，配合农业农村局共同做好农产品质量安全监管工作。

接到检察建议后，肃州区农业农村局部署开展"农产品质量提升专项活动"，制定《农产品质量安全例行检测实施方案》，完善相关工作制度，与辖区15个乡镇签订农产品目标责任书。各乡镇共制定完善农产品质量安全监管工作制度44项，与村委会签订目标责任书68份，与企业、合作社签订承诺书73份。四个园区均建立农产品质量追溯点，新增8个农产品检测追溯点，15个乡镇均成立了农产品质量监督管理站、建成农产品质量检测室，配备专职检测、监管人员45人，81个行政村配备村级农产品质量安全监管员，47个行政村配备农残速测仪等设备，并对检测人员进行培训。自检察建议发出至回复之日，检测站共对农民自产及集贸市场蔬菜开展农残检测1800余次，均在合格范围内。

该案办结后，肃州区院牵头制定《服务戈壁农业生态产业园公益保护监督管理办法》，联合肃州区生态环境局等八部门会签《关于在戈壁生态农业建设中运用检察资源加强公益保护促进绿色发展的协作机制》，将该项工作常态化、规范化、制度化。同时出台《关于在戈壁生态农业建设中运用检察资源加强公益保护促进绿色发展的实施意见》，确定五项服务措施。肃州区区委区政府充分肯定了该意见，并将其向全区印发，大力在全区推广实行食用农产品合格证制度，建立起肃州区食用农产品合格证数据库，防止未达标的农产品在市场上流通销售。

（四）典型意义

确保农产品质量安全和完善食品安全监管体系，既是食品安全的重要内容和基础保障，也是建设现代农业的重要任务。肃州区院以戈壁农业园区生态保护与农产品质量安全监管为切入点，通过公开宣告送达检察建议、召开工作推进会、建立工作机制等方式，充分调动各职能部门协同履职的积极性与主动性，最大限度凝聚保护无公害蔬菜质量安全的合力，为戈壁生态农业健康发展提供法治保障。

二、江西省鹰潭市检察机关督促保护农村饮用水安全系列行政公益诉讼案[1]

（一）要旨

在农村饮用水安全问题上，检察机关可以通过一体化办案模式，重点开展专项监督，向负责监督管理的行政机关提出相应的检察建议，同时向政府提交专项调查报告，推动健全长效管护机制，以治理有效推动乡村振兴。

（二）基本案情

鹰潭市辖区内32个乡镇实行农村集中式供水，有28家农村集中式供水自来水厂存在水源选址不科学、未办理饮水卫生行政许可、从业人员未办理健康证、未建立水质监测室，未运行消毒设备，未按规定使用水质快速检测设备进行日常水质监测等经营方式和制度管理方面的问题，另外的18家农村集中式供水自来水厂生活饮用水水质不达标，侵害农村居民饮水安全与生活质量，损害社会公共利益。

（三）调查和督促履职

部分群众向检察院举报农村饮用水存在安全隐患，严重影响日常生活和安全健康。鹰潭市贵溪市人民检察院对此举报高度重视，同步向鹰潭市人民检察院报告。鹰潭市人民检察院立刻采取行动，对农村饮用水问题进行调查和分析，并且决定在全市范围内对水资源实施专项监察，确保全省饮用水安全。在公益诉讼指挥中心的指导下，市、县两级检察院18名检察干警组成专班集中办案，重点对该市集中供水的32家农村自来水厂进行了排查，展开了一次拉网式调查。通过本次调查，查明了被调查的自来水厂在运营、监管方面存在的隐患。为了查明水质是否达标，该院委托第三方检测单位对水样进行检测，发现部分水厂水质PH值偏低、细菌和锰含量的指标均不符合《生活饮用水卫生标准》。同时，该院组织卫生健康委员会、鉴定机构、水利部门以及研究机构领域等专家，召开了一次关于水质安全问题的论证会，通过对水质问题进行分析，再次明确了结论：水质问题会影响人体健康。

---

[1] 最高人民检察院发布十五起公益诉讼检察服务乡村振兴助力脱贫攻坚典型案例之十三：江西省鹰潭市检察机关督促保护农村饮用水安全系列行政公益诉讼案，2021年2月24日。

根据《水污染保护法》《水法》《农村饮水安全工程建设管理办法》《生活饮用水卫生监督管理办法》等规定，卫生健康委员会、水利部门以及乡镇政府对农村饮用水设施运行管理及供水水质安全具有监督管理职责，以上行政机关存在履行行政监管职责不到位的情形。2018年10月~2019年11月，水利局、卫生健康委员会、相关乡镇陆续收到来自鹰潭市、县（区）两级检察机关发出的19份诉前检察建议。建议指出，相关职能部门要严格执行标准，严格把关，对饮用水的卫生安全进行监督，要求农村自来水厂加强水质净化消毒，日常检查水质安全，划定水源地保护范围，依法查处未办理取水许可的水厂，加强对农村自来水厂监管。

鹰潭市两级检察机关根据办案过程中发现的全市农村自来水厂存在的共性问题和监督管理方面的不足之处，分别向市、县（区）两级政府呈报《关于农村集中式供水饮水安全的调查报告》，两级政府对此高度重视。鹰潭市政府主要领导作出工作指示，该指示要求相关部门积极履行职责，根据上述检察建议和调查结果，立即采取措施保障供水饮水的安全，保障饮用水的质量。

相关部门在两级政府的协调和大力支持下，积极贯彻实行检察建议，及时对问题进行整改。卫健委、水利局等行政机关依照法律对6家农村自来水厂进行了罚款；责令19家农村自来水厂补办卫生许可证、健康证、取水证等证件；专门在饮用水源地设置围栏和警示牌，加强对水源地的保护，并进行联合执法检查，加大巡查力度；卫生健康委员会组织100多名农村自来水厂从业人员开展制水、日常检测等专业化培训。鹰潭市政府已经投入4700多万元，用于本市农村自来水厂的改建和升级。其中包括19个新建或改建的农村自来水厂，4个新建的取水口，1个废弃的农村自来水厂。

鹰潭市人民检察院于2020年6月组织"回头看"活动，对保障农村饮用水安全进行专项督查和整治。但一些农村自来水厂的改造工作不到位，整改不力，因而检察院制发3份检察建议。到现在为止，全部案件都已结案，有关单位都已经将水质达标的检验报告上交了检察机关。

（四）典型意义

习近平总书记强调"饮水安全有保障主要是让农村人口喝上放心水""不能把饮水不安全问题带入小康社会"。农村饮用水安全事关人民群众健康安全，对改善农村人居环境，提高农民生活质量具有重要意义。检察机关坚持以人民为中心，针对群众反映的农村自来水厂运行不规范、水质不达标、行政监管力度不够等问题，充分发挥检察一体化组织优势，统筹精干力量开展集中监督。通过水质鉴定、专家论证，深入调查公益受损问题，为公益诉讼精准监督提供了技术支撑、智慧借助。针对办案中发现的共性问题和监管薄弱环节，主动向人民政府提交专项调查报告，争取重视支持，持续跟进监督，推动农村供水设施升级改造，完善长效管护机制，促进提升农村供水标准和质量。

三、浙江省金华市婺城区人民检察院督促整治保护箬阳茶质量与品牌行政公益诉讼案[1]

（一）要旨

假冒、劣质的农产品损害了消费者的合法权益，农产品品牌形象受到损害，因此检察机关要充分发挥公益诉讼监督职能，对损害国家和社会利益的行为提起诉讼，对行政机关依法行使职权进行监督，切实保障农产品的质量安全。推动农产品申请国家地理标志保护，形成标准化品牌，实现政治效果、法律效果和社会效果的统一。

（二）基本案情

浙江省金华市婺城区箬阳乡地处高山，茶叶种植历史悠久，由于该地方独特的气候和水质条件，使得种植箬阳茶成为村民经济收入的主要来源。自2020年以来，部分商家用价格低的劣质茶叶假冒成箬阳茶，这不仅存在着食品安全问题，又对该茶的品牌形象造成了损害，极大程度上侵害了茶叶种植者、茶企业和消费者的合法权益。

（三）调查和督促履职

2020年3月，浙江省金华市婺城区人民检察院（以下简称"婺城区院"）在箬阳乡开展帮扶调研时发现本案线索。同年4月8日，婺城区院决定立案调查，成立办案组，将当地茶叶经销商比较集中的金华市农贸市场作为重点调查场所。在前期摸排基础上，检察机关对有关涉案人员进行了深入的调查和询问，同时调阅了正在销售的茶叶标识、进销货凭证等证据。调查发现，一些商家用低价格从外地收购其他品种的茶叶，并将伪造的箬阳茶标

---

[1] 最高人民检察院发布十五起公益诉讼检察服务乡村振兴助力脱贫攻坚典型案例之二：浙江省金华市婺城区人民检察院督促整治保护箬阳茶质量与品牌行政公益诉讼案，2021年2月24日。

签贴在外包装上，然后以高价格出售。为了提高监督的准确性，检察机关还聘请了茶叶专家和技术人员对抽样茶叶的口感、品相和外观包装进行了评价，并提供相应的专业建议。此外，经过婺城区院对茶叶进行初步鉴定后，又在金华市食品药品检验研究院对抽样茶叶进行进一步检测，发现该批次的茶叶中的铅含量超标3倍，不符合食品安全的国家标准，属于不合格产品。

2020年4月29日，婺城区市场监督管理部门收到婺城区法院发出的检察建议。该建议指出，要加强对茶叶市场的监管，一旦发现违法行为，及时查处，维护消费者的合法权益。同时要提升对箬阳茶质量的监管力度，加强对箬阳茶这一特色农产品品牌的保护。

收到检察机关的检察建议后，市场监督管理部门高度重视，对问题茶叶进行了全面的清查，其中抽查了83家茶叶经营户，240余批次茶叶产品，抽查并扣下220余公斤问题茶叶，并处罚了9家违法主体。与此同时，婺城区院积极将案件情况上报区委、区政府，积极推动各大职能部门联合开展茶产业的专项治理行动，从而使茶叶市场环境得到了有效的净化。

2020年5月，婺城区院在监督和落实检察建议的过程中，针对该案中存在的箬阳茶品牌生产管理体系不健全、质量标准不统一、品牌保护意识匮乏等问题，向有关部门提出了提升箬阳茶品牌价值，完善茶叶保护规范的对策和建议。相关部门经过多次讨论，决定将著名的"箬阳龙珍"向农业农村部申请国家农产品地理标志保护。"箬阳龙珍"在2020年9月22日成功通过了国家农产品地理标志的认证，这一地理标志大约保护面积1300公顷，覆盖54个乡镇的3000余户茶农，茶农人均增收20%以上。

（四）典型意义

乡村产业品牌的培育和发展，对提高乡村的可持续发展能力、促进农业发展具有重要意义。检察机关聚焦当地乡镇特色茶产业发展问题，积极发挥法律监督职能，一手抓办案，一手抓帮扶，从办案调查中发现的问题入手，监督有关部门依法解决对高质量农村产业发展的限制。要把管理和监督结合起来，推广箬阳茶品牌的发展，从而获得国家农产品地理标志保护，进而提升农村特色产业的知名度，促进农民收入持续稳定增长。

四、河北省沽源县人民检察院督促落实社会救助兜底保障和贫困人口赡养政策系列行政公益诉讼案[1]

(一) 要旨

针对社会救助兜底保障和贫困人口赡养政策实施中存在的监管漏洞,在检察机关的督促下,民政部门和乡镇部门应该履行法律规定的职责,将不符合规定人员的申领资格予以撤销。运用释法说理、签订承诺书、劝诫、调解、支持起诉等方式,督促赡养义务人履行赡养义务,弘扬社会主义核心价值观。

(二) 基本案情

河北省沽源县原是国家级贫困县,在实施贫困人口赡养政策和社会救助兜底保障的政策时,该县有的乡镇没有严格审查核实申请家庭的经济状况和承担抚养义务的子女抚养能力,从而致使部分不符合社会救助条件的人员享受了社会救助政策,影响了精准扶贫这一目标,损害了国家的利益。

(三) 调查和督促履职

河北省沽源县人民检察院(以下简称"沽源县院")在行使职权过程中发现,西辛营乡的部分做法不符合相关政策的规定,没有很好地实施政策,致使一些不合格的人也可以享受这项政策,因此决定在2020年5月25日立案进行调查。办案人员询问西辛营乡民政部门负责人,走访申请人和部分村民进行了解,同时审查申报审批程序的合法性和申报材料的真实性。经过调查,部分申请人的家庭经济状况没有如实报告,乡政府没有严格按照入户调查、家庭经济状况核对等程序进行。同时还发现个别有能力赡养父母的子女自己不承担赡养父母的义务,而是将该义务转嫁给社会。显然,这种现象若不加以遏制,势必会对国家和社会造成损害,也和社会主义核心价值观相违背。

2020年6月20日,沽源县法院依据《国务院社会救助暂行办法》《民政部关于印发最低生活保障审核审批办法(试行)的通知》等有关规定,向西辛营乡政府公开宣告送达检察建议书,建议对全乡已享受社会救助兜底保障和贫困人口赡养政策的人员进行重新审核,严格落实申请审批程序,全面核实申请人家庭经济状况;对不符合政策条件和处于贫困人口渐退期的居民,区分不同情况,落实应退尽退、应保尽保政策;加强对工作人员的教育培训,

---

[1] 参见最高人民检察院发布十五起公益诉讼检察服务乡村振兴助力脱贫攻坚典型案例之一:河北省沽源县人民检察院督促落实社会救助兜底保障和贫困人口赡养政策系列行政公益诉讼案。

强化依法履职，确保国家扶贫惠民政策正确实施。

收到沽源县院的检察建议后，西辛营乡政府对此高度重视，即刻采取相关整改措施。乡政府集中培训相关人员，并重新审核本乡23个村1819户已经享受到该政策的人员，查出了3户不符合政策条件人员，并对其申领资格进行撤销。与此同时完善了13户处于贫困减退期家庭的档案，加强对贫困对象的动态管理。

通过深入的调研，沽源县院了解到辖区内其他乡镇均存在类似的问题，于是在2020年8月19日向县民政局提出检察建议，建议内容主要是重新审核本县已经享受到该政策的人员。

收到检察建议后，该县民政局立即作出了反应，成立了工作小组进行专项工作，召开会议进行工作部署，指导全县其他14个乡镇重新审核已经享受该政策的19 550户，其中60户不符合政策条件人员的申领资格被取消。同时，工作小组完善了救助对象的基本信息，建立了3000多份信息台账。此外，沽源县还依法支持起诉了3件个别女子不履行赡养义务的行为。

张家口市人民检察院对存在的问题进行了专项督查，强化监督和加强后续跟踪，督促辖区内17个基层院与当地民政部门和乡镇进行工作对接，重新调查核实全市31万户享受该政策的人员。各个基层院发出检察建议，指导了497户不符合政策人员的申领资格被取消。

（四）典型意义

脱贫攻坚要依靠社会救济和最低生活保障来实现。检察机关必须坚持以人为本，重点纠正监管缺陷，专项监督各项问题的解决，发挥公益诉讼检察的独特功能，促进相关部门严格依法办事，保障精准扶贫这一政策落到实处。同时，利用专项行动，通过合力进行工作，共同推动区域内类似问题得到全面整改，服务保障打赢脱贫攻坚战。

五、黑龙江省红兴隆人民检察院督促保护黑土地行政公益诉讼案[1]

（一）要旨

针对煤矿开采导致土地塌陷、黑土地损毁的问题，检察机关依法能动履

---

[1] 参见最高人民检察院发布十五起公益诉讼检察服务乡村振兴助力脱贫攻坚典型案例之五：黑龙江省红兴隆人民检察院督促保护黑土地行政公益诉讼案。

职,加大公益诉讼办案力度,加强和行政机关的沟通合作,督促行政机关依法履职,并由点及面开展专项行动,推动区域综合治理,有效保护耕地中的"大熊猫"。

(二) 基本案情

二九一农场隶属于北大荒农垦集团有限公司红兴隆分公司,地处广袤的黑土地带,耕地面积 62 万亩,是国家重要的商品粮基地。位于该农场内的龙煤矿业集团双鸭山矿业有限责任公司(以下简称"双鸭山矿业公司")下属企业东荣二矿、三矿(以下简称"双鸭山矿业公司所属二矿、三矿")在 30 多年的开采下,已经造成 23 205 亩土地塌陷,其中 18 585 亩为耕地,对当地的生态环境造成了极大的损害,同时也损害了国家的利益。

(三) 调查和督促履职

2020 年 8 月 5 日,黑龙江省红兴隆人民检察院(以下简称"红兴隆院")对该公益案件进行了走访、调查和摸底,从中发现了该地受到损害的线索。经层报黑龙江省人民检察院指定管辖后,8 月 10 日红兴隆院对该案进行立案调查。经调取地籍资料、勘测图表、复垦方案、卫星图片等证据材料查明,双鸭山矿业公司所属二矿未依据《土地复垦条例》编制土地复垦方案、建立土地复垦费用专门账户,也未缴纳土地复垦费和矿山地质环境治理恢复保证金;双鸭山矿业公司所属三矿虽已编制土地复垦方案、建立了土地复垦费用专门账户,但按照《矿山地质环境保护与土地复垦方案》要求,2020 年需缴纳土地复垦费和矿山地质环境治理恢复保证金共计 1247.39 万元。截至 2020 年 8 月底,尚余 647.39 万元未缴纳。集贤县自然资源局作为县域土地复垦的监督管理行政机关,对双鸭山矿业公司的上述行为,既未依法催缴,也未作出行政处罚,存在怠于履职的情形,造成生态环境破坏,损害国家利益。

2020 年 9 月 17 日,红兴隆院向集贤县自然资源局发出检察建议,要求依法履行监管职责,督促双鸭山矿业公司所属二矿补充编制土地复垦方案、建立土地复垦费用专门账户,依据方案要求缴纳相应土地复垦费用和矿山地质环境治理恢复基金;督促双鸭山矿业公司所属三矿按照《矿山地质环境保护与土地复垦方案》,签订三方监管协议,缴纳复垦费,清理矸石山超占的耕地。集贤县自然资源局接到检察建议后高度重视,召开专题会议,成立专门工作小组,下发了《催缴土地复垦费和矿山地质环境治理恢复基金通知书》。

目前,双鸭山矿业公司所属二矿的土地复垦方案已编制完成,同时双鸭山矿业公司对其所属其他缺少复垦方案的煤矿也一并编制了复垦方案，正在上报审核中。双鸭山矿业公司所属三矿土地复垦费和矿山地质环境治理恢复基金1247.39万元全部缴纳完毕，并与自然资源局、银行共同签订了土地复垦费用使用监管协议，在银行建立三方监管账户；投入100余万元对轻度塌陷区内的沟渠、田间道路等基础设施进行修复，以满足正常的农业生产；投入300余万元将矸石山巷道改道，对矸石山堆放点重新选址，清理超占煤矸石10.2万立方米，预计矸石山清理后将恢复耕地28余亩。

（四）典型意义

习近平总书记指出："黑土地是耕地里的大熊猫"，强调"采取有效措施切实把黑土地保护好、利用好，使之永远造福人民"。黑龙江垦区地处东北黑土区核心区域，承载着我国商品粮生产的重要使命。检察机关督促自然资源部门征收土地复垦费和矿山地质环境治理恢复基金，推动土地复垦和生态修复，解决了多年来形成的采煤区土地塌陷问题。树立"边开采边治理"的生态综合治理新理念，为土地塌陷治理复垦修复提供有益探索，体现了检察机关服务保障国家生态和粮食安全战略的担当。

六、湖北省随县人民检察院督促整治非法占用耕地行政公益诉讼案[1]

（一）要旨

对于非法占用耕地违法行为，行政机关未依法履行监督管理职责的，经检察机关检察建议督促后，违法行为持续存在的，检察机关要履行好自己的职责，依照法律向人民法院提起行政公益诉讼。

（二）基本案情

2013年5月，随县齐心石材厂（以下简称"齐心石材"）未经批准，擅自占用随县唐县镇双丰村五组1.2万平方米耕地及其他农用地，用于建设厂房、办公楼、堆料场及附属设施，不符合土地利用总体规划。同年12月16日，随县原国土资源局责令齐心石材限期拆除土地上新建的建筑物和其他设施、处以罚款7万元，齐心石材缴纳罚款后，并未实施拆除行为。2018年6月，随县原国土资源局申请强制执行，由于申请超过期限，随县人民法院不

---

[1] 参见最高人民检察院发布十五起公益诉讼检察服务乡村振兴助力脱贫攻坚典型案例之六：湖北省随县人民检察院督促整治非法占用耕地行政公益诉讼案。

予受理。

2019年3月，因机构改革，随县原国土资源局、原住房和城乡建设局等部门职责整合，组建随县自然资源和规划局。针对齐心石材前期非法占用耕地及其他农用地行为，随县自然资源和规划局采取办理农用地转建设用地措施，将齐心石材生产车间非法占用的5537平方米土地转为建设用地，但齐心石材办公楼及大部分石材堆场不在城市建设用地批复方案之内，且涉案土地均未办理供地手续。2019年以来，齐心石材另非法占用3783平方米耕地及其他农用地。

（三）调查和督促履职

2019年上半年，随县人民政府在全县范围内开展石材行业专项清理。随县人民检察院（以下简称"随县院"）在履行职责中发现随县原国土资源局未依法履职的案件线索，遂立案调查。经调阅行政执法卷宗、实地走访、现场勘查，查明了齐心石材非法占用耕地及行政机关履职不到位的事实。2019年8月28日，随县院向县自然资源和规划局发送检察建议书，建议该局依法履行监督管理职责，责令齐心石材限期拆除土地上新建的建筑物和其他设施、退还土地、恢复土地原状。

2019年9月16日，随县自然资源和规划局回复随县院：因企业生产经营困难作出上述处理决定，正在督促整改；对新增违法占地行为正在调查处理。同年12月24日，随县自然资源和规划局向齐心石材送达行政处罚决定书，对齐心石材新增违法占地3783平方米行为予以行政处罚。但对齐心石材2013年非法占地行为未重新作出行政处理，齐心石材非法占地行为持续存在，社会公共利益仍处于受侵害状态。

（四）诉讼过程

2020年6月1日，随县院向随县人民法院提起行政公益诉讼。请求判令撤销随县原国土资源局行政处罚决定书，责令随县自然资源和规划局在一定期限内继续履行监督管理职责。

同年7月17日，随县人民法院以公开的方式开庭审理了本案。

在审理的过程中，随县自然资源和规划局答辩称：齐心石材系唐县镇政府招商引资企业，存在"边建设、边办理用地手续"情况，因调整产业布局等原因未能完成供地手续；将按照法院判决，重新对齐心石材违法行为进行处理；已对新增违法占地行为进行处理。

随县院向随县人民法院提交了涉案行政执法材料、现场勘查笔录、证人证言、《省人民政府关于随县2018年度第9批次城市建设用地的批复》《土地征收公告与补偿方案》等证据。同时提出辩论意见：随县自然资源和规划局负有辖区内土地违法行为监管职责，其对齐心石材不符合土地利用总体规划擅自占用土地违法行为，未依法责令齐心石材退还土地、恢复土地原状，适用法律法规确有错误；在申请强制执行逾期后，没有采取向随县县政府和向上级国土部门报告、停止办理与本案有关的许可、审批等手续，没有穷尽行政管理手段；其采取办理农用地转建设用地措施，既与生效的行政决定相悖，也违反《国土资源行政处罚办法》等规定；随县自然资源和规划局应当依法继续履行监管职责，强化耕地保护。

2020年7月23日，随县人民法院作出一审判决，判令撤销原行政处罚决定书，责令随县自然资源和规划局在判决生效60日内，重新对齐心石材的违法行为作出行政处理；同时责令随县自然资源和规划局继续履行监管职责。

随县自然资源和规划局在该案判决后，主动履行了自己的职责，依法对其进行了行政处罚，责令齐心石材将非法占用的11 483平方米土地退还给随县唐县镇双丰村村委会，没收4215.8平方米的建筑物，处以罚款122 369元。最后，齐心石材已缴纳罚款122 369元，涉案土地已经全部退还至村委会。同时，不符合土地利用规划的5689平方米耕地上的附着物已全部拆除，恢复土地原状。

（五）典型意义

守住耕地保护红线，是土地资源保护的基本国策。检察机关具有公益诉讼检察职能，在面对非法占用耕地的违法行为时，应该以检察建议的形式，督促行政机关依法行使监督职责。严格落实耕地保护政策。对于行政机关仍不依法全面履职的，依法提起诉讼，彰显"耕地红线不能碰"的底线。

在判断和认定行政机关是否履行好法定职责时，应该首先考虑到行政机关的法定职责，以及是否充分实施了制止违法行为的行政监督手段，是否有效地保护国家和社会公共利益。

在当前实现脱贫攻坚、持续推进乡村振兴的关键时期，最高人民检察院以专题的形式发布涉农公益诉讼的典型案例，具有以下的几点意义：其一，充分发挥典型案例的指引作用，各级检察部门能更加精准地把握处理"三农"案件的着力点和相关法律法规政策的界限，从而提高办案的质量和成效。实施乡村振兴战略所涉及的领域广泛、产生的问题多、实施难度大,因此要用高标准来要求公益诉讼案件的审理。最高人民检察院通过专题的形式来发布典型案例,可以为其他地区在审理相关案件时,尤其是在办案尺度、规则运用、案件重点等方面提供一定的借鉴意义。其二,发挥好工作指引和示范作用,推动各级公益诉讼检察部门工作的开展,主动服务乡村振兴战略。农业是国家的基础,要全面建设社会主义现代化国家,最困难、最艰巨的工作还是在农村。通过检察院专题发布典型案例,进一步提高各级检察机关对新时期"三农"工作的重视程度,着力解决"三农"工作的薄弱之处,提升治理乡村的能力,同时推动法治建设。其三,通过案例来解释法律,提升社会和公众对"三农"领域公益保护的重视程度和关注度,从而形成合力来进行乡村治理。案例是法治的最佳教科书。公布典型案例,可以更加生动地说明党中央的政策要求、法律的规定、相关司法政策展示出来,使整个社会保障"三农"的法治意识得到提升。

第三节 法院判例

实施乡村振兴战略,是我国农业农村现代化改革的重大战略部署,习近平总书记曾强调,重大改革都要于法有据,乡村振兴战略的全面推进,当然也离不开法治的保障。农村经济社会各种矛盾错综复杂,因此,只有落实法治的保障,才能确保乡村振兴战略能如复兴号高铁动车组一般,在中华民族伟大复兴的康庄大道上平稳又快速地前进,为此,特筛选如下司法案例以剖析当前乡村振兴战略的法治保障现状。

一、农村宅基地制度改革案例

农村宅基地制度是我国特有的带有浓郁民族色彩的一种土地管理使用制度,根据宪法规定,我国的土地所有权的形式仅有两种,分别为国家土地所有权和集体土地所有权,自然人不能成为土地所有权的主体。农村宅基地使用权制度是在我国20世纪计划经济体制和城乡"二元"户籍制度的背景下,基于农村集体土地所有制的基础上而产生的,其特点是农民所拥有的农村宅基地使用权具有身份性、无偿性和无期限性等特征。农村宅基地制度改革是乡村振兴战略能否顺利实施并取得成效的基础性关键问题。

虽然相关法律法规、政策明确禁止不具有集体经济组织成员资格的城镇居民购买和拥有宅基地使用权，但对宅基地使用权的继承并未明确作出禁止规定，司法实践中，就有法院认为，当农村的房屋被继承人继承时，根据"房地一体"原则，房屋附着上的宅基地使用权也应随之一起被继承，这不仅具有法律基础，还具有社会基础。因此，当房屋作为遗产被继承时，其项下的宅基地使用权也应当被同一继承人一起继承，这有利于保护农民的私有财产权，更能够长远保护农民的合法权益。

例如，在"杨某春、杨某栓诉淅川县荆紫关镇人民政府土地所有权处理决定一案"[1]中，被告淅川县荆紫关镇人民政府于2014年7月31日作出荆政〔2014〕61号《关于荆紫关镇北街村杨某春、杨某栓与杨某生宅基地纠纷处理意见》，处理决定如下："一、杨某春所购买荆紫关镇粮管所房产、土地系国有资产，未如期办理变更登记手续属非法占地行为，由土地行政主管部门对其进行处理并责令其到县以上土地行政主管部门申请变更登记；二、杨某栓违法占地由土地行政主管部门对其进行处理；三、杨某生使用土地与清查登记面积相符，为合法使用；四、收回争议老宅宅基地由所在生产小组集体所有。"

法院经审理后认为：荆政〔2014〕61号《处理意见》显示，杨某春、杨某栓、杨某生兄弟三人争议老宅系1953年发放土地证，依据《关于印发〈确定土地所有权和使用权的若干规定〉的通知》第19条"土地改革时分给农民并颁发了土地所有证的土地，属于农民集体所有；实施《六十条》时确定为集体所有的土地，属农民集体所有。依照第二章规定属于国家所有的除外"可知，争议老宅宅基地系集体所有，老宅基地上房屋为私人合法财产。依据《土地管理法》第62条规定"一户一宅"、第63条规定"农民集体所有的土地的使用权不得出让、转让"可知，农村宅基地的土地所有权归集体所有，农民只有使用权，没有处分权。但《继承法》第3条规定"遗产是公民死亡时遗留的个人合法财产，包括：公民的收入；公民的房屋、储蓄和生活用品；公民的林木、牲畜和家禽；公民的文物、图书资料；法律允许公民所有的生产资料；公民的著作权、专利权中的财产权利；公民的其他合法财产"，明确规定保护公民的合法继承权；《物权法》（《民法典》规定相同）第147条

---

[1] 参见河南省淅川县人民法院〔2014〕淅行初字第80号行政判决书。

"建筑物、构筑物及其附属设施转让、互换、出资或者赠与的,该建筑物、构筑物及其附属设施占用范围内的建设用地使用权一并处分"规定可知,我国实行"房地一体主义"。房屋依附于宅基地之上,房屋所有权与宅基地使用权具有不可分割性。由此可知,老宅房屋应当作为合法遗产予以继承,保护继承人的合法继承权。因此,被告作出处理意见适用法律不当,侵犯了原告和第三人的合法权益。

类似的还有薛某田诉忻州市忻府区人民政府土地行政登记案,法院认为:①《宪法》第 13 条第 2 款规定:"国家依照法律规定保护公民的私有财产权和继承权。"《继承法》(当时有效,下同)明确规定,公民的房屋是公民个人的合法财产,可以作为遗产予以继承。即,宅基地上房屋可以继承,根据"地随房走"原则,公民继承了房屋当然可以使用房屋所占宅基地。故事实上在集体组织内部,宅基地使用权得以继承。②国土资源部《关于进一步加快宅基地使用权登记发证工作的通知》(国土资发〔2008〕146 号)(当时有效,下同)第 3 条第 1 项规定:"严格落实农村村民一户只能拥有一处宅基地的法律规定。除继承外,农村村民一户申请第二宗宅基地使用权登记的,不予受理。"即农村宅基地使用权可继承。国土资源部、中央农村工作领导小组办公室、财政部、农业部《关于农村集体土地确权登记发证的若干意见》规定:"非本农民集体成员的农村或城镇居民,因继承房屋占用农村宅基地的,可按规定登记发证,在《集体土地使用证》记事栏应注记'该权利人为本农民集体原成员住宅的合法继承人'。"故薛某田对诉争宅基地使用权拥有继承权。③区政府仅依村委会出具的证明,而未对诉争宅基地使用权权属进行实质性审查,在未查明土地历史使用情况和现状情况下颁发宅基地使用权证,程序违法。遂判决撤销区政府为薛某田之兄颁发的《集体土地建设用地使用证》。

同样,在胡某俊因与被上诉人胡某杰排除妨害纠纷一案中,法院认为:1992 年 12 月 1 日,原阳县人民政府为胡封山颁发 010028105 号集体土地建设用地使用证;该宅基地面积为 396 平方米,南北长 22 米、东西长 18 米,东临胡某得、西临胡某俊、南临路、北临路。该宅基地使用权据此为胡某山登记所有。根据《继承法》第 3 条规定,遗产是公民死亡时遗留的个人合法财产,包括公民的房屋、储蓄和生活用品等合法财产。本案宅基地及宅基地上的房屋依法应由胡封山第一顺位继承人继承,胡某杰作为胡某山的儿子,依法享有对该宅基地上房屋及该宅基地使用权继承的权利。根据《物权法》(与《民法典》规定一致）第117条"用益物权人对他人所有的不动产或者动产，依法享有占有、使用和收益的权利。"规定，胡某杰对该宅基地享有占有、使用和收益的权利。

改革开放以来，经济社会的发展使得农村村民对于宅基地使用权的财产性需求与日俱增，而保障性需求则逐渐下降，农村房屋和宅基地使用权对于农民来说，其现实意义已经远远超越了社会福利保障的含义，具有更多的财产和生产资料的含义。这一点在经济发达地区体现得更为明显。中共中央、国务院《关于实施乡村振兴战略的意见》提出，改革要坚持农民的主体地位，充分尊重其意愿，目标是为了促进农民共同富裕，促进其持续增收。[1]宅基地使用权连同房屋已经成为农民重要的财产，农民对宅基地使用权的作为一种财产性权利的属性需求和利用意愿日益增强，赋予其财产属性就是充分尊重农民意愿，允许农民充分利用好宅基地使用权和其上的房屋，就可以为农民增添一笔可观的收入来源，从而维护农民根本利益，促进共同富裕，因此，如何切实利用好宅基地是当前实施乡村振兴战略的一个关键问题。

二、乡村基层人才就业保障案例

2021年是我国取得脱贫攻坚战胜利的收官之年，也是"十四五"规划的开局之年。当前，我国取得了脱贫攻坚战的全面胜利，如何实现巩固脱贫攻坚战所得的胜利成果与实施乡村振兴战略的有效衔接，成为我国"三农"工作的核心问题。但是，目前实施乡村振兴战略确遭遇了乡村地区青壮年人才匮乏之窘境，大量青壮年人才都选择前往城市发达地区就业创业，这种人才分布的结构性矛盾严重制约我国社会经济的可持续发展，也是实施乡村振兴战略的根本桎梏。究其原因，主要在于城乡基础设施资源分布不均、社会保障存在差异、乡村地区平台小、融资难等困境。

乡村振兴，关键在人，因此，当前我们必须通过各种政策来吸引各类人才投身乡村建设，同时，也必须通过法治的方式来保障乡村就业创业人才的合法权益。

---

[1] 参见中共中央、国务院《关于实施乡村振兴战略的意见》第二部分（三）："……坚持农民主体地位。充分尊重农民意愿，切实发挥农民在乡村振兴中的主体作用，调动亿万农民的积极性、主动性、创造性，把维护农民群众根本利益、促进农民共同富裕作为出发点和落脚点，促进农民持续增收，不断提升农民的获得感、幸福感、安全感……"

例如，黄某与江苏省淮安市盱眙县古桑街道白虎村村委会劳动争议纠纷一案[1]便很有典型意义。白虎村村委会系取得基层群众性自治组织特别法人资格的特别法人，盱眙县民政局向其颁发了"基层群众性自治组织特别法人统一社会信用代码证书"。2020年7月2日，白虎村村委会所在乡镇古桑街道办牵头辖区内村（居）委会对外发出《古桑街道办事处招聘村级后备干部简章》，2020年8月13日，黄某出具承诺书一份，载明："本人于2020年8月6日通过古桑街道村级后备干部招聘考试笔试、资格审查、面试等程序，进入体检名单。现就今后工作中可能出现的一些问题进一步确认和承诺：本人将严格按照《古桑街道办事处招聘村级后备干部简章》基本要求，自愿在（社区）工作3年以上，并在此声明：本承诺书和聘用合同具有同等法律效力。"

2020年8月21日，黄某到被告所在辖区内白虎村从事"新时代文明实践、文明创建、妇联、团委关工委"工作，该村党总支书记、村委会主任为邱某超，副书记为郁某伟。2020年12月11日，白虎村召开会议讨论"关于后备干部黄某、王某树考核去留事项"，结论为"黄某不留用，王某树延长试用期，由党员及村干部测评"。2020年12月21日，邱某超通过微信通知原告试用期未过并结算工资，当月25日，古桑街道办党工委副书记（挂包白虎村）张某家通过个人账户向原告转账支付10 000元，转账摘要备注"代村付黄某4个月工资"。上述10 000元计入"二〇二〇年七至十二月份白虎村务工补贴花名册"中。

在此案中，白虎村村委会答辩认为村委会是村民自我管理、自我教育、自我服务的基层群众性自治组织性质，法律法规未列明村委会可以为用人单位，村委会不属于劳动法等相关法律法规规定的用人单位范畴。

庭审过程中，法院认为："关于劳动关系的认定问题，首先审查双方主体是否适格，其次审查劳动者与用人单位在人身、财产、组织上是否存在从属关系。具体到本案中，根据查明的事实，对于原告与被告在人身、财产、组织上的从属性是可以认定的，第一项标准中原告黄某满足了作为劳动者的劳动权利能力及劳动行为能力要求，主要问题集中在村民委员会是否具有用人单位主体资格上。对此，司法实践中亦存有分歧，盱眙县劳动仲裁委也因被告主体资格问题决定对案涉纠纷不予受理，本院经审理后认为村民委员会具

---

[1] 参见［2021］苏0830民初5048号民事判决书。

备用人单位主体资格，主要理由为：首先，1995年1月1日施行的《劳动法》第2条规定："在中华人民共和国境内的企业、个体经济组织（以下统称用人单位）和与之形成劳动关系的劳动者，适用本法。国家机关、事业单位、社会团体和与之建立劳动关系的劳动者，依照本法执行。"2008年1月1日施行的《劳动合同法》第2条规定："中华人民共和国境内的企业、个体经济组织、民办非企业单位等组织（以下称用人单位）与劳动者建立劳动关系、订立、履行、变更、解除或者终止劳动合同，适用本法。国家机关、事业单位、社会团体和与其建立劳动关系的劳动者，订立、履行、变更、解除或者终止劳动合同，依照本法执行。"从上述法条规定来看，被告作为群众自治性组织，并未在法条规定的6类用人单位之列，但从法条罗列的6类主体看，"用人单位"具备以下一些共性：①系经过国家相关主管部门登记注册的组织、诸如取得工商营业执照、事业单位法人证书等；②经济上有能力独立用工的物质基础和财务保障，能够依法支付工资及缴纳社会保险；③除个体工商户外，有一定的组织体系，有较为固定的业务，承担一定的职能和经营活动。2017年10月1日施行的《民法总则》将村民委员会确定为特别法人，特别法人能否作为用人单位与劳动者建立劳动关系，应当从特别法人与用人单位应具有的资格及能力方面进行审查，本案中，被告依法成立、能够支付工资、缴纳社会保险费、提供劳动保护条件，能够承担相应的民事责任，具有"用人单位"属性，故可以认定为用人单位。其次，《劳动合同法》第2条第1款突破了《劳动法》第2条第1款封闭式列举用人单位的规定，对用人单位作开放式列举规定，即"……等组织"，由此，村（居）民委员会作为其他组织体并非突破法律的限制性规定。最后，确定村（居）民委员会具备用人单位主体资格，不仅可以更好地维护劳动者合法权益，更能从法律层面保障乡村振兴的核心要素"人才"的稳定性，有利于农村经济和社会发展。

同样，重庆市酉阳县东奥迪利斯制衣有限公司与赵某华劳动争议纠纷案[1]也突出表现了审判机关积极维护农民工群体权益。

2016年2月17日起赵某华开始在东奥公司处务工，工作岗位系车工。2019年1月26日，双方续签固定期限劳动合同《全日制劳动合同书》约定：劳动合同期限自2019年2月18日起至2022年2月17日止；工作地点双方约

---

[1] 参见[2021]渝04民终1458号民事判决书。

定初步履行地为重庆市酉阳县，且乙方同意甲方根据实际工作需要指派乙方从事临时性或者长期性的其他工作或者外派工作；工作内容从事操作工作；关于劳动报酬甲方承诺乙方每月25日为发薪日，实行基本工资和绩效工资相结合的内部工资分配办法；双方依法参加社会保险，按时缴纳各项社会保险费。在工作中，双方实际实行计件工资。2020年5月起东奥公司通知赵某华停工，并要求赵某华回家等通知。停工期间，东奥公司向赵某华发放生活费。2020年9月4日赵某华以东奥公司没有依法缴纳社会保险为由向东奥公司邮寄了《解除劳动合同通知书》。2020年10月22日，赵某华向酉阳县劳动人事争议仲裁委员会申请仲裁，请求裁决东奥公司支付赵某华经济补偿金、失业保险金、带薪年休假工资。2020年12月1日，酉阳县劳动人事争议仲裁委员会作出渝酉劳人仲案字［2020］第118号仲裁裁决书，裁决：支付申请人经济补偿金10 590元，驳回申请人赔偿失业保险金、带薪年休假待遇仲裁请求。

东奥公司未给赵某华缴纳失业保险等社会保险。赵某华2019年带薪年休假于2020年初春节已放。赵某华给东奥公司发放工资：2019年9月3538元、10月1885元、11月3455元、12月3562元，2020年1月2921元、2月1190元（生活费1700×70%）、3月3114元、4月1907元、5月1735元、6月952元（生活费）、7月580元（生活费）、8月580元（生活费）。

赵某华系农村居民，2020年9月解除劳动合同后，在家种地。东奥公司未给赵某华出具解除合同证明及进行相关失业备案，赵某华未在相关部门进行失业登记。2020年重庆市酉阳县失业保险金发放标准为每月1620元。

此案一审法院判决："一、东奥公司于判决生效后十日内向赵某华支付经济补偿金11 200元；二、东奥公司于判决生效后十日内向赵某华赔偿失业保险金23 328元。"

东奥公司不服一审裁判，上诉请求：撤销原判，改判东奥公司无需支付赵某华经济补偿金及失业保险金；本案诉讼费由赵某华负担。事实和理由：①东奥公司不应当支付经济补偿金。赵某华离职时，未按法定程序向东奥公司递交申请书。东奥公司愿意为赵某华缴纳社会保险，但缴纳社保需要一定时间，东奥公司没有过错。②即使要支付经济补偿金，解除劳动合同前12个月平均工资应按赵某华实际领取的工资（生活费）计算。③东奥公司不应当支付失业保险金。《实施〈中华人民共和国社会保险法〉若干规定》第13条不应适用于本案。赵某华不属于《重庆市失业保险条例》第44条规定的"非因本人意愿中断就业的职工"。因此，赵某华无权领取失业保险金。赵某华向东奥公司邮寄离职通知后，未到东奥公司办理离职交接手续，导致东奥公司客观上无法向赵某华出具离职材料。④即使要支付失业保险金，2021年1月起的失业保险金计算基数应为1440元/月。

二审法院认为：关于经济补偿金的问题。根据《劳动合同法》第38条第1款第3项以及第46条第1项的规定，用人单位未依法为劳动者缴纳社会保险费的，劳动者可以解除劳动合同，且用人单位应当支付经济补偿金。本案中，东奥公司没有缴纳社会保险费用，赵某华有权以此为由解除劳动合同，东奥公司应向赵某华支付相应经济补偿金。

关于经济补偿金的计算基数问题。赵某华解除劳动合同前12个月的工资包含了停产期间发放的生活费。因停产系因东奥公司自身原因造成，东奥公司应当向赵某华发放生活费，其中2020年6月至8月期间东奥公司发放的生活费未达到当地最低工资标准的70%，一审法院认定停产期间生活费应为当地最低工资标准的70%，并以此来计算解除合同前12个月平均工资并无不当。东奥公司主张按照实际发放的生活费来计算解除合同前12个月平均工资不予支持。

关于失业保险金的问题。《社会保险法》第45条第2项规定，失业人员非因本人意愿中断就业的，从失业保险基金中领取失业保险金。人力资源和社会保障部颁布施行的《实施〈中华人民共和国社会保险法〉若干规定》属于部门规章，且现行有效。《实施〈中华人民共和国社会保险法〉若干规定》第13条规定："失业人员符合社会保险法第四十五条规定条件的，可以申请领取失业保险金并享受其他失业保险待遇。其中，非因本人意愿中断就业包括下列情形：……（五）劳动者本人依照劳动合同法第三十八条规定解除劳动合同的……"《重庆市失业保险条例》第44条明确规定，依照法律、法规、规章规定享受失业保险待遇的其他职工属于非因本人意愿中断就业的职工。因此，《实施〈中华人民共和国社会保险法〉若干规定》与《重庆市失业保险条例》并不矛盾，只要符合《实施〈中华人民共和国社会保险法〉若干规定》第13条规定情形的失业人员仍可领取失业保险金。本案中，东奥公司没有依法为赵某华缴纳社会保险，赵某华以此为由提出解除劳动合同，属于依照《劳动合同法》第38条第1款第3项规定解除劳动合同，因此，赵某华属于可领取失业保险金的失业人员。东奥公司没有为赵某华缴纳失业保险，导致赵某华无法从失业保险基金中领取失业保险金，东奥公司应当承担赔偿责任。

关于失业保险金的计算基数。《关于适用失业保险基金支持脱贫攻坚的通知》（渝人社发〔2018〕206号）文件要求，2019年1月1日在重庆市参保，且户籍地在深度贫困县的失业保险金人员，失业保险金标准上调至全市最低工资标准最高档的90%，其中酉阳县属于深度贫困县，该政策执行期限截至2020年12月31日。重庆市人力资源和社会保障局、重庆市发展和改革委员会、重庆市财政局、重庆市农业农村委员会、重庆市乡村振兴局《关于切实加强就业帮扶巩固脱贫攻坚成果助力乡村振兴的通知》（渝人社发〔2021〕237号）文件要求，扩大失业保险保障范围，对国家级乡村振兴重点帮扶县，失业保险金标准按最低工资最高档的90%执行，政策执行至2025年12月31日。重庆市乡村振兴局发布《关于确定全市乡村振兴重点帮扶区县、乡镇、村的通知》，确定酉阳县属于国家级乡村振兴重点帮扶县。本案中，赵某华的户籍在酉阳县，其失业保险金的计算基数应按重庆市最低工资标准最高档的90%计算。东奥公司主张2021年起应按重庆市最低工资标准最高档的80%计算失业保险金不符合上述文件要求，不应得到支持。

本案中，法院关于失业保险金计算基数的认定方法，应当说是非常好地领会了中央及地方关于落实乡村振兴战略，加强就业帮扶的政策精神，有力地维护了乡村基层就业人员的合法劳动权益，切实地为乡村振兴战略贡献了有力的司法支持。

三、保障农资交易安全案例

乡村振兴，产业兴旺是重点。民以食为天，粮食问题事关国家根本。习近平总书记曾强调，中国人的饭碗任何时候都要牢牢端在自己手上。粮食生产作为农业生产的关键，事关国运民生，确保重要农产品特别是粮食供给，是实施乡村振兴战略的首要任务，并且粮食增产是农民增收的重要保障，加强农作物病虫害防治及正确施用化肥是粮食增产的前提。当前社会存在一部分农民购买农作物种子或农药化肥引起的纠纷，正确审理此类案件，切实保障农户权益，对保护农户的生产积极性有着重要意义。

在鄱阳县高家岭供销合作社童仓农资经营店于刘某某买卖合同纠纷一案中，原告刘某某系种田大户，因所种植的240亩早稻出现虫害，2017年5月

25日至6月2日间，经被告鄱阳县高家岭供销合作社童仓农资经营店负责人即经营者吴某艳推荐，先后三次在被告店内购买了560瓶"顶点牌"杀虫剂用于预防、杀灭钻心虫。被告鄱阳县高家岭供销合作社童仓农资经营店的负责人即经营者吴某艳在出售该杀虫剂时，承诺只要刘某某按照其指示进行操作，72小时内，刘某某水稻田里的钻心虫一定全部消灭。但刘某某在使用该农药后，稻田虫害并没有得到解决且贻误杀虫时机，水稻受损严重。此后，刘某某找被告负责人协商如何弥补其自身的经济损失时，得知被告负责人将用于甘蓝作物的杀虫剂卖给了刘某某用于水稻杀虫。2017年7月2日，原、被告双方达成和解并签订了和解协议，协议约定，被告愿意无条件赔偿原告刘某某所受到的一切经济损失，原告刘某某经济损失的计算方式为，以村民吴某生水稻亩产为参照计算原告刘某某的减产量乘以当时的水稻市场收购价，同时约定测产时双方应无条件到场。早稻收割时，原告刘某某要求吴某艳同时到场测产，吴某艳拒绝到场，后经原告单方测产，原告水稻平均亩产约为750斤，村民吴某生水稻平均亩产约为1260斤。后经一审法院核查，村民吴某生的水稻亩产达到1200斤以上，原告亩产不足800斤，2017年上半年早稻市场收购价为0.93元/斤。但最终被告拒绝对原告进行赔偿，于是原告刘某某提起诉讼。

一审法院认为："原告刘某某在被告处购买农药，双方构成买卖合同关系。原告在购买农药时，被告明知原告为种田大户，农药系用于水稻杀虫，却将用于甘蓝作物的杀虫剂卖给原告，致使原告的稻田虫害问题未能得到解决从而产生经济损失，被告的行为使得双方订立合同的目的无法实现，构成根本违约，应当承担相应的违约责任。原、被告双方就赔偿问题达成的和解协议，系双方真实意思表示，内容不违反法律、行政法规的强制性规定，该协议对双方当事人均有约束力，被告应当按照协议的约定赔偿原告的经济损失。因被告不配合原告对原告的损失进行核算，依照原、被告双方对损失约定的计算方式，综合考虑原告水稻产量的各种因素，该院酌定原告水稻亩产较村民吴红生的水稻亩产减少350斤，故其经济损失为78 120元（240亩×350斤×0.93元/亩），该损失应由被告赔偿。"

被告鄱阳县高家岭供销合作社童仓农资经营店不服一审判决，提出上诉，认为原审法院事实认定错误，即被上诉人到底有没有因为使用了上诉人的农药导致减产，被上诉人的减产量到底是多少。双方达成过一份和解协议，但该协议并不能直接认定被上诉人就真的存在实际损失。

二审法院经审理后认为："本案的核心问题是刘某某是否因使用鄱阳县高家岭供销合作社童仓农资经营店销售的农药而导致减产，如存在减产的情况，那么减产量是多少。根据查明的案件事实，2017年7月2日，鄱阳县高家岭供销合作社童仓农资经营店与刘某某签订了一份《和解协议》。在该份协议中，鄱阳县高家岭供销合作社童仓农资经营店明确认可刘某某因使用其销售的'顶点牌'农药杀虫剂导致刘某某种植的240亩水稻田减产，并且愿意无条件赔偿刘某某240亩水稻田因此所受到的一切经济损失，故刘某某因使用鄱阳县高家岭供销合作社童仓农资经营店销售的农药而导致水稻田减产的事实客观存在。根据协议约定，刘某某240亩水稻减产的产量计算依据为，以村民吴某生所种植约40亩水稻亩产乘以刘某某240亩，所计算出的总产量减去刘某某240亩水稻最后所测出的总产量即为刘某某240亩水稻的减产量，刘某某的经济损失根据此次减产的总产量乘以当时的水稻市场收购价进行核算，并约定双方应于2017年7月15日左右无条件到场进行测产。在刘某某两次通知鄱阳县高家岭供销合作社童仓农资经营店到场测产，而鄱阳县高家岭供销合作社童仓农资经营店拒绝到场的情况下，鉴于测产品种的季节性作物属性，刘某某遂单方测产。原审审理期间，原审法院对相关人员进行调查核实，刘某某水稻平均亩产约为750斤，村民吴某生的水稻亩产达1200斤以上，据此，原审法院依据双方《和解协议》关于减产产量计算的约定，酌定刘某某水稻亩产减少350斤并无明显不当。综上，驳回上诉，维持原判。"

本来，作为服务农民生产生活综合平台的供销合作社应加大生产、供销、信用"三位一体"建设，助力粮食生产安全和农民增收。但在本案中，因鄱阳县高家岭供销合作社童仓农资经营店售错农药导致刘某某水稻亩产大幅减少，严重损害了刘某某的经济利益。法院依照双方约定认真核查刘某某经济损失，判决被告向原告进行经济赔偿，依法保障了农民的合法权益，通过保护农民的种粮积极性保障粮食安全和增收；有效维护了农资交易安全，引领了农村供销合作社服务平台诚实经营的良好风气。

第七章　我国实施乡村振兴战略先进地区的考察与启示

第一节　考　察

一、杭州

（一）杭州基本情况概述

杭州位于中国东南沿海、浙江省北部、钱塘江下游、京杭大运河南端，是浙江的政治经济、文化、教育、交通和金融中心，长江三角洲城市群中心城市之一、长三角宁杭生态经济带节点城市、中国主要的电子商务中心之一。

杭州总面积16 596平方千米，常住人口为918.8万人。截至2018年，杭州市辖区内共有92个街道，98个乡镇，3164个村、社区，其中行政村共有2015个，其中农业从业人员达270万人，农业总产值达到466亿元。2018年，杭州农村常住居民可支配收入达到33 193元，其中工资性收入为19 796元，经营性收入为8521元，财产净收入为1380元，转移净收入为3496元，消费性支出为24 203元，人均住房建筑面积为72.5平方米。[1]

（二）政策保障体系

良好的政策保障是实现乡村振兴的前提之一。杭州从2017年开始制定了完善的政策保障体系，从产业兴旺、生态宜居、乡风文明、治理有效、生活富裕等方面实现了政策的全方位覆盖，构建了以《中共杭州市委杭州市人民政府关于推进乡村振兴战略的实施意见》为主体，《杭州市乡村振兴战略规划（2018—2020年）》为引导，《杭州市高质量推进乡村产业振兴行动计划

---

〔1〕　参见《乡村振兴蓝皮书2020》。

（2019—2022年）》《杭州市高质量高水平推进农村人居环境提升三年行动方案（2018—2020年）》等10个重点领域的政策性文件为保障的"1+10+N"的政策体系。

我们可以发现，在杭州市所有这些涉及乡村振兴的政策中，涉及"产业兴旺"的政策最多，并且这些政策对产业兴旺提出了具体的指引。《杭州市高质量推进乡村产业振兴行动计划（2019—2020年）》指出，杭州将实施产业振兴"16666"工程。

其中，"1"是着力创建乡村振兴示范市的总体目标，"6"是指深入开展六项具体行动，其中包括：第一，打造高质量的发展平台；第二，建设十个农业、文化、旅游融合的一体化产业平台，第三，高效益提升行动，打造区域和省级知名产品和十条农业产业链；第四，建设高质量农业田园林和示范区；第五，培育高素质的发展主体，其中包括农业产业化示范联合体以及农业龙头企业等六个方面；第六，开展高水平的农业科技转化行动，力争农业科技贡献率达到65%。而"666"是指重点发展"三个六"产业，其中包括提升六大传统产业、做优六大特色产业、做强六大新兴产业。

杭州不仅从宏观层面制定乡村振兴战略和规划，还构建了良性的政策保障体系，从资金、人才、发展主体等方面给予保障，并对优秀个人和集体给予奖励，进一步保障了乡村振兴战略的顺利实施。

（三）整体保障体系

1. 加强土地资源保障

以全域土地综合整治和生态修复工程为重点，围绕乡村振兴战略进行布局，积极发挥国土资源在乡村振兴战略中的服务保障作用。其中主要内容有：

（1）积极探索全域整治路径。针对各地不同资源禀赋和发展需要，因地制宜实行"全域整治、整镇整治、整村整治"三种差异化整治路径，推动全域整治工作由点及面。全域推广。

（2）促进农村多规融合。按照"控制总量、优化增量、盘活存量、释放流量、实现减量"的目标，组织编制村土地利用规划，加强多规融合和规划引导，优化布局农居建设、基础设施、产业发展等各类项目，为空间腾挪和项目落地夯实基础。

（3）严守耕地保护红线。积极垦造耕地，五年来共投入建设资金69亿元，垦造耕地8.64万亩，建成高标准农田118.4万亩，划定永久基本农田

254.5万亩。在全国率先推行"田长制"管理。全面建立并实施了耕地保护补偿激励机制，每年补偿总额达3.1亿元，激发农村和农民保护耕地的积极性，为农业适度规模经营和发展现代农业创造条件。

（4）活化利用存量土地。开展城乡建设用地增减挂钩，有计划开展农村宅基地、工矿废弃地等存量建设用地复垦，用地指标和调剂收益优先用于支持乡村振兴战略的实施。

2. 加强资金保障

以保障投入、调整结构、优化方式为抓手，构建以质量效益为核心的乡村振兴战略财政支农保障体系，为打造乡村振兴杭州样本提供有效可持续的财力支撑。其中主要内容有：

（1）调整财政支出结构。在确保财政投入与乡村振兴目标任务相适应的基础上，重点做好支出内容的结构性调整优化，以政策清理整合为抓手，注重支农政策之间的相互衔接，大力推进财政资金统筹整合。

（2）优化财政投入方式。进一步加强涉农资金管理，制定了《关于进一步加强涉农资金管理的意见》。逐步推行"大专项+任务清单"模式，根据各地任务完成情况，采取"以奖代补"方式下达财政资金。各区、县（市）可在完成市任务的基础上，统筹使用市级"以奖代补"资金用于"三农"领域。

（3）保障财政"三农"投入。持续重视对"三农"的投入，坚持把"三农"作为财政优先保障领域。2018年，杭州市本级财政对区、县（市）的"三农"工作投入30亿元左右，在严控政府债务风险和财政支出的基础上，安排"农林水支出"16.9亿元，增长3.8%。同时，积极整合原有扶贫扶持政策，统筹安排资金用于精准扶贫。

3. 加强人才保障

杭州结合党员春训、冬训，设置乡村振兴专题内容，组织6600余名农村党支部书记和16.3万农村党员分批分次开展集中轮训。优化调整农村网格支部7967个，设置专业合作社等功能性党组织2835个。全面整治"超大支部"或"空壳支部"，将518个经营性收入低于5万元的村166个党组织战斗力不强的后进村列为帮扶重点。加大农村党员和人才"双培养"力度，近三年发展35周岁以下党员1801名，全面消除了三年未发展党员的村。注重正向激励，全面落实乡镇干部"2个20%"政策，选出新时代、新担当、新作为干部 49 名,"双百"优秀乡村干部 202 名。

4. 加强组织体系建设

乡村振兴除了要有完善的政策体系外,还需要构建健全的组织体系,以保障政策能够很好地落地实施。为此,杭州市还构建了完善的组织体系,其中包括健全的乡村振兴领导小组组织架构和乡村振兴工作制度。杭州市为加强基层组织体系建设,制定出台了农村基层党建"1+3"文件体系,组织实施党建引领乡村振兴"十大行动",细化基层党建 16 项重点任务。

(四)成效分析

近些年,杭州深入贯彻落实中共中央、国务院《关于实施乡村振兴战略的意见》,2018 年杭州市在辖区范围内的农村开展了建设"四好"农村路,提升和改造农村公路 380 千米,广泛开展"厕所革命",共新建和改造了 500 座农村公厕。启动打造精品村 70 个以上,继续推进精品线路、风情小镇和历史文化村落建设,乡村振兴效果显著。

本书以杭州市余杭区为例来介绍。余杭区深入推进乡村振兴战略,效果显著,打造出经济发达地区乡村振兴的"余杭样板"。2019 年,余杭区全区实现农业增加值 53.87 亿元,增长 2.8%,农村居民人均可支配收入 41 347 元,增长 9.7%,绝对值跃居浙江省首位,增幅连续 13 年超过城镇居民,城乡居民收入比为 1.65∶1,城乡差距位于省市最低行列,人民群众的获得感、幸福感、安全感持续提升。

产业振兴领域,余杭区坚持发展现代农业,提升农业"两区"建设水平,建成粮食功能生产区总面积 19 万亩,粮食生产实现六连增,余杭区现代农业产业园作为 2019 年浙江省唯一一家列入国家创建名单。余杭区通过改革和探索,形成对非规模农产品生产经营主体监管"一户一卡"模式,是浙江省内最先推行对所有地产农产品全覆盖监管的地区,被评为全省首批"绿色农业发展先行县(区)"。此外,余杭区还加大推进"物联网+"现代农业建设,被命名为"浙江省农业机器换人示范县(区)",5G 技术率先应用于茶产业,夯实高品质绿色田园底色。

生态振兴领域,余杭区全面开展"城靓村美"建设行动,获得浙江省小城镇环境综合整治工作省级优秀县(区)称号;全覆盖推进 121 个精品村和 6 个精品区块(线路)"美丽乡村"建设,启动新一轮"1510"示范创建行动,6 个镇被评为全省示范乡镇,12 个村被评为全省特色精品村,成功创建省景区村庄100个，并荣获浙江省新时代美丽乡村示范县（区）。同时，余杭区大力提升生态环境质量，加快推进农文旅融合发展，全域塑造新时代美丽家园。

2019年，余杭区全区村级经营性收入达到10.54亿元，村均402万元，全面消除经营性收入50万元以下集体经济相对薄弱村；完善"三治融合"治理体系，深入推广小古城村"众人的事情由众人商量"的基层民主协商经验，以"5+1"机制打造余杭农村幸福社区样本，荣获杭州地区唯一的首批全国农村幸福社区建设示范单位。

三、东莞

（一）东莞基本情况概述

东莞位于广东省中南部、珠江口东岸、东江下游的珠江三角洲。因地处广州之东，境内生产莞草而得名。最东是清溪镇的银瓶嘴山，与惠州市惠阳区相连；最北是中堂镇大坦乡，与广州市黄埔区和增城区、惠州市博罗县隔江为邻；最西是沙田镇西大坦西北的狮子洋中心航线，与广州市番禺区、南沙区隔海交界；最南是凤岗镇雁田水库，与深圳市宝安区相连。东莞处于广州至深圳经济走廊中间，全市陆地面积2460.1平方千米，海域面积82.57平方千米。截至2018年，东莞市共下辖350个行政村、242各社区，常住人口为839.22万人，其中乡村人口为23.6万人。2018年，东莞农村常住居民人均收入为32 277元，其中工资性收入为27 512元，经营净收入为2661元，财产净收入为2946元。农村常住居民人均消费性支出为25 355元。[1]

（二）政策保障体系

2018年，东莞出台了《中共东莞市委东莞市人民政府关于推进乡村振兴战略的实施意见》（以下简称《实施意见》）提出了"1+1+N"的乡村振兴战略政策体系，即1个乡村振兴实施意见，1个乡村振兴推进工作方案，N包括生态宜居美丽乡村实施方案、集体经济监管、农村人居环境等一批重要文件。具体包括5个专项规划、46项重大任务、17项配套政策文件。其中5个专项规划分别为《全市乡村振兴战略规划（2018-2022）》《市域乡村建设规划》《村庄建设规划》《村土地利用规划和东莞市现代渔港建设规划》。未来，东莞将坚持规划引领、项目带动的推进思路，加快推动乡村振兴。

---

[1] 参见《乡村振兴蓝皮书2020》。

《实施意见》分别围绕产业振兴、生态振兴、文化振兴、组织振兴和人才振兴几个方面展开。其中，产业振兴领域将进一步完善镇村统筹利益分享机制。《实施意见》提出了"大力推进富民强村，推动乡村产业振兴"的战略部署。

乡村振兴，人才是关键。《实施意见》聚焦农村实用人才需要，从三方面谋划，推进东莞乡村实现人才振兴。第一，加强新型职业农民和乡村专业人才培育，认定一批生产经营型、专业技能型和社会服务型的新型职业农民。第二，加大对农村教师、全科医生、乡村医生、农技推广员、养老护理员、乡村工匠、非遗传承人、社会体育指导员等专业人才的扶持培育力度。第三，加强农业科技人才队伍建设，实行植物检疫员、动物检疫检验员、农技指导员、农业信息员、农业行政执法人员等培训常态化，提升基层农技人员的专业技能。利用好劳动力技能晋升培训补贴政策，引导和鼓励农村劳动力参加劳动力技能晋升培训，考取国家职业资格证书。

此外，《实施意见》还对乡村振兴提出了具体的时间轴，其中，到 2020 年形成乡村振兴政策体系；建立城乡融合机制；党的农村工作领导体制机制全面建立；所有村（社区）全面完成农村人居环境整治；城乡居民收入增长与经济增长基本同步；村组两级集体总资产超过 1700 亿元，年经营纯收入超过 150 亿元；现行标准下有劳动能力低保户实现家庭人均月收入超过当年市定低保标准。到 2022 年，乡村振兴见到显著成效，农村人居环境明显改观。城乡融合发展体制机制基本健全；党建引领基层治理作用明显；乡风文明持续改善；生态宜居美丽乡村建设取得重大成果，污水和垃圾无害化处理能力得到全面提升。到 2027 年，乡村振兴取得战略性成果，农村整体品质得到较大提升。城乡基本公共服务均等化基本实现；集体经济发展质量和水平进一步提升；乡风文明达到新高度，乡村治理体系更加完善；农村生态环境根本好转，全部建成生态宜居美丽乡村。到 2035 年，乡村振兴取得决定性进展，农业农村现代化基本实现。到 2050 年，乡村全面振兴，农业强、农村美、农民富全面实现。

（三）保障机制

1. 健全工作机制

东莞在乡村振兴战略领导小组下设若干个专项组，具体负责协调推进全市乡村振兴战略的各项工作，研究协调遇到的困难问题，专项组长原则上由领导小组副组长担任。紧盯标准、紧盯人员、紧盯进度、紧盯成效，加大落实五级书记抓乡村振兴工作机制，明确镇（街道）党委书记是第一责任人，切实把抓乡村振兴的责任扛在肩上，履职尽责、一抓到底。

2. 建立考核评价机制，强化考核

东莞参照《广东省全面推进乡村振兴战略实绩考核工作暂行办法》，研究制定东莞考核办法，明确考核内容、考核方式、考核程序和结果运用等要求，于2019年底或2020年初组织对各镇（街道）和市直有关单位进行考核评价。对工作突出、成效显著的镇（街道）、单位和个人给予表彰。对于考核不达标，或者在上级对东莞督查考核中严重失分或造成不良影响的，视情况依据相关规定对相关镇（街道）、单位和个人进行通报、追责。

3. 完善监管机制，壮大农村集体经济

为了保证乡村振兴战略的成功实现，东莞开展了农村集体资产有效监管、农村集体经济发展能力、次发达镇村加快发展、农产品质量安全、现代农业发展质量五项提升行动。为摸清农村集体经济的规模，东莞制定了完善的集体经济监管制度，构建了阳光透明的交易平台，打造了完善的监管平台，规范了农村集体资产及产权交易。

四、成都

(一) 成都基本情况概述

成都是四川省会城市，也是全国15个副省级城市之一。成都地处四川盆地西部，截至2017年，全市土地面积为14 335平方千米，占四川省总面积的2.95%，其中市区面积为3639.81平方千米，市辖区建成区面积885.6平方千米。截至2018年，成都市辖锦江、青羊、金牛、武侯、成华、龙泉驿、青白江、新都、温江、双流、郫都11个区，简阳、彭州、都江堰、邛崃、崇州5个县级市，金堂、新津、大邑、蒲江、4个县。全市共设置52个乡政府、206个镇政府、117个街道办事处、1647个社区居委会、2678个村民居委会。户籍人口为1476.05万人，其中乡村劳动力为320.31万人，农林牧渔业从业人员为148.58万人。2018年，国内生产总值为15 342.77亿元，其中农林牧渔业总产值为909.34亿元。截至2018年，成都农村居民家庭人均收入为28 912.5元，其中工资性收入为11 155.21元，家庭经营收入为10 463.06元，转移性和财产性收入为7293.23元。农村居民家庭人均支出为27 264.8元，其中家庭经营费用支出为4909.8元，生活消费支出为15 977.07元，财产转移性支出为1552.43元。农村居民家庭人均可支配收入为22 135元，年末人均住房面积为53.3平方米。[1]

（二）政策体系构建

2017年11月13日，成都召开了实施乡村振兴战略推进城乡融合发展大会，会上推出了一系列乡村振兴的顶层设计和制度保障，先后出台了《关于实施乡村振兴战略建立健全城乡融合发展体制机制加快推进农业农村现代化的意见》《成都市实施乡村振兴战略推进城乡融合发展"十大重点工程"和"五项重点改革"总体方案》《成都市实施乡村振兴战略若干政策措施（试行）》，构建形成"1+2+22"政策体系。编制形成《成都市乡村振兴战略规划（2018-2022年）》和《成都市"乡村振兴战略"空间发展规划》，同时全域统筹布局了"大美田园""蜀山乡韵""秀湖云田""天府农耕"和"山水乡旅"五条乡村振兴示范走廊。

其中"十大重点工程"分别为：全域乡村规划提升工程、特色镇（街区）建设工程、川西林盘保护修复工程、乡村人才培育集聚工程、农民增收促进工程、大地景观再造工程、农村人居环境整治工程、农业品牌建设工程、农村文化现代化建设工程、城乡社区发展治理工程；而"五项重点改革"为深化农业供给侧结构性改革、深化农村集体产权制度改革、深化农村金融服务综合改革、深化公共产品服务生产供给机制改革、深化农村行政管理体制改革。

（三）保障机制

1. 加强党委对实施乡村振兴战略的领导

坚持党委统一领导、政府负责、党委农村工作机构统筹协调的领导机制，落实省负总责、市县抓落实的工作机制，坚持五级书记抓乡村振兴。各级党委农村工作领导小组及其办事机构要牵头抓总，推动乡村振兴战略落地落实。

2. 加强基层组织建设和乡村治理

完善农村基层党组织领导机制，坚持农村基层党组织领导地位。健全村级重要事项、重大问题由村党组织研究讨论机制。全面推行村党组织书记通过法定程序担任村民委员会主任，依法推行村"两委"班子成员交叉任职。

---

[1] 参见《乡村振兴蓝皮书2020》。

建立农村基层党组织、基层群众性自治组织候选人联审机制。实施村党组织带头人队伍整体优化提升行动。

3. 强化实施乡村振兴战略考评激励

将乡村振兴考核纳入省委、省政府综合目标绩效考核,将考核结果作为干部任免、政策资金支持的重要参考。研究制定市、县党政领导班子和领导干部推进乡村振兴战略的实绩考核办法。实施乡村振兴战略考评激励办法,每年命名一批乡村振兴先进县(市、区)、先进乡镇、示范村。

4. 落实农业农村发展"四个优先"

坚持把落实"四个优先"的要求作为做好"三农"工作的头等大事,纳入重要议事日程。优先考虑"三农"干部配备,选好配强"三农"干部,把优秀干部充实到"三农"战线,注重选拔熟悉"三农"工作的干部充实各级党政班子,选优配强市、县党委、政府分管负责同志、农口部门主要负责同志。

五、郑州

(一)郑州基本情况概述

郑州地处中华腹地,史谓"天地之中",古称商都,今谓绿城。现辖6区5市1县及郑州航空港综合实验区、郑东新区、郑州经济技术开发区、郑州高新技术产业开发区。全市总面积7446平方千米,中心城区建成区面积601.77平方千米(含航空港经济综合实验区),市域城市建成区面积1055.27平方千米。截至2018年,郑州年末总人口为1013.6万人,乡村人口269.8万人,国内生产总值为10 143.3亿元,人均生产总值为101 349元,其中第一产业增加值为147.1亿元,第二产业增加值为4450.7亿元,第三产业增加值为5545.5亿元。居民人均可支配收入为33 105元,其中城镇居民人均可支配收入为39 042元,农村居民人均可支配收入为21 652元,农村居民人均可支配收入为21 652元。[1]

(二)政策体系

2018年4月4日,郑州出台了《郑州市加快推进乡村振兴战略2018年实施方案》,着重围绕提高农民收入、改善农村人居环境、组织人才培训、完善

---

[1] 参见《乡村振兴蓝皮书2020》。

农村公共服务体系以及精准脱贫等结果领域展开。该方案的出台为郑州开展乡村振兴提出了具体的要求，并对后续工作进行细致部署，主要有以下几个方面：第一，加快编制郑州全域乡村振兴战略发展规划；第二，加强推进农业供给侧结构性改革，推动农业产业结构转型升级；第三，着力提升农村基础设施水平；第四，实施田园综合体建设工程；第五，着力推进基本公共服务城乡一体化；第六，加强推进农村集体产权制度改革；第七，开拓农民增收新渠道；第八，加强基层党组织建设，提升乡村治理水平。《郑州市加快推进乡村振兴战略2018年实施方案》的出台为郑州乡村振兴战略的实施提供了有效保障，从加强组织领导、突出项目支撑、加强政策引导、深化改革发展、加强监督考核、强化宣传引导等几个方面提出了具体要求。此外，郑州市还制定了全市乡村振兴"1+1+N"的规划体系，即1个全市乡村振兴战略规划和1个都市生态农业产业空间布局规划，制定了乡村人居环境整治、科技振兴、乡风文明、组织振兴、扶贫攻坚5个专项三年行动计划，全方位推动郑州乡村振兴。

（三）保障机制

1. 人才保障

人才振兴是乡村振兴的关键之一。郑州为保障乡村振兴战略的顺利实施开展了多项人才培训活动。首要就是要加强农村重点人群科学素质和实用技能培训，开展以农民为主体的农村实用人才培训，开展小农户群体科学素质培训，开展农村科技人才培训，着力培养一支综合素质高、生产经营能力强、主体作用发挥明显的"土专家"和"田秀才"乡村科技人才队伍。

2. 资金保障

"巧妇难为无米之炊"，乡村振兴战略的实施离不开资金的保障。郑州为保障乡村振兴的资金支持，开展了"两项整合"和"三个联合"行动。其中，"两项整合"分别为积极推动涉农资金统筹整合和推动脱贫攻坚和乡村振兴的有效整合。郑州按照中央和省里统一部署，开展涉农资金统筹整合，落实涉农领域"放管服"改革要求，进一步推动市级审批权下放。在预算编制阶段对行业内涉农资金按照"大专项+任务清单"管理模式进行整合，明确约束性任务资金比例不超大专项总额度的50%，转移支付前提下达比例不低于80%。在项目谋划和预算执行阶段，依托市委农村工作领导小组联席会议，完善部门间会商机制。

3. 动员社会力量参加

郑州为动员社会力量参与乡村振兴出台了专门的扶持政策《郑州市支持民营企业参与乡村振兴的若干政策》，分别从发展环城都市生态农业、特色田园乡村建设和增强对农业民企金融支持三个方面进行扶持。其中，发展环城都市生态农业项目，给予生态补偿和基础设施建设补助。支持民营企业发展休闲农业和乡村旅游，实施休闲农业与乡村旅游星级示范企业（园区）创建工程，对认定为全国休闲农业与乡村旅游"五星级企业""四星级企业""三星级企业"的，分别一次性奖补50万元、30万元、10万元；对于向上晋星企业，以补差的方式进行奖补。

特色田园乡村建设领域，郑州采取先见后补、生态补偿、政府与社会资本合作、政府引导基金等方式，支持民营企业开展特色田园乡村示范项目建设。

农业民生金融支持领域，郑州通过财政出资，增加郑州农业担保股份有限公司注册资本金，增强担保实力，扩大担保信贷规模，进一步加大农业类专项基金实施。

六、武汉

（一）武汉基本情况概述

武汉地处中国中部，是长江中游特大城市、湖北省的省会、中国重要的工业、科教基地和综合交通枢纽。土地面积8494平方千米，人口1200万。形成了武昌、汉口、汉阳三镇鼎立的格局，通称武汉三镇。2018年，武汉下辖江岸、汉江、桥口、汉阳、武昌、青山、洪山、蔡甸、江夏、黄陂、新洲、东西湖、汉南13个行政区及武汉经济技术开发区（汉南区）、东湖新技术开发区、东湖生态旅游风景区、武汉化学工业区（2018年与青山区合并）、武汉临空港经济技术开发区和武汉新港6个功能区。下辖156个街道办事处、1个镇、3个乡。全市群众自治组织3182个，其中，社区居委会1377个，村民居委会1805个。全市土地面积8569.15平方千米，建成区面积723.74平方千米。[1]

---

[1] 参见《乡村振兴蓝皮书2020》。

(二) 乡村振兴的政策体系

2018 年,武汉农村工作暨精准扶贫工作会上发布《关于扎实推进"三乡"工程积极实施乡村振兴战略的意见》,提出以"三乡工程"(即市民下乡、能人回乡、企业兴乡)建设为突破口,推进乡村振兴战略的实施,到 2050 年,实现乡村的全面振兴。其中,市民下乡主要为鼓励和引导市民长期租用农村闲置房屋和农地资源,下乡体验田园生活,并为乡村带去城市文明,提高农民收入水平。能人回乡主要体现为鼓励和引导在外创业有成、热爱家乡的企业家和社会贤达返乡创办实业,提高农村闲置资源利用效率,"反哺"家乡建设。企业兴乡主要体现为鼓励和引导有社会责任感和经济实力的企业返乡投资,利用农村资源,推动农村股份合作开发,增加农民工资性收入。

《关于扎实推进"三乡"工程积极实施乡村振兴战略的意见》确定的乡村振兴路线图是到 2020 年,"三乡"工程建设实现全覆盖,高水平全面建成小康社会,乡村振兴取得重要进展,走在全国前列;到 2035 年,乡村振兴取得决定性进展,农业农村现代化基本实现;到 2050 年,乡村全面振兴,农业强、农村美、农民富全面实现。

(三) 保障措施

1. 人才保障

人才振兴是乡村振兴的基础。推动农业农村现代化,探索建立解决相对贫困的长效机制,须汇聚足够的人才资源,将推动乡村人才振兴摆在重要位置。2019 年 12 月,武汉召开了农村实用人才"百千万"工程推进会,计划通过组织开展学历教育、开展大规模惠农培训、加强农村实用人才基地建设等,构建人才支撑产业、产业成就人才的递进式人才结构。此外,武汉还建立了"百千万"工程人才库,树立了一批农业农村人才带头人,累计吸引 900 余名有产业、有资金、有项目的在外能人返乡创业,吸引大学生 1 万多人、海归人才 50 多人返乡。

2019 年,武汉进一步出台了《武汉市"一村多名大学生计划"实施方案》。方案指出,2019 年至 2022 年,武汉将全面实施该计划,面向全市农村地区以贫困村为重点,选拔培养 300 名有文化、懂技术、会经营,能够示范带动地方特色产业发展,带领群众脱贫致富的农村实用人才。

2. 资金保障

为了保障乡村振兴战略的顺利推进,武汉出台了各项产业资金扶持政策,如《关于鼓励和规范工商资本投资农业农村发展的意见》《关于深化财政支持农业农村发展专项资金改革促进乡村振兴战略实施的意见》《关于创新农村基础设施投融资体制机制的意见》，此外，每年还会出台一些专项方案如《2019年市"三农"发展奖励资金项目实施方案》《2019年市"互联网+农业"资金预算实施方案》。

3. 技术保障

为强化农业科技对实施乡村振兴战略、加快农业转型升级的支撑作用，武汉出台了《武汉市农业科技提升工程实施方案（2018-2020）》方案，明确提出从2018年，用3年时间，继承推广100项农业实用技术，引进培养100名农业创新创业优秀人才，培育壮大100家农业高新技术企业，建立完善100个农业科技服务平台，2020年，武汉农业科技进步贡献率达到了72.5%。

（四）乡村振兴的成效

在"三乡工程"的推动下，武汉组织实施"三乡工程"的行政村已达610个，建成黄陂杜堂村、新洲项山村、蔡甸天星村、江夏小朱湾等一批特色美丽村湾，培育共享农庄1570户，吸引社会投资153.1亿元，有效地促进了当地特色农业、休闲农业和乡村旅游的快速发展。

武汉市江夏区五里界街作为武汉市"三乡工程"发源地，近些年大力发扬首创精神，勇当乡村改革先行者，高水平打造乡村振兴样板，走出了一条城市乡村振兴的"江夏路径"。"江夏路径"主要有以下四个方面的内容：

第一，加强党组织建设，强化基层组织的凝聚力和战斗力。

第二，以人才振兴为推力，多渠道推动人才集聚。

第三，加强"三治"融合，推动民风建设。

第四，以乡村旅游为抓手，带动农村产业发展。

六、大连

（一）大连基本情况概述

大连共辖7个涉农区市县，包括庄河、普兰店、瓦房店、金州、甘井子、旅顺口和长海，还有高新园区、保税区、长兴岛开发区、花园口经济区4个国家级对外开放先导区。全市设114个乡镇（涉农街道办事处），其中有66个乡镇、48个涉农街道办事处、917个行政村。2018年，大连全年农林牧渔业及服务业总产值达900.7亿元，其中农业产值262.2亿元，林业产值7亿元，牧业产值171.9亿元，渔业产值达到385.9亿元。截至2019年底，大连农村常住居民人均可支配收入达19 974元。大连近些年大力发展都市现代农业，都市现代农业发展综合水平持续保持在我国前列。

大连坚持党对乡村振兴工作的领导，成立市委农村工作领导小组，建立完善的市级总负责、县级抓落实的工作机制。率先在辽宁省完成市级乡村振兴规划编制工作，制定落实农村人居环境整治、农村扶贫攻坚、农民增收致富等三年行动计划，为全市乡村振兴发展绘制出详尽蓝图。建立乡村振兴联络员制度，下派1024名干部进驻乡镇和低收入村，推动乡村振兴与落实"重强抓"专项行动有机结合，确保乡村振兴任务有效落地落实、取得成效。强化乡村振兴发展投入，市级财政投资32.7亿元，完成乡村振兴重点工程项目24个。[1]

（二）政策体系

大连市委、市政府近年来高度重视乡村振兴工作，坚持城乡统筹发展，深化农业供给侧结构性改革，持续推进都市现代化农业建设。2018年，大连围绕提升农业发展质量等10大领域，提出推进乡村振兴重点举措52项。指出大连乡村振兴应深化农村综合改革，推进承包地"三权分置"改革和农村集体产权制度改革，激活主体、激活要素、激活市场，确保农民受益；推进都市现代化产业发展，实施质量兴农战略，推动三次产业融合发展，加快构建具有大连特色的现代农业产业体系、生产体系和经营体系；扩大农业农村开发开放，打通人才、资金、技术、信息、管理等要素上山下乡的通道，引导工商资本参与乡村振兴，鼓励社会各界人士投身乡村建设；实施"蓝天工程""净土工程""碧水工程"，打造农民安居乐业的美丽乡村；着力保障和改善民生，解决好产业发展、务工就业、基础设施、公共服务、医疗保障等方面农民关心的实际问题。

为推进乡村振兴战略的顺利实施，大连还编制了《大连市乡村振兴战略规划》，明确其乡村振兴发展目标以及实现路径。

人才振兴领域，大连市政府办公厅制定了《关于支持返乡下乡人员创业创新的实施意见》，明确了在市场准入、金融服务、财政支持、用地用电和社会保障等方面对返乡下乡人员进行配套。《关于支持返乡下乡人员创业创新的

―――――――――
[1] 参见《乡村振兴蓝皮书2020》。

实施意见》强调要加强创业师资队伍建设，将返乡下乡人员纳入新型职业农民培育、农业职业经理人教育培训、农村青年电商培育工程等培训计划。建立健全创业指导制度，充实创业指导专家服务团队，为返乡下乡创业人员提供创业辅导。

产业振兴领域，大连先后出台了《关于发展都市型现代农业的意见》和《大连都市型现代农业发展规划纲要》。大连坚持用工业化理念谋划农业，深入推进农业供给侧结构性改革，转变农业发展方式，全面构筑现代化的农业产业体系、生产体系和经营体系。

生态振兴领域，大连出台了《大连市农村人居环境整治三年行动实施方案（2018—2020年）》，以建设美丽宜居村庄为导向，开展农村垃圾、污水治理和户厕无害化改造、村容村貌提升工作。

农村公共服务领域，大连规定要全面提升农村教育、医疗卫生、社会保障养老、文化体育等公共服务水平，加快推进城乡基本公共服务均等化。

（三）保障性措施

1. 人才保障

乡村振兴的核心是人才振兴，乡村振兴的发展最终取决于人才，人才振兴是乡村振兴的重要保障。2018年，大连共分三个批次选派1024名干部到乡镇和村工作，实现应派尽派。选派工作以来，大连市政府引导选派干部在乡村振兴一线担当作为。同时不断总结第一书记的经验做法，从基层推荐的30个先进经验做法中确定10种做法，作为全市2018年度驻村"第一书记"助力乡村振兴工作法，并在全市范围内推广。

2. 资金保障

为保障乡村振兴有充足的资金保障，大连针对返乡创业人员制定了专门的财政扶持政策，把返乡下乡人员开展农业适度规模经营所需贷款，纳入大连农业信贷担保体系，返乡下乡人员创办农业企业或新型农业经营主体，可按规定给予创业担保贷款。各级政府将返乡下乡人员创业创新培训经费纳入财政预算。落实定向减税和普遍性降费政策。此外，大连对女性领办的"乡村振兴巾帼基地"进行专项财政支持。

3. 技术保障

大连通过组织修订符合全市农业实际和彰显地域特色的农业技术规范，强力助推农业发展、乡村振兴。截至2019年底，大连已发布实施农业技术规范213项，涵盖保障农产品质量安全、促进农业产业化、恢复自然生态资源以及健全农产品配送标准体系等方面。

（四）乡村振兴的成效

1. 农业产业化、规模化发展效果显著

大连大力实施农业产业聚集发展工程、提质增效工程、功能融合工程，重点发展设施农业、海洋牧场、优质水果等产业，先后建成10个国家级海洋牧场示范区、109个市级以上水产品健康养殖、1403个标准化畜牧养殖场、214个标准化果园、80个特色花卉生产园。

2. 生态宜居效果显著

大连大力推进农村人居环境整治工作，实施农村人居环境整治三年行动，共建成生活污水集中收集处理系统11套，行政村生活垃圾处理体系覆盖率达到85%，改建完成无害化卫生户厕2万座。建成通屯油路411千米，大中修农村公路550千米，全市低收入村全部通上油路。

3. 农村综合改革硕果累累

大连实施壮大集体经济三年行动以来，53个集体经济"空壳村"经济收入实现"零突破"。大连为推进农村集体产权制度改革，新组建土地股份合作社30家，土地流转面积累计达到181.5万亩，占家庭承包耕地的41.5%。

4. 人才振兴成果显著

2018年以来，大连选派1000多名干部下乡担任第一书记，成效显著。第一书记经过在基层的探索，结合农村实际，探索出10种工作方法：第一，"党建+村办企业"双引擎工作法；第二，主动发展+援建帮扶"1234"工作法；第三，"四点一线"引导产业发展工作法；第四，"新奇特菜品"创收致富工作法；第五，"支部+农家乐民宿"工作法；第六，微信社交促销工作法；第七，"支部+合作社+电商"工作法；第八，"一核三化"促发展工作法；第九，"打井开源"工作法；第十，肉牛养殖项目扶贫工作法。

第二节 启 示

一、构建完善的政策保障体系

（一）加强资金保障

以保障投入、调整结构、优化方式为抓手，构建以质量效益为核心的乡村振兴战略财政支农保障体系，为乡村振兴战略提供有效可持续的财力支撑。

（1）保障财政"三农"收入。

（2）调整财政支出结构。

（3）优化财政投入方式。

（二）加强土地资源保障

以全域土地综合整治和生态修复工程为重点，围绕乡村振兴战略进行布局，积极发挥国土资源在乡村振兴战略中的服务保障作用。

（1）积极探索全域整治路径。

（2）促进农村多规融合。

（3）严守耕地保护红线。

（4）活化利用存量土地。

（三）加强人才保障

通过结合党员的冬训以及春训，再设置乡村振兴专题内容，组织农村党支部书记和农村党员分批分次开展集中轮训。

（四）加强组织体系建设

（1）建立健全乡村振兴领导小组组织架构。

（2）建立健全乡村振兴工作制度。

（3）构建"三小"监督体系。

二、注重农村环境整治，发展农村旅游

在全面整治农村环境的同时，杭州重点推动"扩面、提升、深化"，引领美丽乡村建设从人居条件改善转向生态环境优化。

三、通过改革释放农村发展潜力，推动农村发展

杭州加快"三权到人（户）"改革、农村土地制度、金融制度、户籍制度等各项改革工作，对生产要素改革全面展开，培养了诸多新型农业经营主体、农民合作经济组织，加快农民增收方式的转变。

四、培育龙头企业带动农民致富

要想跑得快，全靠车头带。杭州加大培育农业龙头企业力度，出台了《加快培育新型农业经营主体的实施方案》，充分发挥新型农业经营主体的龙

头带动和引领示范作用，多渠道带动农民增收，构建小农户对接现代农业的有效渠道。

五、加快城乡融合，实现乡村振兴与城乡融合发展紧密结合

杭州近些年积极地推进"人才西进""科技西进""文创西进""现代服务业西进"，深入实施城乡区域统筹"六大西进"行动，让市区的优质资源向县市辐射并且延伸，开始了乡村振兴的杭州探索。

六、开展"市、镇、试点村"三层级的"乡村建设专项规划"

东莞在市域、镇域层面编制了乡村建设规划，对有需要的村（社区）编制单村或连片的村庄建设规划，并指导村庄高标准建设。除了规划引领外，东莞市委、市政府还优先保障乡村振兴的资金。2019年，市财政预算安排乡村振兴资金29.34亿元，同比增长13.7%；从2020年起，计划再增加投入9.225亿元，用于奖补欠发达村、特色精品村和特色精品示范村。

七、实施全域项目化管理

2018年，东莞市确定了本市要项目化推进乡村振兴战略的实施路径。2019年，东莞把乡村振兴项目化的实施范围扩展到全市各镇街，在2018年项目化的基础之上打造升级版，实现"全域项目化"。围绕民生保障、产业兴旺、乡风文明、生态宜居、治理有效五个方面，分类梳理确定覆盖全市各个园区、镇（街道）的乡村振兴项目。

八、组建智库，打造平台，推动乡村振兴

东莞组建了乡村振兴专家咨询委员会，引入了智库力量，开展乡村振兴软课题研究，并提供了多种形式的咨询服务。专家组共有13人，包括了浙江先进地区专家代表1人，省级研究机构、高校专家代表7人，市内专家学者5人，涉及村庄规划建设、集体经济研究、本土乡村文化等多个领域。此外，东莞还成立了乡村振兴促进中心，作为一个开放性平台，通过委托课题研究等形式，探索东莞特色乡村振兴实施路径。

九、以生态振兴为切入点，由点及面逐步展开

成都以生态振兴为抓手，由点及面推动全面乡村振兴。成都在乡村振兴过程中围绕西部林盘修复再造项目和乡村林道改造项目，通过生态振兴带动乡村的产业发展。其中，西部林盘再造项目围绕"西控"特色城镇和产业园，将生产要素引入该地区，其中产业向产业园集聚，人口则流向特色城镇。成都围绕特色林盘项目提出了创建"特色镇（街区）+林盘+农业园区""特色镇（街区）+林盘+景区"和"特色镇（街区）+林盘+产业园"等模式。此外，为了推动生态宜居美丽乡村建设，成都还出台了特色镇（街区）建设总体方案，启动建设特色镇（街区）57个，打造AAA级旅游特色镇（街区）4个，制定"天府古镇"Logo商标使用管理办法，完成"天府古镇"Logo商标新申请注册32类45件。全面启动"互联网小镇"镇群建设项目。

十、构建全方位的保障机制

为推动乡村振兴的顺利开展，郑州分别从人力资本培育、资金扶持以及吸引社会资本等方面为乡村振兴构建了坚实的保障体系。其中，人力资本培育针对现有存量人才，即村"两委"班子，实施农村"土专家""田秀才"的再教育再培训，还与高校开展联合行动，使得高校毕业生除本专业毕业证书外，还能掌握一门新型技能。此外，郑州还针对农村转移就业劳动者特别是新生代农民工、城乡未继续升学初高中毕业生及返乡大中专毕业生等青年、下岗失业人员、退役军人、就业困难人员（含残疾人），实施"求学圆梦行动"，为实现乡村振兴培育了大量的增量人才。乡村振兴战略实施过程中资金扶持至关重要，郑州为保障乡村振兴的资金支持，开展了"两项整合""三个联合"行动。其中，"两项整合"分别为积极推动涉农资金统筹整合、推动脱贫攻坚和乡村振兴的有效整合，"三个联合"分别为促进财政内部协作联动、部门协调联动和市县两级联动，为乡村振兴构建了立体化的财政保障体系。此外，郑州大力推动社会力量参与乡村振兴也是一大亮点。

十一、鼓励社会力量参与乡村振兴

乡村振兴战略是我国未来发展的重点领域之一，应动员社会各界力量参与。郑州为动员社会力量参与乡村振兴出台了专门的扶持政策《郑州市支持

民营企业参与乡村振兴的若干政策》，并由财政出资给予专项奖励，提高了社会力量参与的积极性，取得了良好的效果，值得其他地区学习和借鉴。

十二、创新政策，推动乡村振兴

武汉在乡村振兴过程中将过去零散的政策进行集成，制定出鼓励"三乡工程"的"黄金二十条""钻石十条""能人回乡四张牌""农业共享经济"等措施，聚焦市民、能人和企业关注的"生态农业""乡村旅游""民间非遗"等项目，出台一系列鼓励性措施。为保证政策体系的顺利推进，武汉还整合农业、土地、环保、财政等10多个部门力量，集成农业农村资金和政策，建立完善了"政府搭台、企业（市民）唱戏、农民受益、合作共赢"的运作模式。市政府还组织开展多次能人回乡导师团和市民下乡看房团活动，实现农户闲置资源与市场需求的无缝衔接。

十三、以情感为纽带推进乡村振兴

武汉以情感为纽带，推动市民和能人返乡创业，吸引企业返乡投资。其中，为推动城乡居民情感融合，武汉先后组织五次规模宏大的市民下乡"看房团"和信息对接会，并在主流媒体发表推文50多篇，营造出浓厚的舆论氛围。能人返乡过程中，武汉大打亲情乡情牌，强力推进"能人回乡"工程，促进"农业+"转型升级，推动体验农业、休闲农业以及农村电商的快速发展。此外，武汉还强化情感招商，强力推进招商引资"一号工程"，待投资商如亲人，先后吸引当代集团等16家企业下乡投资，盘活了农村闲置资产，提高了农民收入。

十四、以"第一书记"作为支点，通过党建引领带动乡村实现全面振兴

大连市通过派遣"第一书记"下乡，发挥"第一书记"的模范带头作用，总结出"十佳做法"并加以推广，引起很大的社会反响。"十佳做法"充分发挥了"第一书记"的带头作用，"第一书记"通过将理论与实际相结合，深入挖掘所在村庄的资源禀赋，丰富了自身基层工作经验的同时，也带动村民实现发家致富。

十五、以深化改革推动乡村发展

大连以破除城乡协调发展障碍为重点，积极搭建农村综合改革"四梁八柱"，为现代农业发展提供了制度保障。其中，农村承包土地确权登记工作基本完成，全市确权登记颁证工作经验做法获得农业农村部相关领导和专家高度认可，先后四次在全国进行经验交流。此外，大连还加强推动农业规模化经营，推动农村土地向农民合作社、农业龙头企业、社会化服务组织等新型农业经营主体集中，通过充分发挥农机合作社等新型主体作用，按照"土地股份合作社+农业职业经理+农业综合服务"的模式，持续推进农业共营制模式试点。

第八章 我国实施乡村振兴战略法治保障的展望

第一节 脱贫攻坚与乡村振兴的衔接

随着脱贫攻坚战取得全面胜利,加快推进乡村振兴成为"三农"工作的核心与重要任务。在过渡期与后疫情时期,如何高质量地实现脱贫攻坚与乡村振兴有效衔接,巩固拓展脱贫攻坚成果,助力乡村振兴发展将成为乡村振兴工作重大的挑战。

十九大报告指出,农业农村农民问题是关系国计民生的根本性问题,必须始终把解决好"三农"问题作为全党工作的重中之重,实施乡村振兴战略。自十九大提出"乡村振兴战略"以来,中共中央、国务院连续多年发布中央一号文件,对新发展阶段优先发展农业农村、全面推进乡村振兴作出总体部署,为做好当前和今后一个时期"三农"工作指明了方向。如 2018 年中央一号文件中共中央、国务院《关于实施乡村振兴战略的意见》《乡村振兴战略规划(2018—2022 年)》以及 2021 年中央一号文件《关于全面推进乡村振兴加快农业农村现代化的意见》等系列文件发布以来,在消除"绝对贫困"后,全国各地各尽其能、各展所长,"产业兴旺、生态宜居、乡风文明、治理有效、生活富裕"的乡村振兴格局基本形成,产业、人才、文化、生态、组织"五大振兴"的合力亦初见成效。因此,在从脱贫攻坚到乡村振兴这一过渡时期,做好脱贫攻坚与乡村振兴的衔接工作,对最终实现共同富裕具有重要的理论价值和现实意义。

一、脱贫攻坚的重大成就

中国人民长期以来有一个美好的愿望,那就是消除贫困、过上幸福生活,最终实现共同富裕。到 2020 年底,在现行标准下农村贫困人口全部脱贫、贫困县全部摘帽，消除了绝对贫困和区域性整体贫困，有近1亿贫困人口实现脱贫。改革开放40多年来，中国共有8亿多人实现脱贫。在2020年12月3日召开的中央政治局常委会上，习近平总书记听完"脱贫攻坚总结评估汇报"后，用"规模最大、力度最强"的话语，肯定了脱贫攻坚在人类历史上的重大意义。中国的脱贫成就不仅为实现共同富裕目标奠定了厚实的基础，而且提前10年实现联合国2030年可持续发展议程确定的减贫目标，是全球唯一提前实现联合国千年发展目标贫困人口减半的国家。

在中国贫困人口实现全面脱贫之前，人类历史上还未有一次成功的社会性全面脱贫的成功经验。中国全面脱贫的实践，可谓是创造了人类社会脱贫工作的历史奇迹，为马克思主义的反贫困理论由科学理论转化为科学实践，为人类社会全面消除贫困交了一份圆满的答卷，不仅丰富了马克思主义的反贫困理论，而且为全球减贫事业贡献了中国智慧。[1]

二、乡村振兴战略的历史地位

乡村振兴战略提出的宏观背景是以国家治理现代化作为深化改革开放的总目标，法治中国建设是实现治理现代化的应有之义和必然选择。在这个宏观背景下，十九大确定我国下阶段的主要矛盾从"人民日益增长的物质文化需要和落后的社会生产之间的矛盾"变为"人民日益增长的美好生活需要和不平衡不充分的发展之间的矛盾"。而城乡之间发展的不平衡是我国发展的"不平衡""不充分"的最典型代表。当前社会发展最大的不平衡存在于城乡之间，最大的不充分是农村发展不充分。

虽然伴随着城镇化的发展，乡村出现"空心化"的现象愈发严重，乡村衰落是世界各国城镇化过程中都会出现的普遍现象。但在我国乡村振兴战略的当下，城镇化的发展不是放弃乡村的发展而是城市带动乡村一同发展。因为我国的特殊国情，即使我国城镇化达到80%，在农村地区依然有着超3亿的农民，这些人的生活得不到提升、乡村的发展得不到改善就无法实现社会主义现代化，更无法做到共同富裕。自改革开放以来，我国城镇化发展取得

---

[1] 宋才发："《乡村振兴促进法》为共同富裕提供法治保障"，载《河北大学学报（哲学社会科学版）》2021年第6期。

可观的进步,城镇人口处于持续增加状态。[1]城镇人口从1978年在总人口中17.9%的占比增加至2018年的64.72%,当前在乡村生活的人口仍然超过4.9亿人。[2]多达几亿人生活的乡村如果不能实现现代化,整个国家的现代化也就无从实现。因此,国家治理现代化的战略目标决定中国乡村必须实现现代化,而要实现国家治理现代化,首先要做到的就是缩小城乡差距,就是要实行乡村振兴战略。

乡村振兴是习近平总书记为代表的党中央深刻把握国情农情和现代化建设规律,在继承和发展中国共产党"三农"工作一系列方针政策的基础上形成的。这表明:首先,实施乡村振兴战略是解决发展不平衡不充分问题的需要。当前城乡二元结构仍是我国最大的结构性问题,农业农村发展滞后仍是我国发展不平衡不充分最突出的表现。这种局面不改变,将会阻碍我国全面建设现代化目标的实现。其次,实施乡村振兴战略是满足人民日益增长的美好生活需要的现实要求。社会主要矛盾的变化,对农业农村发展提出了新要求。无论是城镇居民还是农村居民,都要求全面振兴乡村以满足美好生活的需要。最后,实施乡村振兴战略是对其他国家经验教训的借鉴。习近平总书记指出:"从世界各国现代化历史看,有的国家没有处理好工农关系、城乡关系,农业发展跟不上,农村发展跟不上,农产品供应不足,不能有效吸纳农村劳动力,大量失业农民涌向城市贫民窟,乡村和乡村经济走向凋敝,工业化和城镇化走入困境,甚至造成社会动荡,最终陷入'中等收入陷阱'。"[3]

二、脱贫攻坚与乡村振兴衔接的意义

经过八年持续奋斗,在脱贫攻坚取得完全胜利后,紧接着就是要全面推进乡村振兴,当然,脱贫攻坚和乡村振兴战略并不是完全脱节的,脱贫攻坚是属于我国乡村振兴战略的第一步,也是我国乡村摆脱贫困迈向振兴的最坚实的第一步。当然两者也存在战略和工作上的不同:乡村振兴与脱贫攻坚,虽说同为"三农"工作,但脱贫攻坚是解决温饱问题,而乡村振兴是解决富裕问题。脱贫攻坚以消除绝对贫困为目的,重点是实现"两不愁三保障",更

---

[1] 兰红燕:"我国乡村社会治理法治化研究",河北师范大学2019年博士学位论文。
[2] 王萍萍:"人口总量保持增长 城镇化水平稳步提升",载国家统计局官网 http://www.stats.gov.cn/tjsj/sjjd/202201/t20220118_1826538.html,最后访问日期:2022年1月18日
[3] 习近平:"把乡村振兴战略作为新时代'三农'工作总抓手",载《奋斗》2019年第11期。

多关注收入和安全保障。实现脱贫后，这部分群体在收入增长、文化服务、社会参与等多方面会有更多需求，只有依靠乡村振兴战略接续，推动从点上特惠性、外源性扶持转向区域面上普惠性、常态化支持，依靠产业、生态、文化、治理等多重构建，培植已脱贫人口持续发展的"土壤"，有效满足已脱贫人口多样化发展需求，在融合发展中形成共生关系，将过去作为特殊个体的已脱贫人口融入普通群体，才能从根本上减少返贫，促使其彻底摆脱贫困走向富裕。

脱贫摘帽不是终点，而是新生活新奋斗的起点。2020年脱贫攻坚任务如期完成后，虽然我国已经实现了社会面全面脱贫，但是全面脱贫摘帽并不是我国扶贫工作的最终目的，相反脱贫摘帽只是历时数年脱贫工作的第一步，在全面脱贫之后还需要继续扶贫，继续振兴乡村的发展缩小城乡差距。当年的中央农村工作会议也强调，脱贫攻坚取得胜利后，要全面推进乡村振兴，这是"三农"工作重心的历史性转移。中共中央、国务院2021年3月22日发布的《关于实现巩固拓展脱贫攻坚成果同乡村振兴有效衔接的意见》是落实习近平总书记在中央农村工作会议讲话精神更具体的文件，也是国家"十四五"经济社会发展计划的重要组成部分。接续推进脱贫攻坚与乡村振兴的有效衔接，下一步"三农"工作的核心任务就是要推动脱贫工作到乡村振兴工作的平稳转型，建立长短结合、标本兼治的体制机制。使脱贫地区经济实力显著增强，脱贫地区的农村低收入人口生活水平显著提高，进一步缩小我国的城乡差距。因此，脱贫攻坚与乡村振兴的衔接工作就是要将工作重心从解决建档立卡贫困人口"两不愁三保障"问题上转移到实现乡村产业兴旺、生态宜居、乡风文明、治理有效、生活富裕上来，将乡村振兴推向一个新的历史高度。[1]

脱贫攻坚是乡村振兴的基础和前提。打好脱贫攻坚战是实施乡村振兴战略的先行任务，脱贫攻坚不是一蹴而就的，而是需要努力和奋斗。为了推进乡村振兴事业，其先决条件就是要完成社会层面的全面脱贫任务。乡村振兴的发展是在脱贫攻坚的基础上进行的。因此，脱贫之后的乡村振兴工作就在已经完成的脱贫基础之上，进一步深化和完善"三农"工作，坚持以农村优先发展为乡村振兴工作的核心方针，以实现农业现代化发展为目标，通过不

---

[1] 田毅鹏："脱贫攻坚与乡村振兴有效衔接的社会基础"，载《山东大学学报（哲学社会科学版）》2022年第1期。

断完善和扩大乡村产业规模，实现产业兴旺。在产业兴旺，乡村经济提升的同时，通过政府与社会的外界支持和乡村内部的经济支撑，打造生态良好的宜居乡村，使乡村成为乡风文明、生活富裕的新农村。

乡村振兴是脱贫攻坚的继续和延伸。脱贫攻坚与乡村振兴的联系十分密切，二者可以相辅相成，并且会相互促进。在完成脱贫攻坚的基础上推进乡村振兴事业发展，帮助乡村迅速发展起来，为乡村振兴提供充足的动力和基础条件，保证乡村振兴战略顺利实施。[1]中共中央、国务院《关于实施乡村振兴战略的意见》第八部分主要内容便是"打好精准脱贫攻坚战"，因此，脱贫攻坚其本身是乡村振兴战略的重要组成部分。一方面体现在脱贫攻坚就其性质而言其本身就是乡村振兴整个大型战略的一部分；另一方面体现为乡村振兴与脱贫攻坚在诸多内容上具有同质性，实施乡村振兴战略的主要内容包括质量兴农战略、农村一、二、三产业融合发展体系、小农户和现代农业发展有机衔接、乡村绿色发展、繁荣兴盛农村文化、构建乡村治理新体系和提高农村民生保障水平等，与产业扶贫、小农扶贫、生态扶贫、文化扶贫、党建扶贫和社会保障兜底扶贫等脱贫攻坚方式具有内在一致性。党和政府是乡村振兴与脱贫攻坚政策和先骨干工作的提供者和具体工作实施者，其最终目标是服务于广大农民群众的切身利益，因此乡村振兴的核心工作就是要坚持农民的主体地位，这就需要在具体的乡村振兴工作中始终坚持党的"以人民为中心"的执政理念，在工作中做到"不忘初心、牢记使命"。我国已经完成的脱贫攻坚工作中形成了专项扶贫、行业扶贫、社会扶贫三位一体的大扶贫格局，取得了前所未有的社会性全面扶贫的历史伟绩。乡村振兴战略的实施同样也是需要多方主体共同参与，形成多方协作、共促振兴的局面，从而推进农业现代化的实现。

四、脱贫攻坚与乡村振兴衔接的内涵

虽然脱贫攻坚已经取得全面胜利，但是各地依然存在着脱贫后返贫与脱贫后致富难的客观原因，因此在乡村振兴工作中必须高度重视"扶上马，送一程"的脱贫攻坚与乡村振兴的衔接工作，要把防止返贫和再次致贫作为巩

---

[1] 豆书龙、叶敬忠："乡村振兴与脱贫攻坚的有机衔接及其机制构建"，载《改革》2019年第1期。

固脱贫攻坚成果同乡村振兴有效衔接的核心任务,严格落实"四不摘"要求,兜住底线。保持"两不愁三保障"及饮水安全主要帮扶政策总体稳定,牢牢守住不发生规模性返贫的底线,积极推动脱贫攻坚工作体系向乡村振兴转变。脱贫攻坚与乡村振兴的衔接需要从乡村的产业振兴、人才振兴、文化振兴、生态振兴、组织振兴"五大振兴"统筹规划、协调推进,全面推动"三农"工作的开展。

(一)产业振兴,实现产业扶贫到产业兴旺

在已经结束的脱贫攻坚工作实践中,我国脱贫攻坚扶贫资金的70%用作于产业扶贫工作,以发展乡村特色产业带动贫困地区经济发展,并且产业脱贫带动的脱贫人数也最多。因此,将产业与扶贫融合起来,借助产业带动贫困户,成为我国特色扶贫的主要经验。[1]这一重要工作经验在接下来的乡村振兴工作中应当也必须很好的坚守,并且在已完成的产业与扶贫融合基础之上继续发展乡村的特色产业,继续带动农村地区产业向好发展。

做好脱贫攻坚成果巩固与乡村振兴的产业衔接,就是需要在帮助已脱贫人口实现产业发展和稳定就业的基础上,将产业做大做强,寻找脱贫攻坚工作中做得不充分不全面的内容,进一步做好产业融合的发展与完善工作。

进入有效衔接阶段后,在初步的有效衔接实践中,脱贫地区要注意在县域产业层面巩固与发展农村特色产业,通过特色产业的融合发展与县域特色产品的质量优化与实力提升。通过一、二、三产业与农业相融合、互联网助农、网购平台助农的开展,吸收社会多方主体参与到乡村振兴中将农业从传统农业向规模化、市场化农业发展,同时也须做到法律的全程保障,防范资本侵入农业后侵犯农民的权益。通过产业振兴,可以实现从产业扶贫到产业兴旺的顺利过渡,确保广大农民共享脱贫攻坚与乡村振兴的成果,推动农业农村现代化。

(二)生态振兴,实现生态扶贫到生态宜居

生态扶贫和生态振兴是针对相同问题在脱贫攻坚与乡村振兴两个阶段采取的不同策略,其中生态扶贫要求在脱贫攻坚的工作中对贫困地区农村的生态环境也做到进一步的改善,提升贫困地区农村人口的生活质量,而生态振

---

[1] 豆书龙、叶敬忠:"乡村振兴与脱贫攻坚的有机衔接及其机制构建",载《改革》2019年第1期。

兴不再局限于以一定的贫困地区的贫困人口生活环境的优化，而是追求贫困地区经济与生态可持续发展能力的提升。

推进生态振兴需要从理念和实践路径出发：坚持"绿水青山就是金山银山"的发展理念。打赢脱贫攻坚战和实施乡村振兴战略都需要以绿色发展理念为引领，既要加强生态环境治理，改善人居环境，又要依靠独特资源发展特色产业，走绿色减贫和生态振兴之路。习近平总书记指出："建设生态文明是关系人民福祉、关系民族未来的大计"，"我们既要绿水青山，也要金山银山。宁要绿水青山，不要金山银山，而且绿水青山就是金山银山"。习近平总书记关于"绿水青山就是金山银山"的重要论述揭示了发展与保护的关系，体现了生态振兴中坚持绿色发展理念的重要性。

在乡村振兴阶段，生态振兴需要继续以"绿水青山就是金山银山"的理念为指导，坚持绿色发展，在打好精准脱贫攻坚与实施好乡村振兴战略中，做好生态协同保障，坚持人与自然和谐共生，走绿色脱贫与乡村绿色发展道路，坚持节约优先、保护优先、自然恢复为主，统筹好山水林田湖草系统治理，严守生态保护红线，以生态振兴引领脱贫攻坚与乡村振兴，推进生态文明建设和建设美丽中国。

认真处理生态保护与乡村发展的关系。生态振兴包括农业的绿色发展和生态环境的保护与修复，正确处理好生态环境保护与发展之间的关系，是生态振兴的重要议题，也是实现可持续发展的内在要求。

做好优化农村人居环境的重大工程。"生态宜居"以建设美丽宜居村庄为导向，以农村垃圾、污水治理和村容村貌提升为主攻方向、大力开展农村人居环境整治行动，加大农村基础设施建设力度、使各项基础设施齐全，全面提升农村人居环境质量，使人文环境更趋舒适、不仅反映了农村生态环境建设的提升，而且体现了广大农民群众对建设美丽家园的追求。大力推进生态振兴，持续改善农村人居环境，是建立生态宜居的现代化新农村，是社会主义新农村建设的重要内容。

（三）文化振兴，实现扶贫扶志扶智到乡风文明

文化振兴是乡村振兴的"灵魂环节"，对乡村文化建设有着重要意义。为推动文化振兴，需要从文化基础设施建设、思想文化教育、文化产业发展等方面努力。

第一，加强文化基础设施建设。乡村文化基础设施的建设，能促进乡村

文化的繁荣发展，改变乡村落后的面貌。通过基础设施的建设，可以使文化环境得到优化，丰富农民的精神文化生活，从根本上逐步改变村民的思想意识，提升村民的自主创造性，让村民参与到乡村文化振兴的过程中过来，激发他们摆脱贫困的积极主动性，从而为乡村振兴提供内源动力，实现持续稳定增收。

第二，加强思想文化教育，通过思想教育，有针对性地提高农村居民的文化素质，即思想道德素质和科学文化素质，为乡村发展提供人力支持。文化振兴为乡村振兴提供理论知识和人才支持，一方面，文化建设的推进会引入许多先进文化，其中有关农业的文化知识能够为村民的生产提供理论支持。另一方面，在文化建设过程中，通过加强对村民的各种培训、扩大村民的知识面，加深其对政策的理解，提升自身的劳动技能。

第三、发展乡村文化产业。在乡村文化的建设过程中，重视乡村文化产业的发展和文化产业链的形成，形成"经济搭台，文化唱戏"，文化"软实力"带动经济"硬实力"的新局面。

文化振兴不仅对于打赢脱贫攻坚战具有重要作用，同时有利于推动乡村振兴战略的实施。在文化振兴推进阶段，不仅可以推进农村精神文明建设，同时通过激发农民参与文化建设的主动性和积极性、实现从"要我振兴"向"我要振兴"的思想转变，提升农民参与乡村文化振兴的主人翁意识。

（四）组织振兴，实现从基层党建扶贫到治理有效

在乡村振兴战略阶段，组织振兴是乡村振兴的基础性工作，是乡村振兴工作能够顺利展开的前提和基础。农村基层组织是党在农村组织建设工作的基础，也是将农村建设与国家现代化发展联系起来的桥梁，组织振兴导向农村建设的发展，深刻影响着乡村振兴事业的兴衰成败。习近平总书记指出："要推动乡村组织振兴，打造千千万万个坚强的农村基层党组织，培养千千万万名优秀的农村基层党组织书记，深化村民自治实践，发展农民合作经济组织，建立健全党委领导、政府负责、社会协同、公众参与、法治保障的现代乡村社会治理体制，确保乡村社会充满活力、安定有序。"实施乡村振兴战略，必须着力推进组织振兴，在党中央和各级党委政府的坚强领导下，夯实农村基层党组织建设，充分发挥村级党组织、村民自治组织和村集体经济组织的作用，选好、配好、用好农村发展的带头人，认真贯彻落实党的路线、方针、政策，带领和组织农实施好乡村振兴战略。

第一,要坚持党的领导,发挥党对一切工作的领导核心作用,保证村组织建设的工作议题符合中国共产党的工作理念。将习近平新时代中国特色社会主义思想与乡村振兴的"五大振兴"目标相联系,建设有中国特色的乡村组织。第二,要加强基层党组织的能力建设,将党的领导贯穿于乡村振兴工作的具体过程中。为建设现代化乡村提供政治保证。①加强领导力,即引导农民有效参与到村庄的公共事务中来,并在该过程中发挥领导作用。其次是加强基层党组织组织能力、乡村基层党组织的组织能力体现在凝聚各种人才和力量,发挥不同的建设作用,通过取长补短,发挥自身优势和特色开展各项工作。②加强执行能力,基层党组织是国家大政方针的具体实施者,是国家政策广泛宣传、贯彻落实、有力监督的直接行动者。基层党组织应积极宣传国家的方针政策,对与居民利益相关的社会事务,在为居民所了解的前提下积极寻求居民的建议,切实保证他们的根本利益。③加强服务能力,基层党组织应具有服务意识,做到服务农村,服务农民,满足其多元化需求,为实现乡村振兴事业的发展而不断奋斗。

(五)人才振兴,实现从扶贫主体到振兴队伍

2020年脱贫攻坚任务完成后,在推进下一步乡村振兴的工作中,同样需要一批"懂农业、爱农村、爱农民"的人才振兴队伍投身农村建设中。习近平总书记指出,要推动乡村人才振兴,就是要把引进和发展农业人才放在人才振兴的首位,激励各类人才在农村广阔天地大施所能、大展才华、大显身手,打造一支强大的乡村振兴人才队伍,在乡村形成人才推进乡村发展、乡村吸引人才进入的良性循环。

人才振兴的数量和质量直接关乎乡村振兴的成效。坚持农民主体性。农民是乡村脱贫攻坚和乡村振兴战略的主体,只有农民主动积极参与到乡村振兴的生产建设中,才能产生巨大的能量。人才振兴的进程中,同样需要坚持农民的主体性,强化其主体意识,增强扶志扶智的内在动力和主体自觉,培育新型职业农民,充分发挥农民在乡村振兴战略工作中的支撑作用。坚持外部引进与内部培养相结合进行人才队伍的培养。人才培养是振兴队伍的重要途径,通过外部引进和内部培养相结合的方式,补足农村发展的人才短板。

健全农村人才机制,为人才振兴提供制度保障。人才振兴不仅仅是引进人才,更要留住人才发展人才,使人才队伍发挥其自身优势,真正投入农村发展的建设中去,因此,需要健全农村人才机制。在留住人才方面,创建良

好的工作环境，健全乡村振兴人才引进的相关配套政策。

第二节 实施乡村振兴战略的法治化

党的十九大报告明确提出实施乡村振兴战略，加强农村基层基础工作，健全自治、法治、德治相结合的乡村治理体系。乡村振兴战略的实施是全面建设社会主义现代化国家新征程中解决我国"三农"问题的重大战略部署，更是我国全面推进依法治国，建立健全党委领导、政府负责、社会协同、法治保障的现代乡村社会治理体制的着力点。在乡村振兴的大背景下，在全面推进依法治国的当下，建设法治乡村意义深远。

乡村治理法治化是实现乡村振兴战略，全面依法治国的重要基础。我国作为传统农业大国，"三农"问题一直以来都是党在领导国家建设过程中永远无法回避的重点问题。习近平总书记在党的十九大报告中首次正式将"乡村振兴战略"作为未来国家重要战略之一，再一次彰显了中国共产党坚持以人民为中心的执政理念，以及为振兴中国乡村，进一步缩小我国城乡差距，最终实现共同富裕的决心。乡村振兴战略的提出，为国家下一步推进农村发展和解决新时代社会主要矛盾的工作开展提供了重要抓手。

一、乡村社会治理法治化的重要意义

经过40多年的改革开放，随着城市化的加快，我国城镇人口每年都在高速增长，但到2021年底，我国仍有4.9亿多人属于农村常住人口。在未来几十年内，仍将有几亿人在乡村生活是我国面临的特殊国情，乡村依然是我国法治建设的重要部分。若几亿人生活的乡村不能实现治理法治化，依法治国的实现就无从说起。乡村治理法治化的终极目标是营造乡村振兴的良好法治环境，乡村治理的法治化也会反作用于依法治国工作的顺利开展。因此，如何妥善处理乡村振兴战略与乡村治理法治化的关系，是我国在社会主义新时代面临的新任务和新课题。乡村振兴战略是保障乡村治理法治化的政策基础，乡村治理法治化又是乡村振兴战略能够顺利推进的良好保障。[1]乡村振兴战略的重大部署广泛涉及经济建设、民生保障的方方面面无一不呼唤着法治为

---

〔1〕 罗淑娴："乡村治理法治化路径研究"，载《乡村论丛》2021年第4期，第47~55页。

其开展实施提供法律依据，为乡村振兴战略有效推进而保驾护航。

乡村社会治理法治化是实现国家治理现代化的重要抓手。国家治理现代化包括国家治理体制现代化与国家治理能力现代化两个方面的现代化，国家在社会层面是否能实现各个层面的法治化是判断国家治理能力、治理水平现代化的重要标准。基层社会是国家治理的基础，同时基层社会又是国家治理的重要内容，乡村基层社会的法治化也是衡量国家治理能力现代化的重要标准之一。由于我国乡村社会深受传统中国社会的影响，乡村治理的法治化实现是我国社会主义建设工作中的薄弱环节，特别是乡村社会治理体制法治化和社会治理能力法治化，更是远远落后于城市。乡村社会治理法治化，能够将基层的权力关在制度的"笼子"里运行，使乡村社会治理法治机制更加科学化，基层权力在制度的笼子里运行能有效避免基层权力的恣意乱为，从而依法保障广大乡村社会居民的合法权益，最终完成地方治理的规范化和国家治理的现代化。[1]

乡村社会治理法治化是保障乡村居民合法权益的坚强基石。乡村社会经济快速发展的同时，人民群众对自身的权利意识和对于社会事务的参与度也随之提高，对于日常生活中的公平正义、法治问题越来越关注。乡村社会治理法治化程度直接决定了乡村居民的权益是否能够得到有效保障。在推进国家治理体系、治理能力现代化，维护人民群众合法权益、促进社会的公平法治是我国全面依法治国的重要内容，全面依法治国离不开人民群众的参与，特别是在乡村法治建设中，人民群众参与是开展乡村法治建设的重要依据，乡村法治的建设是人民群众权益的有力保障。

随着城市化的进程快速发展，现阶段的乡村已经与以往的传统中国乡村社会有很大的区别。乡村原有的传统文化正在逐渐消弭，乡村社会关系网络也出现退化，成员之间的联系逐渐被物质化、利益化。乡土社会传统礼治规则的纠纷调解机制在面对利益多元化的乡土社会无法起到原有的作用，在利益多元化的乡土社会中，法治在纠纷调解中的作用必然显得日益重要。然而基层社会事务是不规则的，用法律规则治理往往成本高、效率低，因此基层司法机关与基层社会组织在调解纠纷时就十分有必要做好法治与礼治的衔接，

---

[1] 王增杰："推进基层治理法治化的思考"，载《中共山西省直机关党校学报》2015年第1期，第42页。

以便纠纷能够更加高效地得到解决。这就意味着基层政府在具体的工作中必须具有法治思维，能够有效运用法治手段解决乡村社会各种纠纷，矛盾化解在基层，让法治为乡村社会的和谐稳定保驾护航。[1]

二、乡村振兴法治化的特殊内涵

乡村社会治理是多元主体对乡村社会的治理，根据十九大报告和2018年关于"三农"工作的中央一号文件，我国的乡村社会治理是由基层党组织领导、基层政府负责、村民自治组织及社会协同、村民主体积极参与的共同治理。乡村社会治理的法治化最主要体现在治理主体的体制法治化与治理工作的法治化。作为治理工作的领导主体，基层党政机关在乡村社会治理法治化中包括法就是要在具体工作中做到组织主体法治化。乡（镇）政府是乡村社会治理的主要责任主体，法治化治理意味着在具体的行政工作中必须做到依法执政、依法行政；村民自治是乡村社会治理的主要表现形式，村委会是村庄群众自治的主体，该层面的法治化治理更加复杂也更加多样：包括村委组成人员的选举、人大代表的选举、村内公共事务的处理、乡村纠纷矛盾的调解等，这就意味着村委会必须有作为自治主体的意识，避免以往的村支书"一言堂"或是成为基层政府的下属机构，而是要在具体工作中引导村民集体参与其中，做到真正的自治。各类乡村社会组织和现代乡贤精英是乡村社会治理的重要主体，在法治轨道内参与治理中发挥着重要的作用，他们具有基层政府所不具有的"地缘"社会身份，使得其在参与基层治理过程中，具体的工作能够得以有效开展。我国地域广阔、东西部发展存在很大的地域差异，长期的城乡二元结构导致城乡之间发展的差异，社会结构多样化使得经济、文化价值、利益的多元需求，也就是说在基层治理中需要针对多方主体的不同需求而做到有针对性和灵活性。

在乡村社会治理的法治化中，治理所依据的法律制度体系中不仅包含主流法治理论认为的法律规范——全国人大制定和通过的国家法以及国务院制定的行政法规，还包括大量的地方性法规、行政规章以及大量的村规民约。这些规则共同组成了我国乡村法治治理的规范，其中，国家法为最高位阶，

---

[1] 陈晨："全面依法治国视角下我国基层治理法治化建设探析"，载《广西科技师范学院学报》2017年第6期。

各个低位阶的法律不得与国家法相违背，也就是说其他法规、规章以及规范性文件都不能违背法律，所以在具体的工作中各级党组织和政府根据国家法制定的规范性文件要具备规范性，尊重法律的权威在具体的行政行为中做到依法行政。乡规民约和社区公约也要在不违反国家制定法的前提下，发挥其在乡村治理中的作用。此外，因为乡村独有的"熟人社会"的传统，在乡村治理中仅仅依靠法治是远远不够的，正如依法治国就是要强调"法治与德治如车之两轮、鸟之两翼，相辅相成不可偏废"。在乡村治理中除了各种规范性文件、乡规民约等要做到依法制定、尊重法律权威；将基层党组织成员以及基层政府人员的权力规范在法律这一制度的笼子中运行。在乡村治理中不能忽略的还有乡村的传统文化，也就是要注重礼治在乡村中发挥的作用。基层党组织、基层政府要充分了解当地乡村的乡风文化，了解当地的风土人情，在服务中融入人民群众，在治理中了解风土人情，做到法治与礼治相结合，使得具体的行政行为更符合当地的环境以及人情；使得具体的矛盾在当地人最能接受和不违反法律规定的平衡中得以有效地化解。

三、乡村治理的存在困境

（一）乡村社会发生改变

《乡土中国》描述的我国农村小农经营模式在如今已不再是常态了，并且在农村土地承包经营权"三权分置"改革与乡村振兴的大背景下，这种小农经济的经营模式将逐步成为历史。

随着生产力的发展，那种集体的农业生产活动现已极为少见，例如"碾场"[1]这一传统的农业集体生产活动即使在偏远的西北农村现已很难发现。此外在土地承包经营权"三权分置"下，更多的农民选择将自己承包的土地租出去，使得传统的农业活动将逐渐在农村消失。小农经营已不是常态，进城务工与在乡镇企业就业逐渐常态化。事实上那种生产效率低下的小农经营被淘汰是必然现象，因为在工业化与城镇化的冲击下，那种古老的小农经营早已开始向着由农业经营者进行农场化经营与农民合作社经营的转变。换言之，土地经营权的"三权分置"更像是法律为适应社会生产变化做出的调整。

---

[1] 碾场：在场上打谷物，需要在场上浇水并铺麦草后用拖拉机碾平场地，之后还需大量人力进行打谷物、脱粒、搬运稻草等工作。近年来收割机基本替代了碾场这一农业生产活动。

这种转变表现为：在农村，"生于斯、死于斯"的观念已经被进城务工与去附近工厂打工的思想所取代，并且随着生产力的提高，农民的小农经营模式得到了发展，农村人纷纷进城务工，在耕种、打药、浇水、收割的农忙之时，开着小型拖拉机、背上喷雾器、请大型收割机……匆匆在自家的田地里忙活一段时间，又匆匆返回工厂上班。当然也正是因为这一改变，农民不得不放弃部分土地，而选择经营少数土地，从而使得部分土地开始闲置或是转由他人经营。笔者认为正是小农经营的改变才促成了土地"三权分置"的立法调整，而也正是立法有了保障，新型乡村经济的出现才能成为常态。

从本质上观察，如今的乡土社会仍旧是"礼俗社会"，在礼俗社会中人们平时接触的是生而与俱的人物，正像我们的父母兄弟一般，并不是由于我们选择得来的关系，而是无需选择，甚至先我而存在的一个生活环境。

首先，虽然小农经营的模式发生了变化，但是乡土社会中聚村而居的基本格局依然没有变。换言之，如今的乡土社会仍旧是熟人社会。虽然工业化的冲击下，使得农村人口的流动性更大了，但是这种流动往往是单向的且是可逆的。单向的流动是因为大量的农村人口进城务工或转由到城市居住；可逆的流动是因为进城务工的农村人逢年过节或是农忙之时都会返乡，并且大多数的户外体力作业在冬季都会停业数月，使得外出打工的农村人纷纷返乡。城市生活的农村人口他们中也有人依然保留着自己的宅基地甚至承包地，在祭祖或是过年往往都会回到农村的老家。正是因为农村人口流动的单向性与可逆性使得这种礼俗社会仍然维持着。其次，中国人是很注重人际关系的，在乡土社会中熟人之间因为彼此有血缘或地缘的关系使得他们之间保持着彼此的联系，因此熟人社会自然也会长期存在着。最后，乡土社会中所保留的规矩——乡土社会的信用并不是对契约的重视，而是发生于对一种行为的规矩熟悉到不假思索时的可靠性。这种规矩（从熟悉到信任）在乡土社会里有如根基一般，甚至于长期在城市居住的人，只要他/她仍然与自己的熟人联系，即使偶尔返乡参加婚丧宴席，他/她也不会显得与乡下人格格不入。因为他/她依然是乡土社会熟人中的一员，并不会因为自己不在乡村生活而变为陌生人。这种熟人关系是稳定的，不会因为联系的次数变少而淡化，因为他们已建立起的"规矩"使得他/她与自己的熟人保持着亚血缘的社会关系，他们更像是亲朋好友，而不是邻里街坊。熟人要变为陌生人的前提只能是少小离家老大回，进而才会有笑问客从何处来的尴尬吧？

乡村的经济模式已经发生了巨大的改变,但是乡村中"熟人社会"的传统并没有发生实质性的变化,因此在乡村治理过程中乡村治理模式需要适应乡村经济发展而带来的问题复杂化与矛盾多样化,乡村治理还要尊重当地的传统文化,也就是上文提到的乡村治理中要做到法治与礼治相结合,这一点在实际的乡村治理工作中对于基层党组织与基层政府是个极大的挑战,因为他们很多并不是生于斯、长于斯的当地居民,若没有当地多年的生活和工作经验,在具体的基层治理工作中自然无法做到与乡村的礼治相结合。因此在乡村的治理过程中单单靠基层党组织与基层政府是远远不够的,还需要吸纳村民自治组织进来,用村民自治与法治、礼治相结合,形成稳固的治理三角形。

(二) 乡村治理主体多元化发展

农村基层自治组织是乡村治理中不能忽略的重要一环,但是在实际中部分基层政府并不能做到尊重村民自治,而是把村民自治组织当作基层政府的传话筒、当作基层政府的下属机构。这种错误的做法的严重违反我国宪法中规定的村民自治的,是严重阻碍乡村治理工作的有序推进的。

在乡村振兴的当下,随着农村经济得到前所未有的高速发展,农村基层自治制度也逐渐成熟发展,农协、行会、合作社等各种自治组织纷纷兴起,虽然在一定程度上多种自治组织的发展是有益于村民自治的,但是仍然有部分非正式的自治组织,打着自治的名号挑战着法律的权威。如乡村中大量自发的非正式组织缺乏有效的制度安排,更有甚者竟在其行业协会的自治章程中规定工伤免责条款,企图用自治来掩人耳目,挑战我国的法律权威。在乡村,很多村民并没有接受过专业的法律培训、法律宣传工作在乡村中也需要进一步完善,基层政府应当警觉,不能将村民自治组织作为自己的下属机构,更不能放任非正式的自治组织自由发展。另外,"支村合一"等强调村党支书的乡村地位与治理职能的政策的推行,虽然能够在矛盾调解过程中因为有村党支书的参与而吸收乡村的礼治,使得纠纷化解中做到法治与礼治相结合,但实际中村党支书常常是一个"和事佬"的身份参与纠纷化解其中,这种矛盾纠纷的参与方式并不能做到"将矛盾化解在基层"反而常常会阻碍法治的有效发挥,影响司法在纠纷化解中的分量,使得纠纷得不到有效的解决。

乡村的经济发展必须吸收村民自治参与到乡村治理的过程中,并且成为乡村治理的重要一环,但是基层政府应当规范部分非正式自治组织在乡村治理中的不法行为，做好法律宣传工作与违法处罚力度，将自治纳入法治的治理中，并促进法治的发展。在基层矛盾纠纷解决中，村级党组织应当学习法律知识，重点理解"枫桥经验"的工作方式，更好地将法治与礼治结合在一起做好每一个纠纷的解决都符合公平正义。

（三）村民在乡村治理中参与度不足

在村民的观念中，乡村治理是政府的事，是村支部书记的事，与自己无关。村民对于基层自治的理解不强、对自治参与度不足，实际中部分乡村村民代表大会以及选举村委会组成人员时都会出现参会积极度不高，甚至出现到会人数不足影响选举产生投票的现象。调查显示，有部分村民认为村委会议并不重要，其只会在自己有时间时才会考虑是否参加。同时，村民对待选举权也比较随意，甚至经常由于各种原因放弃现场投票。村民是乡村自治的主体，而村民主体意识的普遍缺失已成为影响乡村治理法治化进程的关键因素。[1]

乡村社会治理需要探索一种将个人利益和公共利益结合在一起的社会公共秩序，既保障农民的个人权利，又维护公共利益。在乡村振兴的当下，随着乡村的经济发展、农民生活质量的提高，乡村治理也必须做到适应现阶段的乡村，所以乡村治理必须纳入法治的轨道，基层党组织以及基层政府必须在制度建设和工作内容中贯彻法治，此外，由于乡村传统文化的影响与乡村庞大的人口基数，乡村有效治理仅仅靠基层政府是远远不够的，必须吸纳基层自治组织进入乡村治理工作中来，村民自治与乡村的礼治社会传统与法治相结合，共同参与乡村的治理。

第三节　实施乡村振兴战略的法治体系完善

习近平总书记指出："法律是治国之重器，法治是国家治理体系和治理能力的重要依托。"全面推进乡村振兴，加快推动农业农村现代化，离不开法治保驾护航。坚持依法兴农、依法护农、依法治农，带有全局性、长期性的问题才能从根本上解决。促进乡村振兴应当按照产业兴旺、生态宜居、乡风文

---

[1] 覃晚萍、王世奇："新时代多元主体推进乡村治理法治化路径探讨"，载《广西民族大学学报（哲学社会科学版）》2019年第3期，第98页。

明、治理有效、生活富裕的总要求,统筹推进农村经济建设、政治建设、文化建设、社会建设、生态文明建设和党的建设。[1]

当前,在我国乡村法治建设相对滞后的情况下,一定程度上是会对乡村振兴战略的顺利实施造成阻碍的,所以需对我国乡村法治建设相对滞后的原因进行分析,从而找到实际有效的解决措施,完善乡村法治建设,保障乡村振兴战略顺利实行。

(一)完善乡村立法体系

(1)对乡规民约和地方性规范进行合法性审查以及合理性审查。当前我国涉及乡村治理的乡规民约和地方性规范并没有形成完备的合法性审查以及合理性审查机制,且缺乏具体的可操作性。因此,有必要建立一套完善的审查机制,对于乡村中的乡规民约以及规范性文件进行审查,避免在村民自治中基层权力的肆意妄为,侵犯公民的合法权益。审查机关必须求村规民约和地方性规范得到备案才可以适用,并且在备案中审查村规民约以及地方性规范的合法性和合理性,显然实际中要求基层政府承担村规民约的备案工作是不妥的,首先基层政府欠缺审查相关规范性文件合法性的专业人员,其次基层自治组织的诸多规范性文件都是在基层政府的要求下做出的,相当于基层政府自己的规范性文件,若其规范性文件欠缺合法性,基层政府对其进行审查显然是违背宪法和法理的。

(2)民间法调解民事纠纷应当遵循民事调解原则。由乡村传统文化及地方生活习俗而形成的习惯法,是乡村人民集体理性意识的体现,它是习惯法和民间法的重要组成部分,对于配合国家法调整农村地区纠纷具有极为重要的作用。在乡村这一熟人社会里在纠纷调解中运用好民间法,会更好地做好纠纷调解工作。这主要是因为它源自老百姓的生产生活实践之中,相较于国家法,民间法的相关规定更贴近乡村居民的日常生活。[2]即使在乡村矛盾纠纷调解和处置的过程中,也能够极易引导当事人双方冰释前嫌,减少矛盾上升到诉讼阶段,增加不必要的经济负担和司法资源。

(3)发挥乡村治理主体的作用,提升乡村治理主体的法治治理能力。乡

---

[1] 陈柏峰:"促进乡村振兴的基层法治框架和维度",载《法律科学(西北政法大学学报)》2022年第1期。

[2] 宋才发:"民间法调解民事纠纷的功能、原则及路径",载《河北法学》2022年第5期。

村社会的巨变使得"熟人社会"下的"差序格局"难以发挥作用,而乡村治理法治化能够使在一些单纯靠礼治规则而无法解决的纠纷矛盾得以有效解决。乡村治理法治化需要加强各乡村治理主体的参与,其中最为重要的就是基层干部的法治素养与法律知识,基层干部在纠纷调解中要做到明确法治为民的调解原则,将乡村的治理纳入法治化轨道,乡村振兴下发展变化的乡村社会,让纠纷处理结果能够为大众接受。同时,基层干部还需要确保乡在村民自治的民主选举、自治事务中,保证村民的知情权与自治权。避免城乡结构的二元对立下村民合法权益受到侵害。

乡村振兴的各个工作都与乡村有效治理相关,因此若要法治促进乡村振兴,就需要重视乡村治理的法治保障。《乡村振兴促进法》第41条提出,建立自治、法治、德治相结合的乡村社会治理体系,既是在乡村治理中"三治"融合的法律政策表达,也是对具体的法治与德治、自治相融合的依法治国理念的突出强调,为乡村振兴的法治建设提供正确的方向。[1]

(4)建立乡村治理法治化考评制度。乡村振兴的很多项目投入都是直接来自上级政府,虽然那些项目与乡村中村民的个人利益密切相关,但遗憾的是上级政府的项目投入直接移交给下级政府进行项目建设,其中的各个流程以及项目资金投入等很难受到村庄内部的监督,甚至村民难以获得具体项目的知情权。由于乡村振兴项目缺乏完善的村民知情与完备的村民监督,从而使事务往往以不民主的方式进行。在乡村振兴阶段,应当成立由各个部门组成的并且吸纳村民民主监督的考评监督体系。运用互联网、电话投诉、上访等多种渠道对乡村振兴项目的基层政府相关人员做到完备的监督,同时,注重对党纪以及相关法律的实施,通过严密的法律监督体系,确保乡村治理在法治轨道上不会偏离。

(5)完善乡村公共法律服务体系。当乡村振兴的相关权益未能有效实现时,村民如何获得相应的救济?村民乡村振兴相关权益获得有效救济,是乡村振兴的基本表征。为了使农民乡村振兴相关的权益能够得到保证,在全面依法治国的当下,最有效保障公民合法权益的手段就是法治,因此,保障村民乡村振兴相关的合法权益就是需要在乡村建立完善的乡村法律服务体系。

---

〔1〕陈湘清:"乡村振兴战略背景下的乡村治理法治化问题研究",载《湖南行政学院学报》2019年第2期,第82页。

其具体包括三个方面：一是当乡村振兴战略未能依法实施导致权益难以实现时，农民首先会向政府表达诉求，因此，首先就是要在基层政府做到完善的信息公开制度，以便村民能够收集相关乡村振兴项目的信息，保障公民知情权的同时还能够便利村民对于基层政府相关违法证据的保存；其次是各级政府必须建立独立的乡村振兴相关工作信访窗口，不能因维护治安或社会稳定等原因不允许村民对基层政府违法行为的上访或复议。二是各种农村社会主体之间的矛盾和纠纷，可以通过民间调解、人民调解、行政复议、诉讼、仲裁等渠道化解。虽然目前来看各地都建立了多元化纠纷解决机制，但是法律服务在城乡之间的分配并不均匀，乡村振兴的当下，乡村公共法律服务显然是无法适应乡村经济发展的，因此，就需要政府将法律资源多向乡村投入，以便村民的合法权益得到更好的保障。乡村并不是不需要法律的，法不下乡在当今的乡村社会显然已是一个伪命题。[1]

有了完善的公共法律服务体系，就可以运用多元化的权益救济渠道对村民相关的权益进行保障，促进乡村振兴中公平正义的实现。乡村振兴为乡村谋求更多的发展，为农民提供更好的生活保障的同时，免不了因为相关利益的投入而造成不同利益群体之间的矛盾，如何做好利益的权衡，如何保障乡村振兴战略的实现，就是要将乡村振兴纳入法治的轨道。因此，就是要在乡村建立健全多元纠纷解决机制，畅通权益救济渠道，确保乡村振兴中的合法权益都能得到法治保障。同时，还需要在乡村做好法律宣传工作，培养农民的权利意识和通过合法渠道维护自身合法权益的思想，贯彻"枫桥经验"将法治与德治以及村民自治融入多元化权益保障之中。除此之外，还需要对基层政府人员，特别是基层领导干部培育法律知识、提高政治觉悟，把为人民服务贯彻到乡村振兴战略的各个阶段，使乡村振兴战略得以更好地展开，使农业现代化早日实现，最终实现全社会共同富裕。

---

[1] 罗淑娴："乡村治理法治化路径研究"，载《乡村论丛》2021年第4期。

参考文献

一、专著类

（明）冯从吾：《关学编》卷一。
（明）吕坤：《实政录》，中华书局 2008 年版。
故宫博物院明清档案馆编：《清末筹备立宪档案史料》（上、下册），中华书局 1979 年版。
《改革开放以来历届三中全会文件汇编》，人民出版社 2013 年版。
中共中央书记处研究室、中共中央文献研究室编：《坚持改革、开放、搞活——十一届三中全会以来有关重要文献摘编》，人民出版社 1987 年版。
《建国以来重要文献选编》（第 4、11、15 册），中央文献出版社 2011 年版。
《三中全会以来重要文献选编》（上），中央文献出版社 2011 年版。
《十八大以来重要文献选编》（上），中央文献出版社 2014 年版。
《十八大以来重要文献选编》（中），中央文献出版社 2016 年版。
《十八大以来重要文献选编》（下），中央文献出版社 2018 年版。
《中国共产党第十八次全国代表大会文件汇编》，人民出版社 2012 年版。
《中国共产党第十九次全国代表大会文件汇编》，人民出版社 2017 年版。
陈来等：《中国儒学史（宋元卷）》，北京大学出版社 2011 年版。
《中华人民共和国法规汇编（1955 年 7 月-12 月）》，法律出版社 1956 年版。
《中华人民共和国法规汇编（1982—1984）》（第 6 卷），法律出版社 2005 年版。
［奥］尤根·埃利希：《法律社会学基本原理》，叶名怡、袁震译，中国社会科学出版社 2009 年版。
岑大明主编：《乡村振兴战略与路径》，云南人民出版社 2020 年版。
陈俊民辑校：《蓝田吕氏遗著辑校》，中华书局 1993 年版。
陈美球：《乡村振兴与土地使用制度创新》，南京大学出版社 2019 年版。
陈润羊、田万慧、张永凯：《城乡融合发展视角下的乡村振兴》，山西经济出版社 2021 年版。
王建学编：《近代中国地方自治法重述》，法律出版社 2011 年版。

费孝通：《乡土中国 生育制度》，北京大学出版 1998 年版。

贾根良：《国内大循环——经济发展新战略与政策选择》，中国人民大学出版社 2020 年版。

李正华、张金才主编：《中华人民共和国政治史（1949—2012）》，当代中国出版社 2016 年版。

《马克思恩格斯全集》（第 26 卷），人民出版社 1972 年版。

秦晖：《传统十论——本土社会的制度文化与其变革》，复旦大学出版社 2003 年版。

苏力：《法治及其本土资源》，中国政法大学出版社 1996 年版。

（清）孙希旦：《礼记集解》，沈啸寰、王星贤点校，中华书局 1989 年版。

（清）孙诒让：《周礼正义》，王文锦、陈玉霞点校，中华书局 1987 年版。

王滢涛：《中国特色乡村治理体系现代化研究》，上海社会科学院出版社 2021 年版。

徐丹华：《"韧性乡村"认知框架和营建策略：基于小农现代转型背景》，南京东南大学出版社 2021 年版。

杨开道：《中国乡约制度》，商务印书馆 2015 年版。

应星、周飞舟、渠敬东编：《中国社会学文选》（下册），中国人民大学出版社 2011 年版。

张君劢：《新儒家思想史》，中国人民大学出版社 2006 年版。

张培田主编：《新中国法制研究史料通鉴》第 5 卷，中国政法大学出版社 2003 年版。

二、期刊及析出文献类

陈柏峰："促进乡村振兴的基层法治框架和维度"，载《法律科学（西北政法大学学报）》2022 年第 1 期。

陈晨："全面依法治国视角下我国基层治理法治化建设探析"，载《广西科技师范学院学报》2017 年第 6 期。

陈寒非、高其才："乡规民约在乡村治理中的积极作用实证研究"，载《清华法学》2018 年第 1 期。

陈龙："新时代中国特色乡村振兴战略探究"，载《西北农林科技大学学报（社会科学版）》2018 年第 3 期。

陈荣文："法治乡村建设的体系与路径研究"，载《团结》2021 年第 5 期。

陈彤："美国农业工业化发展与生态化转型研究"，载《亚太经济》2018 年第 5 期。

陈湘清："乡村振兴战略背景下的乡村治理法治化问题研究"，载《湖南行政学院学报》2019 年第 2 期。

陈晓军："'农业与农村优先发展'立法保障研究"，载《东方论坛》2020 年第 1 期。

豆书龙、叶敬忠："乡村振兴与脱贫攻坚的有机衔接及其机制构建"，载《改革》2019 年第 1 期。

范建华："乡村振兴战略的时代意义"，载《行政管理改革》第 2018 年第 2 期。

高其才:"通过司法健全乡村治理体系",载《贵州大学学报(社会科学版)》2019年第3期。

高强:"脱贫攻坚与乡村振兴有机衔接的逻辑关系及政策安排",载《南京农业大学学报(社会科学版)》2019年第5期。

郭晓鸣等:"实施乡村振兴战略的系统认识与道路选择",载《农村经济》2018年第1期。

郭正林:"国外学者视野中的村民选举与中国民主发展:研究述评",载《中国农村观察》2003年第5期。

贺雪峰:"村民自治的功能及其合理性",载《社会主义研究》1999年第6期。

贺雪峰:"关于实施乡村振兴战略的几个问题",载《南京农业大学学报(社会科学版)》2018年第3期。

贺震:"以法律之盾护卫长江碧水东流",载《群众》2021年第5期。

黄莉娜:"论乡村振兴背景下法治乡村建设",载《南昌航空大学学报(社会科学版)》2021年第4期。

蒋和平:"实施乡村振兴战略及可借鉴发展模式",载《农业经济与管理》2017年第6期。

蒋永穆:"基于社会主要矛盾变化的乡村振兴战略:内涵及路径",载《社会科学辑刊》2018年第2期。

景跃进:"中国农村基层治理的逻辑转换——国家与乡村社会关系的再思考",载《治理研究》2018年第1期。

李爱芹:"乡村振兴战略实施中法治保障问题研究",载《中国西部》2019年第6期。

李红娟、董彦彬:"中国农村基层社会治理研究",载《宏观经济研究》2021年第3期。

李火林:"论协商民主的实质与路径选择",载《中国人民大学学报》2006年第4期。

李敏:"乡村振兴战略的地方实践与经验启示——以晋中市百里乡村振兴示范廊带建设为例",载《农村经济与科技》2021年第11期。

李宁、王芳:"互动与融合:农村环境治理现代化中的协商民主",载《求实》2019年第3期。

李蕊:"乡村振兴地方立法的逻辑进路",载《地方立法研究》2022年第1期。

李增元、尹延君:"现代化进程中的农村社区风险及其治理",载《南京农业大学学报(社会科学版)》2020年第2期。

李增元:"基础变革与融合治理:转变社会中的农村社区治理现代化",载《当代世界与社会主义》2015年第2期。

李祖佩、梁琦:"资源形态、精英类型与农村基层治理现代化",载《南京农业大学学报(社会科学版)》2020年第2期。

林尚立:"基层群众自治:中国民主政治建设的实践",载《政治学研究》1999年第4期。

刘合光:"乡村振兴战略的关键点、发展路径与风险规避",载《新疆师范大学学报(哲学社会科学版）》2018年第3期。

刘学智："理学视域下的《吕氏乡约》"，载《陕西师范大学学报（哲学社会科学版）》2018年第3期。

刘彦随、周扬、李玉恒："中国乡村地域系统与乡村振兴战略"，载《地理学报》2019年第12期。

刘彦随："中国新时代城乡融合与乡村振兴"，载《地理学报》2018年第4期。

刘义强、胡军："中国农村治理的联结形态：基于历史演进逻辑下的超越"，载《学习与探索》2016年第9期。

刘运梓："从发达国家粮食产购销体制看我国的粮改"，载《宏观经济研究》1999年第5期。

刘振伟："巩固和完善农村基本经营制度"，载《农村经营管理》2019年第1期。

龙花楼、张英男、屠爽爽："论土地整治与乡村振兴"，载《地理学报》2018年第10期。

卢昌彩："推动乡村振兴法治保障研究"，载《决策咨询》2018年第4期。

罗淑娴："乡村治理法治化路径研究"，载《乡村论丛》2021年第4期。

罗兴佐："过渡型社会与乡村治理现代化"，载《华南农业大学学报（社会科学版）》2021年第2期。

农新："农业农村部公布上半年农业行政执法10大典型案例"，载《中国农机监理》2021年第7期。

饶静："当前农村基层治理现代化面临的问题与挑战"，载《人民论坛·学术前沿》2017年第22期。

任中平："村民自治遭遇的现实困境及化解路径"，载《河南社会科学》2017年第9期。

沈费伟："赋权理论视角下乡村振兴的机理与治理逻辑——基于英国乡村振兴的实践考察"，载《世界农业》2018年第11期。

石磊："寻求'另类'发展的范式——韩国新村运动与中国乡村建设"，载《社会学研究》2004年第4期。

宋才发："《乡村振兴促进法》为共同富裕提供法治保障"，载《河北大学学报（哲学社会科学版）》2021年第6期。

宋才发："民间法调解民事纠纷的功能、原则及路径"，载《河北法学》2022年第5期。

孙秀林："华南的村治与宗族——一个功能主义的分析路径"，载《社会学研究》2011年第1期。

覃晚萍、王世奇："新时代多元主体推进乡村治理法治化路径探讨"，载《广西民族大学学报（哲学社会科学版）》2019年第3期。

谭智心："立法为基强化保障 全面推进乡村振兴——《中华人民共和国乡村振兴促进法》解读"，载《农村金融研究》2021年第8期。

唐任伍：" 新时代乡村振兴战略的实施路径及策略"，载《人民论坛·学术前沿》2018 年第 3 期。

唐兴霖、马骏："中国农村政治民主发展的前景及困难：制度角度的分析"，载《政治学研究》1999 年第 1 期。

田毅鹏："脱贫攻坚与乡村振兴有效衔接的社会基础"，载《山东大学学报（哲学社会科学版）》2022 年第 1 期。

汪三贵、冯紫曦："脱贫攻坚与乡村振兴有机衔接：逻辑关系、内涵与重点内容"，载《南京农业大学学报（社会科学版）》2019 年第 5 期。

王木森、王东："微权清单式村治：法治村治的未来模式——以浙江 N 县推行村务工作权力清单 36 条为例"，载《理论导刊》2015 年第 4 期。

王树义、李景豹："论我国农村环境治理中的司法保障"，载《宁夏社会科学》2020 年第 3 期。

王亚华、高瑞："走向稳定、秩序与良治——现代化进程中的乡村公共事务治理"，载《人民论坛·学术前沿》2015 年第 3 期。

王亚华、苏毅清："乡村振兴——中国农村发展新战略"，载《中央社会主义学院学报》2017 年第 6 期。

王增杰："推进基层治理法治化的思考"，载《中共山西省直机关党校学报》2015 年第 1 期。

文丰安："我国农村社区治理的发展与启示：基于乡村振兴战略的视角"，载《湖北大学学报（哲学社会科学版）》2020 年第 2 期。

谢长法："乡约及其社会教化"，载《史学集刊》1996 年第 3 期。

辛俊霞："乡村振兴背景下农村人才培养问题探究"，载《人才资源开发》2022 年第 5 期。

徐勇、刘义强："我国基层民主政治建设的历史进程与基本特点探讨"，载《政治学研究》2006 年第 4 期。

徐勇："基层民主：社会主义民主的基础性工程——改革开放 30 年来中国基层民主的发展"，载《学习与探索》2008 年第 4 期。

徐勇："民主与治理：村民自治的伟大创造与深化探索"，载《当代世界与社会主义》2018 年第 4 期。

许经勇："国家治理现代化与农村社区建设"，载《湖南师范大学社会科学学报》2014 年第 5 期。

杨弘、郭雨佳："农村基层协商民主制度化发展的困境与对策——以农村一事一议制度完善为视角"，载《政治学研究》2015 年第 6 期。

杨华："农村基层治理事务与治理现代化：一个分析框架"，载《求索》2020 年第 6 期。

杨继文、姜利标："藏区治理的非司法叙事：刑事纠纷与宗教习俗"，载《中南民族大学学报（人文社会科学版）》2016 年第 2 期。

叶敬忠："乡村振兴战略：历史沿循、总体布局与路径省思"，载《华南师范大学学报（社会科学版）》2018 年第 2 期。

叶兴庆："新时代中国乡村振兴战略论纲"，载《改革》2018 年第 1 期。

游云福："试论基层公安机关的概念、主体及机构设置"，载《江西警察学院学报》2011 年第 6 期。

于文豪："乡村振兴促进法的特色与关键制度"，载《人民论坛》2022 年第 1 期。

余贵忠、杨继文："民族地区乡村振兴的司法保障机制构建"，载《贵州社会科学》2019 年第 6 期。

余佶："新目标、新理念、新路径开创'三农'工作新局面——以习近平同志为核心的党中央领导的'三农'新发展述论"，载《中共党史研究》2017 年第 9 期。

俞可平："中国治理变迁 30 年（1978—2008）"，载《吉林大学社会科学学报》2008 年第 3 期。

云法："云浮：立法夯实乡村振兴'基石'"，载《人民之声》2021 年第 11 期。

张广修："村规民约的历史演变"，载《洛阳工学院学报（社会科学版）》2000 年第 2 期。

张海鹏、郜亮亮、闫坤："乡村振兴战略思想的理论渊源、主要创新和实现路径"，载《中国农村经济》2018 年第 11 期。

张军："乡村价值定位与乡村振兴"，载《中国农村经济》2018 年第 1 期。

张来明、李建伟："促进共同富裕的内涵、战略目标与政策措施"，载《改革》2021 年第 9 期。

张强、张怀超、刘占芳："乡村振兴：从衰落走向复兴的战略选择"，载《经济与管理》2018 年第 1 期。

张文显等："推进自治法治德治融合建设，创新基层社会治理"，载《治理研究》2018 年第 6 期。

张显伟、闫文莉："乡村振兴视域下法治乡村建设探析"，载《桂海论丛》2022 年第 1 期。

张晓山："实施乡村振兴战略的几个抓手"，载《人民论坛》2017 年第 33 期。

张新文、张国磊："社会主要矛盾转化、乡村治理转型与乡村振兴"，载《西北农林科技大学学报》（社会科学版）2018 年第 3 期。

张志胜："多元共治：乡村振兴战略视域下的农村生态环境治理创新模式"，载《重庆大学学报（社会科学版）》2020 年第 1 期。

赵秀玲："'微自治'与中国基层民主治理"，载《政治学研究》2014 年第 5 期。

赵秀玲："协商民主与中国农村治理现代化"，载《清华大学学报（哲学社会科学版）》2016 年第 1 期。

周力行、刘宇："二战后日本乡村规划发展历程对我国的启示"，载《安徽农业科学》2021

年第4期。

周铁涛：" 村规民约的当代形态及其乡村治理功能"，载《湖南农业大学学报（社会科学版）》2017年第1期。

竺逸麟：" 编织世界级生态岛保护网"，载《检察风云》2021年第10期。

左停、刘文婧、李博：" 梯度推进与优化升级：脱贫攻坚与乡村振兴有效衔接研究"，载《华中农业大学学报（社会科学版）》2019年第5期。

Hans Zeisel, "Limits of Law Enforcement", *American Journal of Sociology*, 1985, 91 (3): 726~729.

三、报刊及网络文献类

文露敏：" 乡村振兴完成省级立法意味着什么"，载《四川日报》2021年12月8日。

杨继文：" 从实验法学到智能法学"，载《检察日报》2018年12月18日。

王娜：" 为持续全面推进乡村振兴提供法治保障"，载《新疆日报（汉文版）》2022年1月29日。

" 美国农业经济学家C. EDWIN YOUNG谈1996年《美国联邦农业完善与改革法案》"，载https://www.doc88.com/p-015651916939.html.

" 美国新农业法及有关国家农业支持政策分析"，载http：//www.moa.gov.cn/ztzl/nygnzczcyj/200212/t20021224_38663.htm.

" 英国和法国的农村改造：农业扶持、基础建设、传统村落保护并重"，载https://www.163.com/dy/article/FS24EM520534OE52.html.

" 《乡村振兴促进法》解读"，载http：//www.ahjx.gov.cn/OpennessContent/show/2232123.html.

张胜等：" 《中华人民共和国长江保护法》文字解读"，载《光明日报》2021年1月6日。

" 我国首部流域法律，将为保护长江带来什么"，载https：//news.gmw.cn/2021-01/06/content_34520952.htm.

" 农村土地制度实现重大突破——自然资源部法规司司长魏莉华解读新土地管理法"，载http：//www.mnr.gov.cn/dt/ywbb/201908/t20190827_2462251.html.

" 新修订《土地管理法》解读"，载http：//www.gzxr.gov.cn/xxgk/xxgkml/jcgk_44556/zcjd_44572/201910/t20191031_25872404.html.

" 帮您读：《土地管理法》修改了什么？意味着什么？"，载微信公众号"广东自然资源"，2019年8月28日。

" 关于《浙江省乡村振兴促进条例》的解读"，载http：//www.jiangshan.gov.cn/art/2021/12/20/art_1229080574_1622834.html.

" 护航乡村振兴 助力共同富裕 全面贯彻《浙江省乡村振兴促进条例》"，载微信公众号"中国乡村振兴"，2021年9月22日。

郭小华："全面实施乡村振兴战略，发挥引领、规范和保障作用——解读《新疆维吾尔自治区乡村振兴促进条例》"，载微信公众号"新疆人大在线"2022年2月25日。

四、论文类

戴晓春："我国农业市场化进程中政府职能研究"，华中农业大学2003年博士学位论文。

郭彩云："农村民间组织与乡村治理研究"，中央民族大学2012年博士学位论文。

兰红燕："我国乡村社会治理法治化研究"，河北师范大学2019年博士学位论文。

李艳、申才勇："乡村振兴战略与法治服务保障——乡村治理法治问题研究"，《第十四届中部崛起法治论坛论文集》（上）。

王霄鸣："美国农业保护政策及其影响研究"，华中科技大学2004年博士学位论文。

于德："习近平精准扶贫思想研究"，中共中央党校2019年博士学位论文。

附 录

一、法律

中华人民共和国乡村振兴促进法

第一章 总 则

第一条 为了全面实施乡村振兴战略，促进农业全面升级、农村全面进步、农民全面发展，加快农业农村现代化，全面建设社会主义现代化国家，制定本法。

第二条 全面实施乡村振兴战略，开展促进乡村产业振兴、人才振兴、文化振兴、生态振兴、组织振兴，推进城乡融合发展等活动，适用本法。

本法所称乡村，是指城市建成区以外具有自然、社会、经济特征和生产、生活、生态、文化等多重功能的地域综合体，包括乡镇和村庄等。

第三条 促进乡村振兴应当按照产业兴旺、生态宜居、乡风文明、治理有效、生活富裕的总要求，统筹推进农村经济建设、政治建设、文化建设、社会建设、生态文明建设和党的建设，充分发挥乡村在保障农产品供给和粮食安全、保护生态环境、传承发展中华民族优秀传统文化等方面的特有功能。

第四条 全面实施乡村振兴战略，应当坚持中国共产党的领导，贯彻创新、协调、绿色、开放、共享的新发展理念，走中国特色社会主义乡村振兴道路，促进共同富裕，遵循以下原则：

（一）坚持农业农村优先发展，在干部配备上优先考虑，在要素配置上优先满足，在资金投入上优先保障，在公共服务上优先安排；

（二）坚持农民主体地位，充分尊重农民意愿，保障农民民主权利和其他合法权益，调动农民的积极性、主动性、创造性，维护农民根本利益；

（三）坚持人与自然和谐共生，统筹山水林田湖草沙系统治理，推动绿色发展，推进生态文明建设；

（四）坚持改革创新，充分发挥市场在资源配置中的决定性作用，更好发挥政府作用，推进农业供给侧结构性改革和高质量发展，不断解放和发展乡村社会生产力，激发农村发展活力；

（五）坚持因地制宜、规划先行、循序渐进，顺应村庄发展规律，根据乡村的历史文化、发展现状、区位条件、资源禀赋、产业基础分类推进。

第五条 国家巩固和完善以家庭承包经营为基础、统分结合的双层经营体制，发展壮大农村集体所有制经济。

第六条 国家建立健全城乡融合发展的体制机制和政策体系，推动城乡要素有序流动、平等交换和公共资源均衡配置，坚持以工补农、以城带乡，推动形成工农互促、城乡互补、协调发展、共同繁荣的新型工农城乡关系。

第七条 国家坚持以社会主义核心价值观为引领，大力弘扬民族精神和时代精神，加强乡村优秀传统文化保护和公共文化服务体系建设，繁荣发展乡村文化。

每年农历秋分日为中国农民丰收节。

第八条 国家实施以我为主、立足国内、确保产能、适度进口、科技支撑的粮食安全战略，坚持藏粮于地、藏粮于技，采取措施不断提高粮食综合生产能力，建设国家粮食安全产业带，完善粮食加工、流通、储备体系，确保谷物基本自给、口粮绝对安全，保障国家粮食安全。

国家完善粮食加工、储存、运输标准，提高粮食加工出品率和利用率，推动节粮减损。

第九条 国家建立健全中央统筹、省负总责、市县乡抓落实的乡村振兴工作机制。

各级人民政府应当将乡村振兴促进工作纳入国民经济和社会发展规划，并建立乡村振兴考核评价制度、工作年度报告制度和监督检查制度。

第十条 国务院农业农村主管部门负责全国乡村振兴促进工作的统筹协调、宏观指导和监督检查；国务院其他有关部门在各自职责范围内负责有关的乡村振兴促进工作。

县级以上地方人民政府农业农村主管部门负责本行政区域内乡村振兴促进工作的统筹协调、指导和监督检查;县级以上地方人民政府其他有关部门在各自职责范围内负责有关的乡村振兴促进工作。

第十一条 各级人民政府及其有关部门应当采取多种形式,广泛宣传乡村振兴促进相关法律法规和政策,鼓励、支持人民团体、社会组织、企事业单位等社会各方面参与乡村振兴促进相关活动。

对在乡村振兴促进工作中做出显著成绩的单位和个人,按照国家有关规定给予表彰和奖励。

第二章 产业发展

第十二条 国家完善农村集体产权制度,增强农村集体所有制经济发展活力,促进集体资产保值增值,确保农民受益。

各级人民政府应当坚持以农民为主体,以乡村优势特色资源为依托,支持、促进农村一、二、三产业融合发展,推动建立现代农业产业体系、生产体系和经营体系,推进数字乡村建设,培育新产业、新业态、新模式和新型农业经营主体,促进小农户和现代农业发展有机衔接。

第十三条 国家采取措施优化农业生产力布局,推进农业结构调整,发展优势特色产业,保障粮食和重要农产品有效供给和质量安全,推动品种培优、品质提升、品牌打造和标准化生产,推动农业对外开放,提高农业质量、效益和竞争力。

国家实行重要农产品保障战略,分品种明确保障目标,构建科学合理、安全高效的重要农产品供给保障体系。

第十四条 国家建立农用地分类管理制度,严格保护耕地,严格控制农用地转为建设用地,严格控制耕地转为林地、园地等其他类型农用地。省、自治区、直辖市人民政府应当采取措施确保耕地总量不减少、质量有提高。

国家实行永久基本农田保护制度,建设粮食生产功能区、重要农产品生产保护区,建设并保护高标准农田。

地方各级人民政府应当推进农村土地整理和农用地科学安全利用,加强农田水利等基础设施建设,改善农业生产条件。

第十五条 国家加强农业种质资源保护利用和种质资源库建设,支持育种基础性、前沿性和应用技术研究,实施农作物和畜禽等良种培育、育种关键技术攻关，鼓励种业科技成果转化和优良品种推广，建立并实施种业国家安全审查机制，促进种业高质量发展。

第十六条 国家采取措施加强农业科技创新，培育创新主体，构建以企业为主体、产学研协同的创新机制，强化高等学校、科研机构、农业企业创新能力，建立创新平台，加强新品种、新技术、新装备、新产品研发，加强农业知识产权保护，推进生物种业、智慧农业、设施农业、农产品加工、绿色农业投入品等领域创新，建设现代农业产业技术体系，推动农业农村创新驱动发展。

国家健全农业科研项目评审、人才评价、成果产权保护制度，保障对农业科技基础性、公益性研究的投入，激发农业科技人员创新积极性。

第十七条 国家加强农业技术推广体系建设，促进建立有利于农业科技成果转化推广的激励机制和利益分享机制，鼓励企业、高等学校、职业学校、科研机构、科学技术社会团体、农民专业合作社、农业专业化社会化服务组织、农业科技人员等创新推广方式，开展农业技术推广服务。

第十八条 国家鼓励农业机械生产研发和推广应用，推进主要农作物生产全程机械化，提高设施农业、林草业、畜牧业、渔业和农产品初加工的装备水平，推动农机农艺融合、机械化信息化融合，促进机械化生产与农田建设相适应、服务模式与农业适度规模经营相适应。

国家鼓励农业信息化建设，加强农业信息监测预警和综合服务，推进农业生产经营信息化。

第十九条 各级人民政府应当发挥农村资源和生态优势，支持特色农业、休闲农业、现代农产品加工业、乡村手工业、绿色建材、红色旅游、乡村旅游、康养和乡村物流、电子商务等乡村产业的发展；引导新型经营主体通过特色化、专业化经营，合理配置生产要素，促进乡村产业深度融合；支持特色农产品优势区、现代农业产业园、农业科技园、农村创业园、休闲农业和乡村旅游重点村镇等的建设；统筹农产品生产地、集散地、销售地市场建设，加强农产品流通骨干网络和冷链物流体系建设；鼓励企业获得国际通行的农产品认证，增强乡村产业竞争力。

发展乡村产业应当符合国土空间规划和产业政策、环境保护的要求。

第二十条 各级人民政府应当完善扶持政策，加强指导服务，支持农民、返乡入乡人员在乡村创业创新，促进乡村产业发展和农民就业。

第二十一条　各级人民政府应当建立健全有利于农民收入稳定增长的机制，鼓励支持农民拓宽增收渠道，促进农民增加收入。

国家采取措施支持农村集体经济组织发展，为本集体成员提供生产生活服务，保障成员从集体经营收入中获得收益分配的权利。

国家支持农民专业合作社、家庭农场和涉农企业、电子商务企业、农业专业化社会化服务组织等以多种方式与农民建立紧密型利益联结机制，让农民共享全产业链增值收益。

第二十二条　各级人民政府应当加强国有农（林、牧、渔）场规划建设，推进国有农（林、牧、渔）场现代农业发展，鼓励国有农（林、牧、渔）场在农业农村现代化建设中发挥示范引领作用。

第二十三条　各级人民政府应当深化供销合作社综合改革，鼓励供销合作社加强与农民利益联结，完善市场运作机制，强化为农服务功能，发挥其为农服务综合性合作经济组织的作用。

第三章　人才支撑

第二十四条　国家健全乡村人才工作体制机制，采取措施鼓励和支持社会各方面提供教育培训、技术支持、创业指导等服务，培养本土人才，引导城市人才下乡，推动专业人才服务乡村，促进农业农村人才队伍建设。

第二十五条　各级人民政府应当加强农村教育工作统筹，持续改善农村学校办学条件，支持开展网络远程教育，提高农村基础教育质量，加大乡村教师培养力度，采取公费师范教育等方式吸引高等学校毕业生到乡村任教，对长期在乡村任教的教师在职称评定等方面给予优待，保障和改善乡村教师待遇，提高乡村教师学历水平、整体素质和乡村教育现代化水平。

各级人民政府应当采取措施加强乡村医疗卫生队伍建设，支持县乡村医疗卫生人员参加培训、进修，建立县乡村上下贯通的职业发展机制，对在乡村工作的医疗卫生人员实行优惠待遇，鼓励医学院校毕业生到乡村工作，支持医师到乡村医疗卫生机构执业、开办乡村诊所、普及医疗卫生知识，提高乡村医疗卫生服务能力。

各级人民政府应当采取措施培育农业科技人才、经营管理人才、法律服务人才、社会工作人才，加强乡村文化人才队伍建设，培育乡村文化骨干力量。

第二十六条　各级人民政府应当采取措施，加强职业教育和继续教育，组织开展农业技能培训、返乡创业就业培训和职业技能培训，培养有文化、懂技术、善经营、会管理的高素质农民和农村实用人才、创新创业带头人。

第二十七条　县级以上人民政府及其教育行政部门应当指导、支持高等学校、职业学校设置涉农相关专业，加大农村专业人才培养力度，鼓励高等学校、职业学校毕业生到农村就业创业。

第二十八条　国家鼓励城市人才向乡村流动，建立健全城乡、区域、校地之间人才培养合作与交流机制。

县级以上人民政府应当建立鼓励各类人才参与乡村建设的激励机制，搭建社会工作和乡村建设志愿服务平台，支持和引导各类人才通过多种方式服务乡村振兴。

乡镇人民政府和村民委员会、农村集体经济组织应当为返乡入乡人员和各类人才提供必要的生产生活服务。农村集体经济组织可以根据实际情况提供相关的福利待遇。

第四章　文化繁荣

第二十九条　各级人民政府应当组织开展新时代文明实践活动，加强农村精神文明建设，不断提高乡村社会文明程度。

第三十条　各级人民政府应当采取措施丰富农民文化体育生活，倡导科学健康的生产生活方式，发挥村规民约积极作用，普及科学知识，推进移风易俗，破除大操大办、铺张浪费等陈规陋习，提倡孝老爱亲、勤俭节约、诚实守信，促进男女平等，创建文明村镇、文明家庭，培育文明乡风、良好家风、淳朴民风，建设文明乡村。

第三十一条　各级人民政府应当健全完善乡村公共文化体育设施网络和服务运行机制，鼓励开展形式多样的农民群众性文化体育、节日民俗等活动，充分利用广播电视、视听网络和书籍报刊，拓展乡村文化服务渠道，提供便利可及的公共文化服务。

各级人民政府应当支持农业农村农民题材文艺创作，鼓励制作反映农民生产生活和乡村振兴实践的优秀文艺作品。

第三十二条　各级人民政府应当采取措施保护农业文化遗产和非物质文化遗产，挖掘优秀农业文化深厚内涵，弘扬红色文化，传承和发展优秀传统文化。

县级以上地方人民政府应当加强对历史文化名镇名村、传统村落和乡村风貌、少数民族特色村寨的保护，开展保护状况监测和评估，采取措施防御和减轻火灾、洪水、地震等灾害。

第三十三条 县级以上地方人民政府应当坚持规划引导、典型示范，有计划地建设特色鲜明、优势突出的农业文化展示区、文化产业特色村落，发展乡村特色文化体育产业，推动乡村地区传统工艺振兴，积极推动智慧广电乡村建设，活跃繁荣农村文化市场。

第五章　生态保护

第三十四条 国家健全重要生态系统保护制度和生态保护补偿机制，实施重要生态系统保护和修复工程，加强乡村生态保护和环境治理，绿化美化乡村环境，建设美丽乡村。

第三十五条 国家鼓励和支持农业生产者采用节水、节肥、节药、节能等先进的种植养殖技术，推动种养结合、农业资源综合开发，优先发展生态循环农业。

各级人民政府应当采取措施加强农业面源污染防治，推进农业投入品减量化、生产清洁化、废弃物资源化、产业模式生态化，引导全社会形成节约适度、绿色低碳、文明健康的生产生活和消费方式。

第三十六条 各级人民政府应当实施国土综合整治和生态修复，加强森林、草原、湿地等保护修复，开展荒漠化、石漠化、水土流失综合治理，改善乡村生态环境。

第三十七条 各级人民政府应当建立政府、村级组织、企业、农民等各方面参与的共建共管共享机制，综合整治农村水系，因地制宜推广卫生厕所和简便易行的垃圾分类，治理农村垃圾和污水，加强乡村无障碍设施建设，鼓励和支持使用清洁能源、可再生能源，持续改善农村人居环境。

第三十八条 国家建立健全农村住房建设质量安全管理制度和相关技术标准体系，建立农村低收入群体安全住房保障机制。建设农村住房应当避让灾害易发区域，符合抗震、防洪等基本安全要求。

县级以上地方人民政府应当加强农村住房建设管理和服务，强化新建农村住房规划管控，严格禁止违法占用耕地建房；鼓励农村住房设计体现地域、民族和乡土特色，鼓励农村住房建设采用新型建造技术和绿色建材，引导农民建设功能现代、结构安全、成本经济、绿色环保、与乡村环境相协调的宜居住房。

第三十九条 国家对农业投入品实行严格管理，对剧毒、高毒、高残留的农药、兽药采取禁用限用措施。农产品生产经营者不得使用国家禁用的农药、兽药或者其他有毒有害物质，不得违反农产品质量安全标准和国家有关规定超剂量、超范围使用农药、兽药、肥料、饲料添加剂等农业投入品。

第四十条 国家实行耕地养护、修复、休耕和草原森林河流湖泊休养生息制度。县级以上人民政府及其有关部门依法划定江河湖海限捕、禁捕的时间和区域，并可以根据地下水超采情况，划定禁止、限制开采地下水区域。

禁止违法将污染环境、破坏生态的产业、企业向农村转移。禁止违法将城镇垃圾、工业固体废物、未经达标处理的城镇污水等向农业农村转移。禁止向农用地排放重金属或者其他有毒有害物质含量超标的污水、污泥，以及可能造成土壤污染的清淤底泥、尾矿、矿渣等；禁止将有毒有害废物用作肥料或者用于造田和土地复垦。

地方各级人民政府及其有关部门应当采取措施，推进废旧农膜和农药等农业投入品包装废弃物回收处理，推进农作物秸秆、畜禽粪污的资源化利用，严格控制河流湖库、近岸海域投饵网箱养殖。

第六章 组织建设

第四十一条 建立健全党委领导、政府负责、民主协商、社会协同、公众参与、法治保障、科技支撑的现代乡村社会治理体制和自治、法治、德治相结合的乡村社会治理体系，建设充满活力、和谐有序的善治乡村。

地方各级人民政府应当加强乡镇人民政府社会管理和服务能力建设，把乡镇建成乡村治理中心、农村服务中心、乡村经济中心。

第四十二条 中国共产党农村基层组织，按照中国共产党章程和有关规定发挥全面领导作用。村民委员会、农村集体经济组织等应当在乡镇党委和村党组织的领导下，实行村民自治，发展集体所有制经济，维护农民合法权益，并应当接受村民监督。

第四十三条 国家建立健全农业农村工作干部队伍的培养、配备、使用、管理机制，选拔优秀干部充实到农业农村工作干部队伍，采取措施提高农业农村工作干部队伍的能力和水平，落实农村基层干部相关待遇保障，建设懂农业、爱农村、爱农民的农业农村工作干部队伍。

第四十四条　地方各级人民政府应当构建简约高效的基层管理体制，科学设置乡镇机构，加强乡村干部培训，健全农村基层服务体系，夯实乡村治理基础。

第四十五条　乡镇人民政府应当指导和支持农村基层群众性自治组织规范化、制度化建设，健全村民委员会民主决策机制和村务公开制度，增强村民自我管理、自我教育、自我服务、自我监督能力。

第四十六条　各级人民政府应当引导和支持农村集体经济组织发挥依法管理集体资产、合理开发集体资源、服务集体成员等方面的作用，保障农村集体经济组织的独立运营。

县级以上地方人民政府应当支持发展农民专业合作社、家庭农场、农业企业等多种经营主体，健全农业农村社会化服务体系。

第四十七条　县级以上地方人民政府应当采取措施加强基层群团组织建设，支持、规范和引导农村社会组织发展，发挥基层群团组织、农村社会组织团结群众、联系群众、服务群众等方面的作用。

第四十八条　地方各级人民政府应当加强基层执法队伍建设，鼓励乡镇人民政府根据需要设立法律顾问和公职律师，鼓励有条件的地方在村民委员会建立公共法律服务工作室，深入开展法治宣传教育和人民调解工作，健全乡村矛盾纠纷调处化解机制，推进法治乡村建设。

第四十九条　地方各级人民政府应当健全农村社会治安防控体系，加强农村警务工作，推动平安乡村建设；健全农村公共安全体系，强化农村公共卫生、安全生产、防灾减灾救灾、应急救援、应急广播、食品、药品、交通、消防等安全管理责任。

第七章　城乡融合

第五十条　各级人民政府应当协同推进乡村振兴战略和新型城镇化战略的实施，整体筹划城镇和乡村发展，科学有序统筹安排生态、农业、城镇等功能空间，优化城乡产业发展、基础设施、公共服务设施等布局，逐步健全全民覆盖、普惠共享、城乡一体的基本公共服务体系，加快县域城乡融合发展，促进农业高质高效、乡村宜居宜业、农民富裕富足。

第五十一条　县级人民政府和乡镇人民政府应当优化本行政区域内乡村发展布局，按照尊重农民意愿、方便群众生产生活、保持乡村功能和特色的原则，因地制宜安排村庄布局，依法编制村庄规划，分类有序推进村庄建设，严格规范村庄撤并，严禁违背农民意愿、违反法定程序撤并村庄。

第五十二条　县级以上地方人民政府应当统筹规划、建设、管护城乡道路以及垃圾污水处理、供水供电供气、物流、客运、信息通信、广播电视、消防、防灾减灾等公共基础设施和新型基础设施，推动城乡基础设施互联互通，保障乡村发展能源需求，保障农村饮用水安全，满足农民生产生活需要。

第五十三条　国家发展农村社会事业，促进公共教育、医疗卫生、社会保障等资源向农村倾斜，提升乡村基本公共服务水平，推进城乡基本公共服务均等化。

国家健全乡村便民服务体系，提升乡村公共服务数字化智能化水平，支持完善村级综合服务设施和综合信息平台，培育服务机构和服务类社会组织，完善服务运行机制，促进公共服务与自我服务有效衔接，增强生产生活服务功能。

第五十四条　国家完善城乡统筹的社会保障制度，建立健全保障机制，支持乡村提高社会保障管理服务水平；建立健全城乡居民基本养老保险待遇确定和基础养老金标准正常调整机制，确保城乡居民基本养老保险待遇随经济社会发展逐步提高。

国家支持农民按照规定参加城乡居民基本养老保险、基本医疗保险，鼓励具备条件的灵活就业人员和农业产业化从业人员参加职工基本养老保险、职工基本医疗保险等社会保险。

国家推进城乡最低生活保障制度统筹发展，提高农村特困人员供养等社会救助水平，加强对农村留守儿童、妇女和老年人以及残疾人、困境儿童的关爱服务，支持发展农村普惠型养老服务和互助性养老。

第五十五条　国家推动形成平等竞争、规范有序、城乡统一的人力资源市场，健全城乡均等的公共就业创业服务制度。

县级以上地方人民政府应当采取措施促进在城镇稳定就业和生活的农民自愿有序进城落户，不得以退出土地承包经营权、宅基地使用权、集体收益分配权等作为农民进城落户的条件；推进取得居住证的农民及其随迁家属享受城镇基本公共服务。

国家鼓励社会资本到乡村发展与农民利益联结型项目，鼓励城市居民到乡村旅游、休闲度假、养生养老等，但不得破坏乡村生态环境，不得损害农村集体经济组织及其成员的合法权益。

第五十六条　县级以上人民政府应当采取措施促进城乡产业协同发展，在保障农民主体地位的基础上健全联农带农激励机制，实现乡村经济多元化和农业全产业链发展。

第五十七条　各级人民政府及其有关部门应当采取措施鼓励农民进城务工，全面落实城乡劳动者平等就业、同工同酬，依法保障农民工工资支付和社会保障权益。

第八章　扶持措施

第五十八条　国家建立健全农业支持保护体系和实施乡村振兴战略财政投入保障制度。县级以上人民政府应当优先保障用于乡村振兴的财政投入，确保投入力度不断增强、总量持续增加、与乡村振兴目标任务相适应。

省、自治区、直辖市人民政府可以依法发行政府债券，用于现代农业设施建设和乡村建设。

各级人民政府应当完善涉农资金统筹整合长效机制，强化财政资金监督管理，全面实施预算绩效管理，提高财政资金使用效益。

第五十九条　各级人民政府应当采取措施增强脱贫地区内生发展能力，建立农村低收入人口、欠发达地区帮扶长效机制，持续推进脱贫地区发展；建立健全易返贫致贫人口动态监测预警和帮扶机制，实现巩固拓展脱贫攻坚成果同乡村振兴有效衔接。

国家加大对革命老区、民族地区、边疆地区实施乡村振兴战略的支持力度。

第六十条　国家按照增加总量、优化存量、提高效能的原则，构建以高质量绿色发展为导向的新型农业补贴政策体系。

第六十一条　各级人民政府应当坚持取之于农、主要用之于农的原则，按照国家有关规定调整完善土地使用权出让收入使用范围，提高农业农村投入比例，重点用于高标准农田建设、农田水利建设、现代种业提升、农村供水保障、农村人居环境整治、农村土地综合整治、耕地及永久基本农田保护、村庄公共设施建设和管护、农村教育、农村文化和精神文明建设支出，以及与农业农村直接相关的山水林田湖草沙生态保护修复、以工代赈工程建设等。

第六十二条　县级以上人民政府设立的相关专项资金、基金应当按照规定加强对乡村振兴的支持。

国家支持以市场化方式设立乡村振兴基金，重点支持乡村产业发展和公共基础设施建设。

县级以上地方人民政府应当优化乡村营商环境，鼓励创新投融资方式，引导社会资本投向乡村。

第六十三条　国家综合运用财政、金融等政策措施，完善政府性融资担保机制，依法完善乡村资产抵押担保权能，改进、加强乡村振兴的金融支持和服务。

财政出资设立的农业信贷担保机构应当主要为从事农业生产和与农业生产直接相关的经营主体服务。

第六十四条　国家健全多层次资本市场，多渠道推动涉农企业股权融资，发展并规范债券市场，促进涉农企业利用多种方式融资；丰富农产品期货品种，发挥期货市场价格发现和风险分散功能。

第六十五条　国家建立健全多层次、广覆盖、可持续的农村金融服务体系，完善金融支持乡村振兴考核评估机制，促进农村普惠金融发展，鼓励金融机构依法将更多资源配置到乡村发展的重点领域和薄弱环节。

政策性金融机构应当在业务范围内为乡村振兴提供信贷支持和其他金融服务，加大对乡村振兴的支持力度。

商业银行应当结合自身职能定位和业务优势，创新金融产品和服务模式，扩大基础金融服务覆盖面，增加对农民和农业经营主体的信贷规模，为乡村振兴提供金融服务。

农村商业银行、农村合作银行、农村信用社等农村中小金融机构应当主要为本地农业农村农民服务，当年新增可贷资金主要用于当地农业农村发展。

第六十六条　国家建立健全多层次农业保险体系，完善政策性农业保险制度，鼓励商业性保险公司开展农业保险业务，支持农民和农业经营主体依法开展互助合作保险。

县级以上人民政府应当采取保费补贴等措施，支持保险机构适当增加保险品种，扩大农业保险覆盖面，促进农业保险发展。

第六十七条　县级以上地方人民政府应当推进节约集约用地，提高土地使用效率，依法采取措施盘活农村存量建设用地，激活农村土地资源，完善农村新增建设用地保障机制，满足乡村产业、公共服务设施和农民住宅用地合理需求。

县级以上地方人民政府应当保障乡村产业用地，建设用地指标应当向乡村发展倾斜，县域内新增耕地指标应当优先用于折抵乡村产业发展所需建设用地指标，探索灵活多样的供地新方式。

经国土空间规划确定为工业、商业等经营性用途并依法登记的集体经营性建设用地，土地所有权人可以依法通过出让、出租等方式交由单位或者个人使用，优先用于发展集体所有制经济和乡村产业。

第九章　监督检查

第六十八条　国家实行乡村振兴战略实施目标责任制和考核评价制度。上级人民政府应当对下级人民政府实施乡村振兴战略的目标完成情况等进行考核，考核结果作为地方人民政府及其负责人综合考核评价的重要内容。

第六十九条　国务院和省、自治区、直辖市人民政府有关部门建立客观反映乡村振兴进展的指标和统计体系。县级以上地方人民政府应当对本行政区域内乡村振兴战略实施情况进行评估。

第七十条　县级以上各级人民政府应当向本级人民代表大会或者其常务委员会报告乡村振兴促进工作情况。乡镇人民政府应当向本级人民代表大会报告乡村振兴促进工作情况。

第七十一条　地方各级人民政府应当每年向上一级人民政府报告乡村振兴促进工作情况。

县级以上人民政府定期对下一级人民政府乡村振兴促进工作情况开展监督检查。

第七十二条　县级以上人民政府发展改革、财政、农业农村、审计等部门按照各自职责对农业农村投入优先保障机制落实情况、乡村振兴资金使用情况和绩效等实施监督。

第七十三条　各级人民政府及其有关部门在乡村振兴促进工作中不履行或者不正确履行职责的，依照法律法规和国家有关规定追究责任，对直接负责的主管人员和其他直接责任人员依法给予处分。

违反有关农产品质量安全、生态环境保护、土地管理等法律法规的，由有关主管部门依法予以处罚；构成犯罪的，依法追究刑事责任。

第十章　附　则

第七十四条　本法自 2021 年 6 月 1 日起施行。

二、行政法规

关于加强扶贫项目资产后续管理指导意见

国家乡村振兴局、中央农办、财政部

党的十八大以来,国家持续加大扶贫投入力度,实施了大量扶贫项目,形成了较大规模的资产,极大地改善了贫困地区生产生活条件,为贫困户脱贫增收、打赢脱贫攻坚战奠定了重要基础。为加强扶贫项目资产后续管理,确保扶贫项目在巩固拓展脱贫攻坚成果、接续全面推进乡村振兴中持续发挥效益,现提出如下意见。

一、指导思想

以习近平新时代中国特色社会主义思想为指导,全面贯彻党的十九大和十九届二中、三中、四中、五中全会精神,坚持中央统筹、省负总责、市县乡抓落实的工作机制,坚持精准方略,在巩固拓展脱贫攻坚成果同乡村振兴有效衔接框架下,按照现有资产管理制度及农村集体产权制度改革等要求,建立健全扶贫项目资产的长效运行管理机制,确保项目资产稳定良性运转、经营性资产不流失或不被侵占、公益性资产持续发挥作用,为巩固拓展脱贫攻坚成果、全面实现乡村振兴提供更好保障。

二、工作原则

坚持依法依规,突出帮扶特性。扶贫项目资产后续管理要与农村集体产权制度改革相衔接,遵循国有资产和农村集体资产管理及行业管理等有关规定,充分考虑扶贫项目资产受益群众的特殊性,资产权属和收益权尽量下沉。

坚持权责明晰,实施分类管理。按产权归属落实后续管理责任。扶贫项目资产由地方政府负责统筹。根据不同类别扶贫项目资产属性,落实各级行业主管部门监管责任。注重发挥村级组织作用。因地制宜、分类施策,完善扶贫项目资产后续管理机制。

坚持公开透明，引导群众参与。严格落实公告公示制度，提高项目资产后续管理和运营透明度。充分尊重农民意愿，切实保障受益群众对扶贫项目资产的知情权、参与权、表达权、监督权。

三、主要措施

（一）摸清扶贫项目资产底数。扶贫项目资产按经营性资产、公益性资产和到户类资产进行管理。经营性资产主要为具有经营性质的产业就业类项目固定资产及权益性资产等，公益性资产主要为公益性基础设施、公共服务类固定资产等，到户类资产主要为通过财政补助等形式帮助贫困户发展所形成的生物性资产或固定资产等。对党的十八大以来使用各级财政资金、地方政府债券资金、东西部协作、社会捐赠和对口帮扶等投入形成的扶贫项目资产进行全面摸底，分类建立管理台账，重点是经营性资产和公益性资产。

（二）有序推进确权登记。结合农村集体产权制度改革，按照"谁主管、谁负责"的原则，稳妥推进符合条件的扶贫项目资产确权登记，做好资产移交，并纳入相关管理体系。对经营性资产，根据资金来源、受益范围、管理需要等明确权属，尽可能明确到获得收益的个人、村集体经济组织等。难以明确到个人的扶贫项目资产，原则上应明确到村集体经济组织，纳入农村集体资产管理范围，并按照农村集体产权制度改革要求有序推进股份合作制改革。对公益性资产，项目建成后应及时办理移交手续，按照行业相关要求进行确权和管理。到户类资产归农户所有。对属于不动产的，依法办理确权登记。

（三）落实后续管理责任。省市两级政府要统筹指导和监督做好扶贫项目资产后续管理工作。县级政府对本县域扶贫项目资产后续管理履行主体责任，明确相关部门、乡镇政府管理责任清单。乡镇政府要加强扶贫项目资产后续运营的日常监管。对确权到村集体的扶贫项目资产，村级组织要担负起监管责任。各级行业主管部门按照职责分工，根据行业领域资产管理制度和规定，履行行业监管职责。

（四）规范后续管护运营。根据扶贫项目资产特点，明确产权主体管护责任，探索多形式、多层次、多样化的管护模式。对经营性资产，要加强运营管理，完善运营方案，确定运营主体、经营方式和期限，明确运营各方权利义务，做好风险防控。各地可根据实际，探索实行集中统一管护。管护经费根据运营方案原则上从经营收益中列支。对公益性资产，要加强后续管护，完善管护标准和规范，由相应的产权主体落实管护责任人和管护经费。可通过调整优化现有公益性岗位等方式解决管护力量不足问题，优先聘请符合条件的脱贫人口参与管护。属于村集体的公益性资产管护经费，可由村集体经营收益、地方财政资金统筹解决。落实受益群众责任，引导其参与管护和运营。对到户类资产，由农户自行管理，村级组织和有关部门要加强指导和帮扶，使到户扶贫项目资产更好地发挥效益。

（五）规范收益分配使用。发挥扶贫项目资产的帮扶作用，经营性资产收益分配按照现行资产管理制度实施。对制度未予明确规定的，应通过民主决策程序提出具体分配方案，体现精准和差异化扶持，并履行相应审批程序，分配方案和分配结果要及时公开。扶贫项目资产收益重点用于巩固拓展脱贫攻坚成果和全面实现乡村振兴。属于村集体的资产收益，通过设置一定的条件，鼓励采取参加村内项目建设和发展等劳动增收方式进行分配，激发群众内生动力。提取的公积公益金重点用于项目运营管护、村级公益事业等方面。严禁采用简单发钱发物、一分了之的做法进行收益分配。

（六）严格项目资产处置。任何单位和个人不得随意处置国有和集体扶贫项目资产。确需处置的，应严格按照国有资产、集体资产管理有关规定，履行相应审批手续进行规范处置。将扶贫项目资产进行抵押担保的，要严格按照相关法律法规执行。对以个人、村集体经济组织名义入股或参股企业等经营主体的，应明确股权的退出办法和处置方式等。属于村集体资产的处置收入应重新安排用于巩固拓展脱贫攻坚成果和全面实现乡村振兴。

四、组织保障

（一）加强组织领导。各地区要充分认识加强扶贫项目资产后续管理的重要性，将其纳入巩固拓展脱贫攻坚成果同乡村振兴有效衔接工作中统筹部署落实。各省（自治区、直辖市）要根据本指导意见，结合实际情况制定具体实施意见或办法。乡村振兴、农业农村、发展改革、教育、财政、自然资源、交通运输、水利、卫生健康等相关部门要按照分工明确管理责任，密切配合，共同将扶贫项目资产后续管理各项工作落实到位，乡村振兴部门要发挥好统筹协调作用。

（二）强化监督管理。加强对扶贫项目资产后续管理情况的纪律监督、审计监督、行业监督和社会监督等。发挥驻村工作队、村务监督委员会、村集体经济组织监事会等监督作用。严格落实公告公示制度，及时公布扶贫项目资产运营、收益分配、处置等情况。对贪占挪用、违规处置扶贫项目资产及收益等各类行为，依纪依法严肃追究责任。

（三）抓好总结推广。各地区要加强对扶贫项目资产后续管理工作的总结，积极探索并不断完善扶贫项目资产后续管理办法，及时解决发现的问题，积累和推广成功经验做法。

三、司法解释性质文件

最高人民法院发布"打造枫桥式人民法庭 积极服务全面推进乡村振兴"典型案例——守护农村生态环境篇

乡村振兴,生态宜居是关键。绿水青山就是金山银山。"两山"理念诞生地人民法庭,如何以法治力量助推绿水青山向金山银山高水平转化?全国首个以国家公园命名的建制法庭,如何保护文化遗产,护航国家公园建设?环境资源法庭如何创新"三审合一"审判模式,探索环资审判专业化、生态恢复法治化、司法保护常态化路径,全方位保护乡村自然生态系统?南水北调中线工程水源地人民法庭,如何以司法之力当好忠诚可靠"守井人"?滨江生态法庭如何打造长江沿岸首个以"司法保护示范林、环境司法庭馆'样板间'、巡回审判艇"为主要内容的"生态修复+乡村振兴"司法实践基地?赤水河畔的"茅台法庭"如何坚持产业发展与生态环境保护并重、案件审理与诉源治理并举,推动白酒产业高质量发展?……

看人民法庭如何为乡村振兴绿色发展之路提供司法助力。

浙江省安吉县人民法院灵峰法庭
践行"两山"理念 法护绿水青山

案例点评:浙江省安吉县人民法院灵峰法庭下辖的余村是"两山"理念诞生地,灵峰法庭立足辖区竹茶产业集聚发展的新形势,深耕"绿色审判",延伸"绿色服务",聚焦"绿色经济",以法治力量助推绿水青山向金山银山高水平转化。

作为习近平总书记"绿水青山就是金山银山"理念诞生地的人民法庭,灵峰法庭始终坚持以习近平生态文明思想为指导,秉承"护美绿水青山彰显公平正义"工作理念,奋力扛起绿色低碳共富样板地模范生的司法担当。

一、深耕"绿色审判",守护森林竹海

坚持新时代生态环境保护司法理念,创新专业化审执模式与生态修复性机制，推动人与自然和谐共生。一是广纳各领域专家提增团队专业度。吸收农林渔牧等领域专家16名，建立环资案件专家陪审库，与资深法官组成"森林法官"队伍，提高环资审判专业精准度与裁判结果可接受度，案件服判息诉率达98%。二是探索购碳令推动生态修复多元化。依托全国首个县级竹林碳汇收储交易平台，探索购碳令机制，敦促当事人认购碳汇落实生态修复，降低修复能耗。发出森林资源保护督促令、野生动物保护令，责令破坏生态行为人增殖放流5次、补植复绿70余亩林地，并定期回访考察。三是法庭执行提升生态保障及时性。实行环资案件刑事、民事、行政及执行"四合一"归口审执模式，强化审执程序衔接。发挥法庭直接执行优势，推行辖区环资案件执前督促，82%行为人在裁判生效后主动修复，缩短生态破坏影响期。

二、延伸"绿色服务"，助推生态共治

紧扣新时代乡村治理"余村经验"，前移司法服务关口，为辖区生态环境保护、纠纷防治提供全链条服务。一是设立司法实践基地强化生态警示教育。牵头建立"两山"司法实践展示馆，设立生物多样性司法实践基地，联合基层法庭设立补植复绿警示教育基地，广泛开展生态保护研学与警示教育，累计接待2800余人次，增强群众生态保护意识。二是多方联动构建生态环境协同治理机制。将"森林法官"融入市域环境司法保护协作机制，对接县级司法协同中心，跨域化解环境损害纠纷22起，跟进修复成果8项。积极参与林长制、河长制改革，定期为林长、护林员、河长等开展法治培训，支部共建吸收党员干群参与环境损害纠纷化解，推动形成立体保护网。三是依托智能生态治理平台提升防治效能。依托"法护两山"智能环境治理平台，与职能部门、社会组织共享信息、共通线索、共商问题，实现环资案件同平台办理，移送案件线索50余条，共享投诉举报、行政处罚等信息100余条。推动"共享法庭"村社全覆盖，打造生态"共享法庭"集群，在线开展生态保护法治宣讲、业务培训33次。

三、聚焦"绿色经济"，护航乡村振兴

立足辖区特色产业，聚焦产业生态化和生态产业化，以法治力量助推绿水青山向金山银山高水平转化。一是激活闲散生态资源要素。主动对接负责县域生态资源整合提升与市场交易的"两山银行"，动态掌握辖区产业发展状

况，精准回应司法需求，及时反馈案涉零散闲置生态资源信息，推动产业生态资源实现价值转换，促进辖区资源要素聚集、产业融合。二是加强"安吉白茶"产业联动保护。与职能部门合力构建"安吉白茶"等地理标志知识产权协同保护机制，推进特色农产品保护工程，指导"安吉白茶"地理标志等知产侵权纠纷诉前调解15次。三是助力乡村农旅融合发展。在辖区旅游经济专业合作社、3A级以上景区等设立巡回审判站点，开展巡回审判、典型案例发布和宣讲，就地指导化解农旅纠纷63件，引导乡镇村社规范生态资源开发、闲置农房租赁、宅基地流转等行为，推动休闲农业、民宿旅游等新业态发展。

安徽省歙县人民法院深渡法庭　彰显地域特色
助力"库区、景区、山区"绿色发展

案例点评：安徽省歙县人民法院深渡法庭结合辖区库区、景区、山区典型特点，关口前移、能动司法，以"水上流动法庭""巡回旅游法庭""身边时令法庭"等贴近当地实际、彰显地域特色、满足群众所盼的方式，为乡村振兴绿色发展之路提供司法助力。

安徽省歙县人民法院深渡法庭辖区位于千岛湖（新安江水库）坝址以上流域，为新安江中下游段至浙江省出水口，肩负"一江清水出新安"的重任。近年来，深渡法庭紧紧围绕习近平总书记倡导和推动的新安江生态补偿机制试点工作，因地制宜，结合辖区库区、景区、山区的典型特点，关口前移、能动司法，为乡村振兴绿色发展之路提供司法助力。

一、聚焦库区生产生活需求，打造"水上流动法庭"

深渡法庭紧扣地域实际，设立"说走就走、说到就到、有事说事、没事便民"的便民法庭，2017年4月以来，化解矛盾纠纷600件。一是成立"轮渡法官调解室"，在深渡海事处设立纠纷化解点，把法庭从审判大楼搬到轮渡小船上。在辖区流域轮渡停靠点设置诉讼服务调解点7个，安排2名退休法官轮流值班提供解纷服务。二是聚焦生态司法保护，针对新安江生态补偿机制试点工作中尚未形成纠纷的潜在风险和社会问题提出应对举措，妥善化解畜禽养殖污染整治、重点河道综合治理、采砂洗砂治理、支流水草治理、增殖放流、沿河服务行业污水处理等各类环境保护纠纷42件。

二、聚焦景区涉法涉诉需求，打造"巡回旅游法庭"

以国家 4A 级风景名胜区新安江山水画廊和"中国东部自驾游天堂"的"皖浙 1 号旅游风景道"两处景区为重点，提供旅行无忧司法服务保障。一是紧盯旅游纠纷流动性大、时效性强的特点，开辟涉旅纠纷绿色通道，确保当事人即到即办，涉旅纠纷快审快结，平均耗时仅 2 天左右。全面分析纠纷起因、当事人诉求，制定要素式审判模板，对于无争议事实直接适用。对于适用速裁程序的案件，第一时间出具文书或引导当场履行。二是注重水陆景区不同纠纷类型，有针对性因案施策。在水上景区新安江山水画廊全长 50 公里途中，定点投放涉游客、游船、渔民相关诉讼法律风险提示，在售票处、轮渡码头等关键场所放置宣传板、宣传册。根据自驾游多发易发的交通事故纠纷，编印道路交通安全、驾车违法提示、交通事故纠纷解决人身损害赔偿认定等多个指引，积极协调交管部门做好纠纷协调。三是坚持与乡镇司法所、旅游执法部门等优势互补、协同发力，加强对涉旅纠纷调解员、网格员业务指导，为辖区调解员征订专业书籍，组织开展"法润新安江"等宣传讲座，增强基层干部群众法治观念和纠纷化解能力。

三、聚焦山区富农富民需求，打造"身边时令法庭"

按照"庭审地点离家近，开庭时间群众定"的思路，打造不违农时、不误农事、不增加群众诉累的"时令法庭"。一是针对春季茶叶、夏季枇杷、秋季蜜橘和贡菊等耕种时令性强，收获采摘时间短的特点，主动为从事时令种植的山区群众提供上门、便利、亲和诉讼服务。对于事实清楚，权利义务关系明确，争议不大的民事案件，不拘泥于坐堂问案，有序排期，由双方当事人选择方便时间、地点开庭审理。二是坚持矛盾纠纷多元化解，构建"诉前+诉中""普法+便民+惠民"多元化解工作模式。率先试点"无讼社区服务站"，与全国人大代表、深渡镇大茂社区党总支书记姚顺武综治工作室密切协作，诉前化解各类涉农纠纷 1360 起。三是着力提倡乡风文明，推广"徽州乡风评理堂"做法。成立安徽首家党建引领的金融纠纷调解室，诉前化解农村信用建设、金融借贷、民间借贷等各类纠纷 22 件，为乡村振兴打牢信用基础。四是健全机制保障，制定《"时令法庭"品牌建设方案》《"时令法庭"安全保卫制度》等系列规章，保障"时令法庭"专项经费，配齐配强录音录像设备。加强协调配合，特殊情况邀请当地基层组织、公安派出所协助，切实保障"实地庭审"和"巡回庭审"。

福建省武夷山市人民法院武夷山国家公园法庭
立足地域特点　精准护航国家公园建设

案例点评：福建省武夷山市人民法院武夷山国家公园法庭是全国首个以国家公园命名的法庭，法庭立足武夷山"国家公园""双世遗城市"的地域特点，通过创新"三绿"生态司法工作网络，构建"三一"文化遗产保护机制，突出武夷岩茶品牌优势，创设"513涉旅审判工作机制"，精准护航国家公园建设。

武夷山国家公园人民法庭是全国首个以国家公园命名的建制法庭。立足武夷山"国家公园""双世遗城市"地域特点，精准护航国家公园建设，全力服务保障乡村振兴。

一、立足国家公园辐射效应，全力助推乡村生态文明建设

创新生态司法"三绿"工作网络，助力生态文明建设。一是亮"绿灯"。联合武夷山国家公园管理局出台《生态司法保护"绿色家园"行动方案》，设立国家公园"巡回审判点"，开辟涉生态案件"立、审、执"绿色诉讼通道，巡回审理涉生态案件114件，召开涉生态联席会12场，实现辖区内乡村自然资源保护一体化运作。二是布"绿网"。设立"驻河长制办公室法官工作室"，与国家公园智慧管理中心有效衔接，形成"法庭+国家公园+乡镇"全覆盖生态保护网络，诉前化解涉生态纠纷95件，开展"践行'两山'理念"等普法16场、500多人次，发放宣传材料3400余份。三是打"绿码"。将生态修复理念融入审判工作，出台《生态环境损害赔偿资金管理办法》，落实"环境有价损害担责"，审结乱占耕地建房等涉生态民事纠纷94件，督促拆除水源地违法畜禽养殖设施8000多平方米。

二、守护世界文化遗产名片，努力促进武夷文化繁荣发展

努力构建文化遗产保护与传承有机融合的"三个一"机制。一是一站式服务。设立文化遗产保护巡回法庭、司法保护工作站，集法律咨询、诉前调解、案件受理、诉讼调解、审判执行等为一体的一站式诉讼服务，高效审理

文化遗产保护案件。二是一体化保护。联合文物保护单位出台《文化遗产协同保护工作方案》，加强部门信息互通，做好文化遗存矛盾评估和纠纷化解工作，妥善审结茶文化遗产保护重点建设项目"武夷茶博物馆"纠纷案。三是一脉性传承。汲取朱子文化、茶文化精髓，总结了"问源、扬和、谕理、循法"的"朱子·家"八字审判工作法，以及"俭、清、静、和"的"朱子·茶"廉洁文化。设立家事巡回法庭，妥善审理家事纠纷452件，营造尊老爱幼、家庭和睦、乡村和谐的文明风尚。

三、突出武夷岩茶品牌优势，做大做强茶产业发展文章

一是突出司法服务。开设涉茶案件"绿色窗口"，涉茶纠纷就地受理、优先审理、线上解纷。高效审理茶叶购销、侵权等纠纷386起；在村居派驻"法律特派员"，解决茶农、茶企"急难愁盼"问题35个。二是突出司法保障。与市消委会联合推出茶叶买卖"先行赔付"机制，推进茶叶市场诚信体系建设；妥善处理涉生态茶园权属争议、拆迁安置等纠纷，司法助力打击假冒注册商标、生产销售伪劣茶产品等行为。三是突出司法宣传。开展"武夷岩茶"原产地地理标志保护等常态化涉茶法律宣传，完成重点调研课题《山区特色贸易纠纷的实证问题研究》。

四、紧扣高质量发展主题，全面提升旅游产业服务品质

创设"513涉旅审判工作机制"，促进旅游市场全面提档升级。一是制定"5项制度"。实行涉旅纠纷流动调处、速裁速审、判前研讨、先行赔付、远程办案制度。在旅游民宿集中村设立"共享法庭"，"线上+线下"就地化解涉旅纠纷，妥善审理涉及乡村旅游案件147件。二是培塑"1支队伍"。由法庭指派专业法官集中审理涉旅纠纷，聘请旅游从业人员担任特邀调解员、陪审员，建立涉旅纠纷专家库，多元化解旅游纠纷。三是建立"3个对接"。与游客服务中心、旅游企业、旅游主管部门加强工作衔接，结合发现的问题，向相关旅游行业主体发出司法建议30余份。

河南省襄城县人民法院麦岭法庭

创新"三审合一"模式全方位保护乡村自然生态系统

案例点评：河南省襄城县人民法院麦岭法庭辖区是许昌市饮用水水源保

护地,麦岭法庭秉持以司法力量守护绿水青山的理念,创新"三审合一"审判模式,探索环资审判专业化、生态恢复法治化、司法保护常态化的"三化"路径,多元化解环资纠纷,实现对乡村自然生态系统的全方位保护。

河南省襄城县人民法院麦岭法庭所在地地下水资源丰富,系许昌市饮用水水源保护地。麦岭法庭率先将恢复性司法理念运用到环资审判,实现对乡村自然生态系统的全方位保护;探索环资类案件专业化审理,创新"三审合一"审判模式,走出一条环资审判专业化、生态恢复法治化、司法保护常态化的"三化"之路。

一、创新工作机制,促环资审判专业化

一是完善专业审判制度。成立环境资源类案件法官委员会,制定《关于环境资源合议庭案件受理范围的规定》《关于充分发挥审判职能作用最大限度修复生态环境的实施细则》,对环境资源审判合议庭受案范围予以明确规定,有针对性对环境资源审判工作予以指导、规范。二是创新"三审合一"审判模式。环境资源刑事、民事、行政案件统一由麦岭法庭审理,减轻其他业务部门办案压力,提高环境资源类案件的专业审判率、办案效率。五年来,麦岭法庭共审结环境资源案件607件,其中审结破坏环境资源刑事案件48件91人;审结公益诉讼案件5件。三是强化岗位专业培训。通过外出培训、岗位实训、交流学习等形式,使环资法官精通民事、刑事、行政法律和环境科学知识,培养"专家型法官"。

二、多元化解环资纠纷,促生态恢复法治化

一是成立"环境资源审判诉调对接办公室"。打造多元化纠纷解决机制,按照诉源治理总体要求,与自然资源局、生态环境局等部门建立诉调对接机制,设立"环境资源审判诉调对接办公室",加强职能部门协调联动。二是充分调动社会力量。聘请热心公益、德高望重、热爱环保、具有较深环保业务理论和较高调解能力的人士,担任环保监督员、环保调解员、环保宣传员等"三员",通过监督、调解、宣传等,促使当事人认识错误,修复环境,赔偿损失。三是建立环境资源审判专家库。吸纳具有环保专业背景知识者组成专家库,在审理重大疑难案件、研讨疑难专业问题、制定规范性文件时,充分听取专家意见。

三、引入"恢复性司法"理念,促环境保护常态化

一是树立恢复性司法理念。在环境资源审判中引入"恢复性司法"理念,允许通过限期履行劳务代偿、第三方治理等生态环境修复责任承担方式,确保责任人依法赔偿生态环境修复费用和承担生态环境服务功能的损失。二是探索审理+教育新模式。对环资案件坚持在山林绿化地、矿产资源地、河湖水源地等案件发生地开展巡回审判。襄城县法院在环资刑事案件中挑选出一批代表性案件在发生地公开审理,旁听人数达 5000 余人。借助电视、报纸、杂志等传统媒体网络,QQ、微信、微博、微视、短信等新媒体进行宣传教育,扩大影响力。运用司法建议促群防群治。充分发挥司法建议书督促建议和教育防范作用,结合环资审判情况,先后向国土、水务、林业、旅游、文化、食药监等单位发出司法建议书 7 份,督促以上部门加强环境资源法制宣传,建立健全"群防群治"体系,向全社会发布《环境资源审判白皮书》,让"绿色发展理念"深入人心。

湖北省丹江口市人民法院生态环境保护法庭

聚焦审判协作宣传职能　当好南水北调"守井人"

案例点评:湖北省丹江口市是南水北调中线工程水源地,生态环境保护法庭积极探索环资案件"三合一"审判模式、开展多主体司法协作、广泛进行法治宣传,引导树立鲜明的"绿水青山就是金山银山"价值导向,充分发挥司法职能,当好忠诚可靠"守井人"。

位于南水北调中线工程水源地的丹江口市人民法院紧紧围绕"仙山、秀水、汽车城"三张名片,做好"生态修复、环境保护、绿色发展"三篇文章打造生态环境保护法庭,充分发挥司法职能,助力"一库清水永续北送"。

一、聚焦审判职能,走稳绿色发展"法治路"

生态环境保护法庭始终坚持用最严格制度、最严密法治保护生态环境,深入贯彻实施《长江保护法》,统筹适用民事、刑事、行政责任。一是队伍建设专业化。2021 年 3 月,丹江口法院整合审判资源设立生态环境保护法庭,探索环资案件民事、刑事、行政"三审合一"机制,凸显"环境资源审判专业化"特色。二是司法保护立体化。先后在库区周边镇村、重点企业设立司

法保护基地 8 个，分设增殖放流区、补植复绿区、野生动物放生区，在基层法院框架内初步形成"法庭+基地+三区"的立体化司法保护体系。三是司法理念绿色化。法庭始终秉持恢复性司法理念，把补植复绿、增殖放流等对生态环境资源恢复行为纳入对被告人量刑情节，运用打击、教育、预防措施，提高保护质效，体现司法温度。成立以来，累计督促被告人增殖放流鱼苗 47 余万尾，复垦复绿林地面积 18 亩，发放野生动物保护宣传册 8000 份，使"砍树人"变成"种树人"，"打鸟人"变成"护鸟人"，"捕鱼人"变成"放鱼人"。

二、聚焦司法协作，唱响共同治理"合奏曲"

生态环境保护法庭积极推动司法协作，不断为库区绿色发展凝聚强大合力。一是强化区域协作。积极贯彻落实湖北、河南、陕西三省高院在丹江口共同签署的《环丹江口水库生态环境保护与修复环境资源审判协作框架协议》，与周边法院建立区域协作机制。二是强化横向协作。联合当地环保、水利和湖泊等 7 个部门制定生态环境保护行政执法与司法联动工作机制，强化生态治理，取得良好效果，被作为重大环保措施向湖北省人大汇报。三是强化主体协作。高度重视与丹江口水利枢纽管理主体——汉江集团联系，将汉江集团管理区域纳入法院生态环境司法保护基地，凝集央企与司法机关的不同优势，为库区绿色发展提供优质高效司法服务。四是强化外部协作。邀请武汉大学环境法研究所建立公益诉讼实践基地，聘请 7 名武汉大学法学院教授建立环境司法咨询专家库，提升环境资源审判专业化水平。

三、聚焦法治宣传，共绘美丽乡村"新画卷"

生态环境保护法庭坚持每月一次巡回审判、一次法治宣讲、一次走访村组，持续增强群众节约意识、环境意识、生态意识。一是强化巡回审判。针对环资类刑事案件，坚持到案发地开庭，并配置巡回审判车、移动科技法庭等设备，制作典型案例宣传展板和生态环境司法保护宣传单，使巡回审判车成为流动的法治宣传站。二是强化送法下乡。利用空闲时间，主动与辖区村组对接，因村施策，坚持开展"每周一学"夜学活动，结合每月开展的"户户走到"，为群众普及生态环境司法保护知识。三是强化法治宣讲。在"3·22 世界水日""6·5 世界环境日"等环保节点联合相关部门以多媒介、多方式、多角度开展法治宣传,倡导互利共生、营造美丽乡村,相关工作经验被多家媒体报道推广。

重庆市万州区人民法院大周法庭
生态修复+乡村振兴 打造滨江生态法庭

案例点评: 重庆市万州区人民法院大周法庭践行恢复性司法理念,打造长江沿岸首个以"司法保护示范林、环境司法庭馆'样板间'、巡回审判艇"为主要内容的"生态修复+乡村振兴"司法实践基地,走出一条司法助力乡村振兴的创新之路。

重庆市万州区人民法院大周法庭充分发挥人民法庭工作职能,创新加入恢复性司法元素,打造"生态修复+乡村振兴"实践基地,探索出一条人民法庭服务保障乡村振兴的有效路径。

一、科学谋篇布局,夯实生态修复与乡村振兴发展基础

一是创新建设生态修复林。2016年起在大周镇长江沿岸500亩消落带上建设"三峡库区生态修复司法保护示范林",现已种植耐水湿、耐盐碱、绿色期长、树形优美的中山杉250余亩3万余株,与当地十里滨江长廊、主题文化广场、古红橘种植园自然融合,形成生态旅游优质资源,年接待游客超10万人次,带动周边兴起乡村民宿、农家乐50余家,促进了农村产业兴旺和农民生活富裕。示范林所在的两个乡村,一个入选"中国美丽休闲乡村",一个从贫困村蜕变为乡村振兴示范村。二是倾力打造景观法庭建筑。2018年启动法庭新址建设项目,现已建成占地面积5600m^2、建筑面积1921.33m^2的大周法庭。建筑整体呈庭院式布局,错落有致,陈设庄重典雅,传承了我国传统司法机关即府衙的建筑形制和建筑风格,外观上融入大周镇美丽乡村建设风貌,成为江畔一颗靓丽明珠。三是着力创建法治教育基地。法庭内种植环境资源案件中没收的红豆杉、崖柏、桢楠等国家重点保护植物,陈列中华鲟、大鲵、林麝、野斑羚、红腹锦鸡等动物标本,以及青石、硫铁矿、石灰岩、页岩、卵石等矿产样本,缔造人与自然和谐的生态法庭氛围,以沉浸式、体验式为特色,通过观摩庭审、模拟法庭、法治课堂、案例展示、活动参与等多种形式开展法治教育,将大周法庭及其管理的示范林整体建设为生态环境法治宣传教育基地,打造"乡村法治打卡地"。

二、健全工作机制，护航生态修复与乡村振兴融合发展

一是建设专兼结合的环资审判队伍。加挂"三峡库区生态修复法庭"铭牌，六名干警编入环境资源审判团队，兼办环境资源案件，由环境资源审判庭进行业务指导，并共同开展巡回审判、普法宣传、司法调研等活动，强化了大周法庭环境资源司法效能。二是建立司法与行政良性互动机制。与党委政府、农委、林业、水务等部门建立联席会议制度，协商解决实际问题，为法庭及示范林建设、周边环境优化、生态资源合理利用等提供有力保障。与区林业局、大周镇政府联合出台《关于共建长江三峡库区消落带"生态修复+乡村振兴"司法实践基地的意见》，推进乡村绿色发展，形成共建共享新格局。与云阳县农委签约打造环境司法巡回审判艇，联合开展巡航长江、巡回审判、普法宣传等活动。三是健全社会化的公众参与机制。规范化、制度化落实法庭及示范林全天候开放、邀请公众参观访问、中山杉捐资认养、生态修复公益活动等四项机制，建立和畅通公众参与环境法治的渠道和平台，凝聚助推乡村振兴的"最大公约数"。2016年以来，万州区中小学生12000余人、全国法院40余次1000余人、全国人大代表44人、市级人大代表及政协委员76人到大周法庭参观访问或调研；社会公众踊跃捐资认养中山杉，认养金额达32万元、面积达33亩。

三、强化法治宣传，擦亮生态修复与乡村振兴特色品牌

多元化、多层次、全方位持续宣传生态文明理念，注重加强与各级新闻媒体、网络媒体、自媒体的合作，广泛报道大周法庭以恢复性司法为切入点，依托生态修复示范林、生态法庭、生态环境法治宣传教育基地，助力乡村振兴的探索与实践，提升社会知名度、美誉度。中央电视台连续3年4次以现场直播方式报道相关经验成果。2021年3月1日，最高人民法院院长周强在《求是》杂志撰文，论及人民法院贯彻落实习近平生态文明思想的司法实践成果时，以图文方式肯定示范林建设成效。2021年5月26日，重庆市高级人民法院院长李永利在世界环境司法大会作专题发言时，推介了万州法院建设示范林的好做法，得到各国与会代表一致肯定。

贵州省仁怀市人民法院 茅台特殊环境保护法庭
发展与保护并重 专业法庭推动酒业高质量发展

案例点评：贵州省仁怀市茅台特殊环境保护法庭所在地位于赤水河茅台段下游，茅台特殊环境保护法庭坚持产业发展与生态环境保护并重、案件审理与诉源治理并举，积极发挥专业法庭优势，推动白酒产业高质量发展。

仁怀市辖区内的茅台镇、美酒河镇和合马镇位于赤水河茅台段下游，属于享誉世界的酱香型白酒产业核心区和聚集区。赤水河流域生态环境的质量，直接影响白酒产业的生存与发展。茅台特殊环境保护法庭紧扣地方产业发展重心，坚持产业发展与生态环境保护并重，坚持案件审理与诉源治理并举，积极发挥专业法庭优势，奋力推动白酒产业高质量发展，为乡村振兴提供有力司法服务和保障。

一、多元解纷，升级特色产业司法服务

一是采取特色产业诉讼案件集中审理。组建"4名法官+4名法官助理"的专业化审判团队，建立繁简分流、类案划分、关联案件并审等机制，缩短涉白酒产业案件审理周期，提高司法效率。法庭成立以来，审结各类涉白酒产业纠纷案件1214件，平均审理天数26天。二是开通特色产业诉讼案件绿色通道。实行优先审查、优先立案、单独标识、分类管理，完善"巡回审判+远程开庭"审判工作机制，开展上门立案、上门调解、远程开庭等服务300余次。三是推进特色产业纠纷前端化解。建立行业协会、商会等社会组织联调工作机制，充分运用"诉前调解+司法确认"工作模式，激活矛盾纠纷多元化解"快捷键"。法庭成立以来，移送诉前调解案件480件，成功调解269件，诉前调解率达56%。

二、延伸职能，优化特色产业营商环境

一是建立企业联系人制度。实行"一企一人"联络方式，制作全市106家规模白酒企业联系人名册，畅通与白酒企业的联系渠道，及时了解和回应企业司法需求。二是创新普法宣传模式。开通法庭微信公众号，设置"茅台故事""普法讲堂""诉讼服务"等栏目，推动线上释法，为白酒企业提供诉讼指引和精准普法。三是建好特色产业专项台账。分类管理、定期研判涉白

酒产业纠纷案件，围绕企业在合同订立、合同履行、劳动用工、清欠债务等生产经营中存在的问题和风险，开展座谈交流、送法上门等活动，助力白酒企业风险防范化解。

三、共治共享，助推特色产业持续发展

多元协商、共治共享，构筑特色产业可持续发展绿色屏障。一是健全特色产业司法保护机制。按照"系统保护、协同高效"的原则，聚焦白酒产业全流域生态环境保护，建立云贵川"三省六县市"跨行政区域白酒产业生态环境保护司法协作机制，共同签署《长江上游酱香型白酒产业带特殊生态环境跨区域司法保护协作意见》，围绕审判执行协同提升、生态修复协同推进、理论实务协同发展、审判团队协作共育、多元环境治理体系协同共建五个方面，不断探索白酒产业绿色发展司法协同治理新模式。二是增强特色产业环保责任意识。制作"一案一书"（即《企业环境污染风险防控提示书》），随同裁判文书一并送达，普及污染物排放、环境影响评价以及环境责任等方面的法律法规，增强企业绿色发展自主意识。三是践行特色产业生态环境修复理念。坚持生态环境修复治理优先，积极发展适宜产业的原则，联合相关部门为白酒产业发展所依赖的气候、水质、土壤、微生物群落等独特生态环境提供修复场所。在赤水河流域环境保护重点区域建立茅台安龙场、大坝、苍龙、三合等生态修复基地，多年来实现补植复绿160余亩、增殖放流鱼苗200余万尾，守护"美酒河"良好生态。

最高人民法院发布"打造枫桥式人民法庭　积极服务全面推进乡村振兴"典型案例——服务乡村产业振兴篇

乡村振兴，产业兴旺是重点。产业兴，则乡村兴。人民法庭如何守护"黑土粮仓"？如何在"杂交水稻制种之乡"服务种业振兴？如何在"全国最大的玉米制种基地"守护种源安全？"大湾区人民法庭"如何营造法治化营商环境，护航湾区产业？人民法庭如何助力"中国花椒第一县""全国苹果规模栽培第一县""新疆棉"的产业发展？可可托海人民法庭如何护航旅游产业振兴，助力打造"新疆是个好地方"靓丽名片？"苹果法庭""棉乡法庭""旅游法庭""沃柑法庭"……看人民法庭如何服务乡村产业振兴！

吉林省梨树县人民法院
筑牢司法根基　守护"黑土粮仓"

案例点评：吉林省梨树县人民法院坚持审判主业，将黑土地保护利用作为人民法庭服务乡村振兴战略的重要举措，设立黑土地保护服务点、开展"法官进网格"、探索共享解纷、推进诉源治理，有力守护"黑土粮仓"。

梨树县是全国粮食生产五强县之一，也是黑土地保护利用的试验田。近年来，梨树县人民法院深入贯彻习近平总书记考察吉林考察梨树重要讲话精神，将黑土地保护利用作为服务乡村振兴战略的重要举措，辖区法庭坚持审判主业"一以贯之"、诉源治理"两轮驱动"、便民利民"三措并举"，为守护"黑土粮仓"提供有力司法保障。

一、延伸审判职能，"一以贯之"服务乡村振兴发展

梨树法院在黑土地保护利用迈向法治化轨道、服务构建现代化农业经营体系等方面"一以贯之"持续发力，设立26个黑土地保护服务点，开设黑土地保护活动专刊。出台《关于为黑土地保护进一步提供司法服务和司法保障的十项措施》，从打击违法行为、便捷司法服务、开展法律援助、组织专题宣

传等方面,完善机制建设、落实工作举措。同时,与合作社、家庭农场等农业新型经营主体"1对1"对接,在规模较大的经营主体中设立"签约法官",针对土地经营权流转、农业生产资料购置、破坏黑土地资源等8大类18项问题提供"点对点"服务,助力经营主体规范化运行。

二、强化源头预防,"两轮驱动"深化基层诉源治理

梨树法院作为全国法院"三进"工作试点单位之一,打造了集分流、化解、调解为一体的"三进"平台。辖区法庭发挥在平台中的"支点"作用,以"三进"平台+"网格"服务两轮驱动,广泛邀请村镇干部、农民合作社、地方乡贤入驻,组建了一支千人精干调解队伍,合力打造了"云治梨树"诉源治理品牌。24个乡镇、345个行政村,累计369个基层治理单位全部入驻,协同开展黑土地保护纠纷诉前化解工作,指派案件529件,成功化解500件,化解成功率达95%,实现从源头上解决黑土地保护纠纷问题。创设"法官进网格"工作模式,按照"一员多格"配置要求,形成覆盖县域网络的便民服务平台。开展网格"百姓说事""云端普法"活动,建立"网格+调解"和"巡回审判"相结合的工作机制,整合网格信息,共享网格资源,有效提升司法服务黑土地保护精准度。

三、精准靶向聚焦,"三措并举"满足群众生活需要

梨树法院辖区法庭认真贯彻落实"三个便于"工作原则,"标准建设+共享解纷+巡回审判"三措并举,围绕黑土地保护,聚焦涉农案件,着力提升群众司法获得感。一是加强诉讼服务标准化建设。立足"人性化""信息化""集约化",设置法律咨询台、便民服务区,为涉农纠纷案件开通"绿色通道",为黑土地保护纠纷开辟"专门通道"。二是依托科技法庭力量,开启"共享"解纷模式。针对群众往来法庭诉讼不便问题,建立村镇联系点,指导当事人线上操作,通过云上法庭进行在线调解和远程视频庭审。与司法、工会、妇联等部门建立常态化联系,探索"共享法庭"建设,通过线上链接,信息资源共享,展开共享黑土地解纷新篇章。三是设立巡回审判点、法官说法点,继承和发扬马锡五审判方式,打造最便捷贴心的黑土地"田间法庭"。一年时间,377场巡回审判和法官说法,不仅为群众带去便利,还针对黑土区玉米连作、秸秆焚烧导致的土壤退化及衍生的环境问题强化普法宣传,提升

群众依法保护黑土地意识。

安徽省肥西县人民法院三河法庭
围绕旅游龙头产业 构建"诉服、解纷、宣传"三个网络

案例点评：安徽省肥西县人民法院三河法庭是省旅游示范法庭，多年来一直坚持需求导向、目标导向、效果导向，通过构建诉讼服务、多元解纷、法治宣传"三个网络"，积极服务旅游产业振兴，千年古镇焕发勃勃生机。

三河法庭是安徽省旅游示范法庭，坐落在5A景区三河古镇，旅游业是古镇的龙头产业。近年来，法庭立足审判职能，聚力基层治理，通过构建"三个网络"，积极服务旅游产业振兴，千年古镇焕发勃勃生机，成功入选第二批中国特色小镇、中国最美乡村（小镇）100佳、全国首批美丽宜居小镇。

一、坚持需求导向，构建便民诉服网络

一是树形象，徽派特色显温情。2020年，法庭完成文化基础设施改造，优化主楼功能布局，增设诉讼服务站，配备导诉员；建立全市第一个家事法庭；新建尚法阁、法治长廊，增添法治文化元素。同时，融入古镇人文特色，推动法治文化与民俗文化、乡土文化相融合，营造厚德崇法、以和为贵的文化氛围。法庭青砖、黛瓦、马头墙的徽派建筑特色，与景区融为一体，成为千年古镇中一道靓丽风景。

二是送服务，游客中心导诉忙。为更好地服务景区商户经营、游客维权，法庭在游客集散中心设立法官工作室，为商户、游客提供法律服务；对于能调解的，当场利用"三进"平台进行调解；不能调解的，指导有诉求一方利用人民法院在线服务立案，商户、游客动动手指，就能轻松实现"掌上诉讼"；构建以法庭为中心，以法官工作室为支点，以"三进"平台司法联络员为协助的"庭、室、员"一体化诉讼服务网络。

二、坚持目标导向，构建多元解纷网络

一是定方案，建机制。在古镇党委政府领导下，法庭与综治中心、司法所、派出所、市场监督管理所签订《法润乡村工作方案》，明确各部门及调解员、综治专干职责，构建以"专业力量"为主导、以"两员一干"为基础的源头预防化解纠纷网络。2021年，所有旅游纠纷无一成诉，均就地化解，实

现矛盾纠纷不出景区。在综治中心开设"法官咨询日",2021年累计接待来访群众200余人次,解答各类法律问题60余个。2022年一季度,收案同比下降20.11%,景区法治环境持续向好。

二是进基层,入网格。景区范围共涉及七个社区,为此法庭实行村居(社区)法官制度,积极参加"四员一律(审判员、检察员、警员、调解员、律师)"进社区活动,建立"一村(社区)一月一访"的"三个一"矛盾纠纷预警化解机制。2021年,古镇26个村(社区)有11个村(社区)获市级"无案村(社区)"命名表彰。

三、坚持效果导向,构建法治宣传网络

一是协作配合,多点联动宣传。法庭立足普法职能,在发挥法治宣传主阵地同时,联合"小天秤"法治宣传志愿队、平安志愿者,通过以案释法、发放资料、互动体验等方式,将法律送到店铺卖场、田间地头。一人巷、万年台、鹊渚廊桥,法庭干警和志愿者身影遍布景区的每一个角落,发放旅游消费维权提示单200余份,其他各类宣传单1000余份。联合司法所、综治中心对景区从业人员及调解员、综治专干开展专场培训,参训人员300余人次。

二是主题明确,分类组织宣传。法庭除开展日常普法宣传外,针对景区业态特点、行业需求,制作《消费者权益维护要点》《农民工务工风险及防范》《房屋买卖的风险及防范》《土地承包与流转实务问题》等课件,深入景区、社区开展巡回讲座,增强景区经营者、辖区居民的法律意识和风险防范能力。深入古镇知名企业,就劳动用工、经营风险开展座谈,发放《民营企业法律风险提示书》,为古镇经济高质量发展营造良好法治氛围。

福建省平潭综合实验区人民法院
优化布局赋能产业　构建服务乡村振兴"海岛模式"

案例点评: 福建省平潭综合实验区人民法院聚焦海岛产业特色,优化法庭布局,推动所辖法庭向涉台、文旅和海洋产业专业化转型,运用"案函书报册",赋能海岛涉台、文旅、海洋等特色产业振兴。

平潭是全国第五大岛、福建第一大岛,平潭法院作为"综合+实验"的改革法院、创新法院,设有金井、海坛、苏平、君山4个人民法庭。近年来,平潭法院紧扣产业发展,优化功能布局,强化服务职能,推动海岛乡村在法

治轨道上实现产业优、百姓富、生态美。

一、聚焦产业发展，优化人民法庭功能布局

平潭是全国唯一对台实验区、全国第二个国际旅游岛、福建自贸试验区三大片区之一。海坛片区有东门社区、台康社区等8个两岸融合示范村居，两岸跨境电商等涉台产业集聚；苏平、君山片区旅游业发达，文旅产业兴旺；金井片区海运业、海产养殖业发展强劲。根据当地经济发展特色，打造以海坛法庭为主体的涉台特色法庭；以苏平、君山法庭为主体的文化旅游特色法庭；以金井法庭为主体的海洋特色法庭，平潭法院形成职能突出、功能齐备的海岛专业化人民法庭工作格局。四个人民法庭运用"案函书报册"即典型案例、司法建议函、审判白皮书、司法大数据报告、法律服务手册等司法成果，为海岛乡村特色产业振兴提供高品质司法服务。

二、聚焦涉台产业，服务台胞台企登陆第一家园建设

海坛法庭聚焦涉台产业，创新司法融合服务机制，聘请11名熟悉两岸政策法律的台胞担任人民陪审员、特邀调解员，引进台胞担任司法辅助人员，推行"以台胞服务台胞、台商、台企"机制；创新司法集约服务，入驻一站式台胞台企服务中心，设立案件受理、法律咨询等集约式台胞服务窗口，就地立案、现场办公，并开通台胞服务专线，全方位提供诉讼引导、诉前调解、释法明理；创新司法多元服务机制，依托台胞权益保障中心法官工作室、台胞薛清德调解工作室、岚台企联人民调解委员会和海峡两岸仲裁中心，以和为贵，促进涉台、涉自贸区纠纷多元化解决。近三年来，审结涉台民商事案件1125件，服务落地台企1241家，有力促进"两岸一家亲"。

三、聚焦文旅产业，助力打造国际知名海岛旅游目的地

苏平、君山法庭紧扣旅游产业特色和海岛文化根脉，构建高品质、有温度的法治旅游环境。苏平法庭与人大工委、国际南岛语族研究院、文旅中心率先共建文化文物司法保护基地，密切合作、联席互动；推出文化文物司法保护9条措施，成立文化文物保护审判团队，加强类案研讨与法律适用研究，赓续保护文化资源，协同保护文创产业。君山法庭在北港村设立旅游解纷联动中心，对旅游纠纷开展集中管辖、诉源治理、速裁快审；与市场监管局、

政法工作部、消费者协会建立旅游消费纠纷"先行垫付、代为追偿"机制，积极争取平潭财政列支50万元专项资金，对于有纠纷游客，先行垫付不超过1万元的款项，避免外地游客因纠纷而滞留。

四、聚焦海洋产业，护航海上平潭向海而兴

平潭海运业、养殖业等海洋产业大多集中在离岛上。金井法庭主动作为，打造离岛法律综合服务体系，营造"无讼无访"离岛环境，扩大海运业、养殖业发展空间。成立离岛法官工作室，联合公安、司法、妇联等多元解纷力量，设立"离岛乡村纠纷联合调处中心"，定期进离岛、上渔排开展巡回审判。自主研发"平易讼"一站式诉讼服务平台，实现诉前调解、网上预约开庭、电子化送达，让司法服务走进离岛、贴近群众。2021年以来，法官工作室提供法律咨询591人次，调解纠纷254起。"离岛乡村纠纷联合调处中心"接受群众咨询481人次，调解纠纷293起，做到"送法进离岛、群众都说好"。

江西省萍乡市湘东区人民法院排上法庭
立足杂交水稻制种之乡　设立"种业振兴"法官服务站

案例点评：江西省萍乡市湘东区人民法院排上法庭，立足"杂交水稻制种之乡"，锚定"种业振兴"目标，强化工作协同，升级司法服务，优化解纷路径，为种业安全贡献人民法庭力量。

江西省萍乡市湘东区是全国知名的杂交水稻制种之乡，湘东区排上镇制种基地是萍乡现代农业产业园核心区，为强化对辖区内的种业司法保护，排上法庭设立"种业振兴"法官服务站，开创种业振兴促乡村振兴新篇章。

一、强化工作协同，构建保护大格局

一是在党委领导下，湘东区人民法院科学谋划布局，出台《"种业振兴"法官服务站工作职责》《"种业振兴"法官服务站工作机制》，构建"一把手主抓、一站式服务、全过程保障"工作格局。二是对内畅通涉诉渠道，完善审判流程，提升审判效率。排上法庭为涉种业纠纷当事人开辟绿色通道，建立快速审执工作机制，通过开展进企开庭、巡回办案等方式，减轻当事人诉累。三是对外主动对接行政部门，加强与税收、财政、农业部门联系沟通，协助组建种业产业联盟，推动形成种业司法保护与行政监管有机衔接、优势

互补的运行机制。今年 4 月初，法官服务站联合区农业局等部门走访调研辖区涉种企业 10 家，排查登记涉法涉诉问题。

二、坚持需求导向，升级种业司法服务

一是采取"派驻+巡回"的工作模式，通过驻企现场办公、定期走访等方式，一方面为涉种企业梳理股权、劳动关系等问题，助力化解企业法律风险。另一方面，为涉种企业重大商务活动提供全程法律辅导，主动对接辖区拟上市涉种企业，提供精准法律服务。服务站成立以来，为涉种企业提供法律咨询服务 50 余次，帮助驻点企业解决法律问题 10 余项。二是建立法庭与涉种企业联席会议制度，开展涉种问题研讨。服务站成立以来，联合辖区内一批国家级和省级种业龙头企业和 46 家专业合作社，召开 3 次联席会议，围绕种子法、专利法等与种业保护相关的法律法规和相关案例，进行法治宣传、研讨和答疑。三是针对种业企业关心的知识产权保护问题，服务站法官下沉田间地头，为辖区种业企业、种植大户和种子经销商提供"零距离""全覆盖"的司法服务。通过对套牌侵权等行为的打击，依法提高赔偿数额，努力营造不敢侵权、不愿侵权法律氛围，强化对种业创新者核心利益的司法保护。

三、加强法治赋能，优化多元解纷路径

一是完善一体化调解机制，坚持线上线下同步推进，充分利用在线庭审、在线调解、在线司法确认等模式，抓住案件争议焦点以及当事人心理，进行释法析理，力争通过调解化解矛盾。二是通过引入制种专家力量，邀请特邀调解员，推动涉种纠纷多元化解。服务站成立以来高效化解 7 起涉种纠纷，取得良好的法律效果和社会效果。三是对种业企业及制种大户开展以案释法，增强企业和种农依法制种法律意识和知识产权保护意识，正确引导企业和种农进行植物新品种维权。

广东省东莞市中级人民法院
"大法庭、小法院" 助力湾区乡村振兴

案例点评：广东省东莞市中级人民法院紧扣地区特殊行政架构和乡村产业特色，以"大法庭、小法院"工作思路，聚焦乡村司法供给、群众需求、社会治理、产业振兴，探索"湾区人民法庭"建设新路径。

东莞地处粤港澳大湾区地理几何中心，市直管 32 个镇（街道），596 个村（社区），乡村集中了全市 2/3 以上常住人口和工厂企业。近年来，东莞中院始终把加强人民法庭建设作为注重强基导向、助力乡村全面振兴的"一把手"工程来抓，精准推进"三个服务"，探索"湾区人民法庭"建设新路径。

一、精准聚焦乡村司法供给，持续做大做强人民法庭

一是精心谋划，科学布局。紧扣东莞行政架构实际设立 22 个人民法庭，形成经济强镇人民法庭全覆盖，其他镇街设立网上巡回法庭的基本布局，健全涉农案件诉讼服务网络体系。二是率先探索，深化改革。按照"大法庭、小法院"工作思路，承担全省试点任务，率先启动人民法庭审判权运行机制改革。2021 年东莞法庭结案 12.8 万件，占全省人民法庭结案数的 36.5%。三是争取支持，落实保障。争取市镇两级党委政府大力支持，辖区镇街政府每年拨付人均不低于 4.5 万元一般项目经费。近五年，新改扩建审判楼 13 座，为人民法庭服务推进乡村全面振兴奠定坚实基础。

二、精准聚焦乡村群众需求，优化升级全天候司法服务

一是党建业务一体化。坚持"支部建在庭上"，党建与业务同频共振，变"被动解纷"为"主动服务"。组建党员志愿服务队，深入农村、社区、企业服务宣讲。二是诉讼服务一站式。人民法庭诉讼服务中心所有窗口全部敞开服务，通办所有业务，群众在家门口"办事一站式、服务零距离"。应用"广东法院诉讼服务网"，提供线上掌上"一网通、一号通"全域司法服务。2021 年全市人民法庭网上立案 9.5 万件，网上立案率超 90%。三是审判执行一条龙。按照"1+N+N"建立办案团队，率先实行"统一立案、集约查控、分散实施"执行办案机制，人民法庭与院本部统分结合，发挥属地优势，提高执行效率。2021 年全市人民法庭执行结案近 8 万件，占基层法院执行结案总数 75.4%。

三、精准聚焦乡村社会治理，推进矛盾纠纷多元化解

一是完善诉源治理新模式。主动融入党委诉源治理大格局，首创"社区法官助理"制度，选聘村（社区）干部参与纠纷前端预防化解，打造"诉源治理示范社区"44 个。联合劳动服务站，将化解劳资纠纷触角延伸到工业

区、厂门口；近五年进入法院诉讼的纠纷不到总数 10%。二是构建诉调对接新机制。建立诉调对接"1+2+3"机制，以诉调对接中心为依托，打造线上线下两个互联互通调解平台，形成专职调解、律师调解和特邀调解合力解纷体系，获评全国社会治理创新典范。2021 年全市人民法庭诉调对接化解案件 6.4 万件，调解成功率 68.9%。三是搭建数字解纷新平台。全面升级完善在线调解平台，嵌入智慧送达程序，构建起预立案、送达、调解、司法确认全周期在线调解闭环，当事人纠纷化解"不出门""零跑腿"，疫情防控期间调解案件超 1 万件。

四、精准聚焦乡村产业振兴，着力优化法治化营商环境

一是紧扣企业需求优服务。树牢"法治是最好营商环境、每个案件都是试金石"理念，通过公正高效审理、慎用强制措施等，涉企纠纷全流程降成本再提速，营商环境考评"执行合同"指标获评全国标杆。定期走访企业，将企业"需求清单"变法庭"履职清单"，2021 年走进工业区开展"法律体检"35 场。二是扶持重点产业提品质。立足镇街特色产业实际，加强专业化建设，集中审理类型化案件。长安法庭推动五金模具行业标准化认证，大朗法庭支持毛织行业规范化建设，麻涌、大岭山法庭助力打造麻涌香蕉、东莞荔枝地理标志农产品，为产业健康发展护航。松山湖法庭打造全省首家金融专业法庭，以专业化审判服务东莞金融业健康发展。三是支持乡村发展拓空间。配合乡镇党委政府盘活土地资源、拓展发展空间，坚持依法依规、尊重历史原则审慎处理涉违规出让土地使用权系列纠纷，以判促调推进案件类型化处理。

广西壮族自治区南宁市武鸣区人民法院双桥法庭
打造"沃柑法庭" 服务乡村支柱产业

案例点评：广西壮族自治区南宁市武鸣区人民法院双桥法庭坚持多元共建共治，源头精准解纷，高效调审解纷，打造"沃柑法庭"，回应果农果商司法需求，服务支柱农业产业发展壮大。

古有"甘棠树下听讼决狱"，今有"沃柑树下化解民忧"。广西南宁市武鸣区作为"中国沃柑之乡"，下辖的双桥镇系沃柑种植的主要产区。2019 年以来，双桥法庭以"护航沃柑产业发展"为总抓手，探索形成"多元共治、源头治理、高效解纷"工作机制，近三年受理案件数量年均降幅达 25.7%。

一、多元共建共治，护航沃柑产业发展

针对农户"武鸣沃柑"品牌侵害之忧，坚持多措并举，司法助力保护"武鸣沃柑"品牌。一是联合谋划。推动城区党委出台《关于乡村振兴"中国沃柑看武鸣法治护航万里行"工作方案》，实现沃柑产业法律服务全覆盖。联合多部门形成合力，打击、曝光销售假冒伪劣沃柑果苗、农资农药等行为，快速解决拖欠劳务人员工资，建立诚信交易秩序。二是依法倡导。下果园、进果企、上果街发放《致广大果农和果商的一封信》，督促果农严守沃柑种植、采收及贮运等标准条例。引导果农、包装商依法依规施放农药、保鲜剂，确保武鸣沃柑品质安全。三是以审促治。案件审理中注重普法释理，向农户果商宣传保护"武鸣沃柑"地理标志重要性及错误使用地理标志危害，源头守护武鸣沃柑交易秩序。案件审结后，将销售伪劣农资、侵犯"武鸣沃柑"地理标志等常发纠纷治理思路书面提交辖区党委政府，共促沃柑产、摘、售市场管理法治化。

二、抓牢源头治理，精准化解纠纷

针对农户"无讼"生产经营之思，坚持分类施策，多层次进行"源头治理"，减少果农果商诉讼纠纷。一是强化法律援助。指导农户果商规范签订合同，传播诚信交易理念，源头预防纠纷。与辖区党委政府、司法所等部门联动，开设"武鸣沃柑产业法律服务室"，推进"一站式联合接待、一揽子联合调处、一条龙持续化解"，为纠纷双方提出法律意见。二是丰富普法扬法途径。将法律知识与壮族山歌融合，在圩日、节日邀请果农对唱。引用经典名著《西游记》元素，推出普法系列短剧，在寓教于乐中传递懂法、用法、守法理念。开设"网络法治小论坛"，邀请"族老"壮汉双语直播审理沃柑案。与主办法官共同普法说理、答疑解惑，携手培育乡村"法律明白人"。三是培养农户法治思维。开设"沃柑法律培训班"，农闲时节深入村屯以案释法、以案学法，提升群众法律意识。积极联系村两委，指导完善村规民约，共建无讼少讼沃柑村屯。自 2019 年来，法庭受案量年均降幅达 25.7%，辖区内的沃柑种植大村—杨李村、下渌村先后荣获"全国村镇建设文明村庄""创建国家级文明村先进单位""全国精神文明建设先进村"荣誉称号。

三、聚焦主责主业,高效调审沃柑纠纷

针对农产品季节性强、不易保存等特点,回应果农高效化解纠纷之盼,探索形成涉沃柑纠纷"快调—快立—快审"机制。一是依法快调快处。设立法官联络点,成立"沃柑纠纷调解室",邀请当地"族老"与农户果商代表入驻,对土地租赁、劳务合同等常见纠纷"即来即调即走",不误农时。推行"诉前调解+司法确认"模式,用好"贝侬调解""族老调解"和公证手段,及时开展司法确认,推动形成"社会调解优先、赋强公证在前、法院诉讼断后"递进式矛盾纠纷分层过滤体系。2019年以来在诉前成功化解256件沃柑纠纷。二是开设"瓦哆(壮语)立案窗口"。设立涉沃柑纠纷"快立"绿色通道,安排熟悉当地风俗习惯的壮语法官为果商农户提供诉讼服务。在农忙时节深入沃柑树下、果园田间,利用无线终端帮助受侵害农户及时立案维权,兼顾农户生产与依法维权诉求。三是开展便民快审。将沃柑购销旺季的每周三定为"沃柑审判日",在沃柑街上集中公开审理沃柑纠纷案件,促纠纷就地高效化解,取得"审理一案教育一片"的良好效果。

广西壮族自治区融水县人民法院四荣法庭
延伸司法职能 探索服务乡村振兴新模式

案例点评:广西壮族自治区融水县人民法院四荣法庭立足主责主业,总结形成"三个关键角色+三套组合拳+三种渐变式服务"工作模式,满足群众司法新需求,全方位融入当地乡村振兴工作。

近年来,四荣法庭延伸司法职能,主动融入辖区发展大局,探索形成"三个关键角色+三套组合拳+三种渐变式服务"工作模式,服务全面推进乡村振兴。

一、当好"助推员、参谋员、服务员"三个关键角色,助力乡村全面振兴

一是坚持非诉挺前,当好重大项目"助推员"。2019年来以来,该法庭积极服务水利工程、公路等重大项目建设,通过介入社会治理、找准矛盾根源、精确评估风险、类案参考指导"四步化解法",诉前协助政府部门成功调解因落久水利枢纽工程引发的纠纷204起,妥善处理四荣乡新集镇及罗洞二级公路建设过程中引发的劳务合同等纠纷86件。二是提供司法建议,当好党

委政府"参谋员"。定期梳理辖区矛盾主要类型、成因及对策，按季度向辖区党委政府通报案件数量、类型、特点等情况并提出相关建议，为辖区社会基层治理提供决策服务。2019年以来，该法庭共向辖区党委政府通报案件情况12次，提出司法建议6件。三是提速增效送法，当好乡村企业"服务员"。针对辖区木材加工、林下养殖等企业较多实际，该法庭加强涉企诉讼服务，坚持快审快结，利用小额诉讼、远程立案、网上开庭、要素式裁判、电子送达等手段缩短立审时间，畅通绿色诉讼服务渠道。2021年该法庭受理涉企案件平均审理期限30天，在26天内快速审结56件涉乡村企业案件。送法进企业常态化，定期走访乡村企业，及时解答法律疑惑，帮助企业树立法律意识，增加抵御风险及自我保护能力。

二、打好"巡回点、调解线、宣传面"三套"组合拳"，护航乡村旅游发展

一是设立巡回点，亮出便民司法"快速拳"。结合辖区旅游景点分布情况，科学设立巡回办案点，2021年先后在龙女沟景区、雨卜苗寨设立巡回办案点，实行"110"旅游审判新模式，为当事人提供"一站式"解决纠纷服务，共解决涉旅游纠纷30件。二是串起调解线，激活纠纷化解"联动拳"。坚持把非诉讼纠纷解决机制挺在前面，努力构建"法公联动、法司联调、部门联动、资源共享、纠纷同调"工作格局，充分借助派出所、司法所、文旅局、村委等力量，2021年以来共同调解涉旅游纠纷案件19件。三是扩大宣传面，强化旅游环境"普法拳"。预防纠纷，宣传先行，该法庭利用五一、国庆、金秋烧鱼节、芦笙斗马节等旅游旺季，每年进入景区开展法律宣传和咨询活动8次以上，为上万群众普及旅游维权知识，努力营造依法经营、文明旅游的良好法治氛围。

三、提供"指导办、上门办、线上办"三种"渐变式"服务，满足群众司法新需求

一是小矛盾"指导办"，提升基层调解水平。由点上指导向面上指导转变，2020年组建调解组织工作微信群，法官和辖区5个乡镇52个行政村203名人民调解员成为"群友"，利用业余时间开设"网课"26期，在线解答法律咨询，定期推送相关业务知识链接，帮助提高基层调解员业务能力。二是

交通不便"上门办",完善巡回审判机制。由坐堂问案向巡回办案转变,积极推行苗汉"双语法官",采取法官上门送达、勘察、调解等"一站式"服务,并根据双方当事人情况随机选择村民院落、村委、田间地头等开庭地点,最大限度方便群众。2020年以来,该法庭共巡回审理各类案件408件,巡回审判率61%。三是外出务工"线上办",解决远程司法需求。由线下服务向线上服务转变,加强"智慧法院""智慧法庭"深度应用,推广"广西移动微法院""网上调解平台"等智慧平台,为外出务工群众提供线上诉讼服务,特别是2020年新冠肺炎疫情以来为37名当事人进行线上立案,为219名外出务工当事人提供线上调解。

四川省汉源县人民法院九襄法庭
"三个+"司法服务 构建花椒产业屏障

案例点评:汉源县人民法院九襄法庭围绕打造"中国花椒第一县"目标,以"法育黎州"司法服务品牌为抓手,围绕优服务、建联动、强阵地"三个+"工作法,构建花椒等特色产业法治屏障。

汉源县是中国花椒第一县。汉源县人民法院九襄法庭主动顺应人民群众司法新需求,充分发挥新时代人民法庭作用,以"三个+"工作法,深化司法服务触角,回应产业司法需求。

一、三个"聚焦",当好"排头兵"

一是聚焦移风易俗,司法推动乡村文明进步。邀请有威望的乡村"能人"依法调解少数民族、家事邻里纠纷,巡回法庭主动"延伸一公里","上门"审理赡养案件;释法明理,依法治理封建迷信、高价彩礼等不良习气;指导10余个村制定村规民约,营造崇法尚德的乡村法治环境。二是聚焦基层"法治人",司法支撑法治乡村发展。以"法育黎州"司法服务品牌为抓手,在7个村(社区)设置7个法官联络点,定点开办法治讲座、交流会,向百余名基层"法治带头人"传授法律知识,提升依法解决问题能力。三是聚焦"云法庭",司法智慧服务乡村和谐。探索网上"云法庭""云服务",构建"电子送达+在线调解+网络开庭"便民服务网络,有效减轻诉累,打通司法便民利民"最后一公里"。

二、两三个"联动",打造"前哨战"

一是府院联动,构建综合联动机制。构建以党委领导,法院主导,公安、民政、司法、妇联等 14 家单位参与的家事纠纷"法官+N"综合联动调解机制,助推司法服务网络有效覆盖。成立全市首个家庭教育指导服务中心,不断探寻妇女权益保护未成年保护新路径。二是法官联动,探索员额法官"包干"制。将九襄法庭辖区 7 个乡(镇)分为 3 大片区,由员额法官以"地域分片、个人包干"的形式,参与基层治理。法官综合运用法律法规、村规民约和家规家训等,全面完成"包干"乡(镇)的矛盾纠纷调解工作和法律指导任务;梳理辖区乡(镇)案件类型情况,根据案件特点及时与乡镇沟通交流,通过委托调解、诉前调解等方式开展调解,推动诉源治理工作。三是"庭所"联动,构建"三位一体"调解模式。建立乡镇司法所、村组调解组织、人民法庭"三位一体"调解模式。延伸基层调解力量,诉调对接人民调解委员会调解室入驻人民法庭,有效化解家事纠纷、民间借贷纠纷等案件。与辖区乡镇建立矛盾解纷双向通道机制,定期参加乡镇矛盾纠纷摸排分析会,最大程度将矛盾就地化解。

三、三个"阵地",争做"助推器"

一是前移司法服务阵地。在九襄镇花海果乡国家 AAAA 级景区设置景区法官工作站。安排干警长期驻点,为当地群众和游客提供立案咨询、矛盾纠纷化解、法治宣传等服务,真正做到"小事不出门,大事不出村"。与辖区乡镇联建法治基地。在景区显眼位置放置法治宣传二维码,内容涵盖环境资源、旅游、果蔬交易等涉"三农"典型案例。二是延伸普法宣传阵地。将法庭"搬"到群众家门口,通过以案说法、现场普法,拓宽普法教育渠道。坚持开展"法治赶场日"活动。在重要节日和"赶场日"到辖区边远乡镇送法下乡,发放宣传资料,开展法律宣讲坝坝会等,进行现场普法和"一对一"答疑等活动。做活"花果"法治文章。在"赏花旅游月",甜樱桃、花椒等特色产业成熟时节,法庭干警走进景区、田间地头、闹市街区开展法治宣传。三是深化审判调研阵地。围绕汉源县打造"中国花椒第一县"目标,九襄法庭深入花椒基地开展实地调研,耐心听取农户在生产过程中遇到的法律问题和意见建议;在县花椒交易中心设立法律服务点,将花椒产业相关案例、法治宣传资料投放到全国首家花椒博物馆,为汉源花椒产业营造法治氛围。

甘肃省静宁县人民法院雷大法庭
司法链融入产业链 打造"苹果法庭"

案例点评:甘肃省静宁县为全国苹果规模栽培第一县,位于主产区的雷大法庭设立全省首个苹果产业巡回法庭,集中管辖专业审判,巡回审理到果园,诉源治理下沉到村,被乡亲们亲切地称为"苹果法庭"。

甘肃省静宁县农民果品收入占年收入的70%以上。静宁县法院在位于苹果主产区的雷大人民法庭设立全省首个苹果产业巡回法庭,年审理涉苹果产业案件600余件,切实解决一批关系乡村振兴战略实施、关系群众切身利益的"急难愁盼"问题,被乡亲们亲切地称为"苹果法庭"。

一、把司法链融入产业链,司法服务专业化促产业发展

对内集中司法供给链。"苹果法庭"集中管辖涉及苹果种植、贮藏、营销、包装、物流等案件,从种苹果到果品深加工、从果园土地流转到专业合作社分红,为苹果产业全链条保驾护航。成立专业法官会议,统一涉苹果产业案件裁判尺度,为产业链发展壮大营造稳定公平透明、可预期的营商环境。对外延长司法服务链。建立"法企对接"机制,编制《苹果企业风险防范问答手册》《苹果产业绿色发展告知书》,帮助企业预防法律风险、依法诚信经营。针对果农普遍关心的如"怎么签订苹果购销合同""果商不给苹果款了咋办"等问题,深入开展以案说法、法律咨询、普法宣传,发送《苹果买卖合同样板》资料,广受果农欢迎和好评。

二、把巡回法庭搬到果园,巡回审理常态化促乡风文明

巡回审理是"苹果法庭"助推乡村振兴重要方式。一是在巡回审理中创设绿色通道。"苹果法庭"为农忙当事人设置"午间法庭",为路途遥远当事人设置"车载法庭",为在节假日回乡的农民工设置"假日法庭";针对山区交通不便、老年群体难以使用智能手机的现实,"苹果法庭"工作人员坚持用两腿跋涉、翻山越岭,到贫困户、低保户、五保户家中提供立案、调解、法律咨询、案款发放等服务,确保服务群众"最后一公里"畅通无阻。二是在巡回审理中弘扬社会主义核心价值观。"苹果法庭"背着国徽深入田间地头,

一年当中巡回审判 200 余场次，将庭审变为乡亲们喜闻乐见的法治公开课，收到巡回审理一案、普法教育一片的良好效果，"果园开庭"成为苹果之乡亮丽司法风景线。三是在巡回审理中依靠群众解决矛盾纠纷。当地涉苹果买卖案件，果农打官司时大多无书面合同等证据，"苹果法庭"没有简单地因证据不足而"一判了之"，法官主动走访果商、中介机构、种植大户等，采取"坐炕头、蹲地头"方式实地调研、实地取证，在查明事实基础上依法维护当事人合法权益，引导群众向上向善、诚实守信。

三、把调解平台搭在村部，诉源治理实质化促乡村治理

一是提前介入，防矛盾变量。在各村设立法官工作室，及时化解"果商运输车辆被堵""果农集体上访""果品企业劳动争议"等一大批矛盾纠纷，切实将风险隐患消灭在萌芽状态。二是就地化解，遏纠纷增量。在乡镇设立涉苹果产业诉前调解中心，对标的额小、事实清楚的苹果买卖纠纷，在征得当事人同意的基础上暂缓立案、先行调解，一半以上涉苹果产业案件实现"案未立、事已了"。三是多元调解，去案件存量。对进入诉讼程序的涉苹果产业案件，引入行业协会与法庭联合调解；对其他类型案件，邀请村干部、两代表一委员、乡贤对当事人进行"一对一"个性化调解，70%以上诉讼案件以调解、撤诉方式结案，为乡村振兴深耕厚植和谐友善的法治土壤。

甘肃省张掖市甘州区人民法院西郊法庭
建立"4456"工作机制　保障玉米制种产业发展

案例点评：甘肃省张掖市是全国最大的玉米制种基地，甘州区人民法院西郊法庭结合产业聚集优势，建立"4456"工作机制，把"分调裁审执"有机融入当地种业发展，倾心守护农业"芯片"。

张掖市是全国最大的玉米制种基地，全国每两粒玉米种子就有一粒产自张掖。西郊法庭辖区 3 个乡镇是张掖玉米制种主产区，面积 314 平方公里，有 62 家制种、贸易企业和 30 余家农民专业合作社。近年来，西郊法庭创新构建"4456"工作体系，倾心守护农业"芯片"，促进农民增收、产业发展。

一、"三调一裁"分层递进，推动产业纠纷快速化解

率先设立甘肃省首家人民法庭诉讼服务站，建立涉种纠纷人民调解、行

业调解、审前调解和民商事速裁"3+1"快速解纷机制。一是将简单涉种纠纷向人民调解组织分流,70%通过在线调解、线上司法确认快速化解。二是对部分涉种纠纷委派行业组织调解,以行业性、专业性优势妥善化解,推动案结事了。三是对法庭直接立案的涉种案件,由法庭特邀调解员审前调解,必要时引入村委会、行业协会共同参与化解。四是对调解不成的纠纷,由法庭直接开庭,根据无争议事实进行速裁。2020年以来,西郊法庭共办理涉种纠纷187件,平均办案周期缩短32天,调撤率上升11.2%,涉种纠纷化解驶入"快车道"。

二、"三专一执"协同配合,确保涉种案件精审快执

建立涉种案件专家咨询、专业审理、专家陪审和联动执行"三专一执"机制。一是与河西学院、种子管理部门、制种龙头企业合作建立"专家库",为种业纠纷提供"专业技术支持"。二是组建专门合议庭,编印种业政策、典型案例,完善19项制度,持续提升专业化审判能力。三是从种子管理部门、制种行业遴选11名"专家型"人民陪审员,为涉种案件审理增添专业视角。四是针对涉种纠纷季节性强特点,建立驻庭执行小组现场督促履行、全体干警集中执行、村企执行联络员配合执行机制,形成涉种案件执行"简案速执、节点攻坚、信息共享"的新格局。

三、"五项联动"多点发力,凝聚护航产业发展合力

与辖区党委政府联动,法庭负责人担任片区党委委员,推动辖区"一庭两所一中心"和五级解纷网格形成解纷合力。与相关行政部门联动,对重大案件、热点问题与工商、农业农村、种子管理等部门联合研判,积极参与种子市场专项执法检查,化解行业风险。与行业组织联动,联合张掖市种子行业协会、甘州区玉米制种产业联盟对涉种纠纷提前介入、相关案件联合调处。与村级组织联动,实行"一村一法官"机制,发放"连心卡",建立"微信群",在重点制种村设立4个种业纠纷巡回审判点,为农民制种"种产销"提供全链条法律支持。与制种企业联动,开展"一企一法官"结对联系,主动走进企业巡回审理、征求意见、化解纠纷,为制种企业健康发展保驾护航。

四、"六种常态"长效推进,提升服务乡村振兴实效

联动解纷常态化,涉种纠纷非诉解决占到74%,调解成功率超过80%,诉讼数量、化解周期持续降低;"绿色通道"运行常态化,保持涉种案件"分调裁审执"高效运转,案件办理周期仅为25天。"五项联动"机制常态化,法官以日志形式记录联动次数、内容和成效,定期通过庭务会交流,作为考核依据,该工作法被区委政法委在全区推广。在线办理常态化,涉种纠纷调解、立案、送达、司法确认、审理全流程"在线"办理,种企、种农诉累大幅减轻。法治宣传常态化,定期发布典型案例,开展巡回审判、"送法上门""普法赶集"活动,种业人员学法、用法、守法意识不断增强。调查研究常态化,对制种领域常见、多发问题开展专题调研,为辖区党委政府、相关部门决策和制种产业发展提供法律支撑。

新疆维吾尔自治区玛纳斯县人民法院北五岔法庭
"嵌入式"司法服务　培育打造"棉乡法庭"

案例点评:玛纳斯县有"中国优质棉花之乡"称号,北五岔法庭位于棉花产业中心区,秉持"服务棉农、助力棉企"工作理念,立足棉花产业纠纷特点,拓展延伸"嵌入式"司法服务,积极培育"棉乡法庭"样板,助力新疆棉花产业健康发展。

玛纳斯县地处新疆腹地,是国家级优质商品棉生产基地,被农业部授予"中国优质棉花之乡"称号。北五岔法庭位于该县棉花产业中心区,秉持"服务棉农、助力棉企"工作理念,培育打造"棉乡法庭",根据棉花产业纠纷特点,提供全程"嵌入式"司法服务。

一、搭建嵌入平台,打造"庭站点员"四位一体服务网络

一是设立"棉乡调解室"。配备2名驻庭特邀调解员负责诉前调解工作,坚持情理法融合,积极推动棉业纠纷诉前快速化解。三年来,诉前调解土地承包、农机作业、农资购销、棉花销售、农业贷款以及劳务费用等棉业纠纷214件,诉讼案件由2019年298件降至2021年97件。二是设立法官工作室和巡回审判点。法庭辖区两镇16个行政村全覆盖设立法官工作室和巡回审判点,建立"法官工作室包联村镇"制度,明确联系法官民情联络员、工作指

导员、矛盾调解员、巡回审判员、发展服务员、舆情信息员、法治宣传员"七大员"职责，法官每周1次与包联村镇电话联系，每月1次到法官工作室坐班，实现重要议事需求必到、突发事件发生必到、较大纠纷化解必到。三是设立司法联络员。聘请32名村干部作为司法联络员，负责收集群众诉求、与法庭和司法所沟通反馈、协助送达法律文书、协助调解；法庭、司法所各确定1名联络员，负责联络对接、信息传达、沟通协调，及时掌握村情民意，推动矛盾纠纷及时化解。

二、完善嵌入机制，积极融入基层社会治理大格局

一是健全多元解纷机制。坚持协调联动，协调镇党委和司法所配齐"一村一法律顾问"，选聘村干部、"访惠聚"工作队员、老党员和乡贤达人等82人为人民调解员，其中专职调解员6人。三年来，人民调解员诉前化解棉业纠纷424件，司法确认336件。与镇司法所、派出所签订《庭所对接调解协议》。2021年以来，联合化解棉业纠纷58件。二是加强司法建议工作。2021年以来，针对土地承包、农业贷款、棉花销售等方面存在的问题，向村镇规划服务中心、农商银行等发出司法建议5份，促进相关职能部门依法履职、企业依法经营。就棉业纠纷化解和各镇"万人起诉率"情况向县委专题汇报5次，提出工作建议，得到县委重视和肯定。三是主动送法上门。与司法所、村委会、"访惠聚"工作队、法律顾问建立"五位一体"工作机制，打出司法服务"组合拳"。2021年以来依托"今冬明春法治大宣讲"和"农牧民夜校"等开展法治讲座14场；实地指导人民调解8次；公开审判典型案件4次；到企业座谈调研3次；参加"村民说事日""四议两公开"提供法律意见12次；利用集市日"赶集送法"6次，发放宣传资料850余份。

三、优化嵌入方法，持续提供高效便捷司法服务

一是架设沟通桥梁。坚持方便群众，在法庭辖区16个行政村全覆盖张贴法官便民联系卡，公布姓名、照片、工作职责和办公通信方式等信息。畅通联系路径，联合司法所印制人民调解委员会、调解员、"访惠聚"工作队员、司法联络员通讯录。二是转换服务方式。坚持"行动不便上门说、见面不便线上说"，变"等案上门"为"带案下村"，走进田间地头、农家院中、企业厂区开展巡回审判。2021年以来，法庭上门立案25件，网上立案64件，巡回审判 62 件，网上开庭、调解 58 件，满足群众多元司法需求。三是优化"分调裁审"。坚持"简案快审，繁案精审"，由法官、法官助理、书记员和特邀调解员混合编组，组建繁简分流审判团队，分别办理诉前调解、小额速裁、司法确认和疑难复杂案件。开通棉业纠纷化解"绿色通道"，春耕前将棉业纠纷案件全部办理完毕，确保不误农时。

新疆维吾尔自治区富蕴县人民法院可可托海法庭
创建"三个窗口" 助力打造"新疆是个好地方"

案例点评：富蕴县人民法院可可托海法庭健全矛盾纠纷源头化解机制，创建服务旅游产业发展、妥善调处基层纠纷、助力乡村旅游振兴的"三个窗口"，推动"法旅融合"，助力打造"新疆是个好地方"靓丽名片。

可可托海旅游资源丰富，是新疆重要旅游目的地。富蕴县人民法院可可托海人民法庭着力创建"三个窗口"，以"畅游天富蕴藏司法一路护航"工作模式，推动"法旅融合"，实现依法治"旅""游"法可依，助力当地旅游产业高质量发展。

一、服务旅游产业的"特色窗口"，增添旅游经济和谐之美

可可托海法庭积极探索"人民法庭+巡回审判点、法官工作站"工作模式，结合涉旅案件证据不易固定、当事人行程紧凑等特点，在地质公园、三号矿脉、阿依果孜矿洞等 4A 级以上景区设立巡回审判点（法官工作室），选派资深法官和司法辅助人员组成旅游审判团队，常态化开展巡回审判，及时就地化解纠纷，维护旅游市场秩序。同时，联合文旅局、市监局、旅游行业协会等行政管理部门及行业组织共同调处旅游纠纷，依法打击消费欺诈、强买强卖、违法过度开发资源、不文明旅游等行为，逐步形成了"法院主导、部门参与、全民共治、诉调衔接"的工作格局。2021 年以来，及时调处和审理各类涉旅纠纷 400 余件，审限内结案率和巡回办案调解率均达到 100%。针对旅行社服务、景区管理、变相收费等问题发出 3 份司法建议并跟踪落实，对变相收取游客区间车费现象，向县文旅局发出司法建议，督促旅游公司及时整改。利用夏季旅游、冰雪旅游、红色旅游等高峰期，深入景点开展法制宣传，覆盖 5 万余人次，凸显法庭主动靠前服务旅游的"特色窗口"功能，助力打造"新疆是个好地方"靓丽名片。

二、化解矛盾纠纷的"第一窗口",提升基层治理水平

结合景区文化元素与红色底蕴,高标准、规范化升级改造人民法庭配套设施和文化建设,建成智慧法庭2个、线上调解室2个、互联网法庭1个,实现了线上线下同步办案。实行"一庭一所一中心"集约办公模式,与司法所、综治中心相互借力、形成合力,组建了司法所、派出所、景区管委会、村委会共同参加的"法官微信调解群",共建基层司法服务"朋友圈"。采取"微信调解+司法确认"方式快速化解260余件劳务用工、邻里纠纷、农牧业纠纷案件;近100件未达成调解的案件及时转入巡回审判模式办理,成为基层群众不出屋、家门前化解矛盾纠纷的"第一窗口"。同时,将"吃苦耐劳、艰苦奋斗、无私奉献、为国争光"的可可托海精神融入基层治理工作,将法治精神元素源源不断融入各族群众生活,成为最美乡村法治"打卡地"。

三、服务各族群众的"示范窗口",赋能助力乡村振兴

针对辖区工程建设项目密集、个体经营服务业发展迅速、新类型疑难复杂案件集中出现的问题,及时开启涉旅、涉企绿色通道,推出"车载法庭""帐篷法庭"等特色巡回法庭。主动走访涉旅企业、建筑部门及个体经营户,有针对性地开展法律咨询和以案释法宣讲,制发《游客人身财产纠纷解决指南》《劳动争议和劳务纠纷法律责任提示》《旅店民宿服务合同参考样式》等指导材料,为乡镇企业、民营经济等乡村振兴主力军提供优质司法服务和保障。可可托海滑雪场作为亚洲最早开板和最后封板的雪场,吸引众多雪友前来"打卡",因冰雪旅游和冰雪运动中易发生人身损害,法庭主动向滑雪场经营者发出司法提示并推送典型案例,督促完善安全警示标识和保护设施。去年以来滑雪的游客大量增加,但相关人身损害赔偿纠纷很少发生,实现了维护游客权益和推动旅游发展双赢。

最高人民检察院、国家乡村振兴局关于印发检察机关与乡村振兴部门加强司法救助协作典型案例的通知

各省、自治区、直辖市人民检察院、乡村振兴局，新疆生产建设兵团人民检察院、乡村振兴局：

为切实加强检察机关与乡村振兴部门在开展国家司法救助工作中的协作，充分发挥司法救助"雪中送炭""救急解困"功能，深入推进"司法救助助力巩固拓展脱贫攻坚成果助推乡村振兴"专项活动，进一步形成工作合力，更好融入、服务、保障国家乡村振兴大局，现将谢某华等5人国家司法救助案等10件典型案例印发你们，供协作开展司法救助时参考借鉴。

最高人民检察院
国家乡村振兴局
2022年2月23日

案例一　谢某华等5人国家司法救助案

（广西壮族自治区防城港市人民检察院　上思县人民检察院）

【关键词】

脱贫不稳定户　乡村振兴部门移送救助线索　联合救助　防止返贫监测对象　司法救助与社会救助衔接

【基本案情】

被救助人谢某华，女，1985年9月出生；黄某瑞，女，2006年12月出生；黄某伦，男，2009年6月出生；黄某庭，男，1956年8月出生；陈某莲，1965年11月出生。五人分别系冯某强故意杀人案被害人黄某兴的妻子、未成年子女和父母，其中谢某华亦系冯某强故意杀人案的被害人。

2012年6月24日，冯某强因琐事驾车将黄某兴、谢某华乘坐的摩托车撞倒在地，并用刀砍杀黄某兴、谢某华，致黄某兴当场死亡，谢某华重伤、四级残疾。当日，广西壮族自治区上思县公安局对冯某强以涉嫌立案侦查，同年9月4日移送上思县人民检察院起诉。上思县人民检察院经审查，报送防城港市人民检察院起诉。2013年5月3日，防城港市人民检察院以故意杀人罪对冯某强提起。2013年10月24日，防城港市中级人民法院以故意杀人罪判处冯某强，缓期二年执行。

【救助过程】

2021年5月20日，上思县人民检察院走访县乡村振兴局，该局移送了脱贫不稳定户谢某华家庭司法救助线索。上思县人民检察院经审查，决定启动司法救助程序。经实地走访调查核实，谢某华家庭原系2016年建档立卡贫困户，2018年纳入低保户，案发前家庭收入来源主要依靠被害人黄某兴，案发后家庭失去主要经济来源，谢某华被砍伤后致残，无任何经济收入，尚拖欠上思县人民医院医疗费3.45万元，全家目前依靠政府低保金维持生活，两个未成年子女正常学习生活得不到保障；谢某华等人曾提出刑事附带民事诉讼，因医院未结算无法取得发票，经法院建议于2013年7月25日撤诉，后未再起诉；办案机关及村委会干部多次协调被告人家属赔偿，但因被告人冯某强服刑且家庭经济困难，没有赔偿能力，谢某华等人未得到赔偿。

上思县人民检察院审查认为，谢某华家庭主要劳动力被害，导致生活十分困难，符合司法救助条件，且属于重点救助对象，决定提请防城港市人民检察院进行联合救助，两级检察院共向谢某华等人发放救助金10万元。考虑到谢某华家庭上有年迈公婆、下有未成年子女，防城港市、上思县两级检察院经与乡村振兴部门共同研究，由乡村振兴部门将谢某华家庭纳入防止返贫监测对象予以重点帮扶，从社会扶贫资金中给予谢某华脱贫户困难补助6000元。上思县人民检察院又协调县财政局从社会捐助专项款中拨出大病救助资金3.45万元，帮助谢某华缴纳拖欠医院的医疗费；联合县教育局走访黄某瑞、黄某伦所在学校，协调学校减免二人在校生活费4000元，指派心理咨询师为二人提供心理疏导和精神抚慰。上思县红十字会还给谢某华家庭送去日用品、棉被、食用油等生活用品。通过协调落实一系列社会化帮扶措施，实现司法救助与社会救助衔接，显著改善了谢某华家庭的生活处境。

【典型意义】

本案系乡村振兴部门主动向检察机关移送司法救助线索，两方合力开展救助帮扶工作的典型案例。本案中，上思县人民检察院接到县乡村振兴局移送的线索后，依职权启动救助程序。针对案件被害人家庭生活面临较大困难的情况，提请防城港市人民检察院进行联合救助，强化救助力度，优化救助效果，及时缓解被救助人家庭的急难问题。为提升司法救助质效，有效解决被救助人家庭长远生活困难，检察机关加强与乡村振兴部门的救助协作，将被救助人家庭纳入防止返贫监测对象管理，并积极协调相关职能部门落实多元综合帮扶措施，充分展现了检察机关能动履行司法救助职能，积极助推乡村振兴的责任担当。

案例二 毋某法等 4 人国家司法救助案

（山西省晋城市人民检察院、泽州县人民检察院）

【关键词】

刑事被害人近亲属　联合救助　实施综合帮扶　防止返贫监测对象　救助回访

【基本案情】

被救助人毋某法，男，1962 年 9 月出生；毋某梅，女，1964 年 9 月出生；张某芳，女，1986 年 11 月出生；毋某然，男，2009 年 12 月出生。四人分别系李某龙故意伤害案被害人毋某会的父母、妻子和未成年子女。

2021 年 5 月 27 日，李某龙因琐事与毋某会发生争执，李某龙掏出随身携带的匕首朝毋某会脖子右侧处捅刺一刀，致毋某会受伤，经抢救无效死亡。当日，山西省泽州县公安局对李某龙以涉嫌立案侦查。移送起诉后，泽州县人民检察院经审查，报送晋城市人民检察院起诉。2021 年 10 月 11 日，晋城市人民检察院提起公诉。被害人毋某会的近亲属毋某法等人提起刑事附带民事诉讼。2021 年 10 月 29 日，晋城市中级人民法院以故意伤害罪判处被告人李某龙，赔偿附带民事诉讼原告人 40 801.83 元。

【救助过程】

晋城市人民检察院刑事检察部门将本案救助线索移送本院控告申诉检察部门。晋城市人民检察院控告申诉检察部门经审查,决定指导泽州县人民检察院成立办案组,启动司法救助程序。经到村入户实地调查核实,案发前被害人毋某会系家庭"顶梁柱",全家生活经济来源主要依靠其打零工挣得收入,案发后全家失去主要经济来源,又遭遇2021年洪涝灾害导致种田收入锐减;毋某法双眼视网膜脱落,进行两次手术后视力极差,患有腰椎间盘突出症,基本丧失劳动能力,毋某梅自幼腿脚有疾,在家照顾毋某法,无其他收入,张某芳在家务农,收入微薄,毋某然小学在读,并且被害人毋某会的祖父母年过八旬,体弱多病,平日用药和生活用度主要由被害人毋某会提供;被告人李某龙无赔偿能力,附带民事赔偿未能实际执行。毋某法等人家庭生活陷入困境。

晋城市、泽州县两级人民检察院审查认为,毋某法等人符合司法救助条件,且系因案导致生活困难的农村地区重点救助对象,决定联合救助77 856元,并加快救助金审批进度,及时将救助金发放到位。为使被救助人家庭生活得到长远保障,晋城市人民检察院检察长主持召开座谈会,会同泽州县乡村振兴局等部门共同研究实施综合帮扶。县乡村振兴局将被救助人家庭纳入防止返贫监测对象,在资金、就业、医疗等方面享受扶持政策待遇;县妇联将被救助人张某芳作为特困妇女开展就业培训,落实就业岗位,确保家庭经济来源稳定,并给予在校就读的被救助人毋某然每年1000元补助金直至成年;被救助人所在镇党委政府将被救助人家庭作为重点帮扶对象,给予2000元的生活救济,并列为低保户;晋城市慈善总会给予被救助人家庭3000元的慈善救助金;团县委安排心理咨询师对被救助人毋某然开展心理疏导。2022年1月4日,晋城市、泽州县两级检察院联合乡村振兴部门对被救助人家庭开展回访,毋某法等人的生活已经步入正轨。

【典型意义】

本案系检察机关协同乡村振兴等部门对农村地区生活困难的刑事被害人家庭予以重点救助的典型案例。本案中,晋城市、泽州县两级人民检察院依职权启动联合救助程序,到村入户调查核实,查明案件被害人家庭失去"顶梁柱",生活陷入困境,及时提出予以救助的意见,快速发放救助金,凸显了救助效果。检察机关还与乡村振兴等部门共同研商综合帮扶措施,强化与乡村振兴部门的救助协作,有效落实资金、就业、医疗等方面的帮扶政策,并开展联合回访,让被救助人家庭切身感受到党和国家的温暖,有效发挥了司法救助助推乡村振兴的职能作用。

案例三　金某燕等 3 人国家司法救助案

（浙江省台州市人民检察院　仙居县人民检察院）

【关键词】

刑事被害人近亲属　联合救助　预支救助金　社会保障建议函　制定帮扶计划

【基本案情】

被救助人金某燕,女,2005 年 2 月出生;王某田,男,1955 年 7 月出生;沈某花,女,1955 年 7 月出生。三人分别系张某甲、张某乙故意杀人案被害人金某平的女儿和父母。

2014 年 9 月 14 日,张某甲伙同张某乙趁金某平感冒输液之际,将事先准备的兽用麻醉剂注射到金某平的输液瓶中,并对金某平实施捂口鼻行为,致其死亡。2018 年 11 月 13 日,公安机关对张某甲、张某乙立案侦查。2019 年 7 月 19 日,浙江省台州市公安局移送台州市人民检察院起诉。2020 年 1 月 2 日,台州市人民检察院提起公诉。2020 年 12 月 21 日,台州市中级人民法院以故意杀人罪判处张某甲死刑,缓期二年执行,判处张某乙十五年,判令张某甲、张某乙共同赔偿金某燕、王某田、沈某花经济损失 107 万元。张某乙提起上诉,2021 年 2 月 26 日,浙江省高级人民法院作出驳回上诉、维持原判的终审裁定。

【救助过程】

台州市人民检察院在办理张某甲、张某乙故意杀人案过程中发现本案司法救助线索,移送仙居县人民检察院,启动联合救助程序。仙居县人民检察院控告申诉检察部门实地走访核实,张某甲、张某乙未向金某燕、王某田、沈某花支付任何赔偿,金某燕初中辍学,自幼跟随父亲及祖父母王某田、沈某花共同生活，其父亲金某平死亡后，家庭失去主要经济来源，王某田年事已高，无法从事体力劳动，沈某花身患糖尿病、高血压等多种疾病，需要常年服药，祖孙三人家庭只能依靠微薄的种地收入和金某燕打工工资维系日常开支，生活难以为继。

台州市、仙居县两级人民检察院审查认为，金某燕、王某田、沈某花符合司法救助条件，且系重点救助对象，决定上门指导三人填报申请资料，调取所需证明材料，并从仙居县慈善总会"温暖检察"慈善基金支出2200元，预支救助金1万元，解三人燃眉之急。经全面评估金某燕、王某田、沈某花生活困难情况，两级人民检察院决定联合救助三人8万元。仙居县人民检察院又主动对接县乡村振兴促进中心，向该中心发送《社会保障建议函》。县乡村振兴促进中心根据仙居县低收入农户"一户一策一干部"政策，及时统筹县民政局、教育局、镇政府等召开联席会议，制定帮扶计划。一是将救助金交由被救助人所在镇政府代管，委托镇政府从2021年6月开始按每月5000元标准向金某燕三人分期发放，直至救助金发放完毕为止；二是县民政局将金某燕三人纳入县低保户范围，享受低收入家庭相关待遇；三是县教育局和镇农办将金某燕纳入"雨露计划"，根据金某燕的就业意向，为其提供免费的职业技能教育，并联系就业单位，帮助其独立生活，自食其力；四是针对沈某花医疗费用负担重的情况，由镇政府根据医疗补充政策性保险，按比例再次办理报销；五是减免被害人金某平的停尸费用，缓解金某燕家庭经济压力；六是为金某燕三人指定专职帮扶干部，协调落实相关帮扶事项。联席会议召开后，所有帮扶计划均落实到位。

【典型意义】

本案系检察机关对农村地区生活困难的刑事被害人近亲属进行司法救助，并协同乡村振兴等部门开展长效帮扶的典型案例。本案中，台州市、仙居县两级人民检察院依职权启动联合救助程序，协助被害人近亲属提交救助申请和证明材料，并预支救助金，及时解决被害人家庭急难愁盼问题，充分发挥了司法救助"救急解困"功能。检察机关还坚持"一次救助、长期关怀"理念，根据被救助人家庭现况，主动对接乡村振兴部门，形成立体化多元救助帮扶体系，有效解决了被救助人家庭的后续生活困难。以办理此案为契机，仙居县人民检察院又协同县乡村振兴促进中心开展"困境儿童"专项救助活动,统筹开展温暖关爱、心理救助、就学帮扶等工作,为困境儿童长远生活保障筑牢底盘。

案例四 林某果等 4 人国家司法救助案

(福建省人民检察院 宁德市人民检察院 霞浦县人民检察院)

【关键词】

强制医疗案被害人家属 脱贫不稳定户 联合救助 助推乡村振兴协作平台 带案下访

【基本案情】

被救助人林某果,女,1985 年 7 月出生;林某顺,男,2004 年 10 月出生;林某婷,女,2011 年 8 月出生;林某清,男,2012 年 8 月出生。四人分别系苏某故意伤害强制医疗案被害人林某龙的妻子和未成年子女。

2020 年 1 月 5 日,林某龙因琐事与苏某在福建省霞浦县溪南镇某村发生扭打,其间苏某持竹棍殴打林某龙头部、左眼眶等处,后双方被人劝离。次日 10 时许,林某龙被发现死于家中。经宁德市物证鉴定所鉴定,林某龙系钝性暴力作用于头部致重型颅脑损伤导致死亡。加害人苏某被霞浦县公安局抓获后,经司法鉴定,患有重度精神发育迟滞,无。2021 年 3 月 17 日,霞浦县公安局向霞浦县人民检察院移送强制医疗意见书。霞浦县人民检察院经审查,于 2021 年 4 月 13 日向霞浦县人民法院提出对被申请人苏某强制医疗的申请。2021 年 5 月 8 日,霞浦县人民法院对苏某作出强制医疗的决定。

【救助过程】

霞浦县人民检察院刑事检察部门将本案司法救助线索移送控告申诉检察部门,控告申诉检察部门经审查,发现林某果等人属于农村地区重点救助对象,考虑到本院救助资金有限,遂逐级报请宁德市人民检察院、福建省人民检察院开展联合救助。经调查核实,林某果家庭属于脱贫不稳定户、低保户,林某果系文盲,无固定工作,收入来源不稳定,在林某龙身亡后未获赔偿,主要依靠低保补助、亲戚接济维持家庭生活和三个未成年子女的学费;加害人苏某的父母年迈,疾病缠身,无赔偿能力。

福建省、宁德市、霞浦县三级人民检察院审查认为，林某果等人符合司法救助条件，决定共同救助 20 万元。霞浦县人民检察院针对该案被救助人家庭系农村地区脱贫不稳定户，决定利用全省司法救助助推乡村振兴协作平台，启动多元救助帮扶机制，主动对接当地乡村振兴局，协调民政、教育、妇联、共青团等部门落实一系列帮扶措施。林某果家庭低保金调至每人每月 450 元的最高标准；安排林某果从事村保洁员公益性岗位工作，每月获得 1500 元劳动报酬；两名未成年小学生林某婷、林某清每人每年获得 1000 元学习困难补助；镇村两级为被救助人家庭提供房屋修缮基金 2.5 万元，改善林某果等人的居住条件。2021 年 11 月 19 日，宁德市人民检察院领导带案下访，与当地乡镇领导干部座谈，进一步跟踪各项帮扶措施落实进展情况。

【典型意义】

本案系检察机关对农村地区脱贫不稳定户开展司法救助，并协同乡村振兴等部门进行多元帮扶的典型案例。2021 年，福建省人民检察院主动走访省乡村振兴局等部门，牵头会签《关于加强国家司法救助与社会救助衔接助力巩固拓展脱贫攻坚成果助推乡村振兴的意见（试行）》，建立健全检察机关与乡村振兴等部门的衔接协作机制，搭建了司法救助助推乡村振兴的协作平台。本案中，被害人家庭未获得加害责任人赔偿，生活十分困难，三名未成年子女学业也难以为继，福建省三级人民检察院为加大救助力度，决定开展联合救助，提高救助金额，救助效果良好。检察机关还利用全省司法救助助推乡村振兴协作平台，积极协调乡村振兴等部门为被救助人家庭提高低保补助标准、改善住房条件、提供公益岗位，为被害人未成年子女提供就学资助，确保了被救助人家庭的长远生活得到有效保障。

案例五　刘某、刘某格国家司法救助案

（江苏省徐州市人民检察院）

【关键词】

刑事被害人未成年子女　助推乡村振兴工作平台　共享低收入人口信息库　救助金监管　跟踪帮扶

【基本案情】

被救助人刘某，男，2018年11月出生；刘某格，男，2020年11月出生。二人均系刘某堂故意杀人案被害人王某莲的未成年子女。

刘某堂患有精神分裂症，2021年4月21日，刘某堂因琐事与王某莲发生矛盾，对王某莲采取双手扼颈、持刀捅刺腹部等手段，致王某莲死亡。案发后，刘某堂持铁叉将前来查看情况的村委会工作人员打伤，并持铁锤打砸警车，对民警进行人身攻击，抗拒抓捕。经鉴定，刘某堂作案时为限制行为能力人。2021年4月22日，公安机关以涉嫌故意杀人罪、妨碍公务罪将刘某堂刑事拘留，后提请检察机关批准逮捕。2021年10月14日，徐州市人民检察院以刘某堂犯故意杀人罪、袭警罪向徐州市中级人民法院提起公诉。2021年11月30日，徐州市中级人民法院以故意杀人罪、袭警罪判处刘某堂无期徒刑。

【救助过程】

徐州市人民检察院刑事检察部门将本案司法救助线索移送控告申诉检察部门，控告申诉检察部门依托该院与市乡村振兴局、民政局建立的司法救助助推乡村振兴工作平台，通过共享的全市低收入人口信息库查询到被害人家庭系农村地区生活困难的低保户，遂决定启动救助程序。经走访调查核实，案发前王某莲无经济来源，案发后王某莲幼子刘某和刘某格成为"事实孤儿"，暂由年近七旬的祖父刘某善照顾，依靠刘某善低保收入维持基本生活，后续抚养难以维系。

徐州市人民检察院审查认为，刘某、刘某格符合司法救助条件，且系农村地区生活困难的刑事被害人未成年子女，应予重点救助，决定加大救助力度，为二人发放救助金8万元。考虑到被救助人年龄幼小，其祖父刘某善无抚养条件且监护意识较弱，为保证救助金真正用于被救助人，徐州市人民检察院经与省人大代表、市政协委员以及民政、妇联等部门有关负责人联席会商，决定启动救助金监管机制，与被救助人所在的村委会和专门的司法社工组织机构签订三方协议，明确以分期的形式发放救助金，并由村委会代管，司法社工辅助监管。徐州市人民检察院及时向市乡村振兴局反馈司法救助情况，并协同市乡村振兴局等部门开展跟踪帮扶。针对案发时刘某、刘某格因年幼尚未办理户口，积极沟通公安机关为二人办理落户；将刘某、刘某格纳入困境儿童信息库，认定为"事实无人抚养儿童"，进行长效帮扶，每月发放救助金 1600 元，定期安排社工上门走访，做好卫生保障，添置生活用品；协调市妇幼保健院儿保所定期为刘某、刘某格进行健康检查，做好医疗保障措施。

【典型意义】

本案系检察机关依托与乡村振兴等部门建立的司法救助助推乡村振兴工作平台，对农村地区生活困难的未成年人开展救助的典型案例。徐州市人民检察院认真贯彻最高人民检察院司法救助助力巩固拓展脱贫攻坚成果助推乡村振兴专项活动部署，主动与市乡村振兴局等部门会签《关于进一步加强司法救助工作助推乡村振兴的实施意见》，搭建了司法救助助推乡村振兴的工作平台。本案中，检察机关依托该工作平台，及时查询到刘某、刘某格家庭属于农村地区生活困难的低保户，决定依职权启动救助程序。针对二人年幼、基本生活难以维系等困难情况，加大救助力度，快速审批发放救助金，并建立救助金监管分期发放使用机制，确保了救助金专款专用。检察机关还协同乡村振兴等部门开展多元帮扶，实现司法救助与社会救助有效衔接，为未成年被救助人的健康成长提供了长远保障。

案例六　陈某鑫国家司法救助案

（云南省瑞丽市人民检察院）

【关键词】

边缘易致贫户　命案受害家庭未成年人　家庭帮扶计划　开展综合帮扶

【基本案情】

被救助人陈某鑫，女，2007 年 7 月出生，系赵某生故意伤害案被害人陈某周的女儿。

2020 年 9 月 27 日凌晨，赵某生在云南省瑞丽市某烧烤店饮酒后与他人发生争执，被人劝开后离开烧烤店。后赵某生欲返回烧烤店，在途经某快餐店时，无故对陈某周实施殴打，导致陈某周颅脑损伤合并脾脏破裂失血死亡。

当日，瑞丽市公安局对赵某生以涉嫌故意伤害罪立案侦查，后移送瑞丽市人民检察院起诉。2020年12月23日，瑞丽市人民检察院报送德宏州人民检察院起诉。2021年3月22日，德宏州人民检察院以赵某生犯故意伤害罪提起公诉，被害人陈某周的近亲属陈某鑫等人提起刑事附带民事诉讼。2021年9月13日，德宏州中级人民法院以故意伤害罪判处赵某生死刑，赔偿附带民事诉讼原告人丧葬费53257元。

【救助过程】

德宏州人民检察院刑事检察部门将本案司法救助线索移送控告申诉检察部门，因案发时瑞丽市属于疫情中高风险封控区，经研究，德宏州人民检察院将本案交瑞丽市人民检察院办理。瑞丽市人民检察院经实地走访调查核实，被害人陈某周生前系家庭主要劳动力和经济收入来源，在瑞丽市租房居住，每月需支付房租水电费等900元左右，家中没有资产，案发后家庭失去主要经济来源，且未获得赔偿，丧葬费大部分为家庭借款；其妻子南某系缅甸国籍农民，在某快餐店打临工，月收入1500元，受疫情影响，近一年无固定工作和收入，本身患有糖尿病；二人婚后育有一女陈某鑫，系某学校在读学生，因父亲遇害，精神和学习受到严重影响。

瑞丽市人民检察院审查认为，陈某鑫家庭系因案导致的边缘易致贫户，且疫情对其影响很大，家庭生活陷入困境，应予重点救助，决定向陈某鑫发放救助金5万元。为帮助陈某鑫健康成长，保障其家庭长远生活，瑞丽市人民检察院会同市乡村振兴局等部门共同研究制定陈某鑫家庭帮扶计划，开展综合帮扶工作。市乡村振兴局协调陈某鑫的母亲南某到某快餐店就业，保证其每月1600元的固定收入；市妇联安排南某参加市疫情防控工作指挥部、市妇联等部门举办的技能培训班，提高就业能力，待疫情好转，工厂复工复产后，再根据其工作能力协调安置工作岗位；市卫生健康局帮助南某解决外籍人员就医难问题；市教育体育局协调陈某鑫就读的学校为其减免部分学杂费。民政部门还向陈某鑫家庭发放疫情生活困难补助物资和困难救助金2000元。

【典型意义】

本案系检察机关对农村地区命案受害家庭未成年人开展司法救助，并协同乡村振兴等部门进行综合帮扶的典型案例。本案中，德宏州人民检察院刑事检察部门在办案过程中，主动了解被害人家庭生活困难情况，将救助线索移送控告申诉检察部门。控告申诉检察部门考虑案发时当地疫情防控要求，遂及时移交当地人民检察院启动司法救助程序。瑞丽市人民检察院调查核实被害人子女系未成年学生、家庭系因案导致的农村地区贫困边缘户、未获得赔偿、疫情对其家庭生活影响很大等情况后，决定加大救助力度，及时发放救助金，解其家庭燃眉之急。检察机关又积极协调乡村振兴等部门实施综合帮扶，为被救助人家庭生活提供长远保障，为未成年人健康成长创造良好条件，彰显了检察温情。

案例七　徐某杰、徐某清国家司法救助案

（上海市金山区人民检察院）

【关键词】

刑事被害人近亲属　跨地域救助　司法救助与社会救助衔接　开展综合帮扶　防止返贫监测对象

【基本案情】

被救助人徐某杰，女，1955年9月出生；徐某清，男，2006年3月出生。二人分别系吴某故意杀人案被害人徐某明的母亲和未成年子女。

2021年2月9日晚，吴某因琐事在其住处与徐某明、周某发生争执，吴某持刀实施报复，致徐某明被砍死，周某被砍成重伤。2021年5月26日，上海市公安局金山分局以吴某涉嫌故意杀人罪移送上海市金山区人民检察院起诉。同年6月3日，金山区人民检察院报送上海市人民检察院第一分院起诉。2021年7月2日，上海市人民检察院第一分院以被告人吴某犯故意杀人罪向上海市第一中级人民法院提起公诉。

【救助过程】

上海市金山区人民检察院刑事检察部门将本案救助线索移送控告申诉检察部门，控告申诉检察部门经审查核实，被害人徐某明来自黑龙江省宁安市农村家庭，依靠打工收入供养在老家生活的母亲徐某杰和独子徐某清；被告人吴某系来沪务工人员，本人及近亲属均无经济赔偿能力。金山区人民检察

院决定启动司法救助程序，经委托宁安市乡村振兴局进一步调查核实，徐某杰丧偶多年，患有心脏病，本人无劳动能力和经济收入，儿子徐某明早年离异现又被人杀害，留下未成年的孙子徐某清由其抚养，家庭生活十分困难。

金山区人民检察院审查认为，徐某杰、徐某清符合司法救助条件，决定向二人发放救助金10万元。针对本案被救助人家庭实际困难较大的情况，金山区人民检察院制定司法救助与社会救助衔接方案，指派办案组赴宁安市"面对面"协调当地有关部门聚力开展综合帮扶。办案组在属地检察机关的大力支持下，与宁安市乡村振兴局、医保局、教体局、当地镇政府等职能部门共商形成会议备忘录。宁安市乡村振兴局根据金山区人民检察院移送的案件信息，将徐某杰家庭列为防止返贫监测对象，并协同镇政府、村委会帮扶责任人持续关注和跟进被救助人生活状况，落实日常关爱措施，帮助其家庭恢复"造血"功能；宁安市医保局提供家庭医生签约服务，为徐某杰量身定制医疗方案；宁安市人民检察院和学校配合落实心理疏导，帮助徐某清尽早走出阴影；宁安市教体局结合徐某清学习成绩，为其提供市属某中等职业学校作为中考保底志愿，并协商学校减免学费，保障其习得一技之长。金山区人民检察院还多方联系找到徐某清的生母，引导其与徐某杰就徐某清监护、抚养等问题达成协议，既保证司法救助金安全和定向使用，又促使徐某清生母履行法定抚养义务。

【典型意义】

本案系检察机关跨地域对生活困难的刑事被害人近亲属开展司法救助，并在当地乡村振兴等部门支持下进行综合帮扶的典型案例。本案中，上海市金山区人民检察院依职权启动对户籍地在外省的被害人近亲属的司法救助程序，委托当地乡村振兴部门对被害人家庭经济状况进行核实，查明被害人近亲属符合救助条件，并且生活十分困难，决定提高救助标准，及时发放救助金，解决了被救助人家庭面临的急迫困难。为延伸救助效果，金山区人民检察院又在当地检察机关的大力支持和协助下，与当地乡村振兴等部门研商形成备忘录，将被救助人家庭列为防止返贫监测对象，落实未成年人就学、老年人就医等帮扶措施，实现司法救助与社会救助"无缝衔接"，有效防止被救助人家庭因案返贫，为巩固拓展脱贫攻坚成果助推乡村振兴作出积极贡献。

金山区人民检察院还与金山区农村综合帮扶领导小组共同研究出台《关于建立国家司法救助与农村综合帮扶工作衔接机制的协作意见》，完善了检察机关司法救助助推乡村振兴工作平台。

案例八　张某英、罗某飞国家司法救助案

（广东省人民检察院　河源市人民检察院　东源县人民检察院）

【关键词】

联合排查线索　脱贫不稳定户　联合救助　"造血型"帮扶　定期回访

【基本案情】

被救助人张某英，女，1936年9月出生；罗某飞，男，1990年2月出生。二人分别系罗某新故意杀人、非法制造枪支案的被害人袁某娣的母亲和儿子。

2014年7月24日19时许，罗某新趁下雨打雷之机，在其位于广东省东源县蓝口镇某村的家门口，手持自制火药枪往罗某仟家方向开枪，致使被害人杨某英右脚中弹受伤。袁某娣和罗某仟在准备送杨某英去医院救治时，罗某新又朝罗某仟家方向开枪，致使袁某娣、杨某英同时头部受伤倒地，二人因伤势过重在送医途中死亡。2015年9月18日，河源市中级人民法院以故意杀人罪、非法制造枪支罪判处罗某新死刑，并赔偿张某英、罗某飞等人经济损失39 672.5元。罗某新提起上诉，2016年5月24日，广东省高级人民法院二审裁定驳回上诉，维持原判。

【救助过程】

2021年5月，东源县人民检察院与县乡村振兴局下乡排查发现本案司法救助线索，遂引导张某英、罗某飞向检察机关申请司法救助。考虑二人属于重点救助对象，且未获得罗某新及其家属任何赔偿，东源县人民检察院提请河源市人民检察院、广东省人民检察院开展联合救助。经实地走访调查核实，张某英双目失明，一级残疾，与智力残疾的大儿子、二儿子共同生活，一家三口之前系建档立卡贫困户，现在每月共可领取700余元低保金维持生活；罗某飞未婚，之前系建档立卡贫困户，其母亲袁某娣被害后，其父亲、祖父母相继病逝，医治费用和办理几位长辈后事的费用让本就贫困的家庭雪上加

霜，其还要赡养年老体弱多病且系五保户的二叔罗某发，无法外出打工，生活来源主要靠经营父亲留下来的几亩茶园，因无钱购买设备，采茶炒茶全靠手工，费用高昂，销路不好，收入甚微且不稳定。

广东省、河源市、东源县三级人民检察院审查认为，张某英、罗某飞因案导致家庭生活十分困难，符合司法救助条件，决定对二人分别救助18万元和15.3万元。三级人民检察院又积极对接乡村振兴等部门，区别二人不同情况，实施综合帮扶。对张某英的帮扶措施：一是做好救助金监管，联系银行为张某英办理共管卡，每月定额支取2000元用于其家庭日常生活开支，遇疾病等大额支出，经监管单位同意可动态调整、灵活支取；二是联系医院眼科专家为张某英检查治疗；三是改善其生活环境，对张某英居住的破旧老房子进行整修，给其门前屋后的小院和道路铺上水泥，并添置家具、家电。对罗某飞开展"造血型"帮扶，力助其乡村茶园转型升级，主要措施：一是协调县茶业协会，吸收罗某飞入会，为其提供行业信息、种植培训和技术支持，并为其更换优良茶种；二是协调县交通局，将通往罗某飞茶园的陡峭狭窄的黄泥路挖宽改造为水泥路，为其生活生产提供极大的便利；三是协调当地供电部门为其使用新设备进行规模化生产拉设三相电；四是县乡村振兴局推广罗某飞茶园的茶叶，扩大茶叶销路。检察机关还定期对张某英、罗某飞家庭进行回访，实时了解二人生活生产情况。张某英、罗某飞的家庭生活已走出困境，罗某飞的茶园经营得有声有色，在规模化生产后还雇用村民采摘茶叶，在自身发展的同时带动村民勤劳致富。

【典型意义】

本案是检察机关与乡村振兴部门紧密协作，救扶衔接，积极助推乡村振兴的典型案例。本案中，东源县人民检察院主动作为，会同当地乡村振兴部门下乡排查司法救助线索，引导被害人近亲属提出救助申请。考虑被害人近亲属的特殊困难，广东省三级人民检察院决定开展联合救助，提高救助标准，确保救助效果。检察机关还主动对接乡村振兴等部门，开展针对性综合帮扶，罗某飞的乡村茶园在得到全方位帮扶后转型升级，带动村民勤劳致富，被救助人的生活面貌焕然一新，充分体现了检察机关履行服务乡村振兴政治责任，积极开展司法救助工作取得的良好效果。

案例九　安某小等 21 人国家司法救助案

(河北省赞皇县人民检察院)

【关键词】

刑事被害人　依职权启动　针对性帮扶　联合回访

【基本案情】

被救助人安某小，男，1937 年 8 月出生；郭某印，男，1953 年 7 月出生；杜某子，男，1948 年 11 月出生。其他十八名救助申请人基本情况略。均系郑某某诈骗案被害人。

2018 年 5 月至 2019 年 5 月，郑某某多次冒充民政局、扶贫办工作人员，对河北省赞皇县多个村的五保户、低保户、贫困户，以办理五保、低保手续、残疾证、危房改造等名义，先后骗取 21 名五保户、低保户、贫困户共计 128 893.3 元，诈骗所得全部用于日常吃喝玩乐。2018 年 10 月 30 日，赞皇县公安局对郑某某以涉嫌立案侦查。2019 年 10 月 17 日，赞皇县人民检察院提起公诉。2019 年 12 月 27 日，赞皇县人民法院以诈骗罪判处郑某某有期徒刑八年，并处 8 万元。

【救助过程】

2021 年 9 月，赞皇县人民检察院控告申诉检察部门陆续接待安某小等多名群众来访，询问关于郑某某诈骗案的赃款追缴情况。赞皇县人民检察院经审查，发现郑某某诈骗案被害人众多，家庭生活都十分困难，决定依职权启动司法救助程序。经调查核实，郑某某诈骗案 21 名被害人均系农村地区生活困难群众，五保户 13 人，低保户 2 人，其他低收入人口 6 人，并且其中 20 名是 60 岁以上老人，主要依靠低保金、五保金以及政府救济生活，每个月的生活补助金是主要生活来源，生活原本就困难，被诈骗后更是雪上加霜，严重影响日常生活，冬天将至，有的被害人连取暖煤也舍不得买；被告人郑某某无正当职业，诈骗的赃款被全部挥霍殆尽，没有能力赔偿被害人的损失。

赞皇县人民检察院审查认为，安某小等人是农村地区生活困难的刑事被害人，符合司法救助条件，决定向安某小等 21 名被害人发放救助金合计 7.68

万元。为确保救助长效,赞皇县人民检察院同步将21名被救助人家庭困难情况、司法救助情况书面通报县乡村振兴局。县乡村振兴局经认真研究,决定开展针对性帮扶。一是对被救助人发放扶贫贷款,补贴贷款利息;二是在兴办产业实体方面予以政策支持;三是与被救助人所在乡(镇)村联系,将被救助人纳入扶贫产业救助范围,定期分红;四是对被救助人开展扶志与扶智培训,对有劳动能力的进行厨师技能、养殖、种植、加工等行业培训,扶持被救助人积极就业。赞皇县人民检察院还联合县乡村振兴局进行救助回访,21名被救助人中,有的已享受当地产业扶贫政策,年均增收2000元左右;有的被安排清洁工岗位,月工资800元;还有的被列入公益劳动务工补贴范围,年均增收3000元左右。

【典型意义】

本案系检察机关协同乡村振兴部门对农村地区生活困难的刑事被害人进行救助帮扶的典型案例。本案中,赞皇县人民检察院在接待来访群众过程中发现司法救助线索,决定依职权启动司法救助程序。针对诈骗案被害人均是农村五保户、低保户等低收入人群,并且年龄普遍偏大、行动不便、书写困难等特殊情况,主动调取生活困难情况的证明材料,提出予以救助的意见,并及时将救助金发放到位。检察机关还与乡村振兴部门建立司法救助联席会议制度,主动将本案救助情况通报乡村振兴部门,乡村振兴部门高度重视,认真研究后,有针对性地落实了贷款补贴、产业政策、救助分红、就业培训等帮扶措施。从联合回访情况看,被救助人的生活处境得到了明显改善。

案例十　陈某某国家司法救助案

(江西省南城县人民检察院)

【关键词】

交通事故被侵权人　司法救助协作机制　乡村振兴部门移送救助线索　民事支持起诉　边缘易致贫户

【基本案情】

被救助人陈某某,男,1963年9月出生,系周某某道路交通事故案被侵权人。

2020年12月17日,陈某某在道路上行走时,被周某某驾驶的车辆撞伤,造成陈某某全身多处骨折,一只眼睛失明,肺、肾严重损伤,全身瘫痪。抢救出院后,陈某某未获人身损害赔偿。

【救助过程】

2021年2月,江西省南城县乡村振兴局发现该县低保户陈某某发生交通事故后没有得到赔偿,导致家庭生活特别困难,可能符合司法救助条件,遂通过与南城县人民检察院建立的司法救助协作机制,向该院移送救助线索。南城县人民检察院经审查,决定启动司法救助程序。经深入陈某某所在镇开展实地调查,听取当地镇代表、村委会干部、周边村民意见,详细了解陈某某家庭生活情况。南城县人民检察院核实,陈某某是聋哑人,三级残疾,其妻叶某某自幼患小儿麻痹症,二级残疾,二人均无劳动能力,系低保户,家庭生活经济来源主要依靠儿子陈某甲每月三千元左右的打工收入;陈某某因交通事故受伤后,先后在南城县人民医院、抚州市人民医院ICU病房抢救,后转至南昌大学第一附属医院动手术、抢救,花去医药费20多万元,大部分费用为其子陈某甲向亲戚借款及贷款,其家庭已无力承担后续的高额医疗费用,家庭生活十分困难。

南城县人民检察院审查认为,陈某某符合司法救助条件,鉴于其身体的特殊情况,上门调取其家庭生活困难的相关证明材料,决定向其发放救助金2万元,并于2021年4月7日依法作出民事支持起诉决定,向南城县人民法院提起民事诉讼,进一步维护陈某某的合法利益。经南城县人民法院判决,保险公司向陈某某支付了交通事故理赔款。南城县人民检察院将对陈某某的司法救助情况向县乡村振兴局进行了反馈,县乡村振兴局决定将陈某某家庭纳入边缘易致贫户进行管理。南城县人民检察院还积极沟通当地镇政府,将陈某某夫妇二人低保金从每人每月325元提高到420元,并争取到防贫险1万余元;积极向县残联反馈残疾人被伤害线索,县残联依据相关政策和陈某某今后的身体康复情况为其重新评定残疾等级,由三级残疾调整为二级残疾,并相应调整增加残疾人补贴和护理补贴。

【典型意义】

本案系乡村振兴部门移送司法救助线索，检察机关对农村地区生活困难的残疾人进行救助帮扶的典型案例。本案中，南城县乡村振兴局依托司法救助协作机制，主动向南城县人民检察院移送救助线索。南城县人民检察院经实地走访调查，查明案件被侵权人系生活特别困难的残疾人，并且在交通事故后未获得人身损害赔偿金，遂决定在发放救助金的同时，依职权启动民事支持起诉程序，帮助被救助人获得诉讼救济。检察机关又将司法救助情况反馈给乡村振兴部门，乡村振兴部门及时将被救助人纳入边缘易致贫户进行管理。检察机关还积极与镇政府、县残联等有关方面沟通协调，提高被救助人低保金标准和残疾人补贴、护理补贴标准，实现司法救助与社会救助有机衔接，有效发挥了司法救助助力巩固脱贫攻坚成果助推乡村振兴的职能作用。

最高人民法院关于为全面推进乡村振兴
加快农业农村现代化提供司法服务和保障的意见

为深入贯彻习近平总书记在中央农村工作会议以及在庆祝中国共产党成立100周年大会上的重要讲话精神，全面贯彻党的十九大和十九届二中、三中、四中、五中全会精神，全面贯彻落实《中共中央国务院关于全面推进乡村振兴加快农业农村现代化的意见》《中共中央国务院关于实现巩固拓展脱贫攻坚成果同乡村振兴有效衔接的意见》，充分发挥人民法院审判职能作用，为全面推进乡村振兴、加快农业农村现代化提供有力司法服务和保障，提出如下意见。

一、统一思想认识，准确把握为全面推进乡村振兴、加快农业农村现代化提供司法服务的总体要求

1. 正确把握为全面推进乡村振兴、加快农业农村现代化提供司法服务的指导思想。全面推进乡村振兴、加快农业农村现代化是以习近平同志为核心的党中央作出的重大战略部署。各级人民法院要坚持以习近平新时代中国特色社会主义思想为指导，深入贯彻习近平总书记在中央农村工作会议上重要讲话精神，全面贯彻党的十九大和十九届二中、三中、四中、五中全会精神，贯彻落实中央农村工作会议精神，增强"四个意识"、坚定"四个自信"、做到"两个维护"，立足新发展阶段，完整、准确、全面贯彻新发展理念，构建新发展格局，推动高质量发展，坚持稳中求进工作总基调，坚持加强党对"三农"工作的全面领导，坚持农业农村优先发展，为全面建设社会主义现代化国家开好局、起好步提供有力司法服务和保障。

2. 深刻认识为全面推进乡村振兴、加快农业农村现代化提供司法服务的重大意义。党的十八大以来，以习近平同志为核心的党中央坚持把解决好"三农"问题作为全党工作的重中之重。在向全面建成社会主义现代化强国的第二个百年奋斗目标迈进的历史关口，巩固和拓展脱贫攻坚成果，全面推进乡村振兴，加快农业农村现代化，是关系大局的重大问题。各级人民法院要充分认识新发展阶段做好"三农"工作的重要性和紧迫性，坚持把司法服务和保障"三农"问题作为工作重中之重，采取切实有力措施推动乡村振兴，促进农业高质高效、乡村宜居宜业、农民富裕富足。

3. 精准对接为全面推进乡村振兴、加快农业农村现代化提供司法服务的目标任务。"十四五"时期，我国将进入新发展阶段。各级人民法院要建立健全上下贯通、一抓到底的工作体系，围绕目标任务，压实责任，督促检查，将服务巩固拓展脱贫攻坚成果纳入审判执行的总体工作之中，推动人民法院服务和保障全面推进乡村振兴、加快农业农村现代化各项政策举措落实落地。

二、稳固农业发展基础，促进农业高质高效

4. 依法惩处涉重要农产品违法犯罪行为，推进实施重要农产品保障战略。坚持依法严惩方针，从严从快惩处走私大米、玉米、食糖等农产品犯罪行为，保持打击重要农产品走私犯罪活动高压态势，保障人民群众食品卫生安全和农产品质量安全。严厉打击超剂量超范围用药、违规使用原料药、不执行间隔期休药期等违法行为，加强行政执法和刑事司法的有效衔接，推动农药兽药残留治理工作，保障人民群众"舌尖上的安全"。持续推进惩治制售假种子、假化肥、假农药等伪劣农资犯罪行为，保障粮食和重要农产品供应安全，保护农业生产经营秩序，助推质量兴农。

5. 落实最严格的耕地保护制度，确保国家粮食安全。严厉打击破坏土地资源犯罪行为，依法认定违法占用耕地建房等合同无效，支持行政机关依法开展土地行政执法工作。积极配合有关部门推进农村乱占耕地建房专项整治行动，加大对涉及乱占耕地建房违法行为的生效裁判和行政处罚决定中金钱给付义务的强制执行力度，坚决遏制耕地"非农化"，防止"非粮化"。综合发挥刑事、民事、行政等审判职能作用，推进耕地污染管控，坚守18亿亩耕地红线。

6. 依法审理农村土地承包经营案件，推进现代农业发展。按照"落实集体所有权、稳定农户承包权、放活土地经营权"要求，依法审理农村土地"三权分置"纠纷案件，推进完善以家庭承包经营为基础、统分结合的双层经营体制，确保农村土地承包关系稳定并长久不变，维护农民集体、承包农户、经营主体的合法权益。依法审理涉土地经营权抵押权以及土地经营权流转合同等纠纷案件，保障农村土地经营权有序流转，推动家庭农场培育和农民合作社质量提升，助力现代农业经营体系建设。

7. 加大涉农知识产权司法保护力度，推动农业科技进步和创新。加强涉农知识产权案件审判工作，加大对种源"卡脖子"农业关键核心技术等知识产权司法保护力度，激发创新活力，推动农业科技自立自强。依法审理侵害植物新品种权纠纷案件，秉持有利于权利保护的司法理念，扩大育种创新成果法律保护范围，通过司法手段推动育种创新。加强种业知识产权保护，强化与相关部门的沟通协作，推动司法保护和行政保护有效衔接，推进高质高效合作。加大对"南繁硅谷"种业知识产权司法保护力度，推动制种基地和良种繁育体系建设，助推品种培优、品质提升、品牌打造和标准化生产，增强种业自主创新的内在动力。

8. 加强农业生态环境司法保护，推进农业绿色发展。坚持生态优先、绿色发展理念，充分发挥生态环境保护的引领和倒逼作用，推进荒漠化、石漠化、坡耕地水土流失综合治理、农业面源污染治理、重点区域地下水保护与超采治理，加大黑土地司法保护力度，以持续改善环境质量促进农村经济社会发展全面绿色转型。加大对涉农环境污染、生态破坏违法犯罪行为的惩处力度，确保保护生态环境"最严密的法治"有效实施，维护农业生态安全。依法审理涉农村地区环境污染、生态破坏责任纠纷以及民事、行政公益诉讼案件，坚守"绿水青山就是金山银山"理念，强化环境治理与生态修复工作，探索多样化责任承担方式。依法审理长江、黄河等重点水域禁捕案件，充分发挥流域司法协作效能，持续推进大江、大河生态环境整体保护和系统治理。

三、助力乡村建设行动，打造宜居宜业美丽乡村

9. 贯彻落实总体国家安全观，促进乡村和谐稳定。持续推进农村地区扫黑除恶斗争常态化，依法严惩宗族恶势力和"村霸""市霸""行霸""路霸"等农村黑恶势力，不断增强人民群众安全感。依法惩处侵害农村留守儿童、妇女和老年人以及残疾人、困境儿童合法权益犯罪行为，加大对农村留守儿童、妇女和老年人以及残疾人、困境儿童等特殊弱势群体的司法保护力度，加强对农村留守儿童、妇女和老年人以及残疾人、困境儿童的关爱服务。加大对农村非法宗教活动和境外渗透活动的惩处力度，严厉打击组织和利用邪教组织犯罪，防止邪教向农村渗透。协同有关部门建立健全农村应急管理工作机制，依法制止利用宗教、邪教干预农村公共事务，促进稳固农村基层政权。

10. 服务打好污染防治攻坚战，推进农村人居环境整治提升。围绕打好污

染防治攻坚战总体目标，依法履职尽责，支持农村地区推进生活垃圾治理专项行动，推进农村人居环境整治。针对农村地区污水、黑臭水体、垃圾污染等群众反映强烈的突出问题，依法公正高效审理相关案件，运用司法手段推动改善生态环境质量，助力推进村庄清洁和绿化行动。

11. 妥善审理涉农村地区基础设施建设纠纷案件，助推补齐农村发展短板弱项。依法审理涉农村地区高速公路、客货共线铁路、水利、电力、机场、通信网络等重大基础设施建设工程纠纷案件，持续推进改善农村地区基础设施条件。依法审理涉农村资源路、产业路、旅游路等建设纠纷案件，持续推进"四好农村路"建设。依法审理农村地区农产品和食品仓储保鲜、冷链物流设施建设纠纷案件，支持乡村特色产业发展壮大。

12. 加大对农村地区历史文化遗产的司法保护力度，推进优秀历史文化传承。依法审理破坏历史文化名镇名村、文物、历史建筑以及传统村落、传统民居等农村物质文化遗产案件，加大对农村物质文化遗产的司法保护力度。综合运用多种手段，助推农村非物质文化遗产的传承和开发利用。

13. 助推农村要素市场化配置改革，激发乡村发展内生动力。审慎审理集体经营性建设用地纠纷案件，推动探索实施农村集体经营性建设用地入市制度，助推土地要素市场化配置，推进农村土地制度改革。按照国家政策及相关指导意见，区分国家确定的宅基地制度改革试点地区与非试点地区，依法妥善处理宅基地使用权因抵押担保、转让产生的纠纷，依法保护当事人权益，助推农村宅基地制度改革。进一步推进劳动人事争议调解仲裁与诉讼衔接，妥善审理涉农民工劳动争议案件，支持劳动力等要素市场化配置，引导劳动力要素合理畅通有序流动，推动完善要素交易规则。

14. 发挥司法裁判规则引领和价值导向作用，促进乡风文明。以贯彻民法典为契机，加强裁判文书说理，深入推进社会主义核心价值观融入裁判文书释法说理，推动社会主义核心价值观转化为人民群众的情感认同和行为习惯。贯彻《新时代公民道德建设实施纲要》，坚持把社会主义核心价值观融入司法工作，用群众喜闻乐见的方式，加强以案释法和法治宣传，以法治大力弘扬真善美、打击假恶丑，实现法安天下、德润民心。

四、落实惠农富农政策，保障农民富裕富足

15. 依法惩处涉农业投资和农业补贴犯罪行为，确保惠农富农政策落地见效。严厉打击侵占、挪用、贪污农业投资资金犯罪行为，促进涉农资金的管理和规范使用，确保农业投资有效利用。依法惩处截留、挤占农业补贴犯罪行为，确保农业支持政策落到实处，切实保障农业补贴真正惠及农民。依法惩处集体资产管理、土地征收等领域违法犯罪行为，推动开展农村基层微腐败整治，不断提升农民群众幸福感。

16. 积极开展根治欠薪专项行动，依法保护农民工合法权益。加大脱贫地区公共基础建设欠薪案件的审执力度，特别是脱贫地区以工代赈基础设施建设领域欠薪案件的审执力度，切实提高根治拖欠农民工工资工作质效。加大对劳动密集型加工制造等行业农民工权益保护力度，保持治理欠薪高压态势，进一步加强劳动保障监察执法与刑事司法衔接配合工作，依法公正审理拒不支付劳动报酬刑事犯罪案件，切实保障农民工合法权益。

17. 依法保障进城落户农民合法权益，不断提升农民群体获得感、幸福感。依法保护进城农户的土地承包经营权、宅基地使用权、集体收益分配权。对于承包农户进城落户的，人民法院可通过司法手段支持保护其按自愿有偿原则依法在本集体经济组织内转让土地承包经营权，或者将承包地退还给集体经济组织。

18. 加大民生案件审执力度，切实保障农民基本生活。加大对追索劳动报酬、赡养费、扶养费、抚育费、抚恤金、医疗费用、交通事故人身损害赔偿、工伤保险待遇等案件审执力度，切实维护农民生存生活基本权益。对于被执行人确无履行能力、申请执行人面临生存生活困难的执行案件，充分利用司法救助资金，及时对符合救助条件的申请执行人进行司法救助。

五、坚持强基导向，积极服务全面推进乡村振兴和基层治理

19. 增加乡村地区司法资源供给，不断强化人民法庭建设。认真贯彻第四次全国人民法庭工作会议精神，把强化人民法庭建设、服务全面推进乡村振兴和基层治理作为一项长期工作抓紧抓实，推动人民法庭工作实现新发展，促进构建基层治理新格局。坚持强基导向，改革和优化人民法庭布局，围绕矛盾纠纷特点因地制宜设立特色巡回法庭，为解决"三农"纠纷提供更加精准化、精细化的司法服务。完善人民法庭巡回审理制度，合理设置巡回办案点和诉讼服务点，做好巡回审判工作，最大限度减少群众诉累。充分发挥人民法庭职能作用，紧扣市域、县域治理需求，积极参与基层治理，实现人民安居乐业、社会安定有序、国家长治久安。

20. 加强对各类调解组织的指导，有效提升基层治理水平。不断加强与公安、司法、劳动人事争议调解仲裁、农村土地承包仲裁、人民调解委员会等其他基层国家机关、基层群众自治组织、行业调解组织等的协同配合，按照"不缺位、不越位、不错位"的原则，切实履行指导人民调解工作的法定职责，积极做好司法确认等诉讼与非诉讼矛盾纠纷解决机制的衔接工作。加强对各类调解组织的指导，进一步推进制度化、规范化建设，不断提升调解的工作质效，积极提升基层治理法治化水平。

21. 注重矛盾纠纷多元化解，切实把矛盾解决在萌芽状态。坚持把非诉讼纠纷解决机制挺在前面，积极推动矛盾纠纷源头预防化解。坚持和发展新时代"枫桥经验"，加强与基层党组织、政法单位、基层群众自治组织的对接，推动形成工作合力，最大限度将矛盾化解在基层。积极发挥一站式诉讼服务中心解纷功能，推动家事纠纷、相邻关系、交通事故、医疗纠纷、消费者权益保护等纠纷案件通过调解、仲裁等方式一站式化解。推进人民法庭进乡村、进社区、进网格工作，依托人民法院调解平台，通过"引进来""走出去"，构建分层递进源头预防化解矛盾纠纷路径，推动矛盾纠纷就地发现、就地调处、就地化解。探索建立以人民法庭为支点，精准对接村委会等乡村社会基层治理力量的矛盾纠纷基层预防治理机制，进一步优化人民法院信息化平台各项功能，建立乡村基层矛盾纠纷采集、处理、反馈全程网上流转机制，提升信息化平台解纷实效。

22. 加强农村法治宣传教育，营造良好乡村建设法治环境。加大以案普法、以案释法力度，深入宣传与农民群众密切相关的法律法规，推动形成"办事依法、遇事找法"的行为自觉。充分利用"12·4"国家宪法日、宪法宣传周等时间节点和农贸会、庙会等，组织开展法治宣传教育活动，促进农民群众"学法、信法、用法"。推动法治文化与民俗文化、乡土文化的有机融合，创作具有乡土文化特色、群众喜闻乐见的法治文化作品，助力开展群众性法治文化活动，积极推进法治乡村建设。

六、深化改革创新，持续完善服务"三农"工作机制

23. 坚持有序调整、平稳过渡原则，推动服务巩固拓展脱贫攻坚成果同乡村振兴政策的有效衔接。围绕接续推进脱贫地区发展和乡村全面振兴，扎实

推进服务政策衔接，确保工作不留空档，增强服务保障政策稳定性。根据形势任务变化，合理把握节奏、力度，出台、优化服务保障举措，确保政策不留空白。精准对接脱贫地区人民群众司法需求，逐步实现从"两不愁三保障"转向乡村产业兴旺、生态宜居、乡风文明、治理有效、生活富裕服务举措的转变。

24. 更加注重系统观念，不断提升服务工作质效。把系统观念贯彻服务全面推进乡村振兴、加快农业农村现代化全过程，聚焦目标任务，加强前瞻性思考、全局性谋划、整体性推进，着力补短板、强弱项，不断推动人民法院服务保障工作质效。聚焦服务脱贫地区巩固拓展脱贫攻坚成果和乡村振兴目标任务，紧盯解决突出矛盾和问题，加强服务举措创新充分联动和衔接配套，切实提升服务综合效能。

25. 坚持问题导向，积极完善便民惠民司法举措。按照《全国人民代表大会常务委员会关于授权最高人民法院在部分地区开展民事诉讼程序繁简分流改革试点工作的决定》和《最高人民法院关于印发〈民事诉讼程序繁简分流改革试点实施办法〉的通知》要求，试点地区人民法院就涉农纠纷要积极优化司法确认程序、小额诉讼程序和简易程序，健全审判组织模式，探索推行电子诉讼在线审理机制，有效降低当事人诉讼成本，促进司法效率提升。坚持群众需求导向，不断升级一站式诉讼服务中心，使诉讼服务向农村延伸、向网上延伸，为当事人提供"一站通办、一网通办、一号通办、一次通办"便捷高效、智能精准的诉讼服务。加大一站式诉讼服务中心建设，让当事人到一个场所、一个平台就能一站式办理全部诉讼事项。

26. 全面深化智慧法院建设，以科技赋能人民法院服务"三农"工作。充分利用"十四五"时期网络强国、数字中国建设重大机遇，积极探索运用大数据、区块链等技术为司法工作提供强大技术支撑，加强服务乡村公共服务、基层治理等举措的数字化、智能化建设，提升司法工作的信息化、智能化水平。构建系统完备的在线诉讼规则体系，推动办案全流程在线支持、全过程智能辅助、全方位信息公开，提高司法解决涉农纠纷的便捷性、高效性、透明度。加快推进审判体系和审判能力现代化，不断提升人民法院服务全面推进乡村振兴、加快农业农村现代化的能力水平。

最高人民法院
2021 年 7 月 14 日

四、部门规章

农业农村部、体育总局、国家乡村振兴局关于推进"十四五"农民体育高质量发展的指导意见

各省、自治区、直辖市及计划单列市农业农村（农牧）厅（局、委）、体育局、乡村振兴局，新疆生产建设兵团农业农村局、文化体育广电和旅游局、乡村振兴局：

发展农民体育是全面推进乡村振兴、建设体育强国和健康中国的重要任务。为落实《"十四五"推进农业农村现代化规划》《全民健身计划（2021-2025年）》部署以及"十四五"时期群众体育发展的有关规划要求，统筹推进"十四五"时期农民体育高质量发展，提出以下指导意见。

一、总体要求

（一）指导思想

坚持以习近平新时代中国特色社会主义思想为指导，以习近平总书记关于三农工作和体育工作重要论述为根本遵循，围绕全面推进乡村振兴和建设体育强国、健康中国的奋斗目标，着眼农民全面发展、农村全面进步，健全完善农民健身公共服务体系，创新农民体育发展方式，促进农体文体智体融合，不断满足农民群众对美好生活的需要，推动农民体育健身事业高质量发展。

（二）基本原则

坚持党的领导。全面加强党对农民体育工作的统一领导，增强"四个意识"，坚定"四个自信"，做到"两个维护"，深入贯彻落实党和国家关于乡村振兴和体育发展的重大决策部署，为农民体育健身事业提供坚强政治保证。

坚持农民主体。把优先满足农民群众需求、促进农民全面发展作为农民体育工作的出发点和落脚点，优化体育资源配置，加强公共健身设施建设，

围绕农民生产生活开展体育健身赛事活动，充分调动农民群众参与体育健身的积极性、主动性、创造性。

坚持改革创新。从农民体育工作实际出发，遵循体育发展内在规律，不断创新组织机制、工作平台、活动载体和普及手段，坚持线上线下相结合，加快转变农民体育发展方式，突出广泛性、多元性，促进城乡体育协调发展。

坚持重心下沉。将农民体育工作重点放在乡镇，基础落在村屯，大力推动全民健身公共服务资源向乡村延伸，赛事从专业体育场馆办进乡村、走进园区，把指导服务送到农家，让广大农民群众参加深接地气的体育健身活动，促进农民体育健身常态化、生活化。

坚持融合发展。围绕拓展农业多种功能、开发乡村多元价值，推进农民体育健身与乡村产业、乡村文化、乡村治理、教育培训、休闲旅游等深度融合，促进农民全面发展、乡村全面振兴。

（三）发展目标

到2025年，农民群众的体育意识、健康意识显著提高，农村青年普遍掌握1—2项运动技能；农村健身场地设施基本健全，人均场地面积接近全国平均水平；农民体育健身赛事模式不断创新，农耕农趣农味特色健身活动更加丰富；有情怀、敢担当、懂体育、爱健身、会组织的高素质农民体育人才队伍不断壮大，农民健身公共服务水平明显提升，乡村社会体育指导员培养培训力度持续加大；政府主导、部门协同、社会参与、群众支持的农民体育工作机制不断完善，农民体协等农民群众身边的体育社会组织不断健全；体育助力乡村产业发展更具活力，农体文体智体深度融合、多元融合格局基本形成。

二、主要任务

（四）广泛开展农民体育健身赛事活动

积极构建农民群众广泛参与的体育健身赛事活动体系，充分利用"中国农民丰收节""全民健身日""全国运动会"等重大节庆平台，鼓励开展形式多样的农民群众性文化体育活动，倡导健康文明的生产生活方式。围绕乡村发展、乡村建设和乡村治理，结合农时农事农需，经常性举办具有农耕农趣农味的体育赛事活动，大力开展健康跑（走）、骑行、球类等健身活动。有条件的行政村和农村社区每年举办1次以上健身赛事活动。支持农民自发组织开展村歌、"村晚"、广场舞、趣味运动会等文化体育活动。

（五）加快补齐农村公共健身设施短板

贯彻落实中共中央办公厅、国务院办公厅印发的《关于构建更高水平的全民健身公共服务体系的意见》，将农村公共健身设施建设纳入各地健身设施建设补短板五年行动计划、农村基本公共服务提升工程和村级综合服务设施提升工程。根据各地人口结构、地域特点、运动习惯、实际需求等，因地制宜加快完善农村公共健身设施网络，提高场地设施利用率，注重向160个国家乡村振兴重点帮扶县倾斜。加强乡村综合文化站、村级综合文化中心、文体广场等体育服务功能，加快补齐5000个以上乡镇（街道）全民健身场地器材，完善行政村健身设施并逐步向具备条件的自然村延伸。

（六）深入挖掘乡村体育文化内涵

加强传统体育项目保护利用和传承，扶持推广武术、龙舟、舞龙舞狮、健身气功等中华传统体育项目，重点挖掘整理列入乡村非物质文化遗产的传统体育项目，总结提炼传统体育项目的文化特征，形成各具特色的精神内核和文化标识。加强乡村体育文化创作及平台建设，打造"一地一品、一村一项"农民文体特色品牌。鼓励开发适合不同人群、不同地域特点的涉农特色运动项目，支持纳入各级综合性运动会比赛或展示。

（七）全面提升农民体育人才培养质量

贯彻落实中共中央办公厅、国务院办公厅印发的《关于加快推进乡村人才振兴的意见》、农业农村部印发的《"十四五"农业农村人才队伍建设发展规划》关于文化体育人才队伍建设要求，将科学健身技能、体育指导管理、乡村体育治理等方面内容纳入农村实用人才带头人培训和高素质农民培育，构建乡村人才培育大格局。加大培养培育力度，从村干部、合作社负责人、企业从业人员中选拔一批农民体育健身骨干，从热心乡村体育的城镇人员中发展一批农民体育积极分子，培养一批有情怀、有担当、高水平的农村社会体育指导员，打造一支懂体育、爱健身、会组织的农民体育工作队伍。

（八）不断创新农民体育宣传工作

打造乡村特色体育健身融媒体产品，充分利用广播电视、平面媒体、互联网、新媒体等传媒方式，构建乡村体育健身全媒体传播格局，推动体育健身知识、赛事活动信息全方位覆盖，科学健身指导多领域拓展。用农民听得懂、看得到、学得会的方法普及健身知识和健身文化，讲好农民体育故事，营造良好社会氛围，增强农民的科学健身和绿色健康意识，激发农民群众体育健身的积极性、主动性、创造性，推动文明乡风建设。

三、具体行动

（九）实施推进融合发展引领行动

探索推广"体育健身+"新模式，推进体育健身与乡村特色产业、农耕文化传承、农民教育培训深度融合。深化农体融合，挖掘开发农事农艺农技体育健身项目，大力发展乡村特色体育健身产业，打造一批乡村体育旅游精品线路，推动农村一、二、三产业融合发展。深化文体融合，积极研究编创丰富多彩的文体活动，开发乡村体育文创产品，丰富农民精神文化生活。深化智体融合，推进农民体育健身进田间学校、进教材、进课堂，农民教育培训融入体育健身元素，搭建智育体育融合发展平台。

（十）实施农民体育健身活动基地宣介行动

"十四五"期间，遴选 150 个规模适度、作用突出的全国农民体育健身活动基地，总结活动基地辐射带动农民体育健身发展的典型经验并予以宣介推广，推动构建特色鲜明、类型多样、结构合理的农民体育健身基地布局。实现农村实用人才培训基地和农民体育健身活动基地资源要素互通共用，打造农民教育培训与农民体育健身融合发展样板。

（十一）实施最美乡村体育赛事打造行动

围绕推动乡村全面振兴，着力打造农民喜闻乐见、农业特色突出、农村广泛普及的体育健身赛事品牌，提升农民体育健身活动的参与率、知名度、影响力。重点办好全国性的美丽乡村健康跑、农民体育健身大赛、果蔬采收邀请赛及民族传统体育项目等农民体育健身品牌赛事活动。支持各地组织开展农民趣味运动赛事，推动打造 50 项"最美乡村体育赛事"落地见效。

（十二）实施体育健身下乡服务行动

在全国范围内开展"体育健身下乡"活动，坚持面向农村、服务农民，通过组织健身活动、开展体育健身知识培训、赠送体育健身器材等，推动体育健身服务走进农户、融入乡村。充分发挥体育、医疗领域专家的权威效应，以及优秀运动员、教练员和健身达人的引领效应,指导农民科学健身锻炼、掌握体育健身技能。鼓励奥运冠军、世界冠军等体育明星进乡村,提供志愿服务。建立健全乡村体育帮扶工作机制,将赛事活动办到农民身边,将体育器材、健身书籍送到农家,培育一批乡村体育志愿服务品牌。

四、保障措施

(十三)加强组织领导。各级农业农村部门、体育部门和乡村振兴部门要加强对本意见实施的组织、协调和指导,推动各级党委政府把农民体育工作作为促进城乡基本公共服务均等化、全面推进乡村振兴的重要内容,明确任务目标,强化工作举措,做好督促落实。强化对农民体育协会工作的指导,充分发挥农民体育协会在农民体育健身活动组织、骨干人才培养、科学健身指导等方面的积极作用。

(十四)强化统筹协调。各级农业农村部门、体育部门和乡村振兴部门要明确农民体育在三农工作、体育工作和巩固拓展脱贫攻坚成果中的功能定位,按照职责分工细化工作举措,形成各司其职、各负其责、齐抓共管、密切合作的协同推进机制。农业农村部门要强化农业广播电视学校和农民体育协会合署合力互融互促作用,推动完善从中央到地方省市县乡五级农民体育工作体系。强化地方主体责任,支持引导社会组织、企业、个人等多元力量参与农民体育健身事业,推动建立健全政府主导、社会参与、群众支持的乡村体育发展长效机制。

(十五)加大投入力度。各级农业农村部门和体育部门要积极协调地方政府进一步扩大农民体育工作经费在全民健身投入中的份额和比重,在实施乡村建设、全民健身设施补短板等工程项目中,统筹考虑农村健身场地和设施建设。体育部门要研究提出体育助力乡村振兴的政策意见,加大彩票公益金支持农民体育健身事业的力度,结合体育总局、财政部、市场监管总局《关于加强公共场所全民健身器材配建管理工作的意见》落实工作,做好"农民体育健身工程"器材维护、更新。加强对农村基层文化体育组织和农民体育赛事活动的支持。乡村振兴部门要广泛动员社会力量助力乡村振兴,积极引导民营企业、社会组织等通过公益捐赠、结对帮扶等多种方式,支持农村体育基础设施建设。

(十六)深化工作研究。着眼于体现农民体育特色、契合农村农民特质,统筹考虑农村区域特点和人口结构,在农耕农趣农味体育赛事活动设计、农民健身设施和服务供给精准化、农民体育工作推进机制创新等方面开展深入研究,为因地制宜、创新推进农民体育工作提供理论支撑。

农业农村部
体育总局
国家乡村振兴局
2022 年 6 月 20 日

支持乡村振兴税费优惠政策指引

(国家税务总局 2022 年 5 月)

近年来,党中央、国务院出台了一系列税费支持政策,持续巩固拓展脱贫攻坚成果、促进脱贫攻坚与乡村振兴有效衔接。为进一步落实党中央、国务院决策部署,税务总局按照享受主体、优惠内容、享受条件、政策依据的编写体例,从支持农村基础设施建设、推动乡村特色产业发展、激发乡村创业就业活力、推动普惠金融发展、促进区域协调发展、鼓励社会力量加大乡村振兴捐赠等六个方面梳理形成了 109 项针对乡村振兴的税费优惠政策指引内容。

一、支持农村基础设施建设

为了持续改善脱贫地区基础设施条件,税收积极支持交通、水利等民生工程建设和运营,促进完善生产性、生活性、生态环境基础设施建设,优化农村经济社会发展环境。具体包括:

(一)基础设施建设税收优惠

1. 国家重点扶持的公共基础设施项目企业所得税"三免三减半"
2. 农村电网维护费免征增值税

(二)农田水利建设税收优惠

3. 县级及县级以下小型水力发电单位可选择按照简易办法计算缴纳增值税
4. 水利设施用地免征城镇土地使用税
5. 农田水利占用耕地不征收耕地占用税
6. 国家重大水利工程建设基金免征城市维护建设税

(三)农民住宅建设税收优惠

7. 农村居民占用耕地新建自用住宅减半征收耕地占用税
8. 农村烈属等优抚对象及低保农民新建自用住宅免征耕地占用税

(四) 农村饮水工程税收优惠

9. 农村饮水安全工程新建项目投资经营所得企业所得税"三免三减半"
10. 农村饮水安全工程免征增值税
11. 农村饮水安全工程运营管理单位自用房产免征房产税
12. 农村饮水安全工程运营管理单位自用土地免征城镇土地使用税
13. 建设农村饮水安全工程承受土地使用权免征契税
14. 农村饮水安全工程免征印花税

二、推动乡村特色产业发展

产业振兴是乡村振兴的重中之重,现行税收政策着眼乡村产业高质量发展大局,进一步完善扶持政策、加大支持力度,在优化土地资源配置、促进农业生产、鼓励新型经营主体发展、促进农产品流通、支持农业资源综合利用等方面实施了一系列优惠政策,由"输血式"扶贫转变为"造血式"产业发展,推动巩固拓展脱贫攻坚成果与乡村振兴有效衔接。具体包括:

(一) 优化土地资源配置税收优惠

15. 转让土地使用权给农业生产者用于农业生产免征增值税
16. 承包地流转给农业生产者用于农业生产免征增值税
17. 出租国有农用地给农业生产者用于农业生产免征增值税
18. 直接用于农、林、牧、渔业生产用地免征城镇土地使用税
19. 农村集体经济组织股份合作制改革免征契税
20. 农村集体经济组织清产核资免征契税
21. 收回集体资产签订产权转移书据免征印花税
22. 农村土地、房屋确权登记不征收契税

(二) 促进农业生产税收优惠

23. 农业生产者销售的自产农产品免征增值税
24. 进口种子种源免征进口环节增值税
25. 进口玉米糠、稻米糠等饲料免征增值税
26. 单一大宗饲料等在国内流通环节免征增值税
27. 生产销售有机肥免征增值税
28. 滴灌产品免征增值税
29. 生产销售农膜免征增值税

30. 批发零售种子、种苗、农药、农机免征增值税

31. 纳税人购进农业生产者销售自产的免税农业产品可以抵扣进项税额

32. 农产品增值税进项税额核定扣除

33. 从事农、林、牧、渔业项目减免企业所得税

34. 从事"四业"的个人暂不征收个人所得税

35. 农业服务免征增值税

36. 捕捞、养殖渔船免征车船税

37. 农村居民拥有使用的三轮汽车等定期减免车船税

（三）支持新型农业经营主体发展税收优惠

38. "公司+农户"经营模式销售畜禽免征增值税

39. "公司+农户"经营模式从事农、林、牧、渔业生产减免企业所得税

40. 农民专业合作社销售本社成员生产的农产品免征增值税

41. 农民专业合作社向本社成员销售部分农用物资免征增值税

42. 购进农民专业合作社销售的免税农产品可以抵扣进项税额

43. 农民专业合作社与本社成员签订的涉农购销合同免征印花税

（四）促进农产品流通税收优惠

44. 蔬菜流通环节免征增值税

45. 部分鲜活肉蛋产品流通环节免征增值税

46. 农产品批发市场、农贸市场免征房产税

47. 农产品批发市场、农贸市场免征城镇土地使用税

48. 国家指定收购部门订立农副产品收购合同免征印花税

（五）促进农业资源综合利用税收优惠

49. 以部分农林剩余物为原料生产燃料电力热力实行增值税即征即退100%

50. 以部分农林剩余物为原料生产纤维板等资源综合利用产品实行增值税即征即退90%

51. 以废弃动植物油为原料生产生物柴油和工业级混合油实行增值税即征即退70%

52. 以农作物秸秆为原料生产纸浆、秸秆浆和纸实行增值税即征即退50%

53. 以农作物秸秆及壳皮等原料生产的纤维板等产品取得的收入减按90%计入收入总额

54. 沼气综合开发利用享受企业所得税"三免三减半"

55. 农村污水处理享受企业所得税"三免三减半"

56. 生活垃圾分类和无害化处理处置享受企业所得税"三免三减半"

三、激发乡村创业就业活力

就业创业是乡村振兴的"源头活水"。国家不断加大创业就业政策支持力度，扩大小微企业优惠政策范围，加强对失业人员、残疾人等重点群体或特殊群体就业创业的政策扶持，有力增强了乡村振兴的内生动力。具体包括：

（一）小微企业税费优惠

57. 增值税小规模纳税人免征增值税

58. 小型微利企业减免企业所得税

59. 增值税小规模纳税人、小微企业和个体工商户减征地方"六税两费"

60. 符合条件的缴纳义务人免征有关政府性基金

61. 符合条件的增值税小规模纳税人免征文化事业建设费

62. 符合条件的缴纳义务人减征文化事业建设费

（二）重点群体创业就业税收优惠

63. 重点群体创业税收扣减

64. 吸纳重点群体就业税收扣减

65. 残疾人创业免征增值税

66. 安置残疾人就业的单位和个体户增值税即征即退

67. 特殊教育校办企业安置残疾人就业增值税即征即退

68. 安置残疾人就业的企业残疾人工资加计扣除

69. 安置残疾人就业的单位减免城镇土地使用税

四、推动普惠金融发展

强化乡村振兴金融服务，增强金融对乡村产业和新型经营主体的金融支持，是乡村振兴的重要保障。税收政策通过免税、减计收入、准备金税前扣除、简易计税等多种方式，以农户和小微企业为重点对象，鼓励金融机构和保险、担保、小额贷款公司加大对乡村振兴的金融支持力度。具体包括：

（一）银行类金融机构贷款税收优惠

70. 金融机构农户小额贷款利息收入免征增值税

71. 金融机构小微企业及个体工商户小额贷款利息收入免征增值税

72. 金融机构农户小额贷款利息收入企业所得税减计收入

73. 金融企业涉农和中小企业贷款损失准备金税前扣除

74. 金融企业涉农和中小企业贷款损失税前扣除

75. 保险公司农业大灾风险准备金税前扣除

76. 农村信用社等金融机构提供金融服务可选择适用简易计税方法缴纳增值税

77. 中国农业银行三农金融事业部涉农贷款利息收入可选择适用简易计税方法缴纳增值税

78. 中国邮政储蓄银行三农金融事业部涉农贷款利息收入可选择适用简易计税方法缴纳增值税

79. 金融机构与小型微型企业签订借款合同免征印花税

（二）小额贷款公司贷款税收优惠

80. 小额贷款公司农户小额贷款利息收入免征增值税

81. 小额贷款公司农户小额贷款利息收入企业所得税减计收入

82. 小额贷款公司贷款损失准备金企业所得税税前扣除

（三）融资担保及再担保业务税收优惠

83. 为农户及小型微型企业提供融资担保及再担保业务免征增值税

84. 中小企业融资（信用）担保机构有关准备金企业所得税税前扣除

（四）农牧保险业务税收优惠

85. 农牧保险业务免征增值税

86. 保险公司种植业、养殖业保险业务企业所得税减计收入

87. 农牧业畜类保险合同免征印花税

五、促进区域协调发展快发展

（一）扶持欠发达地区和革命老区发展税收优惠

88. 西部地区鼓励类产业企业所得税优惠

89. 边民互市限额免税优惠

90. 边销茶销售免征增值税

（二）支持少数民族地区发展税收优惠

91. 民族自治地方企业减征或者免征属于地方分享的企业所得税

92. 新疆困难地区新办鼓励发展产业企业所得税优惠政策

93. 新疆喀什、霍尔果斯两个特殊经济开发区企业所得税优惠政策

94. 青藏铁路公司及其所属单位营业账簿免征印花税

95. 青藏铁路公司货物运输合同免征印花税

96. 青藏铁路公司及其所属单位自采自用的砂、石等材料免征资源税

97. 青藏铁路公司及其所属单位承受土地、房屋权属用于办公及运输免征契税

98. 青藏铁路公司及其所属单位自用的房产免征房产税

99. 青藏铁路公司及其所属单位自用的土地免征城镇土地使用税

（三）易地扶贫搬迁税收优惠政策

100. 易地扶贫搬迁贫困人口有关收入免征个人所得税

101. 易地扶贫搬迁贫困人口取得安置住房免征契税

102. 易地扶贫搬迁项目实施主体取得建设土地免征契税、印花税

103. 易地扶贫搬迁项目实施主体、项目单位免征印花税

104. 易地扶贫搬迁安置住房用地免征城镇土地使用税

105. 易地扶贫搬迁项目实施主体购置安置房源免征契税、印花税

六、鼓励社会力量加大乡村振兴捐赠

106. 企业符合条件的扶贫捐赠所得税税前据实扣除

107. 符合条件的扶贫货物捐赠免征增值税

108. 个人通过公益性社会组织或国家机关的公益慈善事业捐赠个人所得税税前扣除

109. 境外捐赠人捐赠慈善物资免征进口环节增值税

附件：1. 支持乡村振兴税费优惠政策指引汇编
   2. 支持乡村振兴税费优惠政策文件目录

文化和旅游部 教育部 自然资源部 农业农村部 国家乡村振兴局 国家开发银行关于推动文化产业赋能乡村振兴的意见

各省、自治区、直辖市文化和旅游厅（局）、教育厅（教委）、自然资源主管部门、农业农村（农牧）厅（局、委）、乡村振兴局，新疆生产建设兵团文化体育广电和旅游局、教育局、自然资源局、农业农村局、乡村振兴局，国家开发银行各分行：

为全面贯彻乡村振兴战略，落实《中共中央 国务院关于做好2022年全面推进乡村振兴重点工作的意见》提出的"启动实施文化产业赋能乡村振兴计划"，以文化产业赋能乡村经济社会发展，制定本意见。

一、总体要求

（一）指导思想

以习近平新时代中国特色社会主义思想为指导，全面系统学习贯彻习近平总书记关于"三农"工作的重要论述，全面贯彻党的十九大和十九届历次全会精神，准确把握乡村振兴战略的科学内涵，围绕立足新发展阶段、贯彻新发展理念、构建新发展格局、推动高质量发展，实现巩固拓展脱贫攻坚成果同乡村振兴有效衔接，促进共同富裕，牢牢守住保障国家粮食安全和不发生规模性返贫两条底线，强化以城带乡、城乡互促，以文化产业赋能乡村人文资源和自然资源保护利用，促进一、二、三产业融合发展，贯通产加销、融合农文旅，传承发展农耕文明，激发优秀传统乡土文化活力，助力实现乡村产业兴旺、生态宜居、乡风文明、治理有效、生活富裕，为全面推进乡村振兴、加快农业农村现代化作出积极贡献。

（二）基本原则

文化引领、产业带动。以社会主义核心价值观为引领，统筹优秀传统乡土文化保护传承和创新发展，充分发挥文化赋能作用，推动文化产业人才、资金、项目、消费下乡，促进创意、设计、音乐、美术、动漫、科技等融入乡村经济社会发展，挖掘提升乡村人文价值，增强乡村审美韵味，丰富农民精神文化生活，推动人的全面发展，焕发乡村文明新气象，培育乡村发展新动能。

农民主体、多方参与。充分尊重农民意愿，切实调动农民的积极性主动性创造性，把维护农民根本利益、促进农民共同富裕作为出发点和落脚点，鼓励各方力量广泛参与，加强对乡村本土文化人才的培育和支持，建立有效利益联结机制，不断提升农民的获得感和幸福感。

政府引导、市场运作。强化政府引导、扶持和服务职能，制定有效政策措施，充分发挥市场机制作用，调动市场主体积极性，以重点产业项目为载体，促进资源要素更多向乡村流动，增强农业农村发展活力。

科学规划、特色发展。立足各地资源禀赋和区域功能定位，因地制宜、有序推进，提升规划水平、设计品质、建设标准，防止盲目投入和低水平、同质化建设，避免大拆大建、拆真建假，保护好村落传统风貌，推动乡村经济社会更高质量、更可持续发展。

（三）发展目标

到2025年，文化产业赋能乡村振兴的有效机制基本建立，汇聚和培育一批积极参与文化产业赋能乡村振兴的企业、机构和人才，推动实施一批具有较强带动作用的文化产业赋能乡村振兴重点项目，形成一批具有市场竞争力的特色文化产业品牌，建成一批特色鲜明、优势突出的文化产业特色乡镇、特色村落，推出若干具有国际影响力的文化产业赋能乡村振兴典型范例。优秀传统乡土文化得到有效激活，乡村文化业态丰富发展，乡村人文资源和自然资源得到有效保护和利用，乡村一、二、三产业有机融合，文化产业对乡村经济社会发展的综合带动作用更加显著，对乡村文化振兴的支撑作用更加突出。

二、重点领域

（一）创意设计赋能。引导创意设计企业、平台、工作室及设计师向乡村拓展业务、落地经营，为乡村集体经济组织和各类企业、农民合作社、农户等提供创意设计服务。鼓励创意设计、规划建筑、园林景观等单位积极参与乡村建设，建设各具特色的美丽乡村、美丽庭院，创造宜业宜居宜乐宜游的良好环境。鼓励高校艺术、设计类专业结合教学、科研和社会实践，为乡村建设提供创意设计支持。大力发展创意农业，加强农产品包装、设计和营销，提升农业品牌知名度和农产品文化附加值。鼓励发展特色农业，挖掘特色种植业、林业、畜牧业等文化内涵。

（二）演出产业赋能。依托演出企业、演出团体、艺术院校等机构，充分挖掘地方特色资源，帮助和指导乡村开发演出项目，培养乡村文艺演出队伍，发展提升乡村舞蹈、戏剧、曲艺、游艺、杂技等业态。鼓励依托乡村传统演出团体及其骨干人员，积极开发武术、舞龙、舞狮、锣鼓等特色民俗表演项目。因地制宜发展中小型、主题性、特色类旅游演出项目。

（三）音乐产业赋能。鼓励音乐工作者、音乐企业、音乐院校、音乐类行业组织等深入乡村采风、展演和对接帮扶，加强对乡村传统音乐的创编、提升，创作一批形式多样、内容健康的音乐作品。加强民族民间传统音乐的收集整理和活化利用。提升乐器制造业专业化、品牌化水平，推动乐器生产向乐器文化拓展，鼓励发展音乐培训、互动体验等复合型业态。鼓励有条件的地方发展音乐节、音乐会、音乐园区（基地）等特色项目，打造音乐主题特色文化乡村。

（四）美术产业赋能。发挥美术工作者引领带动作用，支持有条件的地方依托乡土文化传统，突出地方特色，发展壮大、巩固提升美术产业。鼓励各级美术院校、画院、美术馆在具备条件的乡村设立写生创作和展示基地，支持打造乡村摄影基地，提升乡村地区美术产业专业化水平。加大人才培训和扶持力度，把引进外来人才和培养本地人才结合起来，提升农民画师、雕塑师等人才的创作水平。加强乡村美学普及和教育，提升审美水平和人文素养，让欣赏美、追求美、塑造美成为乡村文明新风尚。推动更多美术元素、艺术元素应用到乡村规划建设，鼓励兴办特色书店、剧场、博物馆、美术馆、图书馆、文创馆。

（五）手工艺赋能。实施中国传统工艺振兴计划，推动传统工艺在现代生活中广泛应用。鼓励非物质文化遗产传承人、设计师、艺术家等参与乡村手工艺创作生产，加强各民族优秀传统手工艺保护和传承，促进合理利用，带动农民结合实际开展手工艺创作生产，推动纺染织绣、金属锻造、传统建筑营造等传统工艺实现创造性转化和创新性发展。推动手工艺特色化、品牌化发展，培育形成具有民族、地域特色的传统工艺产品和品牌，鼓励多渠道、多形式进行品牌合作，提升经济附加值。充分运用现代创意设计、科技手段和时尚元素提升手工艺发展水平，推动手工艺创意产品开发。

（六）数字文化赋能。鼓励数字文化企业发挥平台和技术优势，创作传播展现乡村特色文化、民间技艺、乡土风貌、田园风光、生产生活等方面的数字文化产品，规划开发线下沉浸式体验项目，带动乡村文化传播、展示和消费。充分运用动漫、游戏、数字艺术、知识服务、网络文学、网络表演、网络视频等产业形态，挖掘活化乡村优秀传统文化资源，打造独具当地特色的主题形象，带动地域宣传推广、文创产品开发、农产品品牌形象塑造。推广社交电商、直播卖货等销售模式，促进特色农产品销售。

（七）其他文化产业赋能。鼓励各地结合文化资源禀赋和文化产业发展特点，培育打造地方特色鲜明、文化内涵突出、一、二、三产业有机融合的文化业态。支持特色产业发展，传承弘扬茶、中医药、美食等特色文化，开发适合大众康养、休闲、体验的文化和旅游产品。推进特色文化制造业发展，积极开发传统文化节日用品、特色文化产品。鼓励各地发掘乡村传统节庆、赛事和农事节气，结合中国农民丰收节、"村晚"、"乡村文化周"、"非遗购物节"等活动，因地制宜培育地方特色节庆会展活动。研究推动优秀农业文化展示区建设，鼓励和支持文化工作者深入中国重要农业文化遗产地，挖掘农耕文化中蕴含的优秀思想观念、人文精神、道德规范，不断深化优秀农耕文化的传承、保护和利用。鼓励有条件的地方引入艺术机构，以市场化方式运营具有乡土文化特色的艺术节展。

（八）文旅融合赋能。坚持以文塑旅、以旅彰文，推动创意设计、演出、节庆会展等业态与乡村旅游深度融合，促进文化消费与旅游消费有机结合，培育文旅融合新业态新模式。实施乡村旅游艺术提升计划行动，设计开发具有文化特色的乡村旅游产品，提升乡村旅游体验性和互动性。推动非物质文化遗产融入乡村旅游各环节，支持利用非遗工坊、传承体验中心等场所，培育一批乡村非物质文化遗产旅游体验基地。支持有条件的中国重要农业文化遗产地建设农耕文化体验场所，弘扬优秀农耕文化。鼓励各地加强"中国民间文化艺术之乡"建设，塑造"一乡一品""一乡一艺""一乡一景"特色品牌，形成具有区域影响力的乡村文化名片，提升乡村文化建设品质，充分开发民间文化艺术研学游、体验游等产品和线路。全面推进"创意下乡"，有效提升旅游商品开发水平和市场价值。

三、政策举措

（一）培育壮大市场主体。支持各地培育和引进骨干文化企业，扶持乡村小微文化企业和工作室、个体创作者等发展，鼓励其他行业企业和民间资本通过多种形式投资乡村文化产业。推广"公司+农户"经营模式，鼓励各类农民合作社、协作体和产业联盟在整合资源、搭建平台等方面发挥积极作用。推动建立完善农民入股、保底收益、按股分红等多种利益联结机制，通过"资源变资产、资金变股金、农民变股东"，让农民更多分享产业增值收益。建立文化产业赋能乡村振兴企业库。支持积极参与文化产业赋能乡村振兴的企业申报国家文化产业示范基地。

（二）建立汇聚各方人才的有效机制。各级文化和旅游行政部门要制定政策举措，建立有效机制，引导文化产业从业人员、企业家、文化工作者、文化志愿者、开办艺术类专业的院校师生等深入乡村对接帮扶和投资兴业，带动文化下乡、资本下乡、产业下乡。鼓励各地结合实际，探索实施文化产业特派员制度，建设文化产业赋能乡村振兴人才库。实施文化和旅游创客行动，营造良好创新创业环境，支持文化和旅游从业者、相关院校毕业生、返乡创业人员、乡土人才等创新创业。注重发挥乡村文化和旅游能人、产业带头人、非物质文化遗产代表性传承人、工艺美术师、民间艺人等领头作用，挖掘培养乡土文化人才，培育新型职业农民队伍。鼓励普通高等学校、职业学校、研究机构在乡村设立文化和旅游类实习实践实训基地。

（三）加强项目建设和金融支持。按照自愿申报、动态管理、重点扶持的原则，遴选一批文化产业赋能乡村振兴重点项目，加大支持和服务力度，促进项目落地实施。国家开发银行在符合国家政策法规、信贷政策并遵循市场化运作的前提下，按照"保本微利"的原则，对乡村文化和旅游项目提供包括长周期、低成本资金在内的综合性优质金融服务支持。鼓励金融机构因地制宜、创新产品，通过上门签约、灵活担保、主动让利等多种方式，为乡村文化和旅游经营主体提供信贷支持。引导各类投资机构投资乡村文化和旅游项目。鼓励保险机构开展针对乡村文化和旅游项目的保险业务。

（四）统筹规划发展和资源保护利用。统筹县域城镇和村庄规划建设，通盘考虑土地利用、历史文化传承、产业发展、人居环境整治和生态保护，严禁违规占用耕地和违背自然规律绿化造林、挖湖造景，严格限制林区耕地湿地等占用和过度开发,加强自然环境、传统格局、建筑风貌等方面管控,注重生态优先、有序开发,合理规划布局乡村文化和旅游发展空间。在有效保护的基础上,探索乡村文化遗产资源合理利用的有效机制。将非物质文化遗产保护与美丽乡村建设、农耕文化保护相结合,充分发挥非物质文化遗产代表性项目和代表性传承人作用,合理利用非物质文化遗产资源。鼓励有条件的地方将文化和旅游用地纳入国土空间规划和年度用地计划,在完善审批程序、严格用途管理的前提下,加大对文化产业赋能乡村振兴相关重点设施、项目的用地支持。鼓励通过开展城乡建设用地增减挂钩和工矿废弃地再利用的方式建设文化产业赋能乡村振兴项目。文化和旅游项目中,属于永久性设施建设用地的,依法按建设用地管理;属于自然景观用地及农牧渔业种植、养殖用地的,不改变原用地用途的,不征收(收回)、不转用。结合文化产业赋能乡村振兴项目的业态特点,探索农村一、二、三产业融合发展用地新方式,依法办理农用地转用和土地征收手续。在村庄建设边界外,办理用地审批手续时,除依法应当以招标拍卖挂牌等方式公开出让的土地外,可将建设用地批准和规划许可手续合并办理,核发规划许可证书,并申请办理不动产登记。按照国家统一部署,探索支持企业和个人通过农村集体经营性建设用地入市的渠道,以出让、出租等方式使用集体建设用地从事文化和旅游经营活动。鼓励乡村文化和旅游项目经营实行长期租赁或先租后让。在符合国土空间规划前提下,鼓励对依法登记的宅基地等农村建设用地进行复合利用,发展乡村民宿、民俗体验、文化创意等业态。

四、组织实施

地方各级文化和旅游、教育、自然资源、农业农村、乡村振兴部门和国家开发银行各级机构要按照本意见要求,根据本地区实际情况,在当地党委政府统一领导下,加强部门协同,协调各方力量,统筹各类资源,加大支持力度,扎实推进文化产业赋能乡村振兴工作。东部地区文化和旅游行政部门要在东西部协作工作框架下,引导文化和旅游企业到西部地区开展投资合作,助力西部地区乡村振兴。文化和旅游部会同相关部门遴选一批文化产业赋能乡村振兴试点县(市、区),充分发挥县域统筹规划、资源配置作用,探索体制机制创新,总结经验做法,形成可复制、可推广的典型示范。加大在国际舞台宣传力度,对外讲好中国文化产业赋能乡村振兴故事。鼓励各地因地制宜开展文化产业特色乡镇、特色村落建设。鼓励文化和旅游领域智库、研究机构、行业协会及各类公益组织、公益基金等积极参与文化产业赋能乡村振兴工作。各地文化和旅游行政部门要与相关部门紧密配合，做好协调、推进、总结、评估等工作。

附 录

农业农村部关于落实党中央国务院 2022 年全面推进乡村振兴重点工作部署的实施意见

各省、自治区、直辖市农业农村（农牧）、畜牧兽医、农垦、渔业厅（局、委），新疆生产建设兵团农业农村局，部机关各司局、派出机构，国家乡村振兴局综合司，各直属单位：

2022 年是实施"十四五"规划承上启下之年，也是乡村振兴全面展开的关键之年，做好农业农村工作特殊而重要。各级农业农村部门、乡村振兴部门要以习近平新时代中国特色社会主义思想为指导，全面贯彻党的十九大和十九届历次全会精神，深入贯彻中央经济工作会议、中央农村工作会议精神，立足新发展阶段、贯彻新发展理念、构建新发展格局、推动高质量发展，坚持稳字当头、稳中求进，牢牢守住保障国家粮食安全和不发生规模性返贫两条底线，扎实有序推进乡村发展、乡村建设、乡村治理重点工作，按照保供固安全、振兴畅循环的工作定位，持续抓好保供、衔接、禁渔、建设、要害、改革重点任务，以实际行动迎接党的二十大胜利召开。

在工作布局上，重点围绕"四稳四提"展开。粮食生产稳面积提产能。稳口粮、稳玉米，扩大豆、扩油菜，持续推进高标准农田建设，深入实施种业振兴行动，提高农机装备水平，保障种粮农民合理收益，稳步提高农业综合生产能力。产业发展稳基础提效益。稳定用地、金融等政策，加强产业基础设施建设，拓展农业多种功能、开发乡村多元价值，促进农业高质高效，推动农村一、二、三产业融合发展。乡村建设稳步伐提质量。坚持数量服从质量、进度服从实效，求好不求快，扎实稳妥推进乡村建设，提高建设质量、管护水平，促进乡村宜居宜业。农民收入稳势头提后劲。坚持产业带动、就业创业拉动、改革驱动等多措并举，坚决杜绝大规模返贫现象发生，稳定农民增收好势头，促进农民富裕富足。

一、全力抓好粮食和农业生产，保障粮食等重要农产品有效供给

（一）千方百计稳定粮食生产。要花更大的功夫、下更大的力气，确保粮

食播种面积稳定、产量保持在1.3万亿斤以上。强化责任落实。推动出台粮食安全党政同责规定配套考核办法，增加面积和产量的考核权重，严格开展考核。经国务院同意，将粮食和大豆生产目标任务分别下达各省份，压实地方党委政府责任。加大政策扶持。加快构建农民种粮收益保障机制，让农民种粮有利可图、主产区抓粮有积极性。适当提高稻谷小麦最低收购价，稳定稻谷补贴，实现三大粮食作物完全成本保险和种植收入保险主产省产粮大县全覆盖。根据农资价格上涨情况，适时推动对农民种粮予以补贴。加大产粮大县奖励力度，推动主销区和主产区开展产销合作。加强指导服务。分区域、分作物、分环节制定技术指导意见，特别是针对部分地区的晚播麦制定"促弱转壮、早发稳长"技术方案，集中资金资源，实行包省包片精准指导、科技小分队驻县精细服务，因地因苗落实各项关键措施，加强农资调运和农资打假，打好夏粮丰收这场硬仗。深入推进绿色高产行动，集成推广标准化技术模式。狠抓防灾减灾。加强气象灾害监测预警，制定应对"拉尼娜"应急预案，科学防范低温冻害、干旱洪涝等灾害。加密草地贪夜蛾"三区四带"防线，强化小麦条锈病和赤霉病、水稻"两迁"害虫等重大病虫害防控。强化应急救灾机具储备和作业服务队伍建设。落实粮食节约行动方案，持续抓好机收减损。实施全国粮食生产能力提升建设规划。推进国家粮食安全产业带建设。

（二）攻坚克难扩种大豆和油料。启动大豆和油料产能提升工程。大力推广大豆玉米带状复合种植。加大耕地轮作补贴和产油大县奖励力度，支持在西北、黄淮海、西南和长江中下游地区推广大豆玉米带状复合种植。加强大豆良种调剂调配，强化农机装备改装配套和研发攻关，开展技术指导培训，落实关键技术措施。积极恢复东北大豆面积。合理确定玉米大豆生产者补贴标准，扩大粮豆轮作规模，引导农民扩种大豆。推进地下水超采区、低质低效和井灌稻区"水改旱、稻改豆"，在黑龙江第四、第五积温带等区域实施玉米改大豆。全力抓好油料生产。在长江流域开发利用冬闲田扩种油菜，因地制宜推广稻油、稻稻油种植模式，促进优质、宜机化、短生育期油菜品种应用。在黄淮海和北方农牧交错带发展玉米花生轮作，因地制宜扩大花生面积。拓宽食用植物油来源，挖掘米糠油、玉米胚芽油等生产潜力。

（三）促进畜牧业稳定发展。稳定生猪基础产能。围绕能繁母猪存栏量和规模养殖场（户）保有量等核心指标，分级落实产能调控责任，稳定环保、贷款、保险等长效性支持政策，确保能繁母猪存栏量稳定在 4100 万头左右。推动大型猪企组建产能调控联盟，强化市场监测预警和信息发布，引导养殖场（户）合理安排生产，防止生产大起大落。加快发展草食畜牧业。实施肉牛肉羊增量提质行动，开展草原畜牧业转型升级试点示范。启动奶业生产能力提升整县推进行动，开展奶农发展乳制品加工试点。优化屠宰企业区域布局，推进屠宰企业标准化创建。强化重大动物疫病防控。加快推行非洲猪瘟等重大动物疫病分区防控。坚持人病兽防、关口前移，加强高致病性禽流感、布鲁氏菌病等重点人畜共患病防治，建设一批人畜共患病净化场和无疫小区。健全基层动植物疫病防控体系，压实属地责任，配齐配强专业人员。

（四）推进渔业绿色发展。发展健康养殖。编制全国养殖水域滩涂规划，推动建立重要养殖水域保护制度。深入开展国家级水产健康养殖和生态养殖示范区创建，推进内陆养殖池塘标准化改造和尾水达标治理，稳步发展稻渔综合种养和大水面生态渔业，开展深远海养殖试点，推进低洼盐碱荒地渔业开发利用。优化海洋捕捞业。落实海洋渔业资源养护补贴政策，严格执行海洋伏季休渔制度，国内海洋捕捞总产量控制在 1000 万吨以内，各省（自治区、直辖市）海洋捕捞年产量不得超过 2020 年分省控制指标。支持近海捕捞渔民减船转产和渔船更新改造。推进渤海限额捕捞管理，完善黄河禁渔期制度。建设国家级海洋牧场示范区，科学规范开展水生生物增殖放流。扎实推进国家级渔港经济区建设。规范有序发展远洋渔业。

（五）统筹抓好蔬菜和棉糖胶生产。加强蔬菜生产能力建设。强化"菜篮子"市长负责制考核，增加应急保供考核权重。加强北方设施蔬菜和南菜北运基地建设，因地制宜发展塑料大棚、日光温室等设施。建设一批蔬菜应急保供基地，提高大中城市周边蔬菜生产供应能力。稳定棉糖胶生产。完善棉花目标价格补贴政策，稳定新疆棉花生产。探索开展糖料蔗完全成本保险和种植收入保险。加快天然橡胶老旧胶园更新改造，推进胶园标准化生产。

（六）加强农产品质量安全监管。抓数量更要抓质量，持续严打禁用药物使用，严控常规药物残留超标，力争用三年时间基本解决突出问题。强化监测预警。实施国家农产品质量安全风险监测计划，构建部省联动、各有侧重监测机制，着力解决应检参数覆盖率低、部分产品抽样基数过少等问题。开展粮油生物毒素、跨领域交叉用药等风险评估。强化监管执法。深入实施"治违禁 控药残 促提升"三年行动，加大监督抽查、暗查暗访力度。加快推进常规农药残留快速检测。制定出台农产品质量安全领域行刑衔接办法，强化检打联动。创新监管举措。健全食品安全工作评议考核机制，压实属地责任。推行食用农产品承诺达标合格证制度，强化乡镇农产品质量安全网格化管理，深化国家农产品质量安全县创建，推进"阳光农安"智慧监管试点。实施全程追溯促进行动，落实追溯管理制度，发布一批追溯典型案例。建立健全农产品生产经营主体信用档案，推进信用信息归集共享和动态评价。

（七）加强农业国际合作。搭建合作平台。认定第二批农业国际贸易高质量发展基地，稳步推进农业对外开放合作试验区、上合组织农业技术交流培训示范基地建设。实施农业服务贸易促进行动，促进优势农技、农机走出去。深入参与国际粮农治理。加强全球重要农业文化遗产、土壤健康、粮食减损等共同议题的合作引领，支持全球人道主义应急仓库和枢纽在华运营。

二、持续巩固拓展脱贫攻坚成果，守住不发生规模性返贫底线

（八）健全完善监测帮扶机制。加强动态监测。简化监测识别程序，将脱贫不稳定户、边缘易致贫户和突发严重困难户全部纳入监测，做到应纳尽纳。落实精准帮扶。严格落实监测帮扶责任，对有劳动力的监测户，因人因户落实开发式帮扶。对无劳动力的，及时落实综合性社会保障等帮扶措施。组织开展巩固脱贫成果后评估。

（九）培育脱贫地区特色产业。壮大特色优势产业。实施特色种养业提升行动，指导脱贫县编制实施特色产业发展规划，强化技术服务和人才培育。引导龙头企业到脱贫地区建立标准化原料生产基地，布局加工产能和流通设施。开展脱贫地区农业品牌公益帮扶，支持脱贫地区经营主体参加各类展示展销活动，促进与农产品流通企业、电商平台精准对接。完善联农带农机制，提高脱贫人口家庭经营性收入。发展重点产业。巩固光伏脱贫工程成效，支持有条件的脱贫地区发展光伏产业。持续跟踪金鸡帮扶项目进展，强化产业融合项目配套支持。打造典型样板。选择脱贫县相对集中、产业基础好的市（地、州），整市建设特色产业高质量发展引领区，推进全域规划、全链开发。推动提高中央财政衔接推进乡村振兴补助资金和涉农整合资金用于产业发展比重，重点支持产业基础设施建设和全产业链开发。

（十）促进脱贫人口稳岗就业。加强技能培训。落实脱贫人口就业奖补等政策，加大培训力度，提高稳岗就业能力。推动东西部省份做好省际劳务协

作，扶持帮扶车间发展，吸纳农村脱贫劳动力就业。强化易地搬迁后续扶持。聚焦大型特大型安置点，持续开展易地搬迁后续发展跟踪监测，全面摸清后扶工作进展情况。深入实施就业帮扶协作专项活动，加强劳务组织化输出，稳步提高就业质量。指导各地健全完善社区治理体系，逐步提高配套设施和公共服务设施水平，不断促进社会融入。

（十一）做好重点帮扶和协作帮扶。加强重点帮扶县扶持。协调落实160个国家乡村振兴重点帮扶县帮扶政策，组织实施一批补短板促发展项目。选派科技特派团帮扶，实行产业技术顾问制度，有计划开展教育医疗"组团式"帮扶。建立健全国家乡村振兴重点帮扶县跟踪监测机制，开展定期监测评估。深化东西部协作和定点帮扶。拓展东西部协作工作领域，深化区县、村企、学校、医院等结对帮扶。持续做好中央单位定点帮扶，开展东西部协作和定点帮扶成效考核评价。强化社会帮扶。深入推进"万企兴万村"行动，优先将产业发展项目纳入衔接推进乡村振兴项目库，引导龙头企业参与脱贫地区产业发展。制定鼓励引导社会组织参与乡村振兴的意见。持续推进农业农村援藏、援疆以及革命老区、民族地区、边境地区等重点区域帮扶工作。

三、提升农业设施装备水平，夯实农业现代化物质基础

（十二）加强耕地用途管制。严守18亿亩耕地红线。配合做好耕地和永久基本农田核实整改补足工作，推动划好划足永久基本农田。配合有关部门严厉查处违法违规占用耕地从事非农建设，坚决遏制耕地"非农化"。严格落实耕地利用优先序。分类明确耕地用途，确保耕地主要用于粮棉油糖菜和饲草料等生产，永久基本农田重点用于粮食生产，高标准农田原则上全部用于种粮。推动各地通过调整补贴发放、发展社会化服务、强化考核等方式，最大限度挖掘撂荒地潜力。

（十三）加强高标准农田建设。全面完成高标准农田建设阶段性任务。实施新一轮高标准农田建设规划，多渠道增加建设投入，提高投入水平和建设质量。以粮食生产功能区和重要农产品生产保护区为重点新建1亿亩高标准农田，统筹发展1500万亩高效节水灌溉面积。加强中低产田改造。指导各地特别是东北和黄淮海地区等重点区域，对未纳入高标准农田建设范围的中低产田，制定改造实施方案，分区域有计划实施改造，消除耕地质量关键障碍因素，提升耕地基础地力。推进盐碱地开发利用。开展全国盐碱地普查，摸

清资源底数。研究制定盐碱地综合利用规划，探索在具备条件的区域分类建设集中连片耕地，推动由主要治理盐碱地适应作物向更多选育耐盐碱植物适应盐碱地转变。在松嫩平原、环渤海开展盐碱地综合利用试点。在保护好生态环境的条件下，支持在西北戈壁、荒漠等适宜地区发展集成多种设施农业技术的现代寒旱农业，拓出更多耕地增量。

（十四）着力提升耕地地力。加强东北黑土地保护。深入推进国家黑土地保护工程，统筹实施高标准农田建设、小流域综合治理、保护性耕作、秸秆综合利用、有机肥还田等综合措施，完成1亿亩保护任务。实施黑土地保护性耕作8000万亩。在东北、黄淮海、西北等区域开展农机深松整地作业，面积1亿亩以上。强化退化和污染耕地治理。针对土壤酸化、土壤盐碱化等问题，开展退化耕地治理试点，建设集中连片综合示范区。分区分类治理重金属污染耕地5000万亩左右，加大安全利用技术推广力度。开展土壤普查。启动全国第三次土壤普查，选择典型县开展普查试点，指导具备条件的省开展全省试点。健全耕地质量监测网络，开展耕地质量监测评价。

（十五）深入实施种业振兴行动。加强种质资源保护。深入推进农作物、畜禽和水产养殖种质资源普查、保护、精准鉴定。加快国家畜禽种质资源库、农业微生物种质资源库建设，建设一批农业野生植物原生境保护区。加快推进育种创新。深入推进育种联合攻关和畜禽遗传改良计划，将耐盐碱育种等纳入攻关范围。探索重大品种研发与推广后补助政策。加快实施农业生物育种重大项目，构建高效精准生物育种技术体系。实施现代种业提升工程，强化制种基地建设。实施南繁硅谷建设规划，加快打造种业创新高地。强化种业市场监管。贯彻落实种子法，开展种业监管执法年活动，强化种业知识产权保护，严厉打击套牌侵权等行为。

（十六）提升农机装备水平。加快装备补短板。分区域、分产业、分品种、分环节明确机械化发展目标任务和实现路径，编制和完善短板机具装备需求目录，制定农机装备补短板行动方案，建设大型大马力高端智能农机装备和丘陵山区适用小型机械推广应用先导区，加快研发制造产业急需、农民急用的短板机具。加强装备集成推广。建设一批主要农作物生产、规模养殖和设施农业全程机械化示范县，打造一批农机农艺融合高标准应用基地，集成推广全程机械化生产先进适用装备。拓展农机社会化服务能力，推动建设区域性农机社会化服务中心。制定加快推进农产品初加工机械化意见。加大政策支持。优化农机购置与应用补贴政策，进一步完善政策实施操作办法，推进补贴机具有进有出、优机优补，重点支持粮食烘干、履带式作业、大豆玉米带状复合种植、油菜收获等机具以及大型复合智能农机和成套设施装备等。

（十七）加快农业科技自立自强。完善农业科技创新体系。加快推进农业关键核心技术攻关。推进农业科技创新联盟实体化运行，加强现代农业产业科技创新中心建设，加快提升企业创新主体地位。持续改善农业农村科技创新能力条件，推进农业农村部学科群重点实验室建设，引导优化中央和地方农业科技资源布局。加强现代农业产业技术体系建设，开展全产业链协同攻关。强化科技推广应用。引导农业科研院校创新整县承包、定向服务等机制，推进全国农业科技现代化先行县建设。开展农业重大技术协同推广，建设国家现代农业科技展示基地，继续实施特聘农技员（防疫员）计划。加快推进国家热带农业科学中心建设。

（十八）建设智慧农业和数字乡村。发展智慧农业。建设一批数字农业农村创新中心和数字农业创新应用基地，支持水肥一体化、饲喂自动化、环境控制智能化等设施装备技术研发应用。建设国家农业农村大数据平台。健全农产品全产业链监测预警体系，推动建立统一的农产品供需信息发布制度。推进数字乡村建设。实施数字乡村建设行动，引导平台企业、物流企业、金融企业等各类主体布局乡村。健全农村信息服务体系，持续开展农民手机应用技能培训。

四、加强农业资源环境保护，推进农业绿色转型

（十九）深入推进农业投入品减量增效。促进节肥节药节水。开展绿色种养循环农业试点，推进粪肥还田、有机肥替代化肥。建设100个绿色防控县。开展科学安全用药技能培训，淘汰4种高毒农药。实施全国兽用抗菌药使用减量化行动，促进规范用药。落实分区域、分作物农业灌溉用水定额，加快推广应用旱作节水技术。建设农业绿色发展先行区。制定农业绿色发展评价指标体系，开展农业绿色发展水平评价。推进农业绿色发展支撑体系建设，组织认定第三批国家农业绿色发展先行区。制定农业农村减排固碳实施方案，探索建立监测评估体系，加强减碳增汇型农业技术研发。

（二十）持续推进农业面源污染治理和外来入侵物种防控。加强畜禽养殖废弃物资源化利用。实施畜禽粪污资源化利用整县推进工程，加快培育畜禽粪肥还田利用社会化服务组织。支持建设病死畜禽无害化处理场。加强农业面源污染治理。推进秸秆高值化利用。加大加厚地膜与全生物降解地膜推广应用力度，打击非标农膜入市下田。在长江、黄河等重点流域选取一批重点县整县推进农业面源污染综合治理。加强外来入侵物种防控。发布外来入侵物种管理办法和名录，深入推进外来入侵物种普查，实施加拿大一枝黄花、福寿螺等外来入侵物种防控灭除行动。

（二十一）常态化抓好长江十年禁渔。强化退捕渔民安置保障。实施"十省百县千户"跟踪帮扶，开展退捕渔民技能培训"暖心行动"，积极纳入"护渔员"队伍。推动落实退捕渔民养老保险、帮扶救助等政策。加强水生生物保护。开展长江流域水生生物完整性指数评价，发布长江水生生物重要栖息地名录。完成长江江豚全面普查，加强中华鲟保护。在重点水域开展水生生物增殖放流。提升执法监管水平。持续开展长江十年禁渔、海洋伏季休渔、黄河流域禁渔管理等"亮剑"专项执法行动，加强长江口周边海域捕捞渔船管控。强化渔政执法能力建设，健全渔政执法队伍和协助巡护队伍，充分利用信息化手段强化监管。开展禁捕工作考核和暗查暗访，用好监督检查、通报约谈等手段，压紧压实地方责任。

（二十二）推进农业生产"三品一标"。深入推进农业品种培优、品质提升、品牌打造和标准化生产提升行动，增加绿色优质农产品供给。强化标准引领。实施农业标准化提升计划，制修订500项农兽药残留等国家标准和行业标准，遴选10个农产品开展现代农业全产业链标准化试点，创建100个国家级标准化示范基地。以粮食、果蔬、畜禽等品种为重点，开展特色优质农产品品质评价，推进农产品分等分级。强化全域推进。依托国家农业现代化示范区、农业绿色发展先行区、农产品质量安全县、现代农业产业园等，全域全面推行农业生产"三品一标"，建设一批展示基地，遴选推介典型技术模式。强化品牌打造。出台发展农产品"三品一标"指导意见，加强绿色、有机、地理标志农产品认证登记管理。实施地理标志农产品保护工程，支持200个地理标志农产品发展，打造农业生产和农产品"三品一标"协同发展典型。实施农业品牌精品培育计划，加快农业品牌标准体系建设。

五、拓展农业多种功能和乡村多元价值，做优乡村特色产业

（二十三）推进产业融合发展。培育平台载体。提升现代农业产业园建设水平，引导龙头企业和要素集聚。加快建设一批农业产业强镇，聚焦省域主导产业培育一批优势特色产业集群。建设全国"一村一品"示范村镇，引导建设一批乡村作坊、家庭工场。发布推介全国乡村特色产品和乡村工匠目录。优化发展环境。指导各地制定保障农村一、二、三产业融合发展用地实施细则。发布乡村重点产业指导目录。建设拓展农业多种功能先行区，探索建立乡村多元价值实现机制。探索建立乡村产业统计调查体系。推动常态化开展农业及相关产业增加值统计核算，支持有条件的地方自主开展统计核算试点。

（二十四）提升农产品加工业。推动全产业链开发。扶持农民合作社和家庭农场发展冷藏保鲜、原料处理、分级包装等初加工，引导农产品加工企业到产地发展粮油加工、食品制造等精深加工，发展食品预处理、中央厨房等模式，大力推广减损增效加工标准和机械装备。围绕粮食等重要农产品和优势特色农产品，建设一批农业全产业链重点链和典型县。培育壮大龙头企业。遴选推介一批农业产业化头部企业、农业科技领军企业和重点行业头部企业，培育龙头企业牵头、农民合作社和家庭农场跟进、广大小农户参与、上下游主体有效衔接的农业产业化联合体，建设一批国家级农业产业化联合体。创建中国农业食品创新产业园、国际农产品加工产业园。

（二十五）做精做优乡村休闲旅游业。打造精品工程。实施乡村休闲旅游提升计划，建设一批全国休闲农业重点县，遴选推介中国美丽休闲乡村和乡村休闲旅游精品景点线路。促进农文旅融合。支持培育具有农耕特质的乡村文化产品，大力开发乡宿、乡游、乡食、乡购、乡娱等休闲体验产品。创新支持方式。推动将符合要求的乡村休闲旅游项目纳入科普基地和中小学学农劳动实践基地范围。鼓励各地通过购买服务、定点采购等方式，支持乡村民宿、农家乐特色村（点）发展。

（二十六）加强农产品流通体系建设。大力推进农产品仓储保鲜冷链物流设施建设，支持特色农产品优势区和鲜活农产品生产大县整县推进，促进合作联营、成网配套。认定一批国家级农产品产地市场，指导各地结合实际开展田头市场建设。深入推进"互联网+"农产品出村进城工程，推动建立长期稳定的产销对接关系。培育壮大县级产业化运营主体，优化提升产业链供应链，促进直播电商、社交电商等新业态规范健康发展。

（二十七）促进农民就地就近就业创业。推进返乡入乡创业园、农村创业孵化实训基地建设，落实创业扶持政策，健全创业服务体系，支持返乡农民工、大学生、退役军人等返乡入乡创业。加大农村创业人才培训力度,培育一批农村创业带头人队伍。举办农业农村创业创新项目创意大赛,推介一批全国农村创业创新优秀带头人典型案例。

六、稳妥推进乡村建设,改善农村生产生活条件

(二十八)建立乡村建设推进机制。启动乡村建设行动实施方案,坚持数量服从质量、进度服从实效,求好不求快,把握乡村建设的时度效。落实专项任务责任制。建立乡村建设行动专项推进机制,推动各部门制定专项推进方案,细化年度目标任务。指导各地以县为单位建立乡村建设相关项目库,把产业路资源路旅游路、通村组道路硬化、农村供水等优先纳入,健全入库项目审核和绩效评估机制。健全农民参与机制。编制农民参与乡村建设指南,完善程序和方法,引导农民参与乡村建设。总结推广村民自治组织、集体经济组织和农民群众参与乡村建设项目的有效做法。

(二十九)扎实推进农村人居环境整治提升。实施农村人居环境整治提升五年行动,细化年度重点任务,逐项推进落实。稳妥有序推进农村厕所革命。巩固改厕问题摸排整改成果,重点推动中西部地区农村户用厕所改造。常态化开展改厕技术服务和问题排查,指导地方科学选择技术模式,加强厕所粪污无害化处理与资源化利用,强化改厕全过程质量管控。统筹推进农村生活污水垃圾治理。协调有关部门,分区分类推进农村生活污水治理,健全农村生活垃圾收运处置体系,推动分类减量与资源化处理利用。持续开展村庄清洁行动,着力引导农民养成良好卫生习惯。

(三十)协调推动乡村基础设施建设和公共服务发展。加强沟通协作,推动有关部门加强村庄基础性、普惠性、兜底性民生建设。推进村庄规划工作。指导各地以县为单位,制定村庄布局规划,组织有条件、有需求的村庄编制村庄规划或实施方案。加强公共基础设施和公共服务建设。协调推进农村道路、供水、乡村清洁能源、数字乡村等基础设施建设,推动补强农村教育、医疗卫生、养老等薄弱环节。开展示范创建。探索开展县乡村公共服务一体化试点,推进美丽宜居村庄示范创建,遴选推介第四批全国农村公共服务典型案例。

(三十一)提升乡村治理水平。深化乡村治理试点示范。总结乡村治理体系建设试点经验,发挥好乡村治理示范村镇引领带动作用,推广清单制、积分制、数字化治理等乡村治理方式。推动解决乡村治理重点难点问题，研究制定乡村善治指数评价体系。推进农村移风易俗。推动以县乡为单位细化村规民约约束性措施，开展高价彩礼、人情攀比、厚葬薄养等重点领域突出问题专项治理，推介第三批全国村级"文明乡风建设"典型案例。加强农耕文明传承。实施农耕文化传承保护工程，启动第七批中国重要农业文化遗产发掘认定，开展"农业文化遗产里的中国"系列宣传。办好第五个中国农民丰收节等活动。

七、推进农村重点领域改革，增强农业农村发展活力

（三十二）稳步推进农村承包地改革。稳妥推进试点。做好第二轮土地承包到期后再延长30年试点，稳妥扩大试点范围，选择部分县开展整县延包试点。制定农村土地承包合同管理办法，推动中央、省、市、县农村土地承包信息数据库和应用平台互联互通。规范土地流转。开展农村土地经营权流转监测分析，指导各地依法健全工商企业等社会资本流转土地经营权资格审查、项目审核和风险防范制度。

（三十三）稳慎推进农村宅基地改革和管理。深化宅基地改革。继续抓好新一轮宅基地改革试点，总结形成一批确权、赋权、活权的制度成果。统筹推进农村乱占耕地建住宅类房屋专项整治试点，分类确定处置政策，妥善化解宅基地历史遗留问题。完善宅基地管理制度。制定农村宅基地管理办法，指导各地制修订宅基地管理规章制度。加快推进农村宅基地基础信息调查，启动全国农村宅基地管理信息平台建设。完善农村闲置宅基地和闲置住宅盘活利用政策。配合做好房地一体宅基地确权登记颁证工作。

（三十四）深化农村集体产权制度改革。开展农村集体产权制度改革阶段任务总结，推动表扬表彰先进地区、集体和个人。开展扶持村级集体经济发展试点，推动集体经济薄弱村发展提升。推动修订集体经济组织会计制度。开展全国农村产权流转交易市场规范化建设试点。

（三十五）统筹推进农垦等其他领域改革。深化农垦改革。持续深入推进垦区集团化农场企业化改革，开展改革发展质量监测，研究深化农场企业化改革模式和路径，推动解决农场办社会职能改革遗留问题。推动健全农垦国有农用地使用权管理制度，加强农垦行业管理机构队伍建设。加强农村改革顶层设计。推动深化新阶段农村改革，提出系统全面、衔接配套的改革举措，系统谋划农村重点领域改革任务。发挥新时期农村改革试验区示范带动作用，推介一批农村改革典型案例。

（三十六）培育壮大新型农业经营主体。提升发展质量。实施新型农业经营主体提升行动，支持有条件的小农户成长为家庭农场，引导以家庭农场为成员组建农民合作社，引导推动农民合作社办公司发展。开展农民合作社质量提升整县推进试点，加强示范社和示范家庭农场建设。强化服务对接。深化社企对接服务，确定一批社企对接重点县，遴选一批优质企业，解决主体市场营销、品牌培育等共性难题。加强辅导员队伍建设，开展"千员带万社"活动，鼓励创建新型农业经营主体服务中心。

（三十七）加快发展农业社会化服务。制定发展农业社会化服务指导意见，促进小农户和现代农业发展有机衔接。拓展服务领域。推动服务领域从粮棉油糖等大宗农作物向果菜茶等经济作物和养殖业拓展，从产中向产前、产后等环节延伸。加大农业生产社会化服务项目实施力度，支持农业服务公司、农民合作社、农村集体经济组织等各类主体，开展技术集成、生产托管、仓储物流、产品营销等服务。创新指导方式。深入推进农业社会化服务创新试点，打造一批创新基地，培育一批创新组织，形成一批创新模式。鼓励建设农业社会化服务联盟、协会、指导中心等行业组织，制定服务标准规范，加强资源共享和行业自律。

八、强化要素支撑保障，推动各项重点工作落实落地

（三十八）健全乡村振兴工作机制。推动建立乡村振兴责任落实、组织推动、要素保障、社会动员、监督考核等机制，加快形成上下贯通、精准施策的乡村振兴工作体系。落实乡村振兴战略实施目标责任制，开展省级党委和政府推进乡村振兴战略实绩考核，对乡村振兴重点工作成效明显的地方给予督查激励。总结评估《乡村振兴战略规划（2018—2022年）》实施效果，推动如期完成目标任务。推动按规定建立乡村振兴表彰激励制度。引导各地开展现场观摩、交流学习等活动。

（三十九）拓宽农业农村投入渠道。扩大财政投入。加强监督指导，推动各地稳步提高土地出让收入用于农业农村比例。推动出台农业农村领域专项债操作指引，发挥专项债券资金对促进乡村振兴作用。强化金融支持。配合开展金融机构服务乡村振兴考核评估，推动金融机构加大乡村振兴信贷投放，

探索加大对农业农村基础设施建设的中长期信贷支持。常态化推进新型农业经营主体信贷直通车，优化农担奖补机制，支持扩大农业农村抵质押物范围，引导更多发放首贷、信用贷。鼓励各地开发特色品种保险、气象指数保险等险种，完善农业保险精准承保精准理赔机制。推动设立乡村振兴基金。落实重大项目。实施"十四五"推进农业农村现代化规划，启动一批重大工程项目。提高乡村振兴领域项目储备质量，强化执行监管和绩效考核。

（四十）强化乡村振兴人才支撑。加强高层次人才培养。启动"神农英才"计划，推动实施"英才岗位"制度，遴选支持一批农业科技领军人才和优秀青年科技创新人才。实施乡村产业振兴带头人培育"头雁"项目，每年培育 2 万名乡村产业振兴带头人，培养一批乡村工匠。加强高素质农民培育。实施高素质农民培育计划，面向家庭农场主、农民合作社带头人开展全产业链培训，面向种养大户、退捕渔民和专业农机手开展重点培训，面向大豆、油料作物生产和东北黑土地保护开展专项培训行动。举办全国农业行业职业技能大赛和农民技能大赛，挖掘培育一批农村实用人才。

（四十一）加强农业农村法治建设。健全法律体系。推动出台粮食安全保障法、耕地保护法、黑土地保护法，加快农村集体经济组织立法，修订农产品质量安全法、渔业法、畜牧法等，完善种业振兴、生物安全、农村土地制度等领域的配套规章。加强综合执法。深入实施农业综合执法能力提升行动，加强执法培训和队伍规范管理，完善执法装备标准，推进统一着装，开展农业综合行政执法跨省交叉互评和练兵比武活动。强化普法宣传。培育农村学法用法示范户，开展"宪法进农村""乡村振兴、法治先行"等普法活动，推介三农领域法治案例，提升乡村治理法治化水平。深化"放管服"改革。全面推行涉企证明事项告知承诺制，加快推进许可证照电子化，大力推进权责清单编制工作。

（四十二）开展乡村振兴示范创建。坚持分级负责、分类推进，采取先创建后认定方式，建设 100 个左右乡村振兴示范县、1000 个左右示范乡（镇）、10 000 个左右示范村，聚焦乡村振兴重点任务和薄弱环节，发挥示范引领和要素集聚作用。深入推进农业现代化示范区建设，创建一批国家农业现代化示范区，建设标准体系、工作体系和政策体系，推动对建设成效明显地开展正向激励。

四、政策文件

中共中央、国务院关于实施乡村振兴战略的意见

(2018年1月2日)

实施乡村振兴战略,是党的十九大作出的重大决策部署,是决胜全面建成小康社会、全面建设社会主义现代化国家的重大历史任务,是新时代"三农"工作的总抓手。现就实施乡村振兴战略提出如下意见。

一、新时代实施乡村振兴战略的重大意义

党的十八大以来,在以习近平同志为核心的党中央坚强领导下,我们坚持把解决好"三农"问题作为全党工作重中之重,持续加大强农惠农富农政策力度,扎实推进农业现代化和新农村建设,全面深化农村改革,农业农村发展取得了历史性成就,为党和国家事业全面开创新局面提供了重要支撑。5年来,粮食生产能力跨上新台阶,农业供给侧结构性改革迈出新步伐,农民收入持续增长,农村民生全面改善,脱贫攻坚战取得决定性进展,农村生态文明建设显著加强,农民获得感显著提升,农村社会稳定和谐。农业农村发展取得的重大成就和"三农"工作积累的丰富经验,为实施乡村振兴战略奠定了良好基础。

农业农村农民问题是关系国计民生的根本性问题。没有农业农村的现代化,就没有国家的现代化。当前,我国发展不平衡不充分问题在乡村最为突出,主要表现在:农产品阶段性供过于求和供给不足并存,农业供给质量亟待提高;农民适应生产力发展和市场竞争的能力不足,新型职业农民队伍建设亟需加强;农村基础设施和民生领域欠账较多,农村环境和生态问题比较突出,乡村发展整体水平亟待提升;国家支农体系相对薄弱,农村金融改革任务繁重,城乡之间要素合理流动机制亟待健全;农村基层党建存在薄弱环节,乡村治理体系和治理能力亟待强化。实施乡村振兴战略,是解决人民日益增长的美好生活需要和不平衡不充分的发展之间矛盾的必然要求,是实现

"两个一百年"奋斗目标的必然要求,是实现全体人民共同富裕的必然要求。

在中国特色社会主义新时代,乡村是一个可以大有作为的广阔天地,迎来了难得的发展机遇。我们有党的领导的政治优势,有社会主义的制度优势,有亿万农民的创造精神,有强大的经济实力支撑,有历史悠久的农耕文明,有旺盛的市场需求,完全有条件有能力实施乡村振兴战略。必须立足国情农情,顺势而为,切实增强责任感使命感紧迫感,举全党全国全社会之力,以更大的决心、更明确的目标、更有力的举措,推动农业全面升级、农村全面进步、农民全面发展,谱写新时代乡村全面振兴新篇章。

二、实施乡村振兴战略的总体要求

(一)指导思想。全面贯彻党的十九大精神,以习近平新时代中国特色社会主义思想为指导,加强党对"三农"工作的领导,坚持稳中求进工作总基调,牢固树立新发展理念,落实高质量发展的要求,紧紧围绕统筹推进"五位一体"总体布局和协调推进"四个全面"战略布局,坚持把解决好"三农"问题作为全党工作重中之重,坚持农业农村优先发展,按照产业兴旺、生态宜居、乡风文明、治理有效、生活富裕的总要求,建立健全城乡融合发展体制机制和政策体系,统筹推进农村经济建设、政治建设、文化建设、社会建设、生态文明建设和党的建设,加快推进乡村治理体系和治理能力现代化,加快推进农业农村现代化,走中国特色社会主义乡村振兴道路,让农业成为有奔头的产业,让农民成为有吸引力的职业,让农村成为安居乐业的美丽家园。

(二)目标任务。按照党的十九大提出的决胜全面建成小康社会、分两个阶段实现第二个百年奋斗目标的战略安排,实施乡村振兴战略的目标任务是:

到2020年,乡村振兴取得重要进展,制度框架和政策体系基本形成。农业综合生产能力稳步提升,农业供给体系质量明显提高,农村一二三产业融合发展水平进一步提升;农民增收渠道进一步拓宽,城乡居民生活水平差距持续缩小;现行标准下农村贫困人口实现脱贫,贫困县全部摘帽,解决区域性整体贫困;农村基础设施建设深入推进,农村人居环境明显改善,美丽宜居乡村建设扎实推进;城乡基本公共服务均等化水平进一步提高,城乡融合发展体制机制初步建立;农村对人才吸引力逐步增强;农村生态环境明显好转,农业生态服务能力进一步提高;以党组织为核心的农村基层组织建设进一步加强，乡村治理体系进一步完善；党的农村工作领导体制机制进一步健全；各地区各部门推进乡村振兴的思路举措得以确立。

到2035年，乡村振兴取得决定性进展，农业农村现代化基本实现。农业结构得到根本性改善，农民就业质量显著提高，相对贫困进一步缓解，共同富裕迈出坚实步伐；城乡基本公共服务均等化基本实现，城乡融合发展体制机制更加完善；乡风文明达到新高度，乡村治理体系更加完善；农村生态环境根本好转，美丽宜居乡村基本实现。

到2050年，乡村全面振兴，农业强、农村美、农民富全面实现。

(三) 基本原则

——坚持党管农村工作。毫不动摇地坚持和加强党对农村工作的领导，健全党管农村工作领导体制机制和党内法规，确保党在农村工作中始终总揽全局、协调各方，为乡村振兴提供坚强有力的政治保障。

——坚持农业农村优先发展。把实现乡村振兴作为全党的共同意志、共同行动，做到认识统一、步调一致，在干部配备上优先考虑，在要素配置上优先满足，在资金投入上优先保障，在公共服务上优先安排，加快补齐农业农村短板。

——坚持农民主体地位。充分尊重农民意愿，切实发挥农民在乡村振兴中的主体作用，调动亿万农民的积极性、主动性、创造性，把维护农民群众根本利益、促进农民共同富裕作为出发点和落脚点，促进农民持续增收，不断提升农民的获得感、幸福感、安全感。

——坚持乡村全面振兴。准确把握乡村振兴的科学内涵，挖掘乡村多种功能和价值，统筹谋划农村经济建设、政治建设、文化建设、社会建设、生态文明建设和党的建设，注重协同性、关联性、整体部署、协调推进。

——坚持城乡融合发展。坚决破除体制机制弊端，使市场在资源配置中起决定性作用，更好发挥政府作用，推动城乡要素自由流动、平等交换，推动新型工业化、信息化、城镇化、农业现代化同步发展，加快形成工农互促、城乡互补、全面融合、共同繁荣的新型工农城乡关系。

——坚持人与自然和谐共生。牢固树立和践行绿水青山就是金山银山的理念，落实节约优先、保护优先、自然恢复为主的方针，统筹山水林田湖草系统治理，严守生态保护红线，以绿色发展引领乡村振兴。

——坚持因地制宜、循序渐进。科学把握乡村的差异性和发展走势分化特征，做好顶层设计，注重规划先行、突出重点、分类施策、典型引路。既尽力而为，又量力而行，不搞层层加码，不搞一刀切，不搞形式主义，久久为功，扎实推进。

三、提升农业发展质量，培育乡村发展新动能

乡村振兴，产业兴旺是重点。必须坚持质量兴农、绿色兴农，以农业供给侧结构性改革为主线，加快构建现代农业产业体系、生产体系、经营体系，提高农业创新力、竞争力和全要素生产率，加快实现由农业大国向农业强国转变。

（一）夯实农业生产能力基础。深入实施藏粮于地、藏粮于技战略，严守耕地红线，确保国家粮食安全，把中国人的饭碗牢牢端在自己手中。全面落实永久基本农田特殊保护制度，加快划定和建设粮食生产功能区、重要农产品生产保护区，完善支持政策。大规模推进农村土地整治和高标准农田建设，稳步提升耕地质量，强化监督考核和地方政府责任。加强农田水利建设，提高抗旱防洪除涝能力。实施国家农业节水行动，加快灌区续建配套与现代化改造，推进小型农田水利设施达标提质，建设一批重大高效节水灌溉工程。加快建设国家农业科技创新体系，加强面向全行业的科技创新基地建设。深化农业科技成果转化和推广应用改革。加快发展现代农作物、畜禽、水产、林木种业，提升自主创新能力。高标准建设国家南繁育种基地。推进我国农机装备产业转型升级，加强科研机构、设备制造企业联合攻关，进一步提高大宗农作物机械国产化水平，加快研发经济作物、养殖业、丘陵山区农林机械，发展高端农机装备制造。优化农业从业者结构，加快建设知识型、技能型、创新型农业经营者队伍。大力发展数字农业，实施智慧农业林业水利工程，推进物联网试验示范和遥感技术应用。

（二）实施质量兴农战略。制定和实施国家质量兴农战略规划，建立健全质量兴农评价体系、政策体系、工作体系和考核体系。深入推进农业绿色化、优质化、特色化、品牌化，调整优化农业生产力布局，推动农业由增产导向转向提质导向。推进特色农产品优势区创建，建设现代农业产业园、农业科技园。实施产业兴村强县行动，推行标准化生产，培育农产品品牌，保护地理标志农产品，打造一村一品、一县一业发展新格局。加快发展现代高效林业，实施兴林富民行动，推进森林生态标志产品建设工程。加强植物病虫害、

动物疫病防控体系建设。优化养殖业空间布局，大力发展绿色生态健康养殖，做大做强民族奶业。统筹海洋渔业资源开发，科学布局近远海养殖和远洋渔业，建设现代化海洋牧场。建立产学研融合的农业科技创新联盟，加强农业绿色生态、提质增效技术研发应用。切实发挥农垦在质量兴农中的带动引领作用。实施食品安全战略，完善农产品质量和食品安全标准体系，加强农业投入品和农产品质量安全追溯体系建设，健全农产品质量和食品安全监管体制，重点提高基层监管能力。

（三）构建农村一二三产业融合发展体系。大力开发农业多种功能，延长产业链、提升价值链、完善利益链，通过保底分红、股份合作、利润返还等多种形式，让农民合理分享全产业链增值收益。实施农产品加工业提升行动，鼓励企业兼并重组，淘汰落后产能，支持主产区农产品就地加工转化增值。重点解决农产品销售中的突出问题，加强农产品产后分级、包装、营销，建设现代化农产品冷链仓储物流体系，打造农产品销售公共服务平台，支持供销、邮政及各类企业把服务网点延伸到乡村，健全农产品产销稳定衔接机制，大力建设具有广泛性的促进农村电子商务发展的基础设施，鼓励支持各类市场主体创新发展基于互联网的新型农业产业模式，深入实施电子商务进农村综合示范，加快推进农村流通现代化。实施休闲农业和乡村旅游精品工程，建设一批设施完备、功能多样的休闲观光园区、森林人家、康养基地、乡村民宿、特色小镇。对利用闲置农房发展民宿、养老等项目，研究出台消防、特种行业经营等领域便利市场准入、加强事中事后监管的管理办法。发展乡村共享经济、创意农业、特色文化产业。

（四）构建农业对外开放新格局。优化资源配置，着力节本增效，提高我国农产品国际竞争力。实施特色优势农产品出口提升行动，扩大高附加值农产品出口。建立健全我国农业贸易政策体系。深化与"一带一路"沿线国家和地区农产品贸易关系。积极支持农业走出去，培育具有国际竞争力的大粮商和农业企业集团。积极参与全球粮食安全治理和农业贸易规则制定，促进形成更加公平合理的农业国际贸易秩序。进一步加大农产品反走私综合治理力度。

（五）促进小农户和现代农业发展有机衔接。统筹兼顾培育新型农业经营主体和扶持小农户，采取有针对性的措施，把小农生产引入现代农业发展轨道。培育各类专业化市场化服务组织，推进农业生产全程社会化服务，帮助小农户节本增效。发展多样化的联合与合作，提升小农户组织化程度。注重发挥新型农业经营主体带动作用，打造区域公用品牌，开展农超对接、农社对接，帮助小农户对接市场。扶持小农户发展生态农业、设施农业、体验农业、定制农业，提高产品档次和附加值，拓展增收空间。改善小农户生产设施条件，提升小农户抗风险能力。研究制定扶持小农生产的政策意见。

四、推进乡村绿色发展，打造人与自然和谐共生发展新格局

乡村振兴，生态宜居是关键。良好生态环境是农村最大优势和宝贵财富。必须尊重自然、顺应自然、保护自然，推动乡村自然资本加快增值，实现百姓富、生态美的统一。

（一）统筹山水林田湖草系统治理。把山水林田湖草作为一个生命共同体，进行统一保护、统一修复。实施重要生态系统保护和修复工程。健全耕地草原森林河流湖泊休养生息制度，分类有序退出超载的边际产能。扩大耕地轮作休耕制度试点。科学划定江河湖海限捕、禁捕区域，健全水生生态保护修复制度。实行水资源消耗总量和强度双控行动。开展河湖水系连通和农村河塘清淤整治，全面推行河长制、湖长制。加大农业水价综合改革工作力度。开展国土绿化行动，推进荒漠化、石漠化、水土流失综合治理。强化湿地保护和恢复，继续开展退耕还湿。完善天然林保护制度，把所有天然林都纳入保护范围。扩大退耕还林还草、退牧还草，建立成果巩固长效机制。继续实施三北防护林体系建设等林业重点工程，实施森林质量精准提升工程。继续实施草原生态保护补助奖励政策。实施生物多样性保护重大工程，有效防范外来生物入侵。

（二）加强农村突出环境问题综合治理。加强农业面源污染防治，开展农业绿色发展行动，实现投入品减量化、生产清洁化、废弃物资源化、产业模式生态化。推进有机肥替代化肥、畜禽粪污处理、农作物秸秆综合利用、废弃农膜回收、病虫害绿色防控。加强农村水环境治理和农村饮用水水源保护，实施农村生态清洁小流域建设。扩大华北地下水超采区综合治理范围。推进重金属污染耕地防控和修复，开展土壤污染治理与修复技术应用试点，加大东北黑土地保护力度。实施流域环境和近岸海域综合治理。严禁工业和城镇污染向农业农村转移。加强农村环境监管能力建设，落实县乡两级农村环境保护主体责任。

（三）建立市场化多元化生态补偿机制。落实农业功能区制度，加大重点生态功能区转移支付力度，完善生态保护成效与资金分配挂钩的激励约束机制。鼓励地方在重点生态区位推行商品林赎买制度。健全地区间、流域上下游之间横向生态保护补偿机制，探索建立生态产品购买、森林碳汇等市场化补偿制度。建立长江流域重点水域禁捕补偿制度。推行生态建设和保护以工代赈做法，提供更多生态公益岗位。

（四）增加农业生态产品和服务供给。正确处理开发与保护的关系，运用现代科技和管理手段，将乡村生态优势转化为发展生态经济的优势，提供更多更好的绿色生态产品和服务，促进生态和经济良性循环。加快发展森林草原旅游、河湖湿地观光、冰雪海上运动、野生动物驯养观赏等产业，积极开发观光农业、游憩休闲、健康养生、生态教育等服务。创建一批特色生态旅游示范村镇和精品线路，打造绿色生态环保的乡村生态旅游产业链。

五、繁荣兴盛农村文化，焕发乡风文明新气象

乡村振兴，乡风文明是保障。必须坚持物质文明和精神文明一起抓，提升农民精神风貌，培育文明乡风、良好家风、淳朴民风，不断提高乡村社会文明程度。

（一）加强农村思想道德建设。以社会主义核心价值观为引领，坚持教育引导、实践养成、制度保障三管齐下，采取符合农村特点的有效方式，深化中国特色社会主义和中国梦宣传教育，大力弘扬民族精神和时代精神。加强爱国主义、集体主义、社会主义教育，深化民族团结进步教育，加强农村思想文化阵地建设。深入实施公民道德建设工程，挖掘农村传统道德教育资源，推进社会公德、职业道德、家庭美德、个人品德建设。推进诚信建设，强化农民的社会责任意识、规则意识、集体意识、主人翁意识。

（二）传承发展提升农村优秀传统文化。立足乡村文明，吸取城市文明及外来文化优秀成果，在保护传承的基础上，创造性转化、创新性发展，不断赋予时代内涵、丰富表现形式。切实保护好优秀农耕文化遗产，推动优秀农耕文化遗产合理适度利用。深入挖掘农耕文化蕴含的优秀思想观念、人文精神、道德规范，充分发挥其在凝聚人心、教化群众、淳化民风中的重要作用。划定乡村建设的历史文化保护线，保护好文物古迹、传统村落、民族村寨、传统建筑、农业遗迹、灌溉工程遗产。支持农村地区优秀戏曲曲艺、少数民

族文化、民间文化等传承发展。

（三）加强农村公共文化建设。按照有标准、有网络、有内容、有人才的要求，健全乡村公共文化服务体系。发挥县级公共文化机构辐射作用，推进基层综合性文化服务中心建设，实现乡村两级公共文化服务全覆盖，提升服务效能。深入推进文化惠民，公共文化资源要重点向乡村倾斜，提供更多更好的农村公共文化产品和服务。支持"三农"题材文艺创作生产，鼓励文艺工作者不断推出反映农民生产生活尤其是乡村振兴实践的优秀文艺作品，充分展示新时代农村农民的精神面貌。培育挖掘乡土文化本土人才，开展文化结对帮扶，引导社会各界人士投身乡村文化建设。活跃繁荣农村文化市场，丰富农村文化业态，加强农村文化市场监管。

（四）开展移风易俗行动。广泛开展文明村镇、星级文明户、文明家庭等群众性精神文明创建活动。遏制大操大办、厚葬薄养、人情攀比等陈规陋习。加强无神论宣传教育，丰富农民群众精神文化生活，抵制封建迷信活动。深化农村殡葬改革。加强农村科普工作，提高农民科学文化素养。

六、加强农村基层基础工作，构建乡村治理新体系

乡村振兴，治理有效是基础。必须把夯实基层基础作为固本之策，建立健全党委领导、政府负责、社会协同、公众参与、法治保障的现代乡村社会治理体制，坚持自治、法治、德治相结合，确保乡村社会充满活力、和谐有序。

（一）加强农村基层党组织建设。扎实推进抓党建促乡村振兴，突出政治功能，提升组织力，抓乡促村，把农村基层党组织建成坚强战斗堡垒。强化农村基层党组织领导核心地位，创新组织设置和活动方式，持续整顿软弱涣散村党组织，稳妥有序开展不合格党员处置工作，着力引导农村党员发挥先锋模范作用。建立选派第一书记工作长效机制，全面向贫困村、软弱涣散村和集体经济薄弱村党组织派出第一书记。实施农村带头人队伍整体优化提升行动，注重吸引高校毕业生、农民工、机关企事业单位优秀党员干部到村任职，选优配强村党组织书记。健全从优秀村党组织书记中选拔乡镇领导干部、考录乡镇机关公务员、招聘乡镇事业编制人员制度。加大在优秀青年农民中发展党员力度。建立农村党员定期培训制度。全面落实村级组织运转经费保障政策。推行村级小微权力清单制度，加大基层小微权力腐败惩处力度。严

厉整治惠农补贴、集体资产管理、土地征收等领域侵害农民利益的不正之风和腐败问题。

（二）深化村民自治实践。坚持自治为基，加强农村群众性自治组织建设，健全和创新村党组织领导的充满活力的村民自治机制。推动村党组织书记通过选举担任村委会主任。发挥自治章程、村规民约的积极作用。全面建立健全村务监督委员会，推行村级事务阳光工程。依托村民会议、村民代表会议、村民议事会、村民理事会、村民监事会等，形成民事民议、民事民办、民事民管的多层次基层协商格局。积极发挥新乡贤作用。推动乡村治理重心下移，尽可能把资源、服务、管理下放到基层。继续开展以村民小组或自然村为基本单元的村民自治试点工作。加强农村社区治理创新。创新基层管理体制机制，整合优化公共服务和行政审批职责，打造"一门式办理"、"一站式服务"的综合服务平台。在村庄普遍建立网上服务站点，逐步形成完善的乡村便民服务体系。大力培育服务性、公益性、互助性农村社会组织，积极发展农村社会工作和志愿服务。集中清理上级对村级组织考核评比多、创建达标多、检查督查多等突出问题。维护村民委员会、农村集体经济组织、农村合作经济组织的特别法人地位和权利。

（三）建设法治乡村。坚持法治为本，树立依法治理理念，强化法律在维护农民权益、规范市场运行、农业支持保护、生态环境治理、化解农村社会矛盾等方面的权威地位。增强基层干部法治观念、法治为民意识，将政府涉农各项工作纳入法治化轨道。深入推进综合行政执法改革向基层延伸，创新监管方式，推动执法队伍整合、执法力量下沉，提高执法能力和水平。建立健全乡村调解、县市仲裁、司法保障的农村土地承包经营纠纷调处机制。加大农村普法力度，提高农民法治素养，引导广大农民增强尊法学法守法用法意识。健全农村公共法律服务体系，加强对农民的法律援助和司法救助。

（四）提升乡村德治水平。深入挖掘乡村熟人社会蕴含的道德规范，结合时代要求进行创新，强化道德教化作用，引导农民向上向善、孝老爱亲、重义守信、勤俭持家。建立道德激励约束机制，引导农民自我管理、自我教育、自我服务、自我提高，实现家庭和睦、邻里和谐、干群融洽。广泛开展好媳妇、好儿女、好公婆等评选表彰活动，开展寻找最美乡村教师、医生、村官、家庭等活动。深入宣传道德模范、身边好人的典型事迹，弘扬真善美，传播正能量。

（五）建设平安乡村。健全落实社会治安综合治理领导责任制，大力推进农村社会治安防控体系建设，推动社会治安防控力量下沉。深入开展扫黑除恶专项斗争，严厉打击农村黑恶势力、宗族恶势力，严厉打击黄赌毒盗拐骗等违法犯罪。依法加大对农村非法宗教活动和境外渗透活动打击力度，依法制止利用宗教干预农村公共事务，继续整治农村乱建庙宇、滥塑宗教造像。完善县乡村三级综治中心功能和运行机制。健全农村公共安全体系，持续开展农村安全隐患治理。加强农村警务、消防、安全生产工作，坚决遏制重特大安全事故。探索以网格化管理为抓手、以现代信息技术为支撑，实现基层服务和管理精细化精准化。推进农村"雪亮工程"建设。

七、提高农村民生保障水平，塑造美丽乡村新风貌

乡村振兴，生活富裕是根本。要坚持人人尽责、人人享有，按照抓重点、补短板、强弱项的要求，围绕农民群众最关心最直接最现实的利益问题，一件事情接着一件事情办，一年接着一年干，把乡村建设成为幸福美丽新家园。

（一）优先发展农村教育事业。高度重视发展农村义务教育，推动建立以城带乡、整体推进、城乡一体、均衡发展的义务教育发展机制。全面改善薄弱学校基本办学条件，加强寄宿制学校建设。实施农村义务教育学生营养改善计划。发展农村学前教育。推进农村普及高中阶段教育，支持教育基础薄弱县普通高中建设，加强职业教育，逐步分类推进中等职业教育免除学杂费。健全学生资助制度，使绝大多数农村新增劳动力接受高中阶段教育、更多接受高等教育。把农村需要的人群纳入特殊教育体系。以市县为单位，推动优质学校辐射农村薄弱学校常态化。统筹配置城乡师资，并向乡村倾斜，建好建强乡村教师队伍。

（二）促进农村劳动力转移就业和农民增收。健全覆盖城乡的公共就业服务体系，大规模开展职业技能培训，促进农民工多渠道转移就业，提高就业质量。深化户籍制度改革，促进有条件、有意愿、在城镇有稳定就业和住所的农业转移人口在城镇有序落户，依法平等享受城镇公共服务。加强扶持引导服务，实施乡村就业创业促进行动，大力发展文化、科技、旅游、生态等乡村特色产业，振兴传统工艺。培育一批家庭工场、手工作坊、乡村车间，鼓励在乡村地区兴办环境友好型企业，实现乡村经济多元化，提供更多就业岗位。拓宽农民增收渠道，鼓励农民勤劳守法致富，增加农村低收入者收入，扩大农村中等收入群体，保持农村居民收入增速快于城镇居民。

（三）推动农村基础设施提档升级。继续把基础设施建设重点放在农村，加快农村公路、供水、供气、环保、电网、物流、信息、广播电视等基础设施建设，推动城乡基础设施互联互通。以示范县为载体全面推进"四好农村路"建设，加快实施通村组硬化路建设。加大成品油消费税转移支付资金用于农村公路养护力度。推进节水供水重大水利工程，实施农村饮水安全巩固提升工程。加快新一轮农村电网改造升级，制定农村通动力电规划，推进农村可再生能源开发利用。实施数字乡村战略，做好整体规划设计，加快农村地区宽带网络和第四代移动通信网络覆盖步伐，开发适应"三农"特点的信息技术、产品、应用和服务，推动远程医疗、远程教育等应用普及，弥合城乡数字鸿沟。提升气象为农服务能力。加强农村防灾减灾救灾能力建设。抓紧研究提出深化农村公共基础设施管护体制改革指导意见。

（四）加强农村社会保障体系建设。完善统一的城乡居民基本医疗保险制度和大病保险制度，做好农民重特大疾病救助工作。巩固城乡居民医保全国异地就医联网直接结算。完善城乡居民基本养老保险制度，建立城乡居民基本养老保险待遇确定和基础养老金标准正常调整机制。统筹城乡社会救助体系，完善最低生活保障制度，做好农村社会救助兜底工作。将进城落户农业转移人口全部纳入城镇住房保障体系。构建多层次农村养老保障体系，创新多元化照料服务模式。健全农村留守儿童和妇女、老年人以及困境儿童关爱服务体系。加强和改善农村残疾人服务。

（五）推进健康乡村建设。强化农村公共卫生服务，加强慢性病综合防控，大力推进农村地区精神卫生、职业病和重大传染病防治。完善基本公共卫生服务项目补助政策，加强基层医疗卫生服务体系建设，支持乡镇卫生院和村卫生室改善条件。加强乡村中医药服务。开展和规范家庭医生签约服务，加强妇幼、老人、残疾人等重点人群健康服务。倡导优生优育。深入开展乡村爱国卫生运动。

（六）持续改善农村人居环境。实施农村人居环境整治三年行动计划，以农村垃圾、污水治理和村容村貌提升为主攻方向，整合各种资源，强化各种举措，稳步有序推进农村人居环境突出问题治理。坚持不懈推进农村"厕所革命"，大力开展农村户用卫生厕所建设和改造，同步实施粪污治理，加快实现农村无害化卫生厕所全覆盖，努力补齐影响农民群众生活品质的短板。总结推广适用不同地区的农村污水治理模式，加强技术支撑和指导。深入推进农村环境综合整治。推进北方地区农村散煤替代，有条件的地方有序推进煤改气、煤改电和新能源利用。逐步建立农村低收入群体安全住房保障机制。强化新建农房规划管控，加强"空心村"服务管理和改造。保护保留乡村风貌，开展田园建筑示范，培养乡村传统建筑名匠。实施乡村绿化行动，全面保护古树名木。持续推进宜居宜业的美丽乡村建设。

八、打好精准脱贫攻坚战，增强贫困群众获得感

乡村振兴，摆脱贫困是前提。必须坚持精准扶贫、精准脱贫，把提高脱贫质量放在首位，既不降低扶贫标准，也不吊高胃口，采取更加有力的举措、更加集中的支持、更加精细的工作，坚决打好精准脱贫这场对全面建成小康社会具有决定性意义的攻坚战。

（一）瞄准贫困人口精准帮扶。对有劳动能力的贫困人口，强化产业和就业扶持，着力做好产销衔接、劳务对接，实现稳定脱贫。有序推进易地扶贫搬迁，让搬迁群众搬得出、稳得住、能致富。对完全或部分丧失劳动能力的特殊贫困人口，综合实施保障性扶贫政策，确保病有所医、残有所助、生活有兜底。做好农村最低生活保障工作的动态化精细化管理，把符合条件的贫困人口全部纳入保障范围。

（二）聚焦深度贫困地区集中发力。全面改善贫困地区生产生活条件，确保实现贫困地区基本公共服务主要指标接近全国平均水平。以解决突出制约问题为重点，以重大扶贫工程和到村到户帮扶为抓手，加大政策倾斜和扶贫资金整合力度，着力改善深度贫困地区发展条件，增强贫困农户发展能力，重点攻克深度贫困地区脱贫任务。新增脱贫攻坚资金项目主要投向深度贫困地区，增加金融投入对深度贫困地区的支持，新增建设用地指标优先保障深度贫困地区发展用地需要。

（三）激发贫困人口内生动力。把扶贫同扶志、扶智结合起来，把救急纾困和内生脱贫结合起来，提升贫困群众发展生产和务工经商的基本技能，实现可持续稳固脱贫。引导贫困群众克服等靠要思想，逐步消除精神贫困。要打破贫困均衡，促进形成自强自立、争先脱贫的精神风貌。改进帮扶方式方法，更多采用生产奖补、劳务补助、以工代赈等机制，推动贫困群众通过自己的辛勤劳动脱贫致富。

（四）强化脱贫攻坚责任和监督。坚持中央统筹省负总责市县抓落实的工作机制，强化党政一把手负总责的责任制。强化县级党委作为全县脱贫攻坚总指挥部的关键作用，脱贫攻坚期内贫困县县级党政正职要保持稳定。开展扶贫领域腐败和作风问题专项治理，切实加强扶贫资金管理，对挪用和贪污扶贫款项的行为严惩不贷。将2018年作为脱贫攻坚作风建设年，集中力量解决突出作风问题。科学确定脱贫摘帽时间，对弄虚作假、搞数字脱贫的严肃查处。完善扶贫督查巡查、考核评估办法，除党中央、国务院统一部署外，各部门一律不准再组织其他检查考评。严格控制各地开展增加一线扶贫干部负担的各类检查考评，切实给基层减轻工作负担。关心爱护战斗在扶贫第一线的基层干部，制定激励政策，为他们工作生活排忧解难，保护和调动他们的工作积极性。做好实施乡村振兴战略与打好精准脱贫攻坚战的有机衔接。制定坚决打好精准脱贫攻坚战三年行动指导意见。研究提出持续减贫的意见。

九、推进体制机制创新，强化乡村振兴制度性供给

实施乡村振兴战略，必须把制度建设贯穿其中。要以完善产权制度和要素市场化配置为重点，激活主体、激活要素、激活市场，着力增强改革的系统性、整体性、协同性。

（一）巩固和完善农村基本经营制度。落实农村土地承包关系稳定并长久不变政策，衔接落实好第二轮土地承包到期后再延长30年的政策，让农民吃上长效"定心丸"。全面完成土地承包经营权确权登记颁证工作，实现承包土地信息联通共享。完善农村承包地"三权分置"制度，在依法保护集体土地所有权和农户承包权前提下，平等保护土地经营权。农村承包土地经营权可以依法向金融机构融资担保、入股从事农业产业化经营。实施新型农业经营主体培育工程，培育发展家庭农场、合作社、龙头企业、社会化服务组织和农业产业化联合体，发展多种形式适度规模经营。

（二）深化农村土地制度改革。系统总结农村土地征收、集体经营性建设用地入市、宅基地制度改革试点经验，逐步扩大试点，加快土地管理法修改，完善农村土地利用管理政策体系。扎实推进房地一体的农村集体建设用地和宅基地使用权确权登记颁证。完善农民闲置宅基地和闲置农房政策，探索宅基地所有权、资格权、使用权"三权分置"，落实宅基地集体所有权，保障宅基地农户资格权和农民房屋财产权，适度放活宅基地和农民房屋使用权，不

得违规违法买卖宅基地，严格实行土地用途管制，严格禁止下乡利用农村宅基地建设别墅大院和私人会馆。在符合土地利用总体规划前提下，允许县级政府通过村土地利用规划，调整优化村庄用地布局，有效利用农村零星分散的存量建设用地；预留部分规划建设用地指标用于单独选址的农业设施和休闲旅游设施等建设。对利用收储农村闲置建设用地发展农村新产业新业态的，给予新增建设用地指标奖励。进一步完善设施农用地政策。

（三）深入推进农村集体产权制度改革。全面开展农村集体资产清产核资、集体成员身份确认，加快推进集体经营性资产股份合作制改革。推动资源变资产、资金变股金、农民变股东，探索农村集体经济新的实现形式和运行机制。坚持农村集体产权制度改革正确方向，发挥村党组织对集体经济组织的领导核心作用，防止内部少数人控制和外部资本侵占集体资产。维护进城落户农民土地承包权、宅基地使用权、集体收益分配权，引导进城落户农民依法自愿有偿转让上述权益。研究制定农村集体经济组织法，充实农村集体产权权能。全面深化供销合作社综合改革，深入推进集体林权、水利设施产权等领域改革，做好农村综合改革、农村改革试验区等工作。

（四）完善农业支持保护制度。以提升农业质量效益和竞争力为目标，强化绿色生态导向，创新完善政策工具和手段，扩大"绿箱"政策的实施范围和规模，加快建立新型农业支持保护政策体系。深化农产品收储制度和价格形成机制改革，加快培育多元市场购销主体，改革完善中央储备粮管理体制。通过完善拍卖机制、定向销售、包干销售等，加快消化政策性粮食库存。落实和完善对农民直接补贴制度，提高补贴效能。健全粮食主产区利益补偿机制。探索开展稻谷、小麦、玉米三大粮食作物完全成本保险和收入保险试点，加快建立多层次农业保险体系。

十、汇聚全社会力量，强化乡村振兴人才支撑

实施乡村振兴战略，必须破解人才瓶颈制约。要把人力资本开发放在首要位置，畅通智力、技术、管理下乡通道，造就更多乡土人才，聚天下人才而用之。

（一）大力培育新型职业农民。全面建立职业农民制度，完善配套政策体系。实施新型职业农民培育工程。支持新型职业农民通过弹性学制参加中高等农业职业教育。创新培训机制，支持农民专业合作社、专业技术协会、龙头企业等主体承担培训。引导符合条件的新型职业农民参加城镇职工养老、医疗等社会保障制度。鼓励各地开展职业农民职称评定试点。

（二）加强农村专业人才队伍建设。建立县域专业人才统筹使用制度，提高农村专业人才服务保障能力。推动人才管理职能部门简政放权，保障和落实基层用人主体自主权。推行乡村教师"县管校聘"。实施好边远贫困地区、边疆民族地区和革命老区人才支持计划，继续实施"三支一扶"、特岗教师计划等，组织实施高校毕业生基层成长计划。支持地方高等学校、职业院校综合利用教育培训资源，灵活设置专业（方向），创新人才培养模式，为乡村振兴培养专业化人才。扶持培养一批农业职业经理人、经纪人、乡村工匠、文化能人、非遗传承人等。

（三）发挥科技人才支撑作用。全面建立高等院校、科研院所等事业单位专业技术人员到乡村和企业挂职、兼职和离岗创新创业制度，保障其在职称评定、工资福利、社会保障等方面的权益。深入实施农业科研杰出人才计划和杰出青年农业科学家项目。健全种业等领域科研人员以知识产权明晰为基础、以知识价值为导向的分配政策。探索公益性和经营性农技推广融合发展机制，允许农技人员通过提供增值服务合理取酬。全面实施农技推广服务特聘计划。

（四）鼓励社会各界投身乡村建设。建立有效激励机制，以乡情乡愁为纽带，吸引支持企业家、党政干部、专家学者、医生教师、规划师、建筑师、律师、技能人才等，通过下乡担任志愿者、投资兴业、包村包项目、行医办学、捐资捐物、法律服务等方式服务乡村振兴事业。研究制定管理办法，允许符合要求的公职人员回乡任职。吸引更多人才投身现代农业，培养造就新农民。加快制定鼓励引导工商资本参与乡村振兴的指导意见，落实和完善融资贷款、配套设施建设补助、税费减免、用地等扶持政策，明确政策边界，保护好农民利益。发挥工会、共青团、妇联、科协、残联等群团组织的优势和力量，发挥各民主党派、工商联、无党派人士等积极作用，支持农村产业发展、生态环境保护、乡风文明建设、农村弱势群体关爱等。实施乡村振兴"巾帼行动"。加强对下乡组织和人员的管理服务，使之成为乡村振兴的建设性力量。

（五）创新乡村人才培育引进使用机制。建立自主培养与人才引进相结合，学历教育、技能培训、实践锻炼等多种方式并举的人力资源开发机制。建立城乡、区域、校地之间人才培养合作与交流机制。全面建立城市医生教师、科技文化人员等定期服务乡村机制。研究制定鼓励城市专业人才参与乡村振兴的政策。

十一、开拓投融资渠道，强化乡村振兴投入保障

实施乡村振兴战略，必须解决钱从哪里来的问题。要健全投入保障制度，创新投融资机制，加快形成财政优先保障、金融重点倾斜、社会积极参与的多元投入格局，确保投入力度不断增强、总量持续增加。

（一）确保财政投入持续增长。建立健全实施乡村振兴战略财政投入保障制度，公共财政更大力度向"三农"倾斜，确保财政投入与乡村振兴目标任务相适应。优化财政供给结构，推进行业内资金整合与行业间资金统筹相互衔接配合，增加地方自主统筹空间，加快建立涉农资金统筹整合长效机制。充分发挥财政资金的引导作用，撬动金融和社会资本更多投向乡村振兴。切实发挥全国农业信贷担保体系作用，通过财政担保费率补助和以奖代补等，加大对新型农业经营主体支持力度。加快设立国家融资担保基金，强化担保融资增信功能，引导更多金融资源支持乡村振兴。支持地方政府发行一般债券用于支持乡村振兴、脱贫攻坚领域的公益性项目。稳步推进地方政府专项债券管理改革，鼓励地方政府试点发行项目融资和收益自平衡的专项债券，支持符合条件、有一定收益的乡村公益性项目建设。规范地方政府举债融资行为，不得借乡村振兴之名违法违规变相举债。

（二）拓宽资金筹集渠道。调整完善土地出让收入使用范围，进一步提高农业农村投入比例。严格控制未利用地开垦，集中力量推进高标准农田建设。改进耕地占补平衡管理办法，建立高标准农田建设等新增耕地指标和城乡建设用地增减挂钩节余指标跨省域调剂机制，将所得收益通过支出预算全部用于巩固脱贫攻坚成果和支持实施乡村振兴战略。推广一事一议、以奖代补等方式，鼓励农民对直接受益的乡村基础设施建设投工投劳，让农民更多参与建设管护。

（三）提高金融服务水平。坚持农村金融改革发展的正确方向，健全适合农业农村特点的农村金融体系，推动农村金融机构回归本源，把更多金融资源配置到农村经济社会发展的重点领域和薄弱环节，更好满足乡村振兴多样化金融需求。要强化金融服务方式创新，防止脱实向虚倾向，严格管控风险，提高金融服务乡村振兴能力和水平。抓紧出台金融服务乡村振兴的指导意见。加大中国农业银行、中国邮政储蓄银行"三农"金融事业部对乡村振兴支持力度。明确国家开发银行、中国农业发展银行在乡村振兴中的职责定位，强化金融服务方式创新，加大对乡村振兴中长期信贷支持。推动农村信用社省联社改革，保持农村信用社县域法人地位和数量总体稳定，完善村镇银行准入条件，地方法人金融机构要服务好乡村振兴。普惠金融重点要放在乡村。推动出台非存款类放贷组织条例。制定金融机构服务乡村振兴考核评估办法。支持符合条件的涉农企业发行上市、新三板挂牌和融资、并购重组，深入推进农产品期货期权市场建设，稳步扩大"保险+期货"试点，探索"订单农业+保险+期货（权）"试点。改进农村金融差异化监管体系，强化地方政府金融风险防范处置责任。

十二、坚持和完善党对"三农"工作的领导

实施乡村振兴战略是党和国家的重大决策部署，各级党委和政府要提高对实施乡村振兴战略重大意义的认识，真正把实施乡村振兴战略摆在优先位置，把党管农村工作的要求落到实处。

（一）完善党的农村工作领导体制机制。各级党委和政府要坚持工业农业一起抓、城市农村一起抓，把农业农村优先发展原则体现到各个方面。健全党委统一领导、政府负责、党委农村工作部门统筹协调的农村工作领导体制。建立实施乡村振兴战略领导责任制，实行中央统筹省负总责市县抓落实的工作机制。党政一把手是第一责任人，五级书记抓乡村振兴。县委书记要下大气力抓好"三农"工作，当好乡村振兴"一线总指挥"。各部门要按照职责，加强工作指导，强化资源要素支持和制度供给，做好协同配合，形成乡村振兴工作合力。切实加强各级党委农村工作部门建设，按照《中国共产党工作机关条例（试行）》有关规定，做好党的农村工作机构设置和人员配置工作，充分发挥决策参谋、统筹协调、政策指导、推动落实、督导检查等职能。各省（自治区、直辖市）党委和政府每年要向党中央、国务院报告推进实施乡村振兴战略进展情况。建立市县党政领导班子和领导干部推进乡村振兴战略的实绩考核制度，将考核结果作为选拔任用领导干部的重要依据。

（二）研究制定中国共产党农村工作条例。根据坚持党对一切工作的领导的要求和新时代"三农"工作新形势新任务新要求，研究制定中国共产党农村工作条例，把党领导农村工作的传统、要求、政策等以党内法规形式确定下来，明确加强对农村工作领导的指导思想、原则要求、工作范围和对象、主要任务、机构职责、队伍建设等，完善领导体制和工作机制，确保乡村振兴战略有效实施。

（三）加强"三农"工作队伍建设。把懂农业、爱农村、爱农民作为基本要求，加强"三农"工作干部队伍培养、配备、管理、使用。各级党委和政府主要领导干部要懂"三农"工作、会抓"三农"工作，分管领导要真正成为"三农"工作行家里手。制定并实施培训计划，全面提升"三农"干部队伍能力和水平。拓宽县级"三农"工作部门和乡镇干部来源渠道。把到农村一线工作锻炼作为培养干部的重要途径，注重提拔使用实绩优秀的干部，形成人才向农村基层一线流动的用人导向。

（四）强化乡村振兴规划引领。制定国家乡村振兴战略规划（2018-2022年），分别明确至2020年全面建成小康社会和2022年召开党的二十大时的目标任务，细化实化工作重点和政策措施，部署若干重大工程、重大计划、重大行动。各地区各部门要编制乡村振兴地方规划和专项规划或方案。加强各类规划的统筹管理和系统衔接，形成城乡融合、区域一体、多规合一的规划体系。根据发展现状和需要分类有序推进乡村振兴，对具备条件的村庄，要加快推进城镇基础设施和公共服务向农村延伸；对自然历史文化资源丰富的村庄，要统筹兼顾保护与发展；对生存条件恶劣、生态环境脆弱的村庄，要加大力度实施生态移民搬迁。

（五）强化乡村振兴法治保障。抓紧研究制定乡村振兴法的有关工作，把行之有效的乡村振兴政策法定化，充分发挥立法在乡村振兴中的保障和推动作用。及时修改和废止不适应的法律法规。推进粮食安全保障立法。各地可以从本地乡村发展实际需要出发，制定促进乡村振兴的地方性法规、地方政府规章。加强乡村统计工作和数据开发应用。

（六）营造乡村振兴良好氛围。凝聚全党全国全社会振兴乡村强大合力，宣传党的乡村振兴方针政策和各地丰富实践，振奋基层干部群众精神。建立乡村振兴专家决策咨询制度，组织智库加强理论研究。促进乡村振兴国际交流合作，讲好乡村振兴中国故事，为世界贡献中国智慧和中国方案。

让我们更加紧密地团结在以习近平同志为核心的党中央周围，高举中国特色社会主义伟大旗帜，以习近平新时代中国特色社会主义思想为指导，迎难而上、埋头苦干、开拓进取，为决胜全面建成小康社会、夺取新时代中国特色社会主义伟大胜利作出新的贡献！

中共中央、国务院关于做好二〇二二年全面推进乡村振兴重点工作的意见

当前,全球新冠肺炎疫情仍在蔓延,世界经济复苏脆弱,气候变化挑战突出,我国经济社会发展各项任务极为繁重艰巨。党中央认为,从容应对百年变局和世纪疫情,推动经济社会平稳健康发展,必须着眼国家重大战略需要,稳住农业基本盘、做好"三农"工作,接续全面推进乡村振兴,确保农业稳产增产、农民稳步增收、农村稳定安宁。

做好2022年"三农"工作,要以习近平新时代中国特色社会主义思想为指导,全面贯彻党的十九大和十九届历次全会精神,深入贯彻中央经济工作会议精神,坚持稳中求进工作总基调,立足新发展阶段、贯彻新发展理念、构建新发展格局、推动高质量发展,促进共同富裕,坚持和加强党对"三农"工作的全面领导,牢牢守住保障国家粮食安全和不发生规模性返贫两条底线,突出年度性任务、针对性举措、实效性导向,充分发挥农村基层党组织领导作用,扎实有序做好乡村发展、乡村建设、乡村治理重点工作,推动乡村振兴取得新进展、农业农村现代化迈出新步伐。

一、全力抓好粮食生产和重要供给

(一)稳定全年粮食播种面积和产量。坚持中国人的饭碗任何时候都要牢牢端在自己手中,饭碗主要装中国粮,全面落实粮食安全党政同责,严格粮食安全责任制考核,确保粮食播种面积稳定、产量保持在1.3万亿斤以上。主产区、主销区、产销平衡区都要保面积、保产量,不断提高主产区粮食综合生产能力,切实稳定和提高主销区粮食自给率,确保产销平衡区粮食基本自给。推进国家粮食安全产业带建设。大力开展绿色高质高效行动,深入实施优质粮食工程,提升粮食单产和品质。推进黄河流域农业深度节水控水,通过提升用水效率、发展旱作农业,稳定粮食播种面积。积极应对小麦晚播等不利影响,加强冬春田间管理,促进弱苗转壮。

（二）大力实施大豆和油料产能提升工程。加大耕地轮作补贴和产油大县奖励力度，集中支持适宜区域、重点品种、经营服务主体，在黄淮海、西北、西南地区推广玉米大豆带状复合种植，在东北地区开展粮豆轮作，在黑龙江省部分地下水超采区、寒地井灌稻区推进水改旱、稻改豆试点，在长江流域开发冬闲田扩种油菜。开展盐碱地种植大豆示范。支持扩大油茶种植面积，改造提升低产林。

（三）保障"菜篮子"产品供给。加大力度落实"菜篮子"市长负责制。稳定生猪生产长效性支持政策，稳定基础产能，防止生产大起大落。加快扩大牛羊肉和奶业生产，推进草原畜牧业转型升级试点示范。稳定水产养殖面积，提升渔业发展质量。稳定大中城市常年菜地保有量，大力推进北方设施蔬菜、南菜北运基地建设，提高蔬菜应急保供能力。完善棉花目标价格政策。探索开展糖料蔗完全成本保险和种植收入保险。开展天然橡胶老旧胶园更新改造试点。

（四）合理保障农民种粮收益。按照让农民种粮有利可图、让主产区抓粮有积极性的目标要求，健全农民种粮收益保障机制。2022年适当提高稻谷、小麦最低收购价，稳定玉米、大豆生产者补贴和稻谷补贴政策，实现三大粮食作物完全成本保险和种植收入保险主产省产粮大县全覆盖。加大产粮大县奖励力度，创新粮食产销区合作机制。支持家庭农场、农民合作社、农业产业化龙头企业多种粮、种好粮。聚焦关键薄弱环节和小农户，加快发展农业社会化服务，支持农业服务公司、农民合作社、农村集体经济组织、基层供销合作社等各类主体大力发展单环节、多环节、全程生产托管服务，开展订单农业、加工物流、产品营销等，提高种粮综合效益。

（五）统筹做好重要农产品调控。健全农产品全产业链监测预警体系，推动建立统一的农产品供需信息发布制度，分类分品种加强调控和应急保障。深化粮食购销领域监管体制机制改革，开展专项整治，依法从严惩治系统性腐败。加强智能粮库建设，促进人防技防相结合，强化粮食库存动态监管。严格控制以玉米为原料的燃料乙醇加工。做好化肥等农资生产储备调运，促进保供稳价。坚持节约优先，落实粮食节约行动方案，深入推进产运储加消全链条节粮减损，强化粮食安全教育，反对食物浪费。

二、强化现代农业基础支撑

（六）落实"长牙齿"的耕地保护硬措施。实行耕地保护党政同责，严守18亿亩耕地红线。按照耕地和永久基本农田、生态保护红线、城镇开发边界的顺序，统筹划定落实三条控制线，把耕地保有量和永久基本农田保护目标任务足额带位置逐级分解下达，由中央和地方签订耕地保护目标责任书，作为刚性指标实行严格考核、一票否决、终身追责。分类明确耕地用途，严格落实耕地利用优先序，耕地主要用于粮食和棉、油、糖、蔬菜等农产品及饲草饲料生产，永久基本农田重点用于粮食生产，高标准农田原则上全部用于粮食生产。引导新发展林果业上山上坡，鼓励利用"四荒"资源，不与粮争地。落实和完善耕地占补平衡政策，建立补充耕地立项、实施、验收、管护全程监管机制，确保补充可长期稳定利用的耕地，实现补充耕地产能与所占耕地相当。改进跨省域补充耕地国家统筹管理办法。加大耕地执法监督力度，严厉查处违法违规占用耕地从事非农建设。强化耕地用途管制，严格管控耕地转为其他农用地。巩固提升受污染耕地安全利用水平。稳妥有序开展农村乱占耕地建房专项整治试点。巩固"大棚房"问题专项清理整治成果。落实工商资本流转农村土地审查审核和风险防范制度。

（七）全面完成高标准农田建设阶段性任务。多渠道增加投入，2022年建设高标准农田1亿亩，累计建成高效节水灌溉面积4亿亩。统筹规划、同步实施高效节水灌溉与高标准农田建设。各地要加大中低产田改造力度，提升耕地地力等级。研究制定增加农田灌溉面积的规划。实施重点水源和重大引调水等水资源配置工程。加大大中型灌区续建配套与改造力度，在水土资源条件适宜地区规划新建一批现代化灌区，优先将大中型灌区建成高标准农田。深入推进国家黑土地保护工程。实施黑土地保护性耕作8000万亩。积极挖掘潜力增加耕地，支持将符合条件的盐碱地等后备资源适度有序开发为耕地。研究制定盐碱地综合利用规划和实施方案。分类改造盐碱地，推动由主要治理盐碱地适应作物向更多选育耐盐碱植物适应盐碱地转变。支持盐碱地、干旱半干旱地区国家农业高新技术产业示范区建设。启动全国第三次土壤普查。

（八）大力推进种源等农业关键核心技术攻关。全面实施种业振兴行动方案。加快推进农业种质资源普查收集，强化精准鉴定评价。推进种业领域国家重大创新平台建设。启动农业生物育种重大项目。加快实施农业关键核心技术攻关工程，实行"揭榜挂帅"、"部省联动"等制度，开展长周期研发项目试点。强化现代农业产业技术体系建设。开展重大品种研发与推广后补助试点。贯彻落实种子法，实行实质性派生品种制度，强化种业知识产权保护，依法严厉打击套牌侵权等违法犯罪行为。

（九）提升农机装备研发应用水平。全面梳理短板弱项，加强农机装备工程化协同攻关，加快大马力机械、丘陵山区和设施园艺小型机械、高端智能机械研发制造并纳入国家重点研发计划予以长期稳定支持。实施农机购置与应用补贴政策，优化补贴兑付方式。完善农机性能评价机制，推进补贴机具有进有出、优机优补，重点支持粮食烘干、履带式作业、玉米大豆带状复合种植、油菜籽收获等农机，推广大型复合智能农机。推动新生产农机排放标准升级。开展农机研发制造推广应用一体化试点。

（十）加快发展设施农业。因地制宜发展塑料大棚、日光温室、连栋温室等设施。集中建设育苗工厂化设施。鼓励发展工厂化集约养殖、立体生态养殖等新型养殖设施。推动水肥一体化、饲喂自动化、环境控制智能化等设施装备技术研发应用。在保护生态环境基础上，探索利用可开发的空闲地、废弃地发展设施农业。

（十一）有效防范应对农业重大灾害。加大农业防灾减灾救灾能力建设和投入力度。修复水毁灾损农业、水利基础设施，加强沟渠疏浚以及水库、泵站建设和管护。加强防汛抗旱应急物资储备。强化农业农村、水利、气象灾害监测预警体系建设，增强极端天气应对能力。加强基层动植物疫病防控体系建设，落实属地责任，配齐配强专业人员，实行定责定岗定人，确保非洲猪瘟、草地贪夜蛾等动植物重大疫病防控责有人负、活有人干、事有人管。做好人畜共患病源头防控。加强外来入侵物种防控管理，做好普查监测、入境检疫、国内防控，对已传入并造成严重危害的，要"一种一策"精准治理、有效灭除。加强中长期气候变化对农业影响研究。

三、坚决守住不发生规模性返贫底线

（十二）完善监测帮扶机制。精准确定监测对象，将有返贫致贫风险和突发严重困难的农户纳入监测范围，简化工作流程，缩短认定时间。针对发现的因灾因病因疫等苗头性问题，及时落实社会救助、医疗保障等帮扶措施。

强化监测帮扶责任落实,确保工作不留空档、政策不留空白。继续开展巩固脱贫成果后评估工作。

(十三)促进脱贫人口持续增收。推动脱贫地区更多依靠发展来巩固拓展脱贫攻坚成果,让脱贫群众生活更上一层楼。巩固提升脱贫地区特色产业,完善联农带农机制,提高脱贫人口家庭经营性收入。逐步提高中央财政衔接推进乡村振兴补助资金用于产业发展的比重,重点支持帮扶产业补上技术、设施、营销等短板,强化龙头带动作用,促进产业提档升级。巩固光伏扶贫工程成效,在有条件的脱贫地区发展光伏产业。压实就业帮扶责任,确保脱贫劳动力就业规模稳定。深化东西部劳务协作,做好省内转移就业工作。延续支持帮扶车间发展优惠政策。发挥以工代赈作用,具备条件的可提高劳务报酬发放比例。统筹用好乡村公益岗位,实行动态管理。逐步调整优化生态护林员政策。

(十四)加大对乡村振兴重点帮扶县和易地搬迁集中安置区支持力度。在乡村振兴重点帮扶县实施一批补短板促发展项目。编制国家乡村振兴重点帮扶县巩固拓展脱贫攻坚成果同乡村振兴有效衔接实施方案。做好国家乡村振兴重点帮扶县科技特派团选派,实行产业技术顾问制度,有计划开展教育、医疗干部人才组团式帮扶。建立健全国家乡村振兴重点帮扶县发展监测评价机制。加大对国家乡村振兴重点帮扶县信贷资金投入和保险保障力度。完善易地搬迁集中安置区配套设施和公共服务,持续加大安置区产业培育力度,开展搬迁群众就业帮扶专项行动。落实搬迁群众户籍管理、合法权益保障、社会融入等工作举措,提升安置社区治理水平。

(十五)推动脱贫地区帮扶政策落地见效。保持主要帮扶政策总体稳定,细化落实过渡期各项帮扶政策,开展政策效果评估。拓展东西部协作工作领域,深化区县、村企、学校、医院等结对帮扶。在东西部协作和对口支援框架下,继续开展城乡建设用地增减挂钩节余指标跨省域调剂。持续做好中央单位定点帮扶工作。扎实做好脱贫人口小额信贷工作。创建消费帮扶示范城市和产地示范区,发挥脱贫地区农副产品网络销售平台作用。

四、聚焦产业促进乡村发展

(十六)持续推进农村一、二、三产业融合发展。鼓励各地拓展农业多种功能、挖掘乡村多元价值,重点发展农产品加工、乡村休闲旅游、农村电商等产业。支持农业大县聚焦农产品加工业，引导企业到产地发展粮油加工、食品制造。推进现代农业产业园和农业产业强镇建设，培育优势特色产业集群，继续支持创建一批国家农村产业融合发展示范园。实施乡村休闲旅游提升计划。支持农民直接经营或参与经营的乡村民宿、农家乐特色村（点）发展。将符合要求的乡村休闲旅游项目纳入科普基地和中小学学农劳动实践基地范围。实施"数商兴农"工程，推进电子商务进乡村。促进农副产品直播带货规范健康发展。开展农业品种培优、品质提升、品牌打造和标准化生产提升行动，推进食用农产品承诺达标合格证制度，完善全产业链质量安全追溯体系。加快落实保障和规范农村一、二、三产业融合发展用地政策。

（十七）大力发展县域富民产业。支持大中城市疏解产业向县域延伸，引导产业有序梯度转移。大力发展县域范围内比较优势明显、带动农业农村能力强、就业容量大的产业，推动形成"一县一业"发展格局。加强县域基层创新，强化产业链与创新链融合。加快完善县城产业服务功能，促进产业向园区集中、龙头企业做强做大。引导具备条件的中心镇发展专业化中小微企业集聚区，推动重点村发展乡村作坊、家庭工场。

（十八）加强县域商业体系建设。实施县域商业建设行动，促进农村消费扩容提质升级。加快农村物流快递网点布局，实施"快递进村"工程，鼓励发展"多站合一"的乡镇客货邮综合服务站、"一点多能"的村级寄递物流综合服务点，推进县乡村物流共同配送，促进农村客货邮融合发展。支持大型流通企业以县城和中心镇为重点下沉供应链。加快实施"互联网+"农产品出村进城工程，推动建立长期稳定的产销对接关系。推动冷链物流服务网络向农村延伸，整县推进农产品产地仓储保鲜冷链物流设施建设，促进合作联营、成网配套。支持供销合作社开展县域流通服务网络建设提升行动，建设县域集采集配中心。

（十九）促进农民就地就近就业创业。落实各类农民工稳岗就业政策。发挥大中城市就业带动作用。实施县域农民工市民化质量提升行动。鼓励发展共享用工、多渠道灵活就业，规范发展新就业形态，培育发展家政服务、物流配送、养老托育等生活性服务业。推进返乡入乡创业园建设，落实各项扶持政策。大力开展适合农民工就业的技能培训和新职业新业态培训。合理引导灵活就业农民工按规定参加职工基本医疗保险和城镇职工基本养老保险。

（二十）推进农业农村绿色发展。加强农业面源污染综合治理，深入推进农业投入品减量化，加强畜禽粪污资源化利用，推进农膜科学使用回收，支持秸秆综合利用。建设国家农业绿色发展先行区。开展农业绿色发展情况评价。开展水系连通及水美乡村建设。实施生态保护修复重大工程，复苏河湖生态环境，加强天然林保护修复、草原休养生息。科学推进国土绿化。支持牧区发展和牧民增收，落实第三轮草原生态保护补助奖励政策。研发应用减碳增汇型农业技术，探索建立碳汇产品价值实现机制。实施生物多样性保护重大工程。巩固长江禁渔成果，强化退捕渔民安置保障，加强常态化执法监管。强化水生生物养护，规范增殖放流。构建以国家公园为主体的自然保护地体系。出台推进乡村生态振兴的指导意见。

五、扎实稳妥推进乡村建设

（二十一）健全乡村建设实施机制。落实乡村振兴为农民而兴、乡村建设为农民而建的要求，坚持自下而上、村民自治、农民参与，启动乡村建设行动实施方案，因地制宜、有力有序推进。坚持数量服从质量、进度服从实效，求好不求快，把握乡村建设的时度效。立足村庄现有基础开展乡村建设，不盲目拆旧村、建新村，不超越发展阶段搞大融资、大开发、大建设，避免无效投入造成浪费，防范村级债务风险。统筹城镇和村庄布局，科学确定村庄分类，加快推进有条件有需求的村庄编制村庄规划，严格规范村庄撤并。开展传统村落集中连片保护利用示范，健全传统村落监测评估、警示退出、撤并事前审查等机制。保护特色民族村寨。实施"拯救老屋行动"。推动村庄小型建设项目简易审批，规范项目管理，提高资金绩效。总结推广村民自治组织、农村集体经济组织、农民群众参与乡村建设项目的有效做法。明晰乡村建设项目产权，以县域为单位组织编制村庄公共基础设施管护责任清单。

（二十二）接续实施农村人居环境整治提升五年行动。从农民实际需求出发推进农村改厕，具备条件的地方可推广水冲卫生厕所，统筹做好供水保障和污水处理；不具备条件的可建设卫生旱厕。巩固户厕问题摸排整改成果。分区分类推进农村生活污水治理，优先治理人口集中村庄，不适宜集中处理的推进小型化生态化治理和污水资源化利用。加快推进农村黑臭水体治理。推进生活垃圾源头分类减量，加强村庄有机废弃物综合处置利用设施建设，推进就地利用处理。深入实施村庄清洁行动和绿化美化行动。

（二十三）扎实开展重点领域农村基础设施建设。有序推进乡镇通三级及以上等级公路、较大人口规模自然村（组）通硬化路，实施农村公路安全生命防护工程和危桥改造。扎实开展农村公路管理养护体制改革试点。稳步推进农村公路路况自动化检测。推进农村供水工程建设改造，配套完善净化消毒设施设备。深入实施农村电网巩固提升工程。推进农村光伏、生物质能等清洁能源建设。实施农房质量安全提升工程，继续实施农村危房改造和抗震改造，完善农村房屋建设标准规范。加强对用作经营的农村自建房安全隐患整治。

（二十四）大力推进数字乡村建设。推进（4.610，-0.19，-3.96%）发展，促进信息技术与农机农艺融合应用。加强农民数字素养与技能培训。以数字技术赋能乡村公共服务，推动"互联网+政务服务"向乡村延伸覆盖。着眼解决实际问题，拓展农业农村大数据应用场景。加快推动数字乡村标准化建设，研究制定发展评价指标体系，持续开展数字乡村试点。加强农村信息基础设施建设。

（二十五）加强基本公共服务县域统筹。加快推进以县城为重要载体的城镇化建设。加强普惠性、基础性、兜底性民生建设，推动基本公共服务供给由注重机构行政区域覆盖向注重常住人口服务覆盖转变。实施新一轮学前教育行动计划，多渠道加快农村普惠性学前教育资源建设，办好特殊教育。扎实推进城乡学校共同体建设。深入推进紧密型县域医疗卫生共同体建设，实施医保按总额付费，加强监督考核，实现结余留用、合理超支分担。推动农村基层定点医疗机构医保信息化建设，强化智能监控全覆盖，加强医疗保障基金监管。落实对特殊困难群体参加城乡居民基本医保的分类资助政策。有条件的地方可提供村卫生室运行经费补助，分类落实村医养老保障、医保等社会保障待遇。提升县级敬老院失能照护能力和乡镇敬老院集中供养水平，鼓励在有条件的村庄开展日间照料、老年食堂等服务。加强乡镇便民服务和社会工作服务，实施村级综合服务设施提升工程。健全分层分类的社会救助体系，切实保障困难农民群众基本生活。健全基层党员、干部关爱联系制度，经常探访空巢老人、留守儿童、残疾人。完善未成年人关爱保护工作网络。

六、突出实效改进乡村治理

（二十六）加强农村基层组织建设。强化县级党委抓乡促村职责，深化乡镇管理体制改革，健全乡镇党委统一指挥和统筹协调机制，加强乡镇、村集中换届后领导班子建设，全面开展农村基层干部乡村振兴主题培训。持续排查整顿软弱涣散村党组织。发挥驻村第一书记和工作队抓党建促乡村振兴作用。完善村级重要事项、重大问题经村党组织研究讨论机制，全面落实"四议两公开"制度。深入开展市县巡察，强化基层监督，加强基层纪检监察组织与村务监督委员会的沟通协作、有效衔接，强化对村干部的监督。健全党组织领导的自治、法治、德治相结合的乡村治理体系，推行网格化管理、数字化赋能、精细化服务。推进村委会规范化建设。深化乡村治理体系建设试点示范。开展村级议事协商创新实验。推广村级组织依法自治事项、依法协助政府工作事项等清单制，规范村级组织机构牌子和证明事项，推行村级基础信息统计"一张表"制度，减轻村级组织负担。

（二十七）创新农村精神文明建设有效平台载体。依托新时代文明实践中心、县级融媒体中心等平台开展对象化分众化宣传教育，弘扬和践行社会主义核心价值观。在乡村创新开展"听党话、感党恩、跟党走"宣传教育活动。探索统筹推动城乡精神文明融合发展的具体方式，完善全国文明村镇测评体系。启动实施文化产业赋能乡村振兴计划。整合文化惠民活动资源，支持农民自发组织开展村歌、"村晚"、广场舞、趣味运动会等体现农耕农趣农味的文化体育活动。办好中国农民丰收节。加强农耕文化传承保护，推进非物质文化遗产和重要农业文化遗产保护利用。推广积分制等治理方式，有效发挥村规民约、家庭家教家风作用，推进农村婚俗改革试点和殡葬习俗改革，开展高价彩礼、大操大办等移风易俗重点领域突出问题专项治理。

（二十八）切实维护农村社会平安稳定。推进更高水平的平安法治乡村建设。创建一批"枫桥式公安派出所"、"枫桥式人民法庭"。常态化开展扫黑除恶斗争，持续打击"村霸"。防范黑恶势力、家族宗族势力等对农村基层政权的侵蚀和影响。依法严厉打击农村黄赌毒和侵害农村妇女儿童人身权利的违法犯罪行为。加强农村法治宣传教育。加强基层社会心理服务和危机干预，构建一站式多元化矛盾纠纷化解机制。加强农村宗教工作力量。统筹推进应急管理与乡村治理资源整合，加快推进农村应急广播主动发布终端建设，指导做好人员紧急转移避险工作。开展农村交通、消防、安全生产、自然灾害、食品药品安全等领域风险隐患排查和专项治理，依法严厉打击农村制售假冒伪劣农资、非法集资、电信诈骗等违法犯罪行为。加强农业综合行政执法能力建设。落实基层医疗卫生机构疾病预防控制责任。健全农村新冠肺炎疫情常态化防控工作体系，严格落实联防联控、群防群控措施。

七、加大政策保障和体制机制创新力度

（二十九）扩大乡村振兴投入。继续把农业农村作为一般公共预算优先保障领域，中央预算内投资进一步向农业农村倾斜，压实地方政府投入责任。加强考核监督，稳步提高土地出让收入用于农业农村的比例。支持地方政府发行政府债券用于符合条件的乡村振兴公益性项目。提高乡村振兴领域项目储备质量。强化预算绩效管理和监督。

（三十）强化乡村振兴金融服务。对机构法人在县域、业务在县域、资金主要用于乡村振兴的地方法人金融机构，加大支农支小再贷款、再贴现支持力度，实施更加优惠的存款准备金政策。支持各类金融机构探索农业农村基础设施中长期信贷模式。加快农村信用社改革，完善省（自治区）农村信用社联合社治理机制，稳妥化解风险。完善乡村振兴金融服务统计制度，开展金融机构服务乡村振兴考核评估。深入开展农村信用体系建设，发展农户信用贷款。加强农村金融知识普及教育和金融消费权益保护。积极发展农业保险和再保险。优化完善"保险+期货"模式。强化涉农信贷风险市场化分担和补偿，发挥好农业信贷担保作用。

（三十一）加强乡村振兴人才队伍建设。发现和培养使用农业领域战略科学家。启动"神农英才"计划，加快培养科技领军人才、青年科技人才和高水平创新团队。深入推行科技特派员制度。实施高素质农民培育计划、乡村产业振兴带头人培育"头雁"项目、乡村振兴青春建功行动、乡村振兴巾帼行动。落实艰苦边远地区基层事业单位公开招聘倾斜政策，对县以下基层专业技术人员开展职称评聘"定向评价、定向使用"工作，对中高级专业技术岗位实行总量控制、比例单列。完善耕读教育体系。优化学科专业结构，支持办好涉农高等学校和职业教育。培养乡村规划、设计、建设、管理专业人才和乡土人才。鼓励地方出台城市人才下乡服务乡村振兴的激励政策。

（三十二）抓好农村改革重点任务落实。开展第二轮土地承包到期后再延长30年整县试点。巩固提升农村集体产权制度改革成果，探索建立农村集体资产监督管理服务体系，探索新型农村集体经济发展路径。稳慎推进农村宅基地制度改革试点，规范开展房地一体宅基地确权登记。稳妥有序推进农村集体经营性建设用地入市。推动开展集体经营性建设用地使用权抵押融资。

依法依规有序开展全域土地综合整治试点。深化集体林权制度改革。健全农垦国有农用地使用权管理制度。开展农村产权流转交易市场规范化建设试点。制定新阶段深化农村改革实施方案。

八、坚持和加强党对"三农"工作的全面领导

（三十三）压实全面推进乡村振兴责任。制定乡村振兴责任制实施办法，明确中央和国家机关各部门推进乡村振兴责任，强化五级书记抓乡村振兴责任。开展省级党政领导班子和领导干部推进乡村振兴战略实绩考核。完善市县党政领导班子和领导干部推进乡村振兴战略实绩考核制度，鼓励地方对考核排名靠前的市县给予适当激励，对考核排名靠后、履职不力的进行约谈。落实各级党委和政府负责同志乡村振兴联系点制度。借鉴推广浙江"千万工程"经验，鼓励地方党委和政府开展现场观摩、交流学习等务实管用活动。开展《乡村振兴战略规划（2018-2022年）》实施总结评估。加强集中换届后各级党政领导干部特别是分管"三农"工作的领导干部培训。

（三十四）建强党的农村工作机构。各级党委农村工作领导小组要发挥"三农"工作牵头抓总、统筹协调等作用，一体承担巩固拓展脱贫攻坚成果、全面推进乡村振兴议事协调职责。推进各级党委农村工作领导小组议事协调规范化制度化建设，建立健全重点任务分工落实机制，协同推进乡村振兴。加强各级党委农村工作领导小组办公室建设，充实工作力量，完善运行机制，强化决策参谋、统筹协调、政策指导、推动落实、督导检查等职责。

（三十五）抓点带面推进乡村振兴全面展开。开展"百县千乡万村"乡村振兴示范创建，采取先创建后认定方式，分级创建一批乡村振兴示范县、示范乡镇、示范村。推进农业现代化示范区创建。广泛动员社会力量参与乡村振兴，深入推进"万企兴万村"行动。按规定建立乡村振兴表彰激励制度。

让我们紧密团结在以习近平同志为核心的党中央周围，真抓实干，埋头苦干，奋力开创全面推进乡村振兴新局面，以实际行动迎接党的二十大胜利召开！

附 录

中共中央、国务院关于全面推进乡村振兴加快农业农村现代化的意见

党的十九届五中全会审议通过的《中共中央关于制定国民经济和社会发展第十四个五年规划和二〇三五年远景目标的建议》，对新发展阶段优先发展农业农村、全面推进乡村振兴作出总体部署，为做好当前和今后一个时期"三农"工作指明了方向。

"十三五"时期，现代农业建设取得重大进展，乡村振兴实现良好开局。粮食年产量连续保持在1.3万亿斤以上，农民人均收入较2010年翻一番多。新时代脱贫攻坚目标任务如期完成，现行标准下农村贫困人口全部脱贫，贫困县全部摘帽，易地扶贫搬迁任务全面完成，消除了绝对贫困和区域性整体贫困，创造了人类减贫史上的奇迹。农村人居环境明显改善，农村改革向纵深推进，农村社会保持和谐稳定，农村即将同步实现全面建成小康社会目标。农业农村发展取得新的历史性成就，为党和国家战胜各种艰难险阻、稳定经济社会发展大局，发挥了"压舱石"作用。实践证明，以习近平同志为核心的党中央驰而不息重农强农的战略决策完全正确，党的"三农"政策得到亿万农民衷心拥护。

"十四五"时期，是乘势而上开启全面建设社会主义现代化国家新征程、向第二个百年奋斗目标进军的第一个五年。民族要复兴，乡村必振兴。全面建设社会主义现代化国家，实现中华民族伟大复兴，最艰巨最繁重的任务依然在农村，最广泛最深厚的基础依然在农村。解决好发展不平衡不充分问题，重点难点在"三农"，迫切需要补齐农业农村短板弱项，推动城乡协调发展；构建新发展格局，潜力后劲在"三农"，迫切需要扩大农村需求，畅通城乡经济循环；应对国内外各种风险挑战，基础支撑在"三农"，迫切需要稳住农业基本盘，守好"三农"基础。党中央认为，新发展阶段"三农"工作依然极端重要，须臾不可放松，务必抓紧抓实。要坚持把解决好"三农"问题作为全党工作重中之重，把全面推进乡村振兴作为实现中华民族伟大复兴的一项

重大任务，举全党全社会之力加快农业农村现代化，让广大农民过上更加美好的生活。

一、总体要求

（一）指导思想。以习近平新时代中国特色社会主义思想为指导，全面贯彻党的十九大和十九届二中、三中、四中、五中全会精神，贯彻落实中央经济工作会议精神，统筹推进"五位一体"总体布局，协调推进"四个全面"战略布局，坚定不移贯彻新发展理念，坚持稳中求进工作总基调，坚持加强党对"三农"工作的全面领导，坚持农业农村优先发展，坚持农业现代化与农村现代化一体设计、一并推进，坚持创新驱动发展，以推动高质量发展为主题，统筹发展和安全，落实加快构建新发展格局要求，巩固和完善农村基本经营制度，深入推进农业供给侧结构性改革，把乡村建设摆在社会主义现代化建设的重要位置，全面推进乡村产业、人才、文化、生态、组织振兴，充分发挥农业产品供给、生态屏障、文化传承等功能，走中国特色社会主义乡村振兴道路，加快农业农村现代化，加快形成工农互促、城乡互补、协调发展、共同繁荣的新型工农城乡关系，促进农业高质高效、乡村宜居宜业、农民富裕富足，为全面建设社会主义现代化国家开好局、起好步提供有力支撑。

（二）目标任务。2021年，农业供给侧结构性改革深入推进，粮食播种面积保持稳定、产量达到1.3万亿斤以上，生猪产业平稳发展，农产品质量和食品安全水平进一步提高，农民收入增长继续快于城镇居民，脱贫攻坚成果持续巩固。农业农村现代化规划启动实施，脱贫攻坚政策体系和工作机制同乡村振兴有效衔接、平稳过渡，乡村建设行动全面启动，农村人居环境整治提升，农村改革重点任务深入推进，农村社会保持和谐稳定。

到2025年，农业农村现代化取得重要进展，农业基础设施现代化迈上新台阶，农村生活设施便利化初步实现，城乡基本公共服务均等化水平明显提高。农业基础更加稳固，粮食和重要农产品供应保障更加有力，农业生产结构和区域布局明显优化，农业质量效益和竞争力明显提升，现代乡村产业体系基本形成，有条件的地区率先基本实现农业现代化。脱贫攻坚成果巩固拓展，城乡居民收入差距持续缩小。农村生产生活方式绿色转型取得积极进展，化肥农药使用量持续减少，农村生态环境得到明显改善。乡村建设行动取得明显成效,乡村面貌发生显著变化,乡村发展活力充分激发,乡村文明程度得到新提升,农村发展安全保障更加有力,农民获得感、幸福感、安全感明显提高。

二、实现巩固拓展脱贫攻坚成果同乡村振兴有效衔接

（三）设立衔接过渡期。脱贫攻坚目标任务完成后,对摆脱贫困的县,从脱贫之日起设立5年过渡期,做到扶上马送一程。过渡期内保持现有主要帮扶政策总体稳定,并逐项分类优化调整,合理把握节奏、力度和时限,逐步实现由集中资源支持脱贫攻坚向全面推进乡村振兴平稳过渡,推动"三农"工作重心历史性转移。抓紧出台各项政策完善优化的具体实施办法,确保工作不留空档、政策不留空白。

（四）持续巩固拓展脱贫攻坚成果。健全防止返贫动态监测和帮扶机制,对易返贫致贫人口及时发现、及时帮扶,守住防止规模性返贫底线。以大中型集中安置区为重点,扎实做好易地搬迁后续帮扶工作,持续加大就业和产业扶持力度,继续完善安置区配套基础设施、产业园区配套设施、公共服务设施,切实提升社区治理能力。加强扶贫项目资产管理和监督。

（五）接续推进脱贫地区乡村振兴。实施脱贫地区特色种养业提升行动,广泛开展农产品产销对接活动,深化拓展消费帮扶。持续做好有组织劳务输出工作。统筹用好公益岗位,对符合条件的就业困难人员进行就业援助。在农业农村基础设施建设领域推广以工代赈方式,吸纳更多脱贫人口和低收入人口就地就近就业。在脱贫地区重点建设一批区域性和跨区域重大基础设施工程。加大对脱贫县乡村振兴支持力度。在西部地区脱贫县中确定一批国家乡村振兴重点帮扶县集中支持。支持各地自主选择部分脱贫县作为乡村振兴重点帮扶县。坚持和完善东西部协作和对口支援、社会力量参与帮扶等机制。

（六）加强农村低收入人口常态化帮扶。开展农村低收入人口动态监测,实行分层分类帮扶。对有劳动能力的农村低收入人口,坚持开发式帮扶,帮助其提高内生发展能力,发展产业、参与就业,依靠双手勤劳致富。对脱贫人口中丧失劳动能力且无法通过产业就业获得稳定收入的人口,以现有社会保障体系为基础,按规定纳入农村低保或特困人员救助供养范围,并按困难类型及时给予专项救助、临时救助。

三、加快推进农业现代化

（七）提升粮食和重要农产品供给保障能力。地方各级党委和政府要切实扛起粮食安全政治责任，实行粮食安全党政同责。深入实施重要农产品保障战略，完善粮食安全省长责任制和"菜篮子"市长负责制，确保粮、棉、油、糖、肉等供给安全。"十四五"时期各省（自治区、直辖市）要稳定粮食播种面积、提高单产水平。加强粮食生产功能区和重要农产品生产保护区建设。建设国家粮食安全产业带。稳定种粮农民补贴，让种粮有合理收益。坚持并完善稻谷、小麦最低收购价政策，完善玉米、大豆生产者补贴政策。深入推进农业结构调整，推动品种培优、品质提升、品牌打造和标准化生产。鼓励发展青贮玉米等优质饲草饲料，稳定大豆生产，多措并举发展油菜、花生等油料作物。健全产粮大县支持政策体系。扩大稻谷、小麦、玉米三大粮食作物完全成本保险和收入保险试点范围，支持有条件的省份降低产粮大县三大粮食作物农业保险保费县级补贴比例。深入推进优质粮食工程。加快构建现代养殖体系，保护生猪基础产能，健全生猪产业平稳有序发展长效机制，积极发展牛羊产业，继续实施奶业振兴行动，推进水产绿色健康养殖。推进渔港建设和管理改革。促进木本粮油和林下经济发展。优化农产品贸易布局，实施农产品进口多元化战略，支持企业融入全球农产品供应链。保持打击重点农产品走私高压态势。加强口岸检疫和外来入侵物种防控。开展粮食节约行动，减少生产、流通、加工、存储、消费环节粮食损耗浪费。

（八）打好种业翻身仗。农业现代化，种子是基础。加强农业种质资源保护开发利用，加快第三次农作物种质资源、畜禽种质资源调查收集，加强国家作物、畜禽和海洋渔业生物种质资源库建设。对育种基础性研究以及重点育种项目给予长期稳定支持。加快实施农业生物育种重大科技项目。深入实施农作物和畜禽良种联合攻关。实施新一轮畜禽遗传改良计划和现代种业提升工程。尊重科学、严格监管，有序推进生物育种产业化应用。加强育种领域知识产权保护。支持种业龙头企业建立健全商业化育种体系，加快建设南繁硅谷，加强制种基地和良种繁育体系建设，研究重大品种研发与推广后补助政策，促进育繁推一体化发展。

（九）坚决守住18亿亩耕地红线。统筹布局生态、农业、城镇等功能空间，科学划定各类空间管控边界，严格实行土地用途管制。采取"长牙齿"

的措施，落实最严格的耕地保护制度。严禁违规占用耕地和违背自然规律绿化造林、挖湖造景，严格控制非农建设占用耕地，深入推进农村乱占耕地建房专项整治行动，坚决遏制耕地"非农化"、防止"非粮化"。明确耕地利用优先序，永久基本农田重点用于粮食特别是口粮生产，一般耕地主要用于粮食和棉、油、糖、蔬菜等农产品及饲草饲料生产。明确耕地和永久基本农田不同的管制目标和管制强度，严格控制耕地转为林地、园地等其他类型农用地，强化土地流转用途监管，确保耕地数量不减少、质量有提高。实施新一轮高标准农田建设规划，提高建设标准和质量，健全管护机制，多渠道筹集建设资金，中央和地方共同加大粮食主产区高标准农田建设投入，2021年建设1亿亩旱涝保收、高产稳产高标准农田。在高标准农田建设中增加的耕地作为占补平衡补允耕地指标在省域内调剂，所得收益用于高标准农田建设。加强和改进建设占用耕地占补平衡管理，严格新增耕地核实认定和监管。健全耕地数量和质量监测监管机制，加强耕地保护督察和执法监督，开展"十三五"时期省级政府耕地保护责任目标考核。

（十）强化现代农业科技和物质装备支撑。实施大中型灌区续建配套和现代化改造。到2025年全部完成现有病险水库除险加固。坚持农业科技自立自强，完善农业科技领域基础研究稳定支持机制，深化体制改革，布局建设一批创新基地平台。深入开展乡村振兴科技支撑行动。支持高校为乡村振兴提供智力服务。加强农业科技社会化服务体系建设，深入推行科技特派员制度。打造国家热带农业科学中心。提高农机装备自主研制能力，支持高端智能、丘陵山区农机装备研发制造，加大购置补贴力度，开展农机作业补贴。强化动物防疫和农作物病虫害防治体系建设，提升防控能力。

（十一）构建现代乡村产业体系。依托乡村特色优势资源，打造农业全产业链，把产业链主体留在县域，让农民更多分享产业增值收益。加快健全现代农业全产业链标准体系，推动新型农业经营主体按标生产，培育农业龙头企业标准"领跑者"。立足县域布局特色农产品产地初加工和精深加工，建设现代农业产业园、农业产业强镇、优势特色产业集群。推进公益性农产品市场和农产品流通骨干网络建设。开发休闲农业和乡村旅游精品线路，完善配套设施。推进农村一二三产业融合发展示范园和科技示范园区建设。把农业现代化示范区作为推进农业现代化的重要抓手，围绕提高农业产业体系、生产体系、经营体系现代化水平，建立指标体系，加强资源整合、政策集成，以县（市、区）为单位开展创建，到2025年创建500个左右示范区，形成梯次推进农业现代化的格局。创建现代林业产业示范区。组织开展"万企兴万村"行动。稳步推进反映全产业链价值的农业及相关产业统计核算。

（十二）推进农业绿色发展。实施国家黑土地保护工程，推广保护性耕作模式。健全耕地休耕轮作制度。持续推进化肥农药减量增效，推广农作物病虫害绿色防控产品和技术。加强畜禽粪污资源化利用。全面实施秸秆综合利用和农膜、农药包装物回收行动，加强可降解农膜研发推广。在长江经济带、黄河流域建设一批农业面源污染综合治理示范县。支持国家农业绿色发展先行区建设。加强农产品质量和食品安全监管，发展绿色农产品、有机农产品和地理标志农产品，试行食用农产品达标合格证制度，推进国家农产品质量安全县创建。加强水生生物资源养护，推进以长江为重点的渔政执法能力建设，确保十年禁渔令有效落实，做好退捕渔民安置保障工作。发展节水农业和旱作农业。推进荒漠化、石漠化、坡耕地水土流失综合治理和土壤污染防治、重点区域地下水保护与超采治理。实施水系连通及农村水系综合整治，强化河湖长制。巩固退耕还林还草成果，完善政策、有序推进。实行林长制。科学开展大规模国土绿化行动。完善草原生态保护补助奖励政策，全面推进草原禁牧轮牧休牧，加强草原鼠害防治，稳步恢复草原生态环境。

（十三）推进现代农业经营体系建设。突出抓好家庭农场和农民合作社两类经营主体，鼓励发展多种形式适度规模经营。实施家庭农场培育计划，把农业规模经营户培育成有活力的家庭农场。推进农民合作社质量提升，加大对运行规范的农民合作社扶持力度。发展壮大农业专业化社会化服务组织，将先进适用的品种、投入品、技术、装备导入小农户。支持市场主体建设区域性农业全产业链综合服务中心。支持农业产业化龙头企业创新发展、做大做强。深化供销合作社综合改革，开展生产、供销、信用"三位一体"综合合作试点，健全服务农民生产生活综合平台。培育高素质农民，组织参加技能评价、学历教育，设立专门面向农民的技能大赛。吸引城市各方面人才到农村创业创新，参与乡村振兴和现代农业建设。

四、大力实施乡村建设行动

（十四）加快推进村庄规划工作。2021年基本完成县级国土空间规划编制，明确村庄布局分类。积极有序推进"多规合一"实用性村庄规划编制，对有条件、有需求的村庄尽快实现村庄规划全覆盖。对暂时没有编制规划的村庄，严格按照县乡两级国土空间规划中确定的用途管制和建设管理要求进行建设。编制村庄规划要立足现有基础，保留乡村特色风貌，不搞大拆大建。按照规划有序开展各项建设，严肃查处违规乱建行为。健全农房建设质量安全法律法规和监管体制，3年内完成安全隐患排查整治。完善建设标准和规范，提高农房设计水平和建设质量。继续实施农村危房改造和地震高烈度设防地区农房抗震改造。加强村庄风貌引导，保护传统村落、传统民居和历史文化名村名镇。加大农村地区文化遗产遗迹保护力度。乡村建设是为农民而建，要因地制宜、稳扎稳打，不刮风搞运动。严格规范村庄撤并，不得违背农民意愿、强迫农民上楼，把好事办好、把实事办实。

（十五）加强乡村公共基础设施建设。继续把公共基础设施建设的重点放在农村，着力推进往村覆盖、往户延伸。实施农村道路畅通工程。有序实施较大人口规模自然村（组）通硬化路。加强农村资源路、产业路、旅游路和村内主干道建设。推进农村公路建设项目更多向进村入户倾斜。继续通过中央车购税补助地方资金、成品油税费改革转移支付、地方政府债券等渠道，按规定支持农村道路发展。继续开展"四好农村路"示范创建。全面实施路长制。开展城乡交通一体化示范创建工作。加强农村道路桥梁安全隐患排查，落实管养主体责任。强化农村道路交通安全监管。实施农村供水保障工程。加强中小型水库等稳定水源工程建设和水源保护，实施规模化供水工程建设和小型工程标准化改造，有条件的地区推进城乡供水一体化，到2025年农村自来水普及率达到88%。完善农村水价水费形成机制和工程长效运营机制。实施乡村清洁能源建设工程。加大农村电网建设力度，全面巩固提升农村电力保障水平。推进燃气下乡，支持建设安全可靠的乡村储气罐站和微管网供气系统。发展农村生物质能源。加强煤炭清洁化利用。实施数字乡村建设发展工程。推动农村千兆光网、第五代移动通信（5G）、移动物联网与城市同步规划建设。完善电信普遍服务补偿机制，支持农村及偏远地区信息通信基础设施建设。加快建设农业农村遥感卫星等天基设施。发展智慧农业，建立农业农村大数据体系，推动新一代信息技术与农业生产经营深度融合。完善农业气象综合监测网络，提升农业气象灾害防范能力。加强乡村公共服务、社会治理等数字化智能化建设。实施村级综合服务设施提升工程。加强村级客运站点、文化体育、公共照明等服务设施建设。

（十六）实施农村人居环境整治提升五年行动。分类有序推进农村厕所革命，加快研发干旱、寒冷地区卫生厕所适用技术和产品，加强中西部地区农村户用厕所改造。统筹农村改厕和污水、黑臭水体治理，因地制宜建设污水处理设施。健全农村生活垃圾收运处置体系，推进源头分类减量、资源化处理利用，建设一批有机废弃物综合处置利用设施。健全农村人居环境设施管护机制。有条件的地区推广城乡环卫一体化第三方治理。深入推进村庄清洁和绿化行动。开展美丽宜居村庄和美丽庭院示范创建活动。

（十七）提升农村基本公共服务水平。建立城乡公共资源均衡配置机制，强化农村基本公共服务供给县乡村统筹，逐步实现标准统一、制度并轨。提高农村教育质量，多渠道增加农村普惠性学前教育资源供给，继续改善乡镇寄宿制学校办学条件，保留并办好必要的乡村小规模学校，在县城和中心镇新建改扩建一批高中和中等职业学校。完善农村特殊教育保障机制。推进县域内义务教育学校校长教师交流轮岗，支持建设城乡学校共同体。面向农民就业创业需求，发展职业技术教育与技能培训，建设一批产教融合基地。开展耕读教育。加快发展面向乡村的网络教育。加大涉农高校、涉农职业院校、涉农学科专业建设力度。全面推进健康乡村建设，提升村卫生室标准化建设和健康管理水平，推动乡村医生向执业（助理）医师转变，采取派驻、巡诊等方式提高基层卫生服务水平。提升乡镇卫生院医疗服务能力，选建一批中心卫生院。加强县级医院建设，持续提升县级疾控机构应对重大疫情及突发公共卫生事件能力。加强县域紧密型医共体建设，实行医保总额预算管理。加强妇幼、老年人、残疾人等重点人群健康服务。健全统筹城乡的就业政策和服务体系，推动公共就业服务机构向乡村延伸。深入实施新生代农民工职业技能提升计划。完善统一的城乡居民基本医疗保险制度，合理提高政府补助标准和个人缴费标准，健全重大疾病医疗保险和救助制度。落实城乡居民基本养老保险待遇确定和正常调整机制。推进城乡低保制度统筹发展，逐步提高特困人员供养服务质量。加强对农村留守儿童和妇女、老年人以及困境儿童的关爱服务。健全县乡村衔接的三级养老服务网络，推动村级幸福院、日间照料中心等养老服务设施建设，发展农村普惠型养老服务和互助性养老。推进农村公益性殡葬设施建设。推进城乡公共文化服务体系一体建设，创新实施文化惠民工程。

（十八）全面促进农村消费。加快完善县乡村三级农村物流体系，改造提升农村寄递物流基础设施，深入推进电子商务进农村和农产品出村进城，推动城乡生产与消费有效对接。促进农村居民耐用消费品更新换代。加快实施农产品仓储保鲜冷链物流设施建设工程，推进田头小型仓储保鲜冷链设施、产地低温直销配送中心、国家骨干冷链物流基地建设。完善农村生活性服务业支持政策，发展线上线下相结合的服务网点，推动便利化、精细化、品质化发展，满足农村居民消费升级需要，吸引城市居民下乡消费。

（十九）加快县域内城乡融合发展。推进以人为核心的新型城镇化，促进大中小城市和小城镇协调发展。把县域作为城乡融合发展的重要切入点，强化统筹谋划和顶层设计，破除城乡分割的体制弊端，加快打通城乡要素平等交换、双向流动的制度性通道。统筹县域产业、基础设施、公共服务、基本农田、生态保护、城镇开发、村落分布等空间布局，强化县城综合服务能力，把乡镇建设成为服务农民的区域中心，实现县乡村功能衔接互补。壮大县域经济，承接适宜产业转移，培育支柱产业。加快小城镇发展，完善基础设施和公共服务，发挥小城镇连接城市、服务乡村作用。推进以县城为重要载体的城镇化建设，有条件的地区按照小城市标准建设县城。积极推进扩权强镇，规划建设一批重点镇。开展乡村全域土地综合整治试点。推动在县域就业的农民工就地市民化，增加适应进城农民刚性需求的住房供给。鼓励地方建设返乡入乡创业园和孵化实训基地。

（二十）强化农业农村优先发展投入保障。继续把农业农村作为一般公共预算优先保障领域。中央预算内投资进一步向农业农村倾斜。制定落实提高土地出让收益用于农业农村比例考核办法，确保按规定提高用于农业农村的比例。各地区各部门要进一步完善涉农资金统筹整合长效机制。支持地方政府发行一般债券和专项债券用于现代农业设施建设和乡村建设行动，制定出台操作指引，做好高质量项目储备工作。发挥财政投入引领作用，支持以市场化方式设立乡村振兴基金，撬动金融资本、社会力量参与，重点支持乡村产业发展。坚持为农服务宗旨，持续深化农村金融改革。运用支农支小再贷款、再贴现等政策工具，实施最优惠的存款准备金率，加大对机构法人在县域、业务在县域的金融机构的支持力度，推动农村金融机构回归本源。鼓励银行业金融机构建立服务乡村振兴的内设机构。明确地方政府监管和风险处置责任，稳妥规范开展农民合作社内部信用合作试点。保持农村信用合作社等县域农村金融机构法人地位和数量总体稳定，做好监督管理、风险化解、深化改革工作。完善涉农金融机构治理结构和内控机制，强化金融监管部门的监管责任。支持市县构建域内共享的涉农信用信息数据库，用 3 年时间基本建成比较完善的新型农业经营主体信用体系。发展农村数字普惠金融。大力开展农户小额信用贷款、保单质押贷款、农机具和大棚设施抵押贷款业务。鼓励开发专属金融产品支持新型农业经营主体和农村新产业新业态，增加首贷、信用贷。加大对农业农村基础设施投融资的中长期信贷支持。加强对农业信贷担保放大倍数的量化考核，提高农业信贷担保规模。将地方优势特色农产品保险以奖代补做法逐步扩大到全国。健全农业再保险制度。发挥"保险+期货"在服务乡村产业发展中的作用。

（二十一）深入推进农村改革。完善农村产权制度和要素市场化配置机制，充分激发农村发展内生动力。坚持农村土地农民集体所有制不动摇，坚持家庭承包经营基础性地位不动摇，有序开展第二轮土地承包到期后再延长 30 年试点，保持农村土地承包关系稳定并长久不变，健全土地经营权流转服务体系。积极探索实施农村集体经营性建设用地入市制度。完善盘活农村存量建设用地政策，实行负面清单管理，优先保障乡村产业发展、乡村建设用地。根据乡村休闲观光等产业分散布局的实际需要，探索灵活多样的供地新方式。加强宅基地管理，稳慎推进农村宅基地制度改革试点，探索宅基地所有权、资格权、使用权分置有效实现形式。规范开展房地一体宅基地日常登记颁证工作。规范开展城乡建设用地增减挂钩，完善审批实施程序、节余指标调剂及收益分配机制。2021 年基本完成农村集体产权制度改革阶段性任务，发展壮大新型农村集体经济。保障进城落户农民土地承包权、宅基地使用权、集体收益分配权，研究制定依法自愿有偿转让的具体办法。加强农村产权流转交易和管理信息网络平台建设，提供综合性交易服务。加快农业综合行政执法信息化建设。深入推进农业水价综合改革。继续深化农村集体林权制度改革。

五、加强党对"三农"工作的全面领导

（二十二）强化五级书记抓乡村振兴的工作机制。全面推进乡村振兴的深度、广度、难度都不亚于脱贫攻坚，必须采取更有力的举措，汇聚更强大的力量。要深入贯彻落实《中国共产党农村工作条例》，健全中央统筹、省负总责、市县乡抓落实的农村工作领导体制，将脱贫攻坚工作中形成的组织推动、

要素保障、政策支持、协作帮扶、考核督导等工作机制，根据实际需要运用到推进乡村振兴，建立健全上下贯通、精准施策、一抓到底的乡村振兴工作体系。省、市、县级党委要定期研究乡村振兴工作。县委书记应当把主要精力放在"三农"工作上。建立乡村振兴联系点制度，省、市、县级党委和政府负责同志都要确定联系点。开展县乡村三级党组织书记乡村振兴轮训。加强党对乡村人才工作的领导，将乡村人才振兴纳入党委人才工作总体部署，健全适合乡村特点的人才培养机制，强化人才服务乡村激励约束。加快建设政治过硬、本领过硬、作风过硬的乡村振兴干部队伍，选派优秀干部到乡村振兴一线岗位，把乡村振兴作为培养锻炼干部的广阔舞台，对在艰苦地区、关键岗位工作表现突出的干部优先重用。

（二十三）加强党委农村工作领导小组和工作机构建设。充分发挥各级党委农村工作领导小组牵头抓总、统筹协调作用，成员单位出台重要涉农政策要征求党委农村工作领导小组意见并进行备案。各地要围绕"五大振兴"目标任务，设立由党委和政府负责同志领导的专项小组或工作专班，建立落实台账，压实工作责任。强化党委农村工作领导小组办公室决策参谋、统筹协调、政策指导、推动落实、督促检查等职能，每年分解"三农"工作重点任务，落实到各责任部门，定期调度工作进展。加强党委农村工作领导小组办公室机构设置和人员配置。

（二十四）加强党的农村基层组织建设和乡村治理。充分发挥农村基层党组织领导作用，持续抓党建促乡村振兴。有序开展乡镇、村集中换届，选优配强乡镇领导班子、村"两委"成员特别是村党组织书记。在有条件的地方积极推行村党组织书记通过法定程序担任村民委员会主任，因地制宜、不搞"一刀切"。与换届同步选优配强村务监督委员会成员，基层纪检监察组织加强与村务监督委员会的沟通协作、有效衔接。坚决惩治侵害农民利益的腐败行为。坚持和完善向重点乡村选派驻村第一书记和工作队制度。加大在优秀农村青年中发展党员力度，加强对农村基层干部激励关怀，提高工资补助待遇，改善工作生活条件，切实帮助解决实际困难。推进村委会规范化建设和村务公开"阳光工程"。开展乡村治理试点示范创建工作。创建民主法治示范村，培育农村学法用法示范户。加强乡村人民调解组织队伍建设，推动就地化解矛盾纠纷。深入推进平安乡村建设。建立健全农村地区扫黑除恶常态化机制。加强县乡村应急管理和消防安全体系建设，做好对自然灾害、公共卫生、安全隐患等重大事件的风险评估、监测预警、应急处置。

（二十五）加强新时代农村精神文明建设。弘扬和践行社会主义核心价值观，以农民群众喜闻乐见的方式，深入开展习近平新时代中国特色社会主义思想学习教育。拓展新时代文明实践中心建设，深化群众性精神文明创建活动。建强用好县级融媒体中心。在乡村深入开展"听党话、感党恩、跟党走"宣讲活动。深入挖掘、继承创新优秀传统乡土文化，把保护传承和开发利用结合起来，赋予中华农耕文明新的时代内涵。持续推进农村移风易俗，推广积分制、道德评议会、红白理事会等做法，加大高价彩礼、人情攀比、厚葬薄养、铺张浪费、封建迷信等不良风气治理，推动形成文明乡风、良好家风、淳朴民风。加大对农村非法宗教活动和境外渗透活动的打击力度，依法制止利用宗教干预农村公共事务。办好中国农民丰收节。

（二十六）健全乡村振兴考核落实机制。各省（自治区、直辖市）党委和政府每年向党中央、国务院报告实施乡村振兴战略进展情况。对市县党政领导班子和领导干部开展乡村振兴实绩考核，纳入党政领导班子和领导干部综合考核评价内容，加强考核结果应用，注重提拔使用乡村振兴实绩突出的市县党政领导干部。对考核排名落后、履职不力的市县党委和政府主要负责同志进行约谈，建立常态化约谈机制。将巩固拓展脱贫攻坚成果纳入乡村振兴考核。强化乡村振兴督查，创新完善督查方式，及时发现和解决存在的问题，推动政策举措落实落地。持续纠治形式主义、官僚主义，将减轻村级组织不合理负担纳入中央基层减负督查重点内容。坚持实事求是、依法行政，把握好农村各项工作的时度效。加强乡村振兴宣传工作，在全社会营造共同推进乡村振兴的浓厚氛围。

让我们紧密团结在以习近平同志为核心的党中央周围，开拓进取，真抓实干，全面推进乡村振兴，加快农业农村现代化，努力开创"三农"工作新局面，为全面建设社会主义现代化国家、实现第二个百年奋斗目标作出新的贡献！

附 录

中共中央、国务院关于实现巩固拓展
脱贫攻坚成果同乡村振兴有效衔接的意见

打赢脱贫攻坚战、全面建成小康社会后,要进一步巩固拓展脱贫攻坚成果,接续推动脱贫地区发展和乡村全面振兴。为实现巩固拓展脱贫攻坚成果同乡村振兴有效衔接,现提出如下意见。

一、重大意义

党的十八大以来,以习近平同志为核心的党中央把脱贫攻坚摆在治国理政的突出位置,作为实现第一个百年奋斗目标的重点任务,纳入"五位一体"总体布局和"四个全面"战略布局,作出一系列重大部署和安排,全面打响脱贫攻坚战,困扰中华民族几千年的绝对贫困问题即将历史性地得到解决,脱贫攻坚成果举世瞩目。到 2020 年我国现行标准下农村贫困人口全部实现脱贫、贫困县全部摘帽、区域性整体贫困得到解决。"两不愁"质量水平明显提升,"三保障"突出问题彻底消除。贫困人口收入水平大幅度提高,自主脱贫能力稳步增强。贫困地区生产生活条件明显改善,经济社会发展明显加快。脱贫攻坚取得全面胜利,提前 10 年实现《联合国 2030 年可持续发展议程》减贫目标,实现了全面小康路上一个都不掉队,在促进全体人民共同富裕的道路上迈出了坚实一步。完成脱贫攻坚这一伟大事业,不仅在中华民族发展史上具有重要里程碑意义,更是中国人民对人类文明和全球反贫困事业的重大贡献。

脱贫攻坚的伟大实践,充分展现了我们党领导亿万人民坚持和发展中国特色社会主义创造的伟大奇迹,充分彰显了中国共产党领导和我国社会主义制度的政治优势。脱贫攻坚的伟大成就,极大增强了全党全国人民的凝聚力和向心力,极大增强了全党全国人民的道路自信、理论自信、制度自信、文化自信。

这些成就的取得,归功于以习近平同志为核心的党中央坚强领导,习近平总书记亲自谋划、亲自挂帅、亲自督战，推动实施精准扶贫精准脱贫基本方略；归功于全党全社会众志成城、共同努力，中央统筹、省负总责、市县抓落实，省市县乡村五级书记抓扶贫，构建起专项扶贫、行业扶贫、社会扶贫互为补充的大扶贫格局；归功于广大干部群众辛勤工作和不懈努力，数百万干部战斗在扶贫一线，亿万贫困群众依靠自己的双手和智慧摆脱贫困；归功于行之有效的政策体系、制度体系和工作体系，脱贫攻坚政策体系覆盖面广、含金量高，脱贫攻坚制度体系完备、上下贯通，脱贫攻坚工作体系目标明确、执行力强，为打赢脱贫攻坚战提供了坚强支撑，为全面推进乡村振兴提供了宝贵经验。

脱贫摘帽不是终点，而是新生活、新奋斗的起点。打赢脱贫攻坚战、全面建成小康社会后，要在巩固拓展脱贫攻坚成果的基础上，做好乡村振兴这篇大文章，接续推进脱贫地区发展和群众生活改善。做好巩固拓展脱贫攻坚成果同乡村振兴有效衔接，关系到构建以国内大循环为主体、国内国际双循环相互促进的新发展格局，关系到全面建设社会主义现代化国家全局和实现第二个百年奋斗目标。全党务必站在践行初心使命、坚守社会主义本质要求的政治高度，充分认识实现巩固拓展脱贫攻坚成果同乡村振兴有效衔接的重要性、紧迫性，举全党全国之力，统筹安排、强力推进，让包括脱贫群众在内的广大人民过上更加美好的生活，朝着逐步实现全体人民共同富裕的目标继续前进，彰显党的根本宗旨和我国社会主义制度优势。

二、总体要求

（一）指导思想。以习近平新时代中国特色社会主义思想为指导，深入贯彻党的十九大和十九届二中、三中、四中、五中全会精神，坚定不移贯彻新发展理念，坚持稳中求进工作总基调，坚持以人民为中心的发展思想，坚持共同富裕方向，将巩固拓展脱贫攻坚成果放在突出位置，建立农村低收入人口和欠发达地区帮扶机制，健全乡村振兴领导体制和工作体系，加快推进脱贫地区乡村产业、人才、文化、生态、组织等全面振兴，为全面建设社会主义现代化国家开好局、起好步奠定坚实基础。

（二）基本思路和目标任务。脱贫攻坚目标任务完成后，设立5年过渡期。脱贫地区要根据形势变化，理清工作思路，做好过渡期内领导体制、工作体系、发展规划、政策举措、考核机制等有效衔接，从解决建档立卡贫困人口"两不愁三保障"为重点转向实现乡村产业兴旺、生态宜居、乡风文明、治理有效、生活富裕，从集中资源支持脱贫攻坚转向巩固拓展脱贫攻坚成果和全面推进乡村振兴。到2025年，脱贫攻坚成果巩固拓展，乡村振兴全面推进，脱贫地区经济活力和发展后劲明显增强，乡村产业质量效益和竞争力进一步提高，农村基础设施和基本公共服务水平进一步提升，生态环境持续改善，美丽宜居乡村建设扎实推进，乡风文明建设取得显著进展，农村基层组织建设不断加强，农村低收入人口分类帮扶长效机制逐步完善，脱贫地区农民收入增速高于全国农民平均水平。到2035年，脱贫地区经济实力显著增强，乡村振兴取得重大进展，农村低收入人口生活水平显著提高，城乡差距进一步缩小，在促进全体人民共同富裕上取得更为明显的实质性进展。

（三）主要原则

——坚持党的全面领导。坚持中央统筹、省负总责、市县乡抓落实的工作机制，充分发挥各级党委总揽全局、协调各方的领导作用，省市县乡村五级书记抓巩固拓展脱贫攻坚成果和乡村振兴。总结脱贫攻坚经验，发挥脱贫攻坚体制机制作用。

——坚持有序调整、平稳过渡。过渡期内在巩固拓展脱贫攻坚成果上下更大功夫、想更多办法、给予更多后续帮扶支持，对脱贫县、脱贫村、脱贫人口扶上马送一程，确保脱贫群众不返贫。在主要帮扶政策保持总体稳定的基础上，分类优化调整，合理把握调整节奏、力度和时限，增强脱贫稳定性。

——坚持群众主体、激发内生动力。坚持扶志扶智相结合，防止政策养懒汉和泛福利化倾向，发挥奋进致富典型示范引领作用，激励有劳动能力的低收入人口勤劳致富。

——坚持政府推动引导、社会市场协同发力。坚持行政推动与市场机制有机结合，发挥集中力量办大事的优势，广泛动员社会力量参与，形成巩固拓展脱贫攻坚成果、全面推进乡村振兴的强大合力。

三、建立健全巩固拓展脱贫攻坚成果长效机制

（一）保持主要帮扶政策总体稳定。过渡期内严格落实"四个不摘"要求，摘帽不摘责任，防止松劲懈怠；摘帽不摘政策，防止急刹车；摘帽不摘帮扶，防止一撤了之；摘帽不摘监管，防止贫困反弹。现有帮扶政策该延续的延续、该优化的优化、该调整的调整，确保政策连续性。兜底救助类政策要继续保持稳定。落实好教育、医疗、住房、饮水等民生保障普惠性政策，并根据脱贫人口实际困难给予适度倾斜。优化产业就业等发展类政策。

（二）健全防止返贫动态监测和帮扶机制。对脱贫不稳定户、边缘易致贫户，以及因病因灾因意外事故等刚性支出较大或收入大幅缩减导致基本生活出现严重困难户，开展定期检查、动态管理，重点监测其收入支出状况、"两不愁三保障"及饮水安全状况，合理确定监测标准。建立健全易返贫致贫人口快速发现和响应机制，分层分类及时纳入帮扶政策范围，实行动态清零。健全防止返贫大数据监测平台，加强相关部门、单位数据共享和对接，充分利用先进技术手段提升监测准确性，以国家脱贫攻坚普查结果为依据，进一步完善基础数据库。建立农户主动申请、部门信息比对、基层干部定期跟踪回访相结合的易返贫致贫人口发现和核查机制，实施帮扶对象动态管理。坚持预防性措施和事后帮扶相结合，精准分析返贫致贫原因，采取有针对性的帮扶措施。

（三）巩固"两不愁三保障"成果。落实行业主管部门工作责任。健全控辍保学工作机制，确保除身体原因不具备学习条件外脱贫家庭义务教育阶段适龄儿童少年不失学辍学。有效防范因病返贫致贫风险，落实分类资助参保政策，做好脱贫人口参保动员工作。建立农村脱贫人口住房安全动态监测机制，通过农村危房改造等多种方式保障低收入人口基本住房安全。巩固维护好已建农村供水工程成果，不断提升农村供水保障水平。

（四）做好易地扶贫搬迁后续扶持工作。聚焦原深度贫困地区、大型特大型安置区，从就业需要、产业发展和后续配套设施建设提升完善等方面加大扶持力度，完善后续扶持政策体系，持续巩固易地搬迁脱贫成果，确保搬迁群众稳得住、有就业、逐步能致富。提升安置区社区管理服务水平，建立关爱机制，促进社会融入。

（五）加强扶贫项目资产管理和监督。分类摸清各类扶贫项目形成的资产底数。公益性资产要落实管护主体，明确管护责任，确保继续发挥作用。经营性资产要明晰产权关系，防止资产流失和被侵占，资产收益重点用于项目运行管护、巩固拓展脱贫攻坚成果、村级公益事业等。确权到农户或其他经营主体的扶贫资产，依法维护其财产权利，由其自主管理和运营。

四、聚力做好脱贫地区巩固拓展脱贫攻坚成果同乡村振兴有效衔接重点工作

（六）支持脱贫地区乡村特色产业发展壮大。注重产业后续长期培育，尊重市场规律和产业发展规律，提高产业市场竞争力和抗风险能力。以脱贫县为单位规划发展乡村特色产业，实施特色种养业提升行动，完善全产业链支持措施。加快脱贫地区农产品和食品仓储保鲜、冷链物流设施建设，支持农产品流通企业、电商、批发市场与区域特色产业精准对接。现代农业产业园、科技园、产业融合发展示范园继续优先支持脱贫县。支持脱贫地区培育绿色食品、有机农产品、地理标志农产品，打造区域公用品牌。继续大力实施消费帮扶。

（七）促进脱贫人口稳定就业。搭建用工信息平台，培育区域劳务品牌，加大脱贫人口有组织劳务输出力度。支持脱贫地区在农村人居环境、小型水利、乡村道路、农田整治、水土保持、产业园区、林业草原基础设施等涉农项目建设和管护时广泛采取以工代赈方式。延续支持扶贫车间的优惠政策。过渡期内逐步调整优化生态护林员政策。统筹用好乡村公益岗位，健全按需设岗、以岗聘任、在岗领补、有序退岗的管理机制，过渡期内逐步调整优化公益岗位政策。

（八）持续改善脱贫地区基础设施条件。继续加大对脱贫地区基础设施建设的支持力度，重点谋划建设一批高速公路、客货共线铁路、水利、电力、机场、通信网络等区域性和跨区域重大基础设施建设工程。按照实施乡村建设行动统一部署，支持脱贫地区因地制宜推进农村厕所革命、生活垃圾和污水治理、村容村貌提升。推进脱贫县"四好农村路"建设，推动交通项目更多向进村入户倾斜，因地制宜推进较大人口规模自然村（组）通硬化路，加强通村公路和村内主干道连接，加大农村产业路、旅游路建设力度。加强脱贫地区农村防洪、灌溉等中小型水利工程建设。统筹推进脱贫地区县乡村三级物流体系建设，实施"快递进村"工程。支持脱贫地区电网建设和乡村电气化提升工程实施。

（九）进一步提升脱贫地区公共服务水平。继续改善义务教育办学条件，加强乡村寄宿制学校和乡村小规模学校建设。加强脱贫地区职业院校（含技工院校）基础能力建设。继续实施家庭经济困难学生资助政策和农村义务教育学生营养改善计划。在脱贫地区普遍增加公费师范生培养供给,加强城乡教师合理流动和对口支援。过渡期内保持现有健康帮扶政策基本稳定,完善大病专项救治政策,优化高血压等主要慢病签约服务,调整完善县域内先诊疗后付费政策。继续开展三级医院对口帮扶并建立长效机制,持续提升县级医院诊疗能力。加大中央倾斜支持脱贫地区医疗卫生机构基础设施建设和设备配备力度,继续改善疾病预防控制机构条件。继续实施农村危房改造和地震高烈度设防地区农房抗震改造,逐步建立农村低收入人口住房安全保障长效机制。继续加强脱贫地区村级综合服务设施建设,提升为民服务能力和水平。

五、健全农村低收入人口常态化帮扶机制

(十)加强农村低收入人口监测。以现有社会保障体系为基础,对农村低保对象、农村特困人员、农村易返贫致贫人口,以及因病因灾因意外事故等刚性支出较大或收入大幅缩减导致基本生活出现严重困难人口等农村低收入人口开展动态监测。充分利用民政、扶贫、教育、人力资源社会保障、住房城乡建设、医疗保障等政府部门现有数据平台,加强数据比对和信息共享,完善基层主动发现机制。健全多部门联动的风险预警、研判和处置机制,实现对农村低收入人口风险点的早发现和早帮扶。完善农村低收入人口定期核查和动态调整机制。

(十一)分层分类实施社会救助。完善最低生活保障制度,科学认定农村低保对象,提高政策精准性。调整优化针对原建档立卡贫困户的低保"单人户"政策。完善低保家庭收入财产认定方法。健全低保标准制定和动态调整机制。加大低保标准制定省级统筹力度。鼓励有劳动能力的农村低保对象参与就业,在计算家庭收入时扣减必要的就业成本。完善农村特困人员救助供养制度,合理提高救助供养水平和服务质量。完善残疾儿童康复救助制度,提高救助服务质量。加强社会救助资源统筹,根据对象类型、困难程度等,及时有针对性地给予困难群众医疗、教育、住房、就业等专项救助,做到精准识别、应救尽救。对基本生活陷入暂时困难的群众加强临时救助,做到凡困必帮、有难必救。鼓励通过政府购买服务对社会救助家庭中生活不能自理的老年人、未成年人、残疾人等提供必要的访视、照料服务。

(十二)合理确定农村医疗保障待遇水平。坚持基本标准,统筹发挥基本医疗保险、大病保险、医疗救助三重保障制度综合梯次减负功能。完善城乡居民基本医疗保险参保个人缴费资助政策，继续全额资助农村特困人员，定额资助低保对象，过渡期内逐步调整脱贫人口资助政策。在逐步提高大病保障水平基础上，大病保险继续对低保对象、特困人员和返贫致贫人口进行倾斜支付。进一步分实医疗救助托底保障，合理设定年度救助限额，合理控制救助对象政策范围内自付费用比例。分阶段、分对象、分类别调整脱贫攻坚期超常规保障措施。重点加大医疗救助资金投入，倾斜支持乡村振兴重点帮扶县。

（十三）完善养老保障和儿童关爱服务。完善城乡居民基本养老保险费代缴政策，地方政府结合当地实际情况，按照最低缴费档次为参加城乡居民养老保险的低保对象、特困人员、返贫致贫人口、重度残疾人等缴费困难群体代缴部分或全部保费。在提高城乡居民养老保险缴费档次时，对上述困难群体和其他已脱贫人口可保留现行最低缴费档次。强化县乡两级养老机构对失能、部分失能特困老年人口的兜底保障。加大对孤儿、事实无人抚养儿童等保障力度。加强残疾人托养照护、康复服务。

（十四）织密兜牢丧失劳动能力人口基本生活保障底线。对脱贫人口中完全丧失劳动能力或部分丧失劳动能力且无法通过产业就业获得稳定收入的人口，要按规定纳入农村低保或特困人员救助供养范围，并按困难类型及时给予专项救助、临时救助等，做到应保尽保、应兜尽兜。

六、着力提升脱贫地区整体发展水平

（十五）在西部地区脱贫县中集中支持一批乡村振兴重点帮扶县。按照应减尽减原则，在西部地区处于边远或高海拔、自然环境相对恶劣、经济发展基础薄弱、社会事业发展相对滞后的脱贫县中，确定一批国家乡村振兴重点帮扶县，从财政、金融、土地、人才、基础设施建设、公共服务等方面给予集中支持，增强其区域发展能力。支持各地在脱贫县中自主选择一部分县作为乡村振兴重点帮扶县。支持革命老区、民族地区、边疆地区巩固脱贫攻坚成果和乡村振兴。建立跟踪监测机制，对乡村振兴重点帮扶县进行定期监测评估。

（十六）坚持和完善东西部协作和对口支援、社会力量参与帮扶机制。继续坚持并完善东西部协作机制，在保持现有结对关系基本稳定和加强现有经济联系的基础上，调整优化结对帮扶关系，将现行一对多、多对一的帮扶办法，调整为原则上一个东部地区省份帮扶一个西部地区省份的长期固定结对帮扶关系。省际间要做好帮扶关系的衔接，防止出现工作断档、力量弱化。中部地区不再实施省际间结对帮扶。优化协作帮扶方式，在继续给予资金支持、援建项目基础上，进一步加强产业合作、劳务协作、人才支援，推进产业梯度转移，鼓励东西部共建产业园区。教育、文化、医疗卫生、科技等行业对口支援原则上纳入新的东西部协作结对关系。更加注重发挥市场作用，强化以企业合作为载体的帮扶协作。继续坚持定点帮扶机制，适当予以调整优化，安排有能力的部门、单位和企业承担更多责任。军队持续推进定点帮扶工作，健全完善长效机制，巩固提升帮扶成效。继续实施"万企帮万村"行动。定期对东西部协作和定点帮扶成效进行考核评价。

七、加强脱贫攻坚与乡村振兴政策有效衔接

（十七）做好财政投入政策衔接。过渡期内在保持财政支持政策总体稳定的前提下，根据巩固拓展脱贫攻坚成果同乡村振兴有效衔接的需要和财力状况，合理安排财政投入规模，优化支出结构，调整支持重点。保留并调整优化原财政专项扶贫资金，聚焦支持脱贫地区巩固拓展脱贫攻坚成果和乡村振兴，适当向国家乡村振兴重点帮扶县倾斜，并逐步提高用于产业发展的比例。各地要用好城乡建设用地增减挂钩政策，统筹地方可支配财力，支持"十三五"易地扶贫搬迁融资资金偿还。对农村低收入人口的救助帮扶，通过现有资金支出渠道支持。过渡期前3年脱贫县继续实行涉农资金统筹整合试点政策，此后调整至国家乡村振兴重点帮扶县实施，其他地区探索建立涉农资金整合长效机制。确保以工代赈中央预算内投资落实到项目，及时足额发放劳务报酬。现有财政相关转移支付继续倾斜支持脱贫地区。对支持脱贫地区产业发展效果明显的贷款贴息、政府采购等政策，在调整优化基础上继续实施。过渡期内延续脱贫攻坚相关税收优惠政策。

（十八）做好金融服务政策衔接。继续发挥再贷款作用，现有再贷款帮扶政策在展期期间保持不变。进一步完善针对脱贫人口的小额信贷政策。对有较大贷款资金需求、符合贷款条件的对象，鼓励其申请创业担保贷款政策支持。加大对脱贫地区优势特色产业信贷和保险支持力度。鼓励各地因地制宜开发优势特色农产品保险。对脱贫地区继续实施企业上市"绿色通道"政策。

探索农产品期货期权和农业保险联动。

（十九）做好土地支持政策衔接。坚持最严格耕地保护制度，强化耕地保护主体责任，严格控制非农建设占用耕地，坚决守住18亿亩耕地红线。以国土空间规划为依据，按照应保尽保原则，新增建设用地计划指标优先保障巩固拓展脱贫攻坚成果和乡村振兴用地需要，过渡期内专项安排脱贫县年度新增建设用地计划指标，专项指标不得挪用；原深度贫困地区计划指标不足的，由所在省份协调解决。过渡期内，对脱贫地区继续实施城乡建设用地增减挂钩节余指标省内交易政策；在东西部协作和对口支援框架下，对现行政策进行调整完善，继续开展增减挂钩节余指标跨省域调剂。

（二十）做好人才智力支持政策衔接。延续脱贫攻坚期间各项人才智力支持政策，建立健全引导各类人才服务乡村振兴长效机制。继续实施农村义务教育阶段教师特岗计划、中小学幼儿园教师国家级培训计划、银龄讲学计划、乡村教师生活补助政策，优先满足脱贫地区对高素质教师的补充需求。继续实施高校毕业生"三支一扶"计划，继续实施重点高校定向招生专项计划。全科医生特岗和农村订单定向医学生免费培养计划优先向中西部地区倾斜。在国家乡村振兴重点帮扶县对农业科技推广人员探索"县管乡用、下沉到村"的新机制。继续支持脱贫户"两后生"接受职业教育，并按规定给予相应资助。鼓励和引导各方面人才向国家乡村振兴重点帮扶县基层流动。

八、全面加强党的集中统一领导

（二十一）做好领导体制衔接。健全中央统筹、省负总责、市县乡抓落实的工作机制，构建责任清晰、各负其责、执行有力的乡村振兴领导体制，层层压实责任。充分发挥中央和地方各级党委农村工作领导小组作用，建立统一高效的实现巩固拓展脱贫攻坚成果同乡村振兴有效衔接的决策议事协调工作机制。

（二十二）做好工作体系衔接。脱贫攻坚任务完成后，要及时做好巩固拓展脱贫攻坚成果同全面推进乡村振兴在工作力量、组织保障、规划实施、项目建设、要素保障方面的有机结合，做到一盘棋、一体化推进。持续加强脱贫村党组织建设，选好用好管好乡村振兴带头人。对巩固拓展脱贫攻坚成果和乡村振兴任务重的村，继续选派驻村第一书记和工作队，健全常态化驻村工作机制。

（二十三）做好规划实施和项目建设衔接。将实现巩固拓展脱贫攻坚成果同乡村振兴有效衔接的重大举措纳入"十四五"规划。将脱贫地区巩固拓展脱贫攻坚成果和乡村振兴重大工程项目纳入"十四五"相关规划。科学编制"十四五"时期巩固拓展脱贫攻坚成果同乡村振兴有效衔接规划。

（二十四）做好考核机制衔接。脱贫攻坚任务完成后，脱贫地区开展乡村振兴考核时要把巩固拓展脱贫攻坚成果纳入市县党政领导班子和领导干部推进乡村振兴战略实绩考核范围。与高质量发展综合绩效评价做好衔接，科学设置考核指标，切实减轻基层负担。强化考核结果运用，将考核结果作为干部选拔任用、评先奖优、问责追责的重要参考。

决战脱贫攻坚目标任务胜利完成，我们要更加紧密地团结在以习近平同志为核心的党中央周围，乘势而上、埋头苦干，巩固拓展脱贫攻坚成果，全面推进乡村振兴，朝着全面建设社会主义现代化国家、实现第二个百年奋斗目标迈进。

后　记

本书系甘肃省2021年度教育揭榜挂帅项目"甘肃省实施乡村振兴战略法治保障研究——以乡规民约治理效能提升研究为重点（2021jyjbgs-09）"的阶段性成果。图书出版之际，衷心感谢中国政法大学出版社相关领导耐心、细致的指导，丁春晖编辑周到热心的沟通、帮助和服务。

本书的完成还得到福州大学、甘肃省乡村振兴局、兰州铁路运输中级法院等单位的大力支持，在此一并致谢。同时，特别感谢福州大学丁国民教授、甘肃省乡村振兴局李伯祥处长、兰州铁路运输中级法院孙英专委、李德福法官、张永超法官、赵晓平法官、敬阳法官、甘肃政法大学的孙健老师、康枫翔老师和伍世伟老师对本书的撰写、修改提出了宝贵的意见。

除此之外，甘肃政法大学的老师和硕士研究生在本书的调研、材料整理、书稿撰写以及修改校订等方面亦作出了非常重要的贡献，其中，龙圣锦副教授完成了本书前五章（11.6万字）的撰写任务，席缘完成了第六章（2.1万字）的撰写任务。甘肃政法大学硕士研究生白云志、黄子睿、李明琛、刘长新、盛柳卿、苏恒凯、王艳、徐兰虎、许峻凯、岳于婷、张鸿航、赵睿、公超、姚卓鹏、李佳悦、马程浩、尚鹏飞、张金凤、张雨溪、邱天、张可思、王丽媛、文嘉猷等同学在本书的初稿撰写中作出了重要贡献。